■ 大学公共课系列教材

四川省“十二五”普通高等教育本科规划教材

教师口语实用技能训练教程

（第2版）

JIAOSHI KOUYU
SHIYONG JINENG XUNLIAN JIAOCHENG

主　编◎章晓琴

副主编◎任志萍　钟　英

北京师范大学出版集团
BEIJING NORMAL UNIVERSITY PUBLISHING GROUP
北京师范大学出版社

图书在版编目(CIP)数据

教师口语实用技能训练教程(第 2 版)/章晓琴主编. —北京：北京师范大学出版社，2013.2(2024.9 重印)

ISBN 978-7-303-14015-2

Ⅰ.①教… Ⅱ.①章… Ⅲ.①汉语—口语—师范大学—教材 Ⅳ.①H193.2

中国版本图书馆 CIP 数据核字(2012)第 015583 号

图书意见反馈：gaozhifk@bnupg.com　010-58805079

出版发行：北京师范大学出版社　www.bnupg.com
北京市西城区新街口外大街 12-3 号
邮政编码：100088

印　　刷：北京天泽润科贸有限公司
经　　销：全国新华书店
开　　本：730 mm×980 mm　1/16
印　　张：25.75
字　　数：436 千字
版　　次：2013 年 2 月第 2 版
印　　次：2024 年 9 月第 21 次印刷
定　　价：38.00 元

策划编辑：祁传华　　　　责任编辑：陈佳宵
美术编辑：毛　佳　　　　装帧设计：毛　佳
责任校对：李　菡　　　　责任印制：马　洁

编　委　会

主　编　章晓琴

副主编　任志萍　钟　英

编　委　（按姓氏笔画排序）

于立得　王海涛　付金艳　田园曲　石燕京

向　征　伍娜娜　李哲皓　余　玲　吴小彦

杨　宏　杨　林　武谊嘉　徐立昕

内容提要

推广普及国家通用语言文字是我国的基本语言政策，是关乎国计民生的基础性事业，是语言文字事业的核心任务，具有重大现实意义和深远历史意义。党的十九届五中全会、国家“十四五”规划纲要、党的二十大报告都明确提出，要加大国家通用语言文字的推广力度。开设教师口语课程，是贯彻国家语言文字方针政策的需要，对提高未来教师的口语表达水平具有十分重要的意义。

《教师口语实用技能训练教程》分为上下两编。上编为基础训练，为提高学生普通话水平，顺利通过“普通话水平等级测试”而设计，主要介绍语音发声基础，进行基础发声技能训练，并重点针对普通话难点音进行发音技巧训练；下编围绕教师口语表达，训练一般口语表达技巧和教师教学、教育口语表达技巧。

在体例上，每一章节都设计了教学目标、存在问题、训练方法、经典案例展示、实训材料、实践检测等，以突出教材的针对性和实践性特色。

教材内容突出实践训练，重点向学生介绍训练方法和技巧，提供了大量实用的训练材料和典型的案例。

本教材可作各级各类院校普通话培训教材、教师口语教材及在职教师继续教育教材。

修订前言

本书出版于2012年2月，出版后广泛应用于高校普通话课程和教师口语课程的教学之中，受到普遍欢迎。使用一年后，我们在总结使用经验的基础上，根据普通话课程和教师口语课程教学改革的需要，特别针对普通话水平测试的发展需要对教材进行了全面的修订。

这次修订对原书各部分都做了认真的查漏补缺工作，在广泛听取各方面意见的基础上，与时俱进，新增了普通话计算机辅助测试（以下简称“机测”）辅导章节，让学生能了解机测的流程，掌握机测的技巧，适应普通话机测考试方式。为了方便学生进行普通话学习，特增加了普通话学习的相关资料，如普通话测试样题、普通话水平测试大纲规定的朗读篇目、普通话水平测试用说话题目、普通话异读词审音表、普通话多音字表等。

参加这次修订工作的编者有任志萍、钟英、余玲、田园曲、徐立昕、伍娜娜、李哲浩、章晓琴。

对修订工作提过宝贵意见的有刘瑶瑶、聂小丽等。因修订内容繁多，本书编辑祁传华先生为此付出了辛勤劳动，在此一并表示感谢。

最后，我们诚恳地期盼使用本书的同志们批评指正。

编　者

2013.1

前 言

随着时代的发展，我国的教师教育正面临着前所未有的机遇和挑战，对教师也提出了新的更高的要求。《中共中央国务院关于深化教育改革全面推进素质教育的决定》指出：建设高质量的教师队伍是全面推进素质教育的基本保障。众所周知，普通话及教师口语都是教师的职业技能课程，是高等师范院校学生的必修课。要建设高质量的教师队伍首先要夯实教师的基本功，提高教师的普通话口语表达水平，这一水平的高低是衡量一个教师教育教学水平高下的重要指标。

普通话和口语表达共同构成了教师口语的基础。从教育部师范司到全国许多高校都编辑出版了各具特色的教师口语训练教材。本教材总结多年的教师口语教学经验，针对师范院校学生在教师口语学习中遇到的难点问题，在方便学习的基础上，希望能够更好地帮助学生提高教师口语表达水平。

一、教材特色和创新

1. 务实性。本教材在编写中不过分强调理论，以实训为主，以难点为纲，解决学生口语表达的实际问题。

2. 鲜活性。与时代接轨，用生动、鲜活的语言素材作为练习材料和学习案例。

3. 可操作性。教材中特别增设了“了解你的发声器官”及“发声技能训练”等章节，帮助学生有效控制发声器官，掌握发声方法，使学会标准普通话发声不再困难。教学教育口语表达部分也侧重于方法的介绍，让学生能够掌握方法，举一反三。

4. 实践性。提供大量的练习材料。每章节后面都附有不低于5种类型的习题，多至10种类型练习形式，练习数量也根据具体章节设计安排最少5个，有的多至10个。

5. 多元性。提供了普通话发音、朗读、朗诵、演讲、辩论、教育、教学口语的多样化练习。

6. 丰富性。与其他教师口语教材相比新增了即兴口语的思维训练、说课口语、师范各专业常用术语、嗓音保护等章节，这就使本教材在内容上更为丰富，更具可操作性和实践性。

二、教材结构与体例

教材分为上、下两编。上编为基础训练，为提高学生普通话水平而设计，介绍语音发声基础，进行基础发声技能训练，着重针对普通话难点音进行发音技巧训练；下编围绕教师口语表达，训练一般口语表达技巧和教师教学、教育口语表达技巧。

在体例上，每一章节都设计了教学目标、存在问题、训练方法、经典案例展示、实训材料、实践检测等以实现教材具有针对性及实践性的特色。

三、编写团队

参与本书编写工作的一共有17位在一线任课的具有丰富教学经验的教师，其中有长期从事语言学研究的任志萍教授及国家级普通话水平测试员武谊嘉、钟英、石燕京、章晓琴等。教材在编写过程中，参阅了大量的相关教材和资料，借鉴了一些专家的观点，凡参考的文献已在教材最后一一列出，在此特向他们表示最真挚的谢意。

教材能够出版首先应该感谢北京师范大学出版社的编辑祁传华老师，感谢乐山师范学院及文新学院领导的关心和支持。

本书在编写过程中进行了一些新的尝试，难免存在不足之处，敬请各位专家和广大读者批评指正。

编　者

2011.11

目 录

上 编 普通话训练

第一章 语音发声基础 …… 3
第一节 了解你的发声器官 …… 3
第二节 发声技能训练 …… 7
第二章 普通话难点音发音技巧与训练 …… 16
第一节 普通话学习方法 …… 16
第二节 声母难点音 …… 17
第三节 韵母难点音 …… 32
第四节 声调音准练习 …… 50
第五节 普通话轻声 …… 59
第六节 普通话儿化 …… 70
第七节 普通话变调 …… 77
第八节 普通话易错字练习 …… 86
第三章 普通话的表达技巧 …… 93
第一节 普通话表达的要求 …… 93
第二节 普通话轻重音格式 …… 94
第四章 计算机辅助普通话测试辅导 …… 103

下 编 教师口语训练

第一章 一般口语表达技巧 …… 113
第一节 口语表达基本技巧 …… 113
第二节 口语表达中的态势语言 …… 120
第三节 朗读、朗诵技能训练 …… 125
第四节 即兴口语表达技能训练 …… 154

第二章　教师职业口语表达技能 ………………………… 160
第一节　教师用嗓及其保护 ………………………… 160
第二节　主要教学环节的口语技能 ………………………… 162
第三节　常用专业术语 ………………………… 188
第四节　说课语言技能 ………………………… 202
第五节　常用教育口语训练 ………………………… 218
附　录 ………………………… 264
附录一　普通话水平测试样题 ………………………… 264
附录二　普通话水平测试用朗读作品60篇 ………………………… 265
附录三　普通话水平测试用话题 ………………………… 365
附录四　普通话异读词审音表 ………………………… 366
附录五　常用多音字表 ………………………… 384
参考文献 ………………………… 399

上　编
普通话训练

第一章　语音发声基础

第一节　了解你的发声器官

训练目标

1. 通过对发声器官的了解，熟悉语音的生理性质，便于掌握科学的发声方法。

2. 了解咬字器官并且进行训练，以达到口语表达中吐字清晰的要求。

训练内容

一、口腔

口腔是人体发声的最后一道通道，是语音的制造场，在大脑的支配下，口腔加工出载有一定意义和感情的词语。普通话中不同的语音都是由口腔中各个咬字器官的变化和配合发出的。所以为使口语表达中字音更加的清晰，应当对口腔中各个咬字器官进行了解。

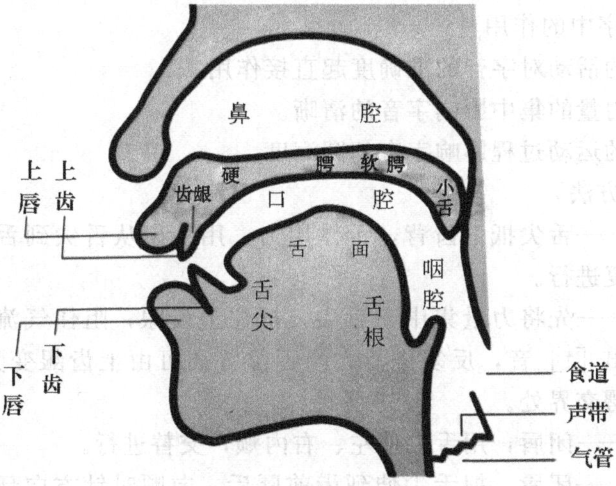

口腔发音器官图

咬字器官包括双唇、上下齿、舌、硬腭、软腭和牙关等。其中唇、舌和软腭在口语表达中动作最积极、作用最大。

（一）牙关——即下颌关节，它使口腔能开能合。

1. 在吐字中的作用

（1）打开牙关能够增大口腔开度，加强口腔共鸣。

（2）打开牙关能使声音通畅，避免发成鼻音。

（3）打开牙关扩大舌的活动范围，使字音更加的清晰。

（4）打开牙关使口腔前部的咬字器官更加的灵活有力。

2. 训练方法

（1）大口咀嚼练习。下巴放松而略向后退，上、下槽牙间像嚼着弹性物而保持一定距离地打开、闭拢。在开口时，有上槽牙向上打开的感觉；在闭口时觉得口腔上部像啃东西似的向下扣，口腔开合灵活而有控制。按上述步骤进行口腔开合的咀嚼练习。

（2）抬头张嘴训练。双手扶住放松而微收的下巴，使其固定。打开口腔时，保持上腭的兴奋感，感受头顶上方有根线将上腭往上提起，张嘴的同时缓缓抬头，再缓缓低头以闭口。反复练习，体会牙关的打开。

3. 训练提示

在做克服下巴紧张练习时，应注意最开始视线应平视前方，不要含下巴或抬下巴。

（二）舌——是发音过程中运动范围最大、影响最大的咬字器官。

1. 在吐字中的作用

（1）舌的活动对字音的准确度起直接作用。

（2）舌力量的集中影响字音的清晰。

（3）舌的运动过程影响字音的圆润度。

2. 训练方法

（1）刮——舌尖抵下齿背，舌体用力，用上齿从舌尖到舌根由下往上刮舌面，反复进行。

（2）弹——先将力量集中于舌尖，抵住上齿龈，阻住气流，然后突然打开，爆发出［t］音，反复进行。弹舌位置还可由上齿龈变为上齿龈前、硬腭和软硬腭交界处。

（3）顶——闭唇，用舌尖顶左、右内颊，交替进行。

（4）绕——闭唇，把舌尖伸到齿前唇后，向顺时针方向环绕360°，再向逆时针方向环360°，反复进行。

3. 训练提示

（1）舌的训练应注意增强舌体的控制力和舌体力量的集中，使舌体灵活变化，然后要逐渐加大训练量。

(2) 训练过程中使用小镜子，对照调整自己的舌体运动。

(三) 唇——是口腔的前端、字音的出口，唇的控制对吐字质量影响明显。

1. 在吐字中的作用

(1) 发音时如果唇形不好，比如唇向前突出，声音就会带上“u”音色彩，这样字音就会含混不清，影响字音的清晰度。

(2) 唇的收撮力强使声音集中；收撮力弱易使声音散漫。

(3) 韵母有开、齐、合、撮四种唇形，它们与每个字音的唇形有密切关系。

2. 训练方法

(1) 喷——双唇紧闭，阻住气流，突然放开，则发出[p]音。

(2) 咧——先把双唇闭紧撅起，然后将嘴角用力向两边伸展(咧)并向上提起，反复进行。

(3) 歪——先把双唇闭紧撅起，然后向左歪，向右歪，交替进行。

(4) 绕——先把双唇闭紧撅起，然后向左转360°，再向逆时针方向环绕360°，交替进行。

3. 训练提示

(1) 在练习中，可用手指感觉双唇的运动，并且帮助唇运动，以促进唇中部力度的加强。

(2) 绕唇时要注意力量集中，要防止“散唇”；咧唇练习时在“松”时唇角不要过于“开咧”，自然放松即可。

(3) 在练习时尽量使唇与齿相依靠，保持发音的状态，防止唇齿分家。

(四) 腭——控制口腔鼻腔通路，有效提升发音共鸣效果。

腭分前后两部分，前三分之二是硬腭，后三分之一是软腭(舌头从牙龈往后触摸，能触摸到的是硬腭，不能触摸到的是软腭)。硬腭呈穹隆状，有牙弓围绕。软腭在其后，是能活动的肌肉膜样隔，厚约一厘米，后缘游离，斜向后下，称腭帆，中央伸向下方的指状突起，为小舌。

1. 在吐字中的作用

(1) 硬腭的拱起利于口腔共鸣；

(2) 软腭的适当提起，利于打开后口腔，才能较好发挥后声腔的共鸣作用，使声音圆润、响亮；

(3) 软腭挺起能够打开口腔通路，关闭鼻腔通路，这是发口音的状态；软腭下降，关闭口腔通路，打开鼻腔通路，这是发鼻辅音或鼻化元音的状态。

2. 训练方法

(1) 半打哈欠。像半打哈欠状态打开牙关，提起软腭，再缓缓闭拢。

（2）反射练习。口轻松地半开，上腭兴奋往上提起，可用食指和中指放入接近舌根位置，这时软腭由于条件反射自然往上提起。重复若干次。体会软腭下降和挺起的不同，提高软腭升降的灵活性。

二、声道

声道是人类的发声共鸣器官，喉以上有喉腔、咽腔、口腔与鼻腔，喉以下的胸腔也起着积极的作用。

喉腔——包括介于声带与假声带之间的喉室以及位于假声带以上喉前庭部。

咽腔——是前后略扁的漏斗状肌管，也叫咽管，它是个容积较大的交叉路口。

鼻腔——由垂直的鼻中隔分为左右对称的两部分，底部是硬腭，外面是鼻甲。

三、自我检测

（一）唇部运动检测

1. 喷唇时可将手掌放在唇的前方，口腔喷出气流打在手掌上应为点状。

2. 咧唇应达到每半分钟30次，在口语表达中，应做到嘴角上扬。

3. 歪唇应达到每分钟左右各20次。

4. 绕唇应达到左右交替进行每分钟20圈。

（二）舌部运动检测

1. 刮舌应达到每分钟30次。

2. 弹舌应达到由快到慢不同的节奏，都能弹出响亮而有力度的声音。

3. 顶舌应达到左右交替进行每分钟30次。

4. 绕舌应达到左右交替进行每分钟20次。

（三）牙关运动的检测

经过训练后，应达到张开口腔后，槽牙之间有一指宽的距离，并且用手轻轻敲打下巴，检验下巴是否放松。

（四）腭的检测

1. 用小镜子观察小舌，如果能看到小舌呈小圆点状出现，这时软腭处于挺起状态。

2. 用手捏住鼻子，用六个单元音进行检测。软腭挺起时，鼻腔没有振动和不通畅感；软腭下降时，鼻腔有振动感，声音有鼻音成分。

第二节　发声技能训练

训练目标

通过呼吸控制、口腔控制、喉部控制等发声技巧的调整与训练，帮助教师科学用声、提高吐字清晰度、美化声音。

训练内容

一、教师声音美的标准

教师开展教学活动，信息传播的主要载体是有声语言。富有美感、具有表现力的声音会对教学对象产生足够的吸引力，确保信息传播优质、高效。正在从事和即将从事教师职业的人应该客观认识自己的声音，加强锻炼，并运用正确的训练方法不断完善和美化声音，既能减轻自己的喉部负担，又能优化课堂传播的效果与质量。

对嗓音进行科学训练之前，首先应明确的是声音美的标准。因为每个人在先天发音条件、后天用声、饮食及生活习惯等方面存在一定的差异，所以每个人的声音都有着自己的特色和个性。从教师职业需求的角度看，只要能保持自身嗓音的个性与特色，同时做到“准确清晰，朴实自然，变化丰富”的声音就是美的声音。

1. 准确清晰是对发音和吐字提出的要求。准确，包括发音位置、发音方法、内容表达及信息传递的准确等；清晰，是指吐字时字音要颗粒清晰，连贯地形成自然语流。

2. 朴实自然是指授课时语言要平实质朴，接近生活语言，并能根据所说内容的不同变化情感基调与语言色彩。

3. 变化丰富指的是教师应该拥有富于变化的声音色彩和多样化的表达技巧，以适应学生日益活跃的思维方式，增强声音的美感与吸引力。

要达到这些标准，就需要教师从多方面进行锻炼，包括呼吸的控制、口腔的控制、喉部的控制等，以情带声地发出符合听觉审美、能够服务课堂教学、吸引学生注意的好声音。

另外，教师在掌握科学练声方法的基础上，要发挥所长，克服不足，逐步美化自己的声音。只要方法科学，运用得当，勤于训练，相信好声音是可以练出来的。

二、呼吸控制及训练

（一）呼吸控制的要领

气息控制的强弱决定了教师授课时说话的声音响度、嗓音持久度和教师自身的轻松程度。教师讲课时常需要大工作量的连续讲话，这样的工作特点对气息控制能力的要求是较高的。除了要求气息稳定持久外，还要求气息有一定深度、强度，并能随着讲话内容的变化而动态可变。因此日常呼吸的状态是远远不能满足教学工作的需求的，教师需要对气息控制能力进行锻炼，掌握科学的呼吸发声方法，提高发声能力，优化传播效果。

训练呼吸控制，核心就在于掌握胸腹式联合呼吸法。胸腹联合式呼吸法，可以有效调动身体机能，令更多肌肉群参与到呼吸中来，使胸腔的容积全面扩大，达到吸气量的最大化；另外，它能够建立胸部、腹部和横膈之间的联系，使呼吸更加稳健，有利于发声时对气息的有效控制；同时还可以让气息的运用更加灵活自如，产生坚实响亮、丰富多彩的声音，为教师在授课时充分展现教学语言的魅力提供了可能。

胸腹式联合呼吸法总的感觉应是：吸气时，气流从口鼻同时进入肺部，两肋向两侧扩张，同时腰腹部感觉渐紧，小腹控制渐强；呼气时，保持吸气最后一刻的腹肌收缩感，以牵制住膈肌和两肋，使其不能回弹。随着气流缓缓呼出，小腹始终保持平面微收状，直到最后仍要有控制的感觉，而膈肌和两肋则在这种控制下，逐渐恢复自然状态。

（二）呼吸控制训练

呼吸控制的目的是为了有效地对气息进行开源节流。吸气就像是开源，呼气就类似于节流。有效地对气息进行开源节流，我们就能轻松自如地用最省的气，发出最好听的声。

1. 吸气

吸气的训练，首先应该让身体处于自然放松的状态，口微张，口鼻缓缓将气吸入身体，大概吸到七、八成满，感觉上像将气吸到胸口最下面一根肋骨的位置，简单概括就是“兴奋从容两肋开，不觉吸气气自来”的感觉。同时，为了增加吸气量，必要的体育锻炼也是很重要的，肺活量大了，用以发声的气息量也就相应增加了。

2. 呼气

呼气时要求稳劲、持久、节省、自如。我们可以通过以下几个练习来体会呼气的具体要求。

（1）呼气时，喉部应是松弛的，我们可以保持吸气的最后一刻状态来呼气，不带任何语音，体会喉部放松的感觉。

（2）用均匀的气息吹歪蜡烛火苗，使其既不直立也不熄灭。

（3）稳定的发“a”的延长音，体会在气息稳健支撑下，声音的舒展、松弛。

3. 快吸慢呼

快吸慢呼是对人们说话时气息状态的形象描述。一般来说，吸气都是在较短时间内完成，然后支撑一段时间发声，再吸气补充继续支撑发声，如此循环进行的。所以教师要想减轻发声时的喉部负担，加大声音的音量与力度，锻炼呼吸肌肉群对气息快吸慢呼的控制就显得较为重要了。具体训练方法可以口腔开度相对较小的“si”音为载体进行。口鼻微张，快速吸气1秒，然后稳定均匀地发“si”音5秒、6秒、7秒或者更长，按此方法循环进行，并逐渐加长稳定呼气的时间，经过一段时间这样的训练，教师说话时的气息就能达到稳定、节省、持久、自如的要求，相应的发声能力也就得到增强了。

三、口腔控制及训练

（一）口腔控制的要领

口腔控制是通过对口腔内发音器官的控制与锻炼，提升发声效率的一种训练方式。教师训练口腔控制的关键在于锻炼咬字器官的灵活配合，保证字音的清晰度。具体来说，可以通过打开口腔、力量集中、明确声音发出的路线和字音着力位置这几个方面的训练来实现。

1. 打开口腔

口腔是人体发声的最后一部分通道，被形象地称为人类语音的造字场。我们听到的各种语音，都是肺部呼出的气流振动声带产生带音气流后，通过大脑对口腔各个发音器官控制，发音器官运动配合对气流产生节制后形成的。所以锻炼口腔，就是对语音的生产环境进行磨炼。

从生理条件来看，人的口腔是外大内小的造型，也就是说，生活中我们说话，尤其是南方人说话，口腔内部开度相对偏小，唇、舌、齿、腭等发音器官的运动空间也较小，所以声音听起来往往是较扁较干、不够圆润响亮的。为了使声音清晰响亮，教师用声的口腔内部开度应比生活语言的口腔开度稍大，为各个发音器官的运动提供较大的空间。打开口腔内部，外嘴形保持正常开度的说话方式，可以看做是一种内大外小的口腔状态。具体可以通过提颧肌、打牙关、挺软腭、放下巴，并保持自然说话的开度的唇形来实现。

（1）提颧肌

颧肌是位于眼睛下方二公分处的肌肉组织，呈倒三角形状，又被称为“笑肌”。当我们微笑或者作出微笑动作时，颧肌就会明显上提，这时口腔的前部以及上腭的顶部会有展宽的感觉。同时上唇还会有紧贴牙齿的感觉，这样能对唇的运动起到依托作用，便于唇部发力，对吐字的清晰明亮产生积极影响。

①练习方法：

可以用开大口同时展开鼻翼的办法来体会提颧肌的感觉。这样快速做上几十次后，颧肌会明显感到发酸，反复练习，颧肌力量便能加强，自然也就能提起来了。同时，生活中保持微笑的状态也是一种自然提起颧肌的有效途径，这样既有利于增加口腔开度，提高声音明亮清晰度，也有利于增强教师的亲和力。

②训练提示：

提颧肌并不是做成微笑的状态，而是让颧肌稍有紧张收缩的感觉就可以了。

（2）打牙关

打牙关主要是指加大后牙关开度，使口腔保持向上提起的感觉。这样做是为了加大后口腔的开度，为舌头提供前后移动的空间，同时也利于产生丰富的口腔共鸣，使声音扩大美化，减少教师用声时的喉部负担。

①练习方法：

可以通过张嘴到极限或做空口咀嚼运动来体会牙关扩张的感觉，还可以通过牙齿刮舌面的动作来体会打开牙关。

②训练提示：

由于受方言发音习惯的影响，部分北方教师说话时，牙关容易过于松开，导致发音位置靠后，声音发闷、字音含混，这时需要适当关闭后牙关，使舌头位置适当前移；部分南方教师说话时，牙关过紧，导致发音位置靠前，声音干涩、字音发扁，这时需要通过打开牙关，调整发音位置，使舌头位置适当后移。

（3）挺软腭

挺软腭是抬起上腭后部的动作，可以加大口腔后部的空间，既增加口腔共鸣，又可以关闭鼻腔通道，避免带音气流过多灌入鼻腔。

①练习方法：

可以用夸张吸气、“半打哈欠”和闻花香的动作来体会软腭上挺的感觉。

②训练提示：

部分教师说话的时候，声音灌入鼻腔，造成浓重的鼻音色彩，听起来声音不够庄重朴实，这需要经常做挺起软腭的练习来强化训练，并在生活中加以保持，才能从根本上解决鼻音过重的现象。

（4）松下巴

下巴的紧张会使喉部肌肉不正常的紧张收缩，导致发声紧张吃力，加重喉部负担，加快疲劳感，所以只有下巴放松了口腔才能打开。

①练习方法：

可模仿牙疼时说话的感觉来体会，因为这个时候下巴是处在较松弛状态的。

②训练提示：

部分教师说话的时候习惯性地下巴前伸，造成舌头肌肉紧张，喉部受到拉扯，所以嗓子容易疲劳嘶哑，声音不够持久，听感上也不自然。下巴适当回收，喉部自然就相应松弛了。

2. 唇、舌力量的集中

唇、舌力量的集中，是声音清晰度与穿透力的重要保证。有的教师发音时声音发散、不够清晰，唇部力量分散便是原因之一。所以发音时，唇部要收拢有力，力量应集中在唇的中央三分之一处；舌头是口腔内最重要的发音器官，因为普通话的音素除了辅音音素 b、p、m、f 外，其他辅音和元音都跟舌的活动有密切联系，所以对舌头的训练，是口腔控制的重中之重。具体来说，舌的力量首先要集中在舌的前后中纵线上，无论发辅音还是发元音，舌的力量都应该集中，这样声音才会集中。教师训练唇的力度要多做噘唇、咧唇、绕唇、唇打响等练习；训练舌的力度要多做弹舌、刮舌、绕舌、顶舌等练习，建议参照口部操的具体步骤进行训练。

3. 明确声音发出的路线和字音的着力位置

首先需要明确的是，所谓的声音发出的路线和字音的着力位置，指的是一种发声的感觉，感觉上的东西，并不是那么具体可触，更需要我们通过小声慢练，从细节中感受和体会。练声时，教师应有意识地将声音沿着软腭、硬腭的中纵线，推到硬腭的前部，这条中纵线可以被形象地看成声音发出的路线。硬腭的前部是我们吐字时字音的着力位置，我们可以在练习时，有意识地将力量往这个部位送，以获得声音从上唇部上方透出的感觉，达到声音集中、音色明朗的效果。教师在训练时可以通过弹发“bang、pang、mang、fang、dang、tang”等音来具体感受声音呈一条抛物线沿上颚发出的路线。

（二）口腔控制训练

1. 打开口腔练习

（1）提颧肌

（2）打牙关

（3）挺软腭

（4）松下巴

2. 字词句训练

（1）拼读

b—— 白 宝 帮 必 布 白布 标兵 表白

P—— 盆 配 偏 漂 跑 乒乓 铺平 爬坡

m—— 买 门 灭 满 美 埋没 明媚 门面

f—— 发 风 否 泛 房 奋发 反复 翻番

d—— 到 东 电 搭 等待 打盹 断定

t—— 坛 听 推 吞 妥 团体 探听 淘汰

n—— 内 妮 霓 您 农 泥泞 妞妞 南宁

l—— 来 龙 楼 路 论 料理 嘹亮 老龙

g—— 古 甘 工 狗 耿 骨干 刚刚 梗概

k—— 课 肯 口 哭 康 可靠 困苦 坎坷

h—— 河 和 黑 很 坏 缓和 合乎 荷花

j—— 剑 脚 街 金 景 经济 交界 积极

q—— 强 桥 秦 全 缺 亲切 弃权 崎岖

x—— 香 小 瞎 些 修 习性 想象 休息

zh—— 住 追 重 找 周 执政 主张 郑重

ch—— 车 陈 除 吹 春 长城 出产 抽查

sh—— 勺 舌 水 说 书 设施 实事 神圣

r—— 然 忍 荣 软 辱 融入 柔润 荣辱

z—— 早 泽 走 祖 纵 总则 罪责 栽赃

c—— 层 猝 粗 寸 翠 层次 参差 残存

s—— 赛 三 扫 随 所 诉讼 琐碎 四散

（2）打开口腔改善音色练习

①以“开音”带“闭音”，做到“闭音”稍开。

把戏 傻气 板栗 按理 仓库 八股 草地 保密

②以“闭音”带“开音”，做到“开音”稍闭。

巨大 复杂 寄放 技法 机械 礼堂 苦熬 立方

③以“前音”带“后音”，做到“后音”稍前。

预告 嗜好 敌寇 诗歌 失望 因果 义务 余额

④以“后音”带“前音”，做到“前音”稍后。

共事 厚意 合理 乌龟 刚毅 船次 港币 革职

(3) 成语练习

浩浩荡荡 来龙去脉 包罗万象 抛砖引玉 来日方长 道貌岸然

(4) 诗歌练习

绝 句

杜 甫

两个黄鹂鸣翠柳，一行白鹭上青天。

窗含西岭千秋雪，门泊东吴万里船。

早发白帝城

李 白

朝辞白帝彩云间，千里江陵一日还。

两岸猿声啼不住，轻舟已过万重山。

四、喉部控制及训练

(一) 喉部控制的要领

喉是我们重要的发音器官，喉头内的声带是两片呈象牙白色的肌肉薄膜，当气流从肺部呼出流经喉部时，会冲击声带使其发生振动，这时喉元音就产生了，气流也就成了带音气流。带音气流通过口腔、胸腔、咽腔、鼻腔、头腔等腔体的共鸣美化，再经过口腔内各咬字器官不同方式的节制，便形成了人们说话的声音。因此，喉部发音的质量，将直接决定每个人声音的质量。需要明确的是，喉的构造是天生的，如声带长短、厚薄等，每个人都是不同的，所以它决定的是人们发出声音的基本特征，这些基本特征是不易改变的。但实践证明，同一个人使用不同的发声方法，发出的声音是有很大差异的。所以教师朋友应该相信，只要通过后天训练掌握科学用声的方法，好嗓子是可以训练出来的。教师有效运用喉部控制的技巧，可以有效减轻授课时的喉部负担、美化声音、提升发音的效率。

喉部控制包括两个方面，一是喉的相对稳定，二是喉的相对放松。

喉的相对稳定，是指发音时喉头位置的相对稳定。很多教师朋友都有这样的体会，有时教室过大或者面对的学生人数过多，为了扩大音量使大家都听清，便会不由自主地提高嗓门，当声音拔高时，喉头的位置便相应升高了，这样出来的声音听久了会给人一种压迫和紧绷感，不仅不利于学生长时间集中注意力，一堂课下来自己也感到疲惫不堪。因此，我们可以使用喉部相对稳定的技巧，来调整发声时的喉部状态。即在加大音量或拔高声音时，利用喉部肌肉的力量给喉头加一个向下的反向牵引力，有效控制喉部上移的幅度，使喉部不会因为挤压而产生带有紧张压迫感的声音，使教师的发音变得更加轻松、变化自如。

喉部的相对放松，是指发音时喉部应是相对松弛的。对喉部的控制，并不只有紧张才是控制，保持松弛也是一种控制。教师授课时，应将发声力量用在小腹支撑力量和唇舌力量上，此时两条声带便能轻松靠拢，而不是紧密闭合，喉部便会自然处于相对放松的状态。这种感觉可以形象地概括为是一种“两头紧，中间松”的状态。两头紧，指的是发音时唇舌要有力、小腹要支撑；中间松，指的便是喉部要放松。需要明确的是，喉部放松应该是发音时最基本的感觉，教师要想提高发音效率、发出悦耳的声音，就必须适当放松喉部。

有些教师授课时，为了加大音量，喉部总是过度紧张，所以嗓子不持久、容易哑，咽喉炎等疾病也比较容易发作。要改变这种状况，可以试着体会用“吸气”的状态来发音，这种控制方法有利于改善喉部紧张的状况。我们可以具体来感受，轻松张嘴吸气时，两条声带是轻松张开的，喉部会有微微的凉意。保持这种吸气的状态发声，也就是要教师朋友尽量保持声带呈轻松靠拢状态发音，而不是紧紧闭合。这样发出的声音才是圆润、悦耳的，而且不会有明显的疲劳感。采取这种发声方法授课，是接近日常谈话的发音状态的，听起来也会更自然亲切。

（二）喉部控制训练

结合古诗词的朗诵，体会喉部控制与放松的感觉。

训练提示：发高音时，为了避免产生过紧过绷的声音，缓解喉部负担，注意体会喉部肌肉反向向下控制，适当降下喉头的感觉；反之，发低音时，为了不产生压喉发音的效果，注意体会喉部肌肉向上控制，适当提起喉头的感觉。

题菊花

飒飒西风满院栽，蕊寒香冷蝶难来。
他年我若为青帝，报与桃花一处开。

夜雨寄北

君问归期未有期，巴山夜雨涨秋池。
何当共剪西窗烛，却话巴山夜雨时。

五、自我检测

（一）口腔控制

用清晰、响亮、集中的声音读出下列绕口令，以检验是否达到口腔控制的要求。

八百标兵

八百标兵奔北坡，炮兵并排北边跑。

炮兵怕把标兵碰，标兵怕碰炮兵炮。

打特盗

调到敌岛打特盗，特盗太刁投短刀，挡推顶打短刀掉，踏盗得刀盗打倒。

画凤凰

粉红墙上画凤凰，凤凰画在粉红墙，红凤凰、粉凤凰，红粉凤凰花凤凰。

哥挎瓜筐

哥挎瓜筐过宽沟，赶快过沟看怪狗。

光看怪狗瓜筐扣，瓜滚筐空哥怪狗。

（二）呼吸控制

用两口气流畅地读出下列绕口令，检验是否做到了有效的呼吸控制。

出东门，过大桥，大桥底下一树枣，拿着竿子去打枣，青的多，红的少。一个枣，两个枣，三个枣，四个枣，五个枣，六个枣，七个枣，八个枣，九个枣，十个枣，十个枣，九个枣，八个枣，七个枣，六个枣，五个枣，四个枣，三个枣，两个枣，一个枣，这是一个绕口令，一气儿说完才算好。

大葫芦，小葫芦，一口气数不了二十四个葫芦。一个葫芦，两个葫芦，三个葫芦，四个葫芦，五个葫芦，六个葫芦，七个葫芦，八个葫芦，九个葫芦，十个葫芦，十一个葫芦，十二个葫芦，十三个葫芦，十四个葫芦，十五个葫芦，十六个葫芦，十七个葫芦，十八个葫芦，十九个葫芦，二十个葫芦，二十一个葫芦，二十二个葫芦，二十三个葫芦，二十四个葫芦……

（三）喉部控制

朗诵下列古诗若能做到声音通畅、自如，声带不紧不僵，则达到了喉部控制的目的。

江南春

杜　牧

千里莺啼绿映红，水村山郭酒旗风。

南朝四百八十寺，多少楼台烟雨中。

枫桥夜泊

张　继

月落乌啼霜满天，江枫渔火对愁眠。

姑苏城外寒山寺，夜半钟声到客船。

第二章　普通话难点音发音技巧与训练

第一节　普通话学习方法

学好普通话，不能盲目地练习，要注意一定的方法、技巧。要学好普通话，应该做到以下几点：

1. 认真学习普通话基础知识，掌握普通话语音、词汇和语法系统，知其然且知其所以然，能够事半功倍。

重点放在语音方面，要熟练掌握《汉语拼音方案》，通过学习和训练，切实掌握普通话声母、韵母、声调的发音，掌握普通话声母、韵母、声调的结合规律，掌握普通话的各种音变。同时要注意词汇和语法的规范。

2. 找出普通话和自己方言的对应规律，提高学习效率，加强记忆。

汉语各种方言的语音、词汇、语法都和古代汉语有直接联系，各种方言之间无论有多大差异，都有相通之处。方言和普通话之间，在语音系统、词汇系统、语法系统上都有一定的关系，同中有异，异中有同。我们要利用自己的方言基础，找出方言与普通话之间的异同点，寻求对应规律，利用这些规律帮助自己学习。

各种方言和普通话的差异主要表现在语音上，词汇和语法方面的差异较小。语音的差异主要表现有：多数地区平翘舌音不分；n、l 不辨；f、h 不辨；缺少 eng、ing、e、uo 等韵母；没有轻声以及儿化音乱用等。综合这些特点，可以自己或在专业老师的指导下找出方言和普通话的对应规律，对难点多加练习和记忆。

3. 常听多练，反复练习。

多听、多读、多说、多查，持之以恒，定能受益。

听也就是我们所说的“听力”或“练耳力”，良好的听力是学好普通话的基础。听的素材可以选择中国人民广播电台和中央电视台的节目，看电视时应注意播音员的口形，可以边听边模仿。也可把身边普通话标准者的录音和自己的录音比较，找出差异，加以改进。

多读用现代白话文写成的诗文等，以提高自己的普通话语音、词汇、语法水平。

说是重点。说好普通话应以字音准确为前提，在学习的过程中，一定要注意学习的步骤，否则本末倒置多费气力且仍改不掉语音的错误。首先要学好汉语拼音打好基础，基础打好了，如果字音比较标准了，可以试着练习有针对性的绕口令，以便提高发音器官的协调的发音的能力。等字音掌握准确了，再演绎作品，多加练习，培养良好的语感。

多查字典辞书。遇到字音不是很明确的字，应养成查字典辞书的习惯，弄清字音词义，并能准确运用。

4. 努力创设学习普通话的良好氛围。

语言的学习，环境非常重要。一个学习和使用普通话的语言环境，可以减轻甚至杜绝学习和使用普通话初期的心理压力，并能使学习使用普通话的状态持续进行。学习普通话就要形成一种以普通话为交际语言的风气，就要创设大家都说普通话的语言环境。这种语言环境不能等别人创造，自己也应该为之努力，语言环境好了，大家学习的积极性提高了，学习效果也就增强了。

第二节　声母难点音

训练目标

1. 了解声母发音的关键点：发音部位和发音方法
2. 学会声母的发音
3. 有效区别声母中的难点音

训练内容

一、声母的发音基础

辅音与元音的发音是声母发音的基础。声母处于每个音节的开头部分，声母发音的准确与否直接影响着普通话发音的准确度。声母是指一个音节开头的辅音。每一个声母都有明确的发音部位和发音方法。有的声母发音与发音部位的关系更为密切，发音部位的错误会导致声母发音的错误或者是缺陷，如：z、c、s 组与 zh、ch、sh、r 组；有的声母发音与发音方法的关系更大，如 n、l 的发音，因此，声母的发音的关键因素是找准发音部位和运用好发音的方法。

发音部位是指发音时发音器官对气流形成阻碍的位置，发音方法是指发音时排除气流阻碍的方式、气流的强弱、声带是否颤动等。要注意的是，声母发音时有的气流强，有的气流弱，除了 m、n、l、r 以外，大部分辅音发音时声带不颤动。

声母的实际发音是由辅音加元音构成，这里如果我们把汉语拼音方案中声母的发音叫做呼读音，把国际音标中的辅音叫做本音，那么其构成应该是：呼读音＝本音＋元音。例如：b＝［b］＋o，d＝［d］＋e，因此，发好声母一定要读准本音和元音，将二者有机结合进行发音。

二、平翘舌音的发音及练习

（一）平翘舌音发音辨正

平舌音和翘舌音的区别点在发音部位的不同，很多方言没有翘舌音，有的方言有翘舌音但舌头翘舌的位置和普通话也有区别，都需要掌握普通话平舌音、翘舌音的发音部位。

平舌音发音部位：舌尖与上齿背形成阻碍，舌尖前音。发音时舌尖前伸接触齿背，上齿背和下齿背皆可。

翘舌音发音部位：舌尖与硬腭前部形成阻碍，舌尖后音。这里要说明的是硬腭前端的位置，即是上齿背后凸起的部位后面。

平舌音和翘舌音发音上注意：平舌音发音舌头碰牙齿，翘舌音发音舌头不要伸直。

（二）常见问题

1. 发平舌音时舌头与齿背接触面过大，或者是舌尖接触齿间发出摩擦音。

2. 发翘舌音时发音部位靠前或者靠后，翘舌发成卷舌。

（三）学习方法

1. 学会发音：掌握平翘舌音的发音部位，学会发音。

2. 记少不记多：平翘舌音中发翘舌音的字多，采用记少不记多的方法记发平舌音的字，然后用排除法确认发翘舌音的字。

3. 偏旁类推法：根据形声字声旁的表音功能，利用已知的声旁推断出同声旁的一批字的读音。例如：“采”字读平舌音，有它组成的菜、踩、彩、採、睬等都具有相同的声母。这种方法也有例外，如：“寺”发平舌音，但由它组成的诗、持等字却读翘舌音。使用这种方法时要特别留心特例。

4. 自编顺口溜记字，如：

（1）uang、uai、ua 翘舌不用怕，松、耸、送翘不动（平舌）。

（2）姊随嫂，操作早，曾撕笋，才擦灶，催锁仓，速采桑，蚕丝卒，村村足。曹叟搓草索，孙子坐在左，此次最粗糙，思散总搓错。蔡僧宿草寺，参坐尊赞慈，择素做素餐，松侧栽棕枣，四司责。

5. 利用普通话声韵配合关系来区分。普通话声韵配合规律显示：

(1) 以 ua、uai、uang 作韵母的字，声母是 zh、ch、sh，如“抓、耍、拽、庄、床、双”等；

(2) 以 en 作韵母的字，除了“怎、参（差）、岑、森”几个字外，以 eng 作韵母的字，除了“层、曾”和以“曾”做声旁的少数字外，其余字的声母都是舌尖后音；

(3) 以 ou 作韵母的字，除了“凑”等少数字外，其余的声母是 ch；

(4) 以 un 作韵母的字中，只有“顺、吮、舜、瞬”四个字的声母是 sh，其余字声母是 s；

(5) 以 ong 作韵母的字中，声母只有 s，没有 sh。

zh、ch、sh 和 z、c、s 对照辨音字表

	zh	z
a	①扎（驻～）渣②闸铡扎（挣～）札（信～）③眨④乍炸榨蚱栅	①扎（包～）匝②杂砸
e	①遮②折哲辙③者④蔗浙、这	②泽择责则
u	①朱珠蛛株诸猪②竹烛逐③主煮嘱④注蛀住柱驻贮祝铸筑箸	①租②族足卒③组阻祖
—i	①之芝支枝肢知蜘汁只织脂②直植殖值执职③止址趾旨指纸只④至窒致志治质帜挚掷秩置滞制智稚痔	①兹滋孳姿咨资孜龇甾辎③子仔籽梓滓紫④字自恣渍
ai	①摘斋②宅③窄④寨债	①灾哉栽③宰载④再在载（～重）
ei		②贼
ao	①昭招朝②着③找爪沼④照召赵兆罩	①遭糟②凿③早枣澡④造皂灶躁燥
ou	①州洲舟周粥②轴③帚肘④宙昼咒骤皱	①邹③走④奏揍
ua	①抓	
uo	①桌捉拙卓②着酌灼浊镯啄琢	①作（～坊）②昨凿（确～）③左④坐座作柞祚做
ui	①追锥④缀赘坠	③嘴④最罪醉
an	①沾毡粘③盏展斩④占战站栈绽蘸	①簪②咱③攒④赞暂

续表

	zh	z
en	①贞侦祯桢真③疹诊枕缜④振震阵镇	③怎
ang	①张章樟彰③长掌涨④丈仗杖帐涨瘴障	①赃脏（肮～）④葬藏脏
eng	①正(～月)征争睁挣③整拯④正政症证郑帧	①曾增缯④赠
ong	①中盅忠钟衷终③肿种（～子）④中（打～）种（～植）仲重众	①宗踪棕综鬃③总④纵粽
uan	①专砖③转④传转（～动）撰篆赚	①钻③纂④钻（～石）
un	③准	①尊遵
uang	①庄桩装妆④壮状撞	
	ch	c
a	①叉杈插差（～别）②茶搽查察③衩④岔诧差（～错）	①擦嚓
e	①车③扯④彻撤掣	④册策厕侧测恻
u	①出初②除厨橱锄蹰刍雏③楚础杵储处（～分）④畜触矗处	①粗④卒（仓～）猝促醋簇
—i	①吃痴嗤②池弛迟持匙③尺齿耻侈豉④斥炽翅赤叱	①疵差（参～）②雌辞词祠瓷慈磁③此④次伺刺赐
ai	①差拆钗②柴豺	①猜②才财材裁③采彩踩④菜蔡
ao	①抄钞超②朝潮嘲巢③吵炒	①操糙②曹漕嘈槽③草
ou	①抽②仇筹畴踌绸稠酬愁③瞅丑④臭	④凑
uo	①踔戳④绰（～号）辍啜	①搓蹉撮④措错挫锉
uai	③揣④踹	
ui	①吹炊②垂锤捶槌	①崔催摧④萃悴淬翠粹瘁脆
an	①搀掺②蝉禅谗潺缠蟾③铲产阐④忏颤	①餐参②蚕残惭③惨④灿
en	①琛嗔②辰晨宸沉忱陈橙臣④趁衬称（相～）	①参（～差）②岑
ang	①昌猖娼伥②常嫦尝偿场肠长③厂场敞氅④倡唱畅怅	①仓苍舱沧②藏
eng	①称撑②成诚城盛（～水）呈和承乘澄惩③逞骋④秤	②曾层④蹭

续表

	ch	c
ong	①充冲舂②重虫崇③宠④冲（～压）	①匆葱囱聪②从丛淙
uan	①川穿②船传椽③喘④串钏	①蹿④窜篡
un	①春椿②唇纯淳醇③蠢	①村②存③忖④寸
uang	①窗疮创（～伤）②床③闯④创（～造）	
	sh	s
a	①沙纱砂痧杀杉③傻④煞厦（大～）	①撒③洒撒（～种）④卅萨飒
e	①奢赊②舌蛇③舍（～弃）④社舍射麝设摄涉赦	④塞（～责）瑟啬穑（稼～）色（～彩）涩
u	①书梳疏蔬舒殊叔淑输抒纾枢②孰塾赎③暑署薯曙鼠数属黍④树竖术述束漱恕数	①苏酥②俗④素塑诉肃粟宿速
-i	①尸师狮失施诗湿虱②十什拾石时识实食蚀③史使驶始屎矢④世势誓逝市示事是视室适饰士氏恃式试拭轼弑	①司私思斯丝鸶③死④四肆似寺
ai	①筛④晒	①腮鳃塞④塞（要～）赛
ao	①捎稍艄烧②勺芍杓韶③少（多～）④少（～年）哨绍邵	①臊骚搔③扫（～除）嫂④扫（～帚）臊（害～）
ou	①收②熟③手首守④受授寿售兽瘦	①溲嗖飕搜艘馊③叟擞④嗽
ua	①刷③耍	
uo	①说④硕烁朔	①缩娑蓑梭唆③所锁琐索
uai	①衰③甩④帅率蟀	
ui	②谁③水④税睡	①虽尿②绥隋随③髓④岁碎穗隧燧遂
an	①山舢删衫珊姗栅跚③闪陕④扇善膳缮擅赡	①三叁③伞散（～文）④散
en	①申伸呻身深参（人～）②神③沈审婶④慎肾甚渗	①森
ang	①商墒伤③晌垧赏④上尚	①桑丧（～事）③嗓④丧
eng	①生牲笙甥升声②绳③省④圣胜盛剩	①僧
ong		①松③悚④送宋颂诵
uan	①拴栓④涮	①酸④算蒜
un	④顺	①孙③笋损
uang	①双霜③爽	

注：此表来源于欣欣普通话学习网。

（四）练习

1. 舌尖后音练习和舌尖前音练习

zh—— 中　周　抓　赵　郑　知　制止　种植　政治　郑重
　　中转　壮志　茁壮　专职　主张　庄重　专制　战争

ch—— 车　抽　颤　春　窗　戳　长城　超产　查抄　拆除
　　铲除　长处　出产　驰骋　出差　穿插　车床　出城

sh—— 顺　声　栓　省　双　沙　事实　史诗　适时　山水
　　少数　设施　手术　顺手　神圣　声势　受伤　伤逝

r—— 睿　然　仍　人　若　荣　柔软　仍然　容忍　荣辱
　　忍让　惹人　软弱　柔韧　荏苒　融入　闰日　如若

z—— 最　尊　择　增　邹　嘴　总则　宗族　罪责　自尊
　　藏族　自作　祖宗　栽赃　在座　走卒　造作　自在

c—— 擦　蚕　策　凑　醋　才　参差　苍翠　粗糙　草丛
　　层次　从此　仓促　摧残　猜测　措辞　残存　匆促

s—— 梭　嗓　孙　笋　随　塞　琐碎　松散　思索　色素
　　诉讼　洒扫　撕碎　搜索　缫丝　僧俗　三思　速算

2. 对比训练：

字的对比

z——zh　早——找　自——治　栽——摘
　　在——寨　赃——张　赞——站

c——ch　次——翅　催——吹　错——绰
　　撮——戳　财——柴　蚕——缠

s——sh　撒——衫　丧——尚　骚——烧
　　伞——陕　腮——筛　髓——水

词组对比

z——zh　作者　增长　自治　宗旨
　　总之　阻止　最终　作战

zh——z　正在　指责　制造　中子
　　种族　著作　准则　沼泽

c——ch　财产　促成　残春　操持
　　彩超　草场　存储　曹冲

ch——c　场次　储藏　纯粹　揣测
　　成才　差错　唱词　尺寸

s——sh　散射　丧失　私事　所属

虽说　随时　损伤　宿舍

sh——s　上诉　神色　收缩　输送

3. 句子训练

诞生于20世纪30年代的塑料袋，其家族包括用塑料袋制成的快餐饭盒、包装纸、餐用杯盘、饮料瓶、酸奶杯、雪糕杯，等等。

望着这些蚕执著地、勤奋的工作，我感到我和它们非常相似。像它们一样，我总是耐心地把自己的努力集中在一个目标上。我之所以如此，或许是因为有某种力量在鞭策着我——正如蚕被鞭策着去结茧一般。

再说足球正在快速世界化，平日里各国球员频繁转会，往来随意，致使越来越多的国家联赛都具有国际的因素。球员们不论国籍，只效力于自己的俱乐部，他们比赛时的激情中完全没有爱国主义的因子。

森林涵养水源，保持水土，防止水旱灾害的作用非常强大。据专家测算，一片十万亩面积的森林，相当于一个两百万立方米的水库，这正如农谚所说："山上多栽树，等于修水库。雨多它能吞，雨少它能吐。"

4. 绕口令练习

舌尖前音：

早晨早早起，早起做早操，人人做早操，做操身体好。

四十四个字和词，组成一首子词丝的绕口令。桃子李子梨子栗子橘子柿子杏子，栽满院子村子和寨子。刀子斧子锯子凿子锤子刨子尺子，作出桌子椅子和箱子。名词动词数词量词代词副词助词连词，造成句子诗词和唱词。蚕丝生丝热丝染丝晒丝缫丝织丝，自制粗丝细丝人造丝。

三哥三嫂子，请借给我三斗三升酸枣子。等我明年上山摘了酸枣子，再如数奉还三哥三嫂子这三斗三升酸枣子。

司机买雌鸡，仔细看雌鸡，四只小雌鸡，司机给四十。

舌尖后音：

知道就是知道，不知道就是不知道，不要知道说不知道，也不要不知道装知道。

日头热，晒人肉，晒得心里好难受。晒人肉，好难受，晒得头上直冒油。

朱叔叔煮熟了熟猪肉，迟叔叔炒熟了臭猪肉。市上吃上了熟猪肉。人人都不吃臭猪肉。

史老师，讲时事，常学时事长知识。时事学习看报纸，报纸登的是时事。常看报纸要多思，心里装着天下事。

对比训练：

z——zh

红砖堆、青砖堆，砖堆旁边蝴蝶追，蝴蝶绕着砖堆飞，飞来飞去蝴蝶钻砖堆。

c——ch

紫瓷盘，盛鱼翅。一盘热鱼翅，一盘生鱼翅。迟小池拿了一把瓷汤匙，要吃清蒸美鱼翅。一口鱼翅刚到嘴，鱼刺刺进齿缝里，疼得小池拍腿挠牙齿。

s——sh

四是四，十是十，十四是十四，四十是四十，谁能说准四十、十四、四十四，谁来试一试。

（五）平翘舌音自测：读字词100个（40个字，30个词）

舱　扯　僧　苏　暂　遮　筑　澈

窜　伞　参　贼　稠　岔　惩　恕

闯　兽　盏　镇　蚕　赎　粟　斩

赛　葬　州　竹　租　吮　绥　脂

春　速　滞　撞　琢　拴　泽　铡

财政　场所　生存　遭受　庄稼　餐桌

称赞　上层　手势　增产　总算　沉醉

摧残　诉讼　似乎　针灸　遵守　趁早

磁场　氏族　宿舍　肿瘤　沧桑　思忖

设施　苏州　塑造　贮藏　唆使　肇事

三、鼻边音的发音及练习

（一）鼻边音发音辨正

1. 鼻音与边音的区别

(1) 相同之处：一是发音部位（舌尖中音：舌头——上齿龈）；二是声带振动（浊音）。

(2) 不同之处：在于发音方法中阻碍方式的不同：发n时，舌尖及舌边均上举，顶住上齿龈，带动整个舌面的周围跟硬腭的周围密合，软腭下降，鼻孔出气，同时声带振动。发l时舌尖前端上举，顶住齿龈（不顶满），舌尖两边跟硬腭的两侧保持适当的间隙软腭上升，声带振动，气流从舌头两边透出。

2. 发音训练（前字引导正音法）

n——在n声母的前面加一个用n作韵尾的音节，两字连续；因发音部位相同，方法相近（只是除阻不除阻的区别），易于发准n的声母。如：kàn——na看哪　xīn——nián新年，l——在l声母的前面加上一个g、ke的音节，借g、k发音时的舌跟抬高，相对限制了软腭下降，使它不便于发鼻音而发边音。如：gè lèi各类　kē lì颗粒

发音例词：l

拉力　利落　流利　履历　罗列　轮流

发音例词：n

奶牛　男女　恼怒　能耐　泥泞　农奴

（二）鼻边音发音常见问题

1. 鼻边音混淆：不能准确认字，鼻边音发音完全混淆，鼻音读成边音，边音读成鼻音。

2. 鼻边音都读作鼻音，但鼻音较弱，带有边音色彩。

3. 鼻边音都读作边音，但边音不纯正带有鼻化音色彩。

（三）学习方法

1. 学会鼻边音的发音：掌握不同的发音方法，从本音入手学会发音。

2. 记少不记多：在字表中，n声母的字比l声母字少。记住n声母字，其余的l声母字可以大胆地类推。

3. 利用形声字声旁类推记忆。如："那"读鼻音，"哪、娜、挪"等都具有相同的声母读音。

4. 口诀记忆。

男女农奴拈恼怒，哪能南囊拿牛奶，

泥捏妞，挠内宁，倪聂耐捺念难诺，虐懦。

5. 常用字中未包括在n代表字类推范围的字。

小鸟　执拗　作孽　蔫　碾子　疟疾

拿手　耐心　男人　比拟　大娘　黄牛

撵走　年月　酿造　尿素　啮合　凝固

弄权　暖和　气馁　热闹　细腻　鲜嫩

难过　难友　能够　泥淖　逆水　溺爱

n和l对照辨音字表

	n	l
a	①那②拿③哪④那纳呐捺钠	①拉啦垃③喇④辣剌瘌蜡腊
e	呢	①勒④乐了
i	②尼泥呢霓③你拟④腻匿	②离篱璃厘狸黎犁梨蜊③礼里理鲤李
u	②奴③努④怒	②卢庐炉芦轳颅③卤虏鲁橹④碌陆路赂鹭露（～水）录鹿辘绿（～林）
ü	③女	②驴③吕侣铝旅屡缕④虑滤律率（效～）氯绿
ai	③乃奶④奈耐	②来④赖癞
ie	③馁④内	①勒②雷擂镭③累（～进）垒儡蕾④累类泪肋
ao	②挠蛲铙③脑恼④闹	①捞②劳痨牢③老姥④涝烙酪
ou		①搂②楼喽耧③搂篓④陋漏露
ia		③俩
ie	①捏④聂蹑镊镍孽	③咧④列烈裂劣猎冽冽
iao	③鸟袅④尿	①撩②辽疗僚潦燎嘹聊寥③了④料廖了
iu	①妞②牛③扭纽④拗	①溜②刘流琉硫留榴瘤③柳绺④六镏陆
uo	②挪④懦诺糯	①罗(～嗦)捋②罗萝逻箩锣螺骡③裸④落洛络骆
üe	④虐	④略掠
an	②难男南楠④难	②兰栏篮蓝婪③懒览揽榄缆④烂滥
ang	②囊	①啷②狼郎廊榔螂琅③朗④浪
eng	②能	②棱③冷④愣
ong	②农浓脓④弄	②龙咙聋笼隆窿③垄拢陇④弄（～堂）
ian	①蔫拈②年粘鲇③撵捻碾④念	②怜连涟联帘廉镰③脸④炼链练恋敛殓
in	②您	②邻鳞麟林淋琳临③凛檩④吝蔺赁
iang	②娘④酿	②良凉粱粮量③两④亮晾谅辆量
ing	②宁拧柠咛凝③拧④宁泞佞拧	②灵龄伶蛉凌陵菱③岭领④令另
uan	③暖	②滦孪③卵④乱
un		①抡②仑伦沦轮④论

注：此表来源于欣欣普通话学习网。

（四）练习

1. 鼻音n和边音l练习

n—能　牛　哪　奴　奶　闹　难

恼怒　牛奶　男女　能耐　泥泞　奶牛

呢喃　扭捏　农奴　袅娜　南宁　拿捏

l—来　楼　刘　拉　铃　列　朗

流利　流浪　留恋　沦落　理论　劳力

拉链　另类　连累　冷落　浏览　联络

2. 对比训练

字的对比

n—l

内—类　讷—乐　耐—赖　那—辣　暖—卵

年—连　你—里　脑—老　尿—料　牛—留

您—临　娘—粮　聂—镍　农—龙　女—旅

宁—零　怒—路　虐—略　挪—罗　能—棱

词的对比练习

男女—褴褛　小牛—小刘　留念—留恋　泥巴—篱笆

脑子—老子　男鞋—蓝鞋　大怒—大路　浓重—隆重

女客—旅客　内线—泪腺　黄泥—黄梨　一年—一连

允诺—陨落　闹灾—涝灾　门内—门类　鸟雀—了却

难住—拦住　水牛—水流　无奈—无赖　南宁—兰陵

3. 鼻边音组词练习

n——l

年龄　暖流　鸟类　农林　农历　努力　年轮

奶酪　耐劳　脑力　内力　内陆　奴隶　女郎

逆流　尼龙　嫩绿　能力　能量　年历

l——n

老牛　老农　蓝鸟　林农　冷暖　留念

流年　老年　老衲　老娘　龙脑　历年

4. 绕口令练习（分清鼻边音，由慢到快反复练读）

念一念，练一练，n、l 的发音要分辨。l 是边音软腭升，n 是鼻音舌靠前。你来练，我来念，不怕累，不怕难，齐努力，攻难关。

有座面铺面朝南，门口挂个蓝布棉门帘。摘了蓝布棉门帘，看了看，面铺面朝南；挂上蓝布棉门帘，看了看，面铺开是面朝南。

门口有四辆四轮大马车，你爱拉哪两辆就拉哪两辆。小罗要拉前两辆，小梁不要后两辆。小梁偏要抢小罗的前两辆，小罗只好拉小梁的后两辆。

牛郎年年恋刘娘，刘娘连连念牛郎；牛郎恋刘娘，刘娘念牛郎；郎恋娘来娘念郎。

老龙恼怒闹老农，老农怒恼老龙，农怒龙恼农更怒，龙恼农怒龙怕农。

牛拉碾子碾子料，碾子牛料留牛料。

5. 朗读句子

布鲁诺很不满意老板的不公正待遇。终于有一天他到老板那儿发牢骚了。老板一边耐心地听着他的抱怨，一边在心里盘算着怎样向他解释清楚他和阿诺德之间的差别。

6. 自我检测鼻、边音（即n和l）

水流　连长　留念　分裂　了却　老刘　年长　水牛　留恋　宁乡
老娘　干娘　临湘　拿手　无奈　恼怒　恼人　男子　畏难　拉手
无赖　老路　老人　篮子　蔚蓝　南部　难住　南宁　浓重　门内
眼内　蓝布　拦住　兰陵　隆重　门类　眼泪　大怒　允诺　闺女
女客　你想　黄泥　大陆　陨落　规律　旅客　理想　黄梨　分蘖
鸟雀　老牛　老梁　干粮　努力　奴隶　年龄　逆流　耐劳　哪里
那里　能力　农林　南楼　内陆　农历　逆料　脑力　暖流　男篮
牛郎　女篮　尼龙　南岭　牛奶　恼怒　泥泞　男女　能耐　农奴
南宁　那年　哪年　袅娜　扭捏　奶娘　泥牛　岭南　老娘　连年
来年　烂泥　两难　辽宁　凌虐　奶牛　冷暖　留念　老年　老农
老牛　路南　理论　力量　留恋　来历　拉拢　琉璃　流利　醴陵
玲珑　嘹亮　老练　流露　罗列　冷落　浏览　联络　流离
琳琅满目　花红绿柳　流连忘返　流离失所　林茂粮丰　浪里行船
沉稳老练　力挽狂澜　量才录用　歌声嘹亮　雷厉风行　落花流水

四、f声母与h声母易混字音认读练习

（一）f与h的发音

f的发音：下唇向上门齿靠拢，形成间隙，软腭上升，关闭鼻腔通路，使气流唇齿的间隙摩擦而成声。发音例词：

丰富　肺腑　反复　非凡　吩咐　纷繁
非法　芬芳　防范　蜂房　发放　仿佛

h的发音：舌面后部隆起接近硬腭和软腭的交界处，形成间隙，软腭上升，关闭鼻腔通路，使气流从形成的间隙摩擦通过而成声。发音例词：

和好　横祸　呼唤　航海　欢呼　黄河
浩瀚　含混　荷花　悔恨　黄昏　缓和

（二）常见问题

1. 不能区别在普通话中哪些字发h，哪些字发f。
2. 发不准普通话中f和h同u或u开头的韵母构成的字音。
3. 特别是将"胡、乎、忽、狐、虎、户"为偏旁的字误读为f声母字。

（三）学习方法

1. 学会发音

f声母发音的发音部位是唇齿，发音方法是摩擦。就f/h来说发音问题应该不大。

2. 记代表字

f声母代表字：发、乏、伐、法、番、凡、反、方、非、分、风、蜂、夫、弗、伏、孚、福、父、甫、复、付。

h声母代表字：乎、胡、虎、狐、户、忽、或、火、活、怀、换、黄、皇、晃、灰、挥、回、悔、会、慧、惠、昏、混。

其中乎、胡、虎、狐、户、忽六个字要特别注意，即使f/h能分的也容易错。

f和h辨音字表

声母 f		声母 h	
夫	fū 夫，肤，麸；fú 芙，扶。	火	huǒ 火，伙。
父	fǔ 斧，釜；fù 父。	禾	hé 禾，和。
付	fú 符；fǔ 府，俯，腑，腐；fù 付，附；fu 咐。	或	huò 或，惑。
弗	fú 弗，拂，佛(仿～)；fó 佛；fèi 沸，费。	户	hù 户，沪，护，戽。
伏	fú 伏，茯，袱。	虎	hǔ 虎，唬。
甫	fū 敷；fǔ 甫，辅；fù 傅，缚。	忽	hū 忽，惚。
孚	fū 孵；fú 孚，俘，浮。	胡	hú 胡，湖，葫，糊，蝴。
复	fù 复，腹，馥，覆。	狐	hú 弧，狐。
福	fú 幅，福，辐，蝠；fù 副，富。	化	huā 花，哗；huá 华，哗，铧；huà 化，华，huà 话
分	fēn 分，芬，吩，纷；fěn 粉；fèn 份，忿。		
凡	fān 帆；fán 凡，矾。	活	huó 活；huò 货。
反	fǎn 反，返；fàn 饭，贩。	灰	huī 灰，恢。
番	fān 翻，番。	回	huí 回，茴，蛔。
方	fāng 方，芳；fáng 防，妨，房，肪；fǎng 仿，访，纺；fàng 放。	会	huì 会，绘，烩。
		挥	huī 挥，辉。
乏	fá 乏；fàn 泛。	悔	huǐ 悔；huì 诲，晦。
发	fā 发；fà 发；fèi 废。	惠	huì 惠，蕙。
伐	fá 伐，阀，筏。	红	hóng 红，虹，鸿。
风	fēng 风，枫，疯；fěng 讽。	洪	hōng 哄(～动)，烘；hóng 洪；hǒng 哄(～骗)；hòng 哄(起～)。
非	fēi 非，菲，啡，扉；fěi 诽，匪；fèi 痱。		
蜂	fēng 峰，烽，锋，蜂。	怀	huái 怀；huài 坏。
		淮	huái 淮，徊；huì 汇。
		涣	huán 还，环；huàn 涣，换，唤，焕，痪。
		昏	hūn 昏，阍，婚。
		混	hún 混，馄，浑；hùn 混。
		荒	huāng 荒，慌；huǎng 谎。
		皇	huáng 皇，凰，惶，徨，蝗。
		晃	huǎng 晃，恍，幌；huàng 晃(～动)。
		黄	huáng 黄，璜，簧。

注：此表来源于欣欣普通话学习网。

（四）正音练习

1. 词语对比练习：f——h

翻阅——欢悦　乏力——华丽　附注——互助　幅度——弧度

花费——花卉　发生——花生　船夫——传呼　分发——昏花

犯病——患病　分钱——婚前　仿佛——恍惚　公费——公会

斧背——虎背　复员——互援　防止——黄纸　废话——绘画

2. 词语训练

挥霍　火花　祸害　惶惑　火候　发挥　发火　繁华　反复　返航

返回　犯法　饭盒　方法　防范　防洪　妨害　仿佛　非法　绯红

废话　分红　分化　纷繁　芬芳　焚毁　愤恨　风寒　烽火　凤凰

夫妇　俘获　耗费　好汉　辉煌　花粉

3. 绕口令练习（先分辨清楚，再由慢到快练习）

（1）一条裤子七道缝，横缝上面有竖缝，缝了横缝缝竖缝，缝了竖缝缝横缝。

（2）粉红墙上画凤凰，红凤凰，黄凤凰，红粉凤凰花凤凰。

（3）买混纺，卖混纺，红混纺，黄混纺，粉红混纺，黄粉混纺，红粉混纺最畅销。

（4）风吹灰飞，灰飞花上花堆灰，风吹花灰灰飞去，灰在风里飞呀飞。

4. 扩展练习，朗读下面一段话，注意f和h的发音

我常想读书人是世间幸福人，因为他除了拥有现实的世界之外，还拥有一个更为浩瀚也更为丰富的世界。现实的世界是人人都有的，而后一个世界却为读书人所独有。由此我想，那些失去或不能阅读的人是多么的不幸，他们的丧失是不可补偿的。世间有诸多的不平等，财富的不平等权利的不平等，而阅读能力的拥有或丧失却体现为精神的不平等。

（五）训练与自测

扶栏　开发　公费　附近　斧头　废话

湖南　开花　工会　互敌　虎头　会话

纷乱　翻腾　泛滥　二伏　缝衣　换货

肥瘦　防止　大夫　拂面　幅度　回首

荒地　黄纸　大呼　湖面　弧度　富丽

放荡　白发　便服　包饭　追肥　绯红

晃荡　白话　便壶　包换　追回　恢弘

发挥　防护　分会　凤凰　返回　繁华

附和　焚毁　粉红　风化　飞花　复合

恢复 划分 化肥 黄蜂 虎符 灰肥
会费 活佛 花粉 伙房 焕发 洪峰
防范 仿佛 非法 发放 肺腑 芬芳

五、零声母的发音及练习

（一）概念

有些音节开头部分没有声母，只有一个韵母独立成为音节，如：爱 ài、移 yí、五 wǔ、遇 yù，但是它们在发音时音节开头部分往往带有一点轻微的摩擦成分。这种摩擦音一般可以用半元音来描写，表示这个音节也有一个类似声母的成分。但是摩擦的明显与否往往因人而异，而且也没有区别词义的作用，因此这种音节的声母语音学里称之为“零声母”。

（二）存在的问题及纠正的方法

普通话一部分读零声母的字，如“哀、鹅、爱、欧、袄、安、恩”等在有些方言中读成了有声母的字，大致情况如下：

1. 在读以 a、o、e 开头的零声母字时，常在前面加舌根鼻音 ng，如将“安”读成“ngan”，“欧”读成“ngou”，“恩”读成“ngen”。纠正时，只要去掉舌根鼻音 ng，直接发元音就行了。

2. 普通话中合口呼的零声母字，有的方言读成了［v］（唇齿浊擦音）声母，“万、闻、物、尾、问”等字，在吴方言中读成［v］声母。这只要在发音时注意把双唇拢圆，不要让下唇和上齿接触，就可以改正了。特别说明：如果发合口呼零声母字音时，只是唇齿的轻微接触，没有发成［v］在普通话的测试标准中不算错误或者缺陷。如：为、伟等字。

（三）常见的零声母字词练习

唉 ài 爱 ài 哀 āi 哎 āi 挨 āi 矮 ǎi 艾 ài 碍 ài 癌 ái 埃 āi
蔼 ǎi 捱 ái 隘 ài 暧 ài 霭 ǎi 皑 ái 安 ān 按 àn 暗 àn 案 àn
岸 àn 俺 ǎn 庵 ān 氨 ān 黯 àn 鞍 ān 昂 áng 盎 àng 肮 āng
奥 ào 熬 áo 凹 āo 袄 ǎo 拗(口) ào 翱 áo 傲 ào 澳 ào
敖 áo 坳 ào 懊 ào 偶 ǒu 欧 ōu 呕 ǒu 藕 ǒu 殴 ōu 鸥 ōu
怄 óu 沤(肥)óu 饿 è 腭 è 额 é 俄 é 恶 è 鹅 é
厄 è 鄂 è 扼 è 遏 è 萼 è 愕 è 噩 è 鳄 è 恩 ēn 摁 èn
业 yè 宜 yí 咬 yǎo 疑 yí 义 yì 谊 yì 毅 yì 严 yán 验 yàn
肴 yáo 研 yán 砚 yàn 淹 yān 阎 yán 岩 yán 酽 yàn 谚 yàn
唁 yàn 硬 yìng 孕 yùn 皖 wǎn 我 wǒ

第三节　韵母难点音

训练目标

1. 了解韵母的关键点：发音部位和发音方法

2. 学会韵母的发音

3. 有效区别韵母中的难点音

训练内容

普通话韵母主要由元音组成，有的也包含辅音韵尾，如鼻韵母。由于韵母的数量比较多，为此韵母发音错误出现的频率要远远高于声母。复元音韵母的动程、“四呼”以及鼻韵母的发音位置和方法直接影响韵母发音正确与否，n 与 ng 构成的前、后鼻韵是韵母辨正中最主要的内容。

发音部位：发音时发音器官不构成阻碍的位置及鼻腔。

发音方法：发音时气流从肺腔呼出后，在口腔不受阻碍，声带颤动；一个元音向另一个元音过渡，舌位、唇形以及整个口腔变动；前、后鼻韵等。

一、后鼻韵发音及练习

（一）后鼻韵发音

后鼻韵是指带舌根鼻音的韵母，共有 8 个，分别是：ang　eng　ing　ong 和 iong　iang　uang　ueng。前 4 个韵母由韵腹和鼻音韵尾 ng 构成，发音时，先发元音，然后舌根向软腭移动发 ng 音。后 4 个韵母由韵腹和元音韵头以及鼻音韵尾 ng 构成，发音时，前面的韵头相对较短，只表示舌位在移动，形成阻塞，闭住口腔，使气流完全从鼻腔中透出，同时声带颤动，发出鼻音。ng 发音部位同 g、k、h 相同。

（二）常见问题

1. 发音时舌头未向后抬高，舌面后部未达到软腭；

2. 舌面离开软腭时，声音没有延长下去。

（三）学习方法

1. 对镜练习法

对镜找准前后鼻韵尾不同的成阻部位，如发鼻韵尾 ng 时，舌根上抵成阻，镜中可看见舌面（舌身随舌根后缩）。

2. 记住一定的拼写规则

（1）b、p、m、f 拼 eng 不拼 ong。

（2）d、t、n、l 除了“嫩”字外，其余字都拼 eng 韵母。如：登、腾、能、棱等。

（3）d、t、n、l 除“您”字外，都拼 ing 韵母。如：定、听、宁等。

（4）g、k、h 除了“亘”及“艮”、“肯”两类声旁字拼 en 韵母外，其余汉字都拼 eng 韵母。如：更、坑、横等。

（5）z、c、s 除“怎”、“参”（差）、“森”三个常用字外，其余都是“曾”旁字，都拼 eng 韵母。

3. 类推法

根据汉字的偏旁，集合表音功能，利用已知的声旁推断出与其相同声旁的一类字的读音。例如：“生”字，由其组成的相同声母字有：胜、笙、牲、甥等。

（四）练习

1. 词语练习

ang

上场　帮忙　昂扬　厂房　沧桑　党章　行当　当场　榜上　慌张

eng

逞能　乘风　鹏程　风筝　丰盛　更正　猛增　升腾　生成　征程

ong

共同　隆重　轰隆　通红　浓重　从容　总统　纵容　从容　荣宠

ing

明星　精灵　倾听　明镜　轻盈　经营　叮咛　英明　清醒　并行

iang

亮相　两样　踉跄　奖项　强将　枪响　想象　香江　襄阳　像样

iong

泳衣　踊跃　炯炯　迥然　熊熊　胸膛　雄壮　凶险　汹涌　熊掌

uang

汪洋　王庄　往往　光芒　狂妄　黄光　状况　装潢　窗框　双簧

ueng

嗡嗡　水瓮　老翁　渔翁　蓊郁

2. 句段训练

（1）小朋友做了一个梦，梦见自己蹦蹦跳跳地放风筝。

（2）人人听到风声猛，人人都说天很冷。冬天的冷风真正猛。真冷、真正冷，猛地一阵风更冷。

（3）英勇荣军，态度雍荣，踊跃参军，永远光荣。

（4）小蜜蜂，嗡嗡叫，吵得老翁心烦躁，喝口水瓮里的清泉水，心情变舒畅。

（5）那个时刻终于到了，是妈妈的生日——一个阳光灿烂的星期天。那天，他起得特别早，把作文本装在一个亲手做的美丽的大信封里，等着妈妈醒来。妈妈刚刚睁眼醒来，他就笑眯眯地走到妈妈跟前说："妈妈，今天是您的生日，我要送给您一件礼物。"

3. 绕口令练习

（1）丝瓜藤，烧丝绳，丝绳绕上丝瓜藤。藤长绳长绳藤绕，绳长藤伸绳绕藤。

（2）走如风，站如松，坐如钟，睡如弓。风、松、钟、弓，弓、钟、松、风，连念几遍口齿清。

（3）杨家养了一只羊，蒋家修了一道墙。杨家的羊撞倒了蒋家的墙，蒋家的墙压死了杨家的羊，杨家要蒋家赔杨家的羊，蒋家要杨家赔蒋家的墙。

（4）屋里点个灯，灯底下是个坑，坑边上长棵葱，葱头上钉个钉，钉上挂只鹰，鹰脖里挂张弓。忽然刮了一阵风，刮灭了灯，刮平了坑，刮倒了葱，刮掉了钉，刮飞了鹰，带走了弓。

（5）高高山上一条藤，藤条上头挂铜铃，风吹藤动铜铃动，风停藤停铜铃停。

（6）一平盆面，烙一平盆饼，饼碰盆，盆碰饼。

（7）任命是任命，人名是人名，任命不能说成人名，人名也不能说成任命。

二、前鼻韵发音及练习

（一）前鼻韵发音

-n是舌尖中鼻音，发音时用舌尖顶住上齿龈形成阻塞，闭住口腔，使气流完全从鼻腔中透出，同时声带颤动，发出鼻音。共有8个：an、ian、uan、üan、en、in、uen、ün。前4个韵母是由韵腹和鼻音韵尾n结合构成的。发音时，先发韵腹元音，紧接着软腭下降，鼻音色彩逐渐增加，舌尖向两齿龈移动，并抵住上齿龈作发n的状态，整个韵母发音完毕才除阻。后4个韵母是由韵腹同元音韵头、鼻音韵尾n结合而成的。发音时，从前面的轻而短的元音滑到中间较响亮的元音，软腭逐渐下降，鼻腔通路打开，紧接着舌尖抵住上齿龈作发n的状态，口腔前部的通路阻塞，整个韵母发音完毕才除阻。

（二）常见问题

1. 舌尖没有完全顶住上齿龈，声音不集中；

2. 口腔闭住后，声音延长过长，发成后鼻韵的音。

（三）学习方法

1. 对镜练习法，对着镜子找准前后鼻韵不同的部位。发前鼻韵尾-n时，舌尖上抵成阻，镜中可以看见舌头底部（舌身随舌尖前伸）；

2. 熟记拼写规则，可参见后鼻韵“学习方法”之“2”。

（四）练习

1. 词语练习

an

产蛋 反叛 感染 汗衫 漫谈 难看 三山 谈判 赞叹 湛蓝

en

本身 分神 愤恨 根本 沉闷 深沉 审慎 认真 人参 振奋

in

濒临 音信 尽心 近亲 金银 临近 拼音 贫民 信心 辛勤

ün

功勋 云雀 均匀 军训 俊俏 菌群 逡巡 熏陶 寻衅 循循

ian

变迁 简便 简练 艰险 减免 年限 见面 偏见 片面 鲜艳

uan

传唤 贯穿 宦官 乱窜 软缎 婉转 晚婚 选段 转换 换船

üan

源泉 圆圈 渊源 源远 源源 涓涓 全权 全员 宣传 轩辕

uen

春笋 混沌 馄饨 困顿 昆仑 论文 伦敦 温顺 谆谆 竹笋

2. 句子训练

(1) 相见时难别亦难，东风无力百花残。

(2) 你问我爱你有多深，我爱你有几分，我的情也真，我的爱也真，月亮代表我的心。

(3) 莫笑农家腊酒浑，丰年留客足鸡豚。山重水复疑无路，柳暗花明又一村。萧鼓追随春社近，衣冠简朴古风存，从今若许闲乘月，拄杖无时夜叩门。

(4) 我住长江头，君主长江尾，日日思君不见君，共饮长江水。此水几时休，此恨何日已。只愿君心似我心，定不负相思意。

（5）锦城丝管日纷纷，半入江风半入云。

此曲只应天上有，人间能得几回闻。

（6）秦时明月汉时关，万里长征人未还。

但使龙城飞将在，不教胡马度阴山。

（7）从今天早晨开始，我也喜欢起我现在的新老师了。我们走进教室的时候，老师已经坐在那里了。老师去年教过的学生，为了和老师打招呼，不时出现在教室门口。

（8）尽管如此，有三位乘客仍然不断地询问，终于使这个孩子开口讲话了。他用不标准的威尼西亚语夹杂着法语、西班牙语加上手势向他们讲述了自己的身世。

3. 绕口令练习

（1）三月三，桑三撑伞上深山，上山又下山，下山又上山，出了满身汗，湿透一身衫，下山回家转，算一算，上山下山，跑了三千三。

（2）南南有个篮篮，篮篮装着盘盘，盘盘放着碗碗，碗碗盛着饭饭。

南南翻了篮篮，篮篮扣了盘盘，盘盘打了碗碗，碗碗撒了饭饭。

（3）那边过来一只船，这边漂去一张床，船撞床，床撞船。

（4）男演员，女演员，同台演戏说方言，男演员说吴方言，女演员说闽南言。男演员演远东旅行飞行员，女演员演鲁迅文学研究员。研究员，飞行员，吴语言，闽南言，你说男女演员演的全不全。

（5）生身亲母亲，谨请您就寝，请您心宁静，身心很要紧。新星伴明月，银光澄清清，尽是清静境，警铃不要惊，您请我进来，进来敬母亲。

（6）小陈去卖针，小沈去卖盆。俩人挑着担，一起出了门。小陈喊卖针，小沈喊卖盆。也不知是谁卖针，也不知是谁卖盆。

4. 前后鼻韵自测练习

（1）单音节

安—肮　班—帮　餐—仓　担—当　沾—张　三—桑

烟—央　先—湘　连—量　间—江　千—枪　年—娘

弯—汪　川—窗　官—光　欢—慌　专—装　栓—霜

奔—崩　喷—烹　门—盟　森—僧　真—征　伸—声

音—应　宾—冰　民—名　金—惊　亲—清　心—星

昏—哄　吨—东　吞—通　准—钟　尊—总　村—聪

云—拥　群—穷　勋—胸　军—炯

（2）双音节

安然—昂扬　汗衫—当场　勘探—厂方　感染—帮忙　泛滥—上当

展览—放糖

简练—响亮　年限—想象　片面—江洋　惦念—踉跄　垫肩—相像

编片—襄阳

贯穿—状况　专款—双簧　酸软—窗框　转弯—装潢　转换—撞床

婉转—闯撞

认真—丰盛　根本—更正　身份—生成　陈真—乘胜　审慎—征程

门诊—登程

亲近—评定　民心—清明　临近—命令　贫民—领情　亲信—情景

近亲—精兵

昆仑—隆重　谆谆—重工　温顺—松动　困顿—隆冬　滚轮—红通

混沌—工农

军训—炯炯　均匀—用户　允许—用心　群众—穷苦　寻找—凶恶

运用—勇敢

三、e/o 发音及练习

（一）e/o 发音辨正

e 和 o 发音情况大致相同，这是出现混淆的最主要原因。二者的区别是：o 发音时唇形圆，e 发音时唇形不圆。

（二）常见问题

有些方言韵母 o 和 e 不分，把 o 韵母的一些字读成 e 韵母；有些地区的方言则把 e 韵母读成 o 韵母。

（三）学习方法

1. 利用唇形变化来练习和掌握这两个韵母的发音方法；

2. 记住拼写规律，如 e 韵母不与唇音声母 b、p、m、f 相拼（m 除外，它与 e 构成 me，么），而 o 则恰恰相反，能与这些声母相拼。

（四）练习

1. 字词练习

e

侧　车　德　鹅　哥　喝　渴　乐　热　奢　色　遮

割舍　隔阂　合格　苛刻　色泽　瑟瑟　特色　特赦　折合　折射

o

播　博　磨　魔　膜　摸　噢　破　颇　破　坡　叵

菠萝　薄膜　伯伯　薄弱　磨破　默默　漠视　破获　婆婆　泼墨

2. e和o对比练习

倭—俄　沃—德　倭—鹅　摸—么　迫—仄　婆—舌　泼—车

涡—勒　佛—合　薄—格　破—课　模—色　博—核　墨—这

脖子　老婆　蘑菇　鸟窝　伯父　哥哥　天鹅　河水　蛇窝

记者　叵测　波折　卧射　破了　恶魔　刻薄　河伯　蜗舍

莴苣　婆娑　折磨　侧卧　射波　和我　磕破　模特　舍得

3. 绕口令练习

（1）哥哥弟弟坡前坐，坡上卧着一只鹅，坡下流着一条河，哥哥说：宽宽的河，弟弟说：肥肥的鹅。鹅要过河，河要渡鹅。不知是鹅过河，还是河渡鹅。

（2）张伯伯，李伯伯，饽饽铺里买饽饽，张伯伯买了个小饽饽，李伯伯买了个大饽饽。拿回家里喂婆婆，婆婆又去比饽饽。也不知是张伯伯买的饽饽大还是李伯伯买的大饽饽。

（3）河边两只鹅，一同过了河，白鹅去拾草，黑鹅来搭窝。冬天北风刮，草窝真暖和，住在草窝里，哦哦唱支歌。

（4）婆婆和嬷嬷，来到山坡坡，婆婆默默采蘑菇，嬷嬷默默拔萝卜。婆婆拿了一个破簸箕，嬷嬷带了一个薄笸箩，婆婆采了半簸箕小蘑菇，嬷嬷拔了一笸箩大萝卜。婆婆采了蘑菇换饽饽，嬷嬷卖了萝卜买馍馍。

（5）河边两只鹅，白鹅与灰鹅，哦哦爱唱歌，唱得渴又饿，昂首吸飞蛾，飞蛾啄不住，岸边去找窝。草窝暗又矮，只得去过河，河里真暖和，有吃又有喝，不能再挨饿，遨游真快活，安心唱爱歌。

4. 句子练习

或者说还没有准备好，或者要他想好最坏的结局，我什么也不能给他，只是做朋友，而且远离家乡和亲人，在这里找个工作，好像也不大容易的，而且他的收入哥哥买车都拿走了，还是手头有一点积蓄好些，而且以前说好是一年的，为何要这么慌张，不喜欢做什么事情手忙脚乱的。

5. 自测练习

么　摸　莫　磨　末　魔　模　墨　破　泼　颇　婆　坡　佛　咯

得　德　特　忒　忑　呢　搁　讷　了　乐　勒　个　各　哥　格

隔　可　课　克　客　咳　嗬　壳　刻　喝　盒　合　社　射　蛇

设　这　者　哲　车　撤　澈　舍　则　泽　择　色　涩　瑟　穑

厕　侧　测　策　册　额　饿　俄　恶　哦　噢　喔　博　迫　摸

珀　拨　鄱　殁　播　叵　搏　波　魄　摩

客车　车辙　折射　波折　测着　色泽　客舍　薄荷　剥壳　菏泽

呵责 特设 特赦 破折 破车 墨色 莫泽 莫测 磨合 墨盒
漠河 隔膜 隔阂 合格 和歌 我的 沃特 薄荷 割舍 蛇窝
舍我 扯破 摄魄 折磨 博客 播客 伯克 蜗壳 佛者 刻薄
河伯 胳膊 叵测 摹刻 摸摸 泼墨 喔喔 伯伯

四、齐齿呼与撮口呼发音及练习

（一）齐齿呼韵母与撮口呼韵母辨正

齐齿呼韵母和撮口呼韵母的主要区别在于：齐齿呼是不圆唇元音，撮口呼是圆唇元音。发音时注意口形的圆展。

（二）常见问题

1. 发音时，不能正确摆正舌尖位置，发不出撮口呼的音；
2. 混淆二者，混用。

（三）练习方法

要分别发好这两组音就得注意发音起始的唇形。

（四）练习

1. 字词练习

i

齐 细 级 器 移 滴 提 密 骑 洗 集 滴
集体 利益 笔记 激励 习题 地理 启迪 洗涤 提议 机器

ü

鱼 绿 语 句 取 续 驴 聚 屡 区 欲 嘘
区域 雨具 须臾 女婿 屈居 豫剧 区域 玉虚 屈居 玉宇

2. 两字词连用

抑郁 戏剧 聚集 语气 解决 节约 越界 确切 边远 田园
眷恋 选编 嶙峋 音韵 军民 寻衅 莫测 叵测 伯乐 播客

3. 对比练习

意见—遇见 名义—名誉 里程—旅程 前面—全面 季节—拒绝 印书—运输
经济—京剧 切实—确实 蝎子—靴子 颜色—原色 潜力—权力 通信—通讯

4. 绕口令练习

(1) 七加一，再减一，加完减完等于几？七加一，再减一，加完减完还是七。

(2) 你也勤来我也勤，生产同心土变金。工人农民亲兄弟，心心相印团结紧。

(3) 京剧叫京剧，警句叫警句。京剧不能叫警句，警句不能叫京剧。

(4) 大渠养大鱼不养小鱼，小渠养小鱼不养大鱼。一天天下雨，大渠水流进小渠，小渠水流进大渠。大渠里有了小鱼不见大鱼，小渠里有了大鱼不见小鱼。

(5) 芜湖徐如玉，出去屡次遇大雾。曲阜苏愚卢，上路五回遇大雨。

(6) 西风烈，长空雁叫霜晨月。霜晨月，马蹄声碎，喇叭声咽。雄关漫道真如铁，而今迈步从头越。从头越，苍山如海，残阳如血。

5. 句段练习

(1) 中国女排获得了“三连冠”的荣誉是很不容易的。

(2) 大家肯定会对这项改革提出大量的宝贵意见，这是可以预见的。

(3) 或许你现在面临的是一座高山、一条大江、一片沙漠、一片黑暗，那就赶紧去翻越险峻山峰，渡过滔滔江水，寻找绿洲，探索光明，因为现在只有一瞬间。它溜了，就再也追不回了。

(4) 这天天下雨，体育局穿绿雨衣的女小吕，去找穿绿运动衣的女老李。穿绿雨衣的女小吕，没找到穿绿运动衣的女老李，穿绿运动衣的女老李，也没见着穿绿雨衣的女小吕。

6. 自测练习

以 一 已 译 咦 亿 意 亦 及 几 级 急 机 即 季
其 起 气 器 洗 系 西 戏 析 细 析 比 逼 壁 笔
币 必 鼻 彼 俾 屁 批 匹 辟 米 密 日 秘 你 提
句 局 据 剧 咀 菊 距 去 区 取 驱 娶 趋 嘘 徐
许 叙 虚 与 于 雨 宇 玉 育 蓄 余 据 曲

须臾 期许 七夕 预计 雨季 淤积 日期 日起 稀奇 依据
一起 唏嘘 契机 奇迹 时期 使其 士气 思域 私语 脾气
语句 渔具 豫剧 絮语 器具 棋局 喜气 絮语 预习 序曲
继续 纪律 谜语 体育 例句 履历 语气 距离 曲艺 具体
比喻 与其 寄语 一律 预计 羽翼 雨季 聚集 急剧

生育—生意 居住—记住 聚会—忌讳 取名—起名 于是—仪式
名誉—名义 遇见—意见 舆论—议论 美育—美意 姓吕—姓李
雨具—以及 区域—歧义 名义—名誉 结集—结局 意义—寓意
盐分—缘分 绝迹—绝句 沿用—援用 通信—通讯 意见—预见
容易—荣誉 雨具—雨季 原料—颜料 院子—燕子

五、i 与 ie、ü 与 üe 字音辨正练习

（一）i 与 ie、ü 与 üe 字音辨正

i 与 ie 都为齐齿呼韵母，发音时起始音相同，区别是：发 i 音时唇形保持不变，而 ie 则在发完 i 音后，口型舌位渐渐滑动，过渡到后一个元音 e，且元音 e 音色模糊。ü 与 üe 同属撮口呼韵母，相同之处是发音时都是圆唇，区别在于 ü 发音时唇形和舌位不变，而 üe 音则会出现唇形和舌位的变化，且后一个元音 e 音色模糊。

（二）主要问题

1. 发音时，第二个元音 e 的音色没有弱化，仍然读本身音；

2. 唇形和舌位在发音时过渡不够。

（三）学习方法

先学会发起始元音，然后再向下一个元音过渡，将 e 发成响而长的 ê。

（四）练习

1. 字的对比练习

i 与 ie

笔—别　匹—撇　提—铁　妮—捏　西—些　及—接

器—切　衣—椰　迷—咩　滴—跌　里—咧　期—切

ü 与 üe

句—倔　区—缺　须—雪　于—越　律—略　女—虐

迂—约　举—觉　许—穴　曲—瘸　绿—掠　语—悦

2. 词的对比练习

别针—逼真　撇开—劈开　细密—泄密　碟片—底盘　切实—确实

列表—略表　猎取—掠取　日夜—日月　竹叶—逐月　午夜—五岳

铁屑—提携　别离—比例　谢绝—决裂　解决—确切　节略—学业

学界—劫掠　血液—喋血　节约—协约　孑孓—越界　月夜—学姐

3. 绕口令练习

（1）谢老爹在街上扫雪，薛大爹在屋里打铁。薛大爹见谢老爹在街上扫雪，就放下手里打的铁到街上帮谢老爹扫雪。谢老爹扫完了雪，进屋帮薛大爹打铁，二人同扫雪，二人同打铁。

（2）杰杰和姐姐，花园里面捉蝴蝶。杰杰去捉花中蝶，姐姐去捉叶上蝶。

（3）村里新开一条渠，弯弯曲曲上山去，河水雨水渠里流，满山庄稼一片绿。

4. 句段练习

(1) 新裂齐纨素，鲜洁如霜雪。裁为合欢扇，团团似明月。收支君怀袖，摆荡轻风发。常恐秋节至，凉飚夺酷热。搁置箧笥中，恩典中道绝。

(2) 双草苍苍虫切切，村南村北行人绝。独出门前望野田，月明荞麦花如雪。

5. 自测练习

比 逼 俾 鼻 彼 壁 必 辟 匹 劈 批 别 憋 瘪 蹩

撇 瞥 咩 灭 乜 爹 碟 叠 帖 铁 餮 列 裂 猎 页

也 耶 业 疟 血 乐 月 学 粤 掘 抉 榷 雀 靴 却

缺 确 阙 谑 越 倔 珏 觉 鹊 写 些 谢 鞋 歇 姐

接 借 节 结 切 且 窃 茄 妾 及 几 级 即 即 机

其 起 气

妻妾 解析 接戏 解决 孑孓 气虚 一劫 别集 憋气 惜别

鹊起 奇缺 体贴 切题 气体 提及 体积 题记 梯级 铁血

铁靴 气血 气穴 提气 学艺 血衣 血疑 岳悌 唏嘘 吸血

戏谑 绝提 确实 却是 岳池 乐池 学期 学士 学识 血狮

其实 气势 起始 契机 奇迹 七级 体积

六、ang、iang、uang字音辨正练习

(一) ang、iang、uang字音辨正

ang是由韵腹和鼻音韵尾ng构成，发音时先发元音，然后让舌根向软腭移动发出ng的音；而后两个韵母是由韵腹、元音韵头以及鼻音韵尾ng构成，发音时前面的韵头较短，只表示舌位在那里移动，滑向中间较为响亮的主要元音，而后让舌根向软腭移动发出ng的音。

(二) 主要问题

韵头的元音发得过响，致使整个韵母出现断层。

(三) 学习方法

1. 发iang和uang时，韵头不能发得过响亮，让其只起到过渡作用，然后以鼻韵收尾。

2. 记忆一定的搭配规律。

(四) 练习

1. 字的对比练习

班—帮 盼—胖 瞒—忙 反—纺 胆—党 谭—糖

男—囊 拦—狼 甘—刚 刊—康 含—航 战—涨

产—场　山—商　然—嚷　赞—脏　餐—仓　三—桑
宽—框　环—黄　专—装　穿—窗　栓—霜　弯—汪
练—量　年—酿　检—讲　千—枪　先—湘　延—杨

2. 词语对比练习

一双—一箱　一床—异常　意象—一场　样子—巷子　批量—批浪
匡扶—康复　唱响—创想　晃荡—行当　矿床—矿厂　慌张—行长
装样—张扬　黄菊—行距　无恙—无望　创伤—撞伤　两党—浪荡
长江—闯将　矿藏—矿床　无上—无双　洋相—妄想　杨树—王述

3. 绕口令

(1) 星星多么明亮，挤满我的小窗。闪动晶蓝的眼睛，微笑着向我张望。阴云消失了，就像洗过一样。打开久闭的小窗，我有多似繁星的期望。

(2) 方幌子，黄幌子，方幌子是黄幌子，黄幌子是方幌子。晃动方幌子，就是晃动黄幌子，晃动黄幌子，就是晃动方幌子。

(3) **砸缸**

小光和小刚，抬着水桶上山冈。
上山冈，歇歇凉，拿起竹竿玩打仗。
乒乒乒，乓乓乓，打来打去砸了缸。
小光怪小刚，小刚怨小光，小光小刚都怪竹竿和水缸。

(4) **黄花黄**

黄花花黄黄花黄，花黄黄花朵朵黄，朵朵黄花黄又香，黄花花香向太阳。

(5) **同乡不同行**

辛厂长，申厂长，同乡不同行。
辛厂长声声讲生产，申厂长常常闹思想。
辛厂长一心只想革新厂，申厂长满口只讲加薪饷。

4. 句段练习

(1) 希望是心灵的金鸟，拍打着梦幻般的翅膀，它总是追着阳光飞翔，在通往未来的路上歌唱。它不会在风雨面前敛翅，但可能会在风雨中跌伤。即使跌伤了也会腾空而起，它的生命永远不会死亡。

(2) 东方升起一轮朝霞，晨曦沐浴明媚的霞光。
鲜红是你不尽的追求，金黄是你永远的辉煌。
世界在你面前展开无边的天地，中华腾飞的宏愿使你豪情万丈。
当世纪的钟声敲响，当未来的精灵翱翔，征途上你是导航的灯塔——
火红的旗帜永远飘扬！

(3) 床前明月光，疑是地上霜，

举头望明月，低头思故乡。

（4）韵律诗歌节奏扬，朝凝玉露夜含霜。

丈夫四十功未建，香烟喷吐转悠长。

网络结交皆同志，金兰意气共慨慷。

百代英名汗青重，丹心碧血与谁扛？

不忘春山双羽树，秀美娩婳细珍藏。

呜呼！高歌一曲红颜动，岂可顶天立地叹彷徨！

5. 自测练习

肮	邦	帮	梆	浜	仓	伧	苍	沧	怆
昂	藏	长	场	妆	庄	桩	装	芒	忙
杧	盲	氓	茫	绑	榜	膀	厂	仰	养
氧	痒	当	宕	荡	挡	档	烫	趟	忘
王	妄	望	向	项	巷	相	象	像	橡
嶂	瘴	壮	状	僮	撞	幢	娘	彷	庞
旁	蒡	膀	磅	螃	强	狂	样	丧	将
慌	煌	光	唱	想	樯	光	广	爽	孀
盎	绑	乓	仿	铛	唐	馕	琅	港	亢
夯	瓤	奘	沧	搡	网	抢	奖	酱	痒
荒凉	相仿	丁香	海棠	扶郎	瑞香	厂房	晃光	奖项	汪洋
创伤	创想	想象	相仿	踉跄	苍茫	莽莽	晃晃	晃荡	榜样
唐莽	张昌	慌张	乡长	上装	矿藏	藏香	窗长	荒唐	广场
襄阳	香堂	强项	疆场	江阳	讲堂	厢房	黄粱	双桨	霜降

七、ie、ian 字音辨正练习

（一）ie、ian 字音辨正

发音时，ie 最后一个元音 e 会发成 ê 音，ian 在发到最后时也带有类似的音，难以区分。但区别是 ie 属于后响复韵母，而 ian 属于前鼻韵韵母；另外，ian 在发到最后音时气流从鼻腔出来，发出鼻音 n。

（二）主要问题

1. 不能将 ian 韵母的鼻音发出来，将之发成了 ia；
2. 能将 ian 的韵母的鼻音发出来，但是不能将之与 ê 区别开来。

（三）学习方法

1. 了解二者所属的韵母范畴；
2. 熟记两个韵母的不同搭配规则。

（四）练习

1. 字的对比练习

演—也　脸—咧　田—铁　减—姐　千—切　险—写　便—憋　片—撇

免—灭　点—跌　年—捏　天—贴　跌—点　铁—添　聂—念　烈—练

借—渐　且—浅　鞋—贤　别—扁　瞥—遍　咩—眠　蝶—颠　涅—捻

2. 词语对比练习

接到—尖刀　姐夫—肩负　浅水—节水　别字—鞭子　鞭策—别扯

镊子—捻子　贴切—铁剑　仙剑—邪见　窃取—前屈　贴切—铁剑

面试—蔑视　眼线—郧县　钳子—茄子　协奏—前奏　鲜见—斜肩

扁担—偏袒　沿线—言谢　卸车—闲扯　练习—列席　列车—练车

街坊—见方　黔中—切中　变脸—别恋　恋情—列卿

天奇—铁器

3. 绕口令练习

(1) 姐姐借刀切茄子，去把儿去叶儿斜切丝，切好茄子烧茄子，炒茄子、蒸茄子，还有一碗焖茄子。

(2) 大姐编辫，两个人编。二姐编那半边，三姐编这半边；三姐编这半边，二姐编那半边。

(3) 天连水，水连天。水天一色望无边。蓝蓝的天似绿水，绿绿的水如蓝天。

(4) 尖塔尖，尖杆尖，杆尖尖似塔尖尖，塔尖尖似杆尖尖。有人说杆尖比塔尖尖，有人说塔尖比杆尖尖。不知到底是杆尖比塔尖尖，还是塔尖比杆尖尖。

4. 句段练习

(1) 一粒红稻饭，几滴牛领血。珊瑚枝下人，衔杯吐不歇。

(2) 香烟缭绕，明窗外，南山如泻。忆往日，几多缱绻，何等激烈。坐抱嶙峋涛与浪，仰观璀璨星和月。不徘徊，揽春华秋实，苔岑切。

(3) 用我的风格浩荡，袅娜在浩渺间翩。飞歌赞誉谁的美，信仰痴追何处妍。炽热随秋千逸翥，清纯伴玉魄流潺。鸣虫环绕着磷火，炫亮平生的誓言。

5. 自测练习

别　瘪　蹩　撇　瞥　蔑　灭　爹　叠　帖　铁　捏　聂　猎　列

节　街　妾　怯　携　斜　叶　边　变　便　编　偏　片　骗　便

面　免　缅　勉　点　店　电　垫　碘　典　殿　天　填　舔　甜

田 年 念 廿 脸 练 连 恋 联 见 建 件 剪 健 尖
捡 钱 前 千 浅 先 现 线 仙 咸 演 鞭 翩 烟 签
间 脸 县 烟 眼 添 骈 眠 帘 垫 减 倩 闲 也 液
燕 巅 衔 恬 贬 憋

变现 变迁 变浅 翩跹 片面 骗钱 偏见 棉签 免签 免检
延边 剪钳 艰险 鲜艳 沿线 闲篇 先见 浅显 天边 田间
天谴 别嫌 贴切 铁屑 接卸 截面 斜边 谢添 眼睑 爷爷
夜间 建业 见面 连绵 先练 线帘 歇肩 页面 颜面 天仙
联检 年鉴 夜宴 遍野 沿线 言谢 铁剑 片言 棉业 链接
前街 衔接 裂天 篾片 简介 简洁 借鉴 节俭 限界 鞋业

八、鼻韵母综合练习

（一）鼻韵母对比辨别练习

反问—访问 一班—一帮 申明—声明 诊治—整治 水滨—水兵
亲近—清静 鲜味—香味 放盐—放羊 关节—光洁 还了—黄了
寒天—航天 拴住—双柱 坎肩—抗碱 人民—人名 皮件—疲倦
前头—拳头 声音—神音 银盘—硬盘 花香—花仙 老翁—老问
莲塘—靓汤 鲜亮—响亮 换掉—晃掉 练枪—踉跄 化身—花生
凶残—熊藏 晚宴—妄言 隐士—影视 转世—壮士 痕迹—恒基
蓊郁—文娱 黄土—换土 潜入—呛入 本地—蹦迪 虎胆—护裆
搪塞—贪色 搬家—帮助 盘绕—旁边 隐瞒—很忙 船帆—正方
担心—当然 海滩—鸡汤 江南—气囊 兰花—郎中 寒冷—杭州
看见—健康 陈旧—成就 深沉—生成 深耕—生根 分针—风筝
清真—清蒸 诊治—整治 粉刺—讽刺 瓜分—刮风 木盆—木棚
人参—人生

（二）绕口令

1. 胖娃娃捉蛤蟆

一个胖娃娃，捉了三个大花活蛤蟆。三个胖娃娃，捉了一个大花活蛤蟆。捉了一个大花活蛤蟆的三个胖娃娃，真不如捉了三个大花活蛤蟆的一个胖娃娃。

2. 严眼圆与严圆眼

山前有个严圆眼，山后有个严眼圆，二人山前来比眼，不知是严圆眼的眼圆，还是严眼圆比严圆眼的眼圆？

3. 陈和程

陈是陈，程是程，姓陈不能说成姓程，姓程也不能说成姓陈。禾旁是程，耳朵是陈。程陈不分，就会认错人。

4. **小金和小京**

小金到北京看风景，小京到天津买纱巾。看风景，用眼睛，还带一个望远镜；买纱巾，带现金，到了天津把商店进。买纱巾，用现金；看风景，用眼睛，巾、金、精、津、睛都要分得清。

5. **风吹藤**

东洞庭，西洞庭，洞庭山上一根藤，藤上挂个大铜铃。风吹藤动铜铃响，风停藤定铜铃静。

6. **俩判官**

城隍庙内俩判官，左边是潘判官，右边是庞判官，不知是潘判官管庞判官，还是庞判官管潘判官。

7. **通信不同姓**

同姓不能念成通信，通信也不能念成同姓。同姓可以互相通信，通信可不一定同姓。

（三）朗读古诗词，注意读准韵母。

江 雪

柳宗元

千山鸟飞绝，万径人踪灭。
孤舟蓑笠翁，独钓寒江雪。

送友人

李 白

青山横北郭，白水绕东城。
此地一为别，孤蓬万里征。
浮云游子意，落日故人情。
挥手自兹去，萧萧班马鸣。

乡 愁

余光中

小时候，乡愁是一枚小小的邮票，
我在这头，母亲在那头。
长大后，乡愁是一张窄窄的船票，
我在这头，新娘在那头。
后来呵，乡愁是一方矮矮的坟墓，
我在外头，母亲呵在里头。
而现在，乡愁是一湾浅浅的海峡，
我在这头，大陆在那头。

前后鼻音类推字表

an	ang
①安桉氨鞍庵鹌谙③俺铵④岸按案胺暗黯	①肮②昂④盎
①扳颁班斑般搬③阪坂板版钣舨④办半伴拌绊扮瓣	①邦帮梆浜③绑榜膀④蚌棒傍谤磅镑
①番潘攀②爿胖盘磐蟠蹒④判叛畔拚盼襻	①乓滂膀②庞旁膀磅螃③耪④胖
②埋蛮谩蔓馒鳗瞒③满螨④曼谩蔓幔慢漫	②邙芒忙盲氓茫硭③莽蟒
①帆番藩幡藩翻②凡矾钒烦蕃樊繁③反返④犯范饭贩泛梵	①方坊芳②防坊妨肪房鲂③仿访纺舫④放
①丹担单郸殚眈耽③胆疸掸④石旦但担诞淡惮弹蛋氮澹	①当铛裆③挡党谠④当挡档凼砀荡宕
①坍贪摊滩瘫②坛昙谈郯痰弹覃谭潭檀③忐坦钽袒毯④叹炭碳探	①汤铴镗②唐塘搪溏瑭糖堂樘膛螳棠③倘惝淌躺傥④烫趟
①囡②男南喃楠难③腩蝻④难	①囊囔②囊馕③攮
②兰拦栏岚婪谰阑澜斓蓝褴篮③览揽缆榄懒④烂滥	①啷②郎廊榔螂狼琅锒③朗④浪
①干杆肝竿甘泔柑尴③杆秆赶擀敢橄感④干赣	①冈刚纲钢扛肛缸罡③岗港④杠钢戆
①刊看堪③坎砍侃槛④看阚瞰	①康慷糠②扛④亢伉抗炕钪
①鼾酣憨②邗汗邯含晗函涵韩寒③罕喊④汉汗旱捍悍焊颔翰瀚撼憾	①夯②行吭杭航④巷
①占沾毡粘旃詹谵瞻③斩崭盏展搌辗④占战站栈绽湛颤蘸	①张章彰獐漳樟蟑③长涨掌④丈仗杖账帐涨障瘴
①掺搀②单婵禅蝉谗馋孱潺缠廛澶蟾③产铲谄阐④忏颤	①昌菖猖娼鲳②长苌肠尝偿徜常嫦③厂场昶惝敞④怅畅倡唱
①山舢芟杉钐衫删姗珊栅跚苫扇煽膻③闪陕④讪汕疝苫钐单掸禅扇骟善缮膳擅赡蟮	①伤殇商墒③上垧晌垧赏④上尚绱
②蚺然燃③冉苒染	①嚷②瓤③壤攘嚷④让
①糌簪②咱③攒④暂錾赞瓒	①赃脏臧③驵④脏奘葬藏
①参骖餐②残蚕惭③惨④灿孱璨	①仓苍沧舱②藏
①三叁③伞散馓糁④散	①丧桑③搡嗓④丧
en	eng
①恩④摁	
①奔③本④笨	①崩②甭③绷④迸蹦泵
①喷②盆④喷	①烹②朋棚硼鹏彭澎膨③捧④碰

续表

en	eng
①闷②门们④闷	①蒙②盟萌蒙檬朦③猛蜢锰④梦孟
①分芬纷吩②坟焚汾③粉④奋份粪忿愤	①风枫疯蜂峰丰封②逢缝冯③讽④奉凤缝
	①登灯③等④邓凳瞪
	②疼腾誊滕藤
④嫩	②能
	②棱③冷④愣
①根跟②哏③艮	①耕庚羹更③耿梗④更
③肯啃垦恳④裉	①坑
②痕③很狠④恨	①亨哼②横衡恒④横
①真贞针侦珍胗斟③诊疹枕④振震镇阵	①争筝睁征正挣蒸③整拯④正政证症郑挣
①嗔抻②晨辰沉忱陈臣尘橙③碜④衬趁称	①称撑②成城诚承呈程惩澄乘盛③逞骋④秤
①申伸呻绅身深②神③沈审婶④甚慎肾渗	①生牲笙甥升声②绳③省④圣胜盛剩
②人仁壬③忍④任认刃纫韧	①扔②仍
③怎	①曾增憎④赠锃
①参②岑	②曾层④蹭
①森	①僧
in	ing
①因姻殷音阴②银龈垠吟寅淫③引蚓隐瘾饮尹④印荫	①英应鹰婴樱缨鹦②营莹萤盈迎赢③影④映硬应
①宾滨缤彬④殡鬓	①兵冰③丙柄秉饼禀④病并
①拼②贫频③品④聘	①乒②平苹萍屏瓶凭
②民③敏皿闽悯泯	②名茗铭明鸣冥④命
	①丁叮钉仃叮③顶鼎④定锭订
	①听厅汀②亭停廷庭蜓③挺艇
②您	②宁狞拧凝③拧④宁佞
②林琳淋磷邻鳞麟③凛禀檩④吝赁蔺	②灵伶蛉玲零铃龄菱陵凌绫③岭领④另令
①今斤巾金津襟筋③紧锦仅谨馑④尽劲缙觐烬近晋禁浸	①京惊鲸茎经菁精睛晶荆兢粳③景颈井警④敬镜竟净静境竞径劲
①亲侵钦②勤琴芹秦禽擒③寝④沁	①氢轻倾青清蜻卿②情晴擎③顷请④庆亲
①新薪辛锌欣心馨④信衅	①星腥猩兴②形刑型邢行③省醒④幸姓性杏兴

九、自我检测

1. 单音节字（100个）

饿 惹 及 换 列 方 脸 返 群 焚 绑 蒸 屉 频 灭
镖 播 电 濒 酿 铃 当 光 办 拽 江 短 桑 脏 憧
弓 女 穷 年 捐 雌 惨 装 将 床 择 日 兵 烈 共
很 根 旁 乘 页 钱 瓮 全 烟 样 贫 写 颈 捏 叵
窜 怆 闻 因 赢 零 爽 完 让 得 氓 佛 栈 啃 坑
神 咸 棉 演 泯 湘 三 暖 借 上 精 近 暖 双 松
响 街 紫 傲 汗 四 玄 谢 青 专

2. 多音节字词（50个）

谎话 裂缝 残阳 银行 凶猛 宁静 延展 一丈 创伤 藏青
蜿蜒 铁链 猎人 仍然 新兴 仰仗 蝶妆 光阳 看见 翩跹
批评 掩藏 奔腾 等车 静养 山峦 风险 恶俗 讴歌 演技
闻讯 馄饨 亮剑 担当 闷声 湘江 乜斜 涅槃 蓊郁 官场
全歼 跟进 成长 学位 双桨 双簧 疼痛 远洋 绚烂 语序

第四节　声调音准练习

训练目标

能准确分辨每个字所属的调类，能在词、句、段中读准四声的声调，尤其是上声的声调。

训练内容

一、调值、调类、调号

声调是音节中具有区别意义（字义，词义）作用的音高变化。比如“很鲜”、“很咸”、“很险”就是因为“鲜”、“咸”、“险”的声调不同，所以意义也不同。又如：

通知　通志　同志　统治；失实　失事　实施　实时　时事　史诗　适时　世事；孤立　鼓励　故里；回复　恢复　回府。

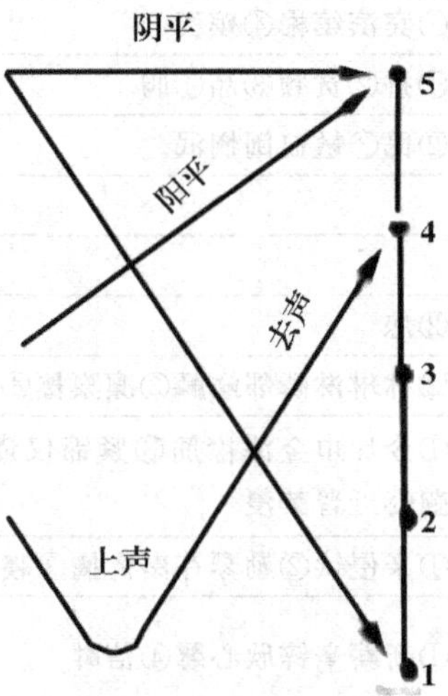

图1　五度标记法

声调主要取决于音高。同一个人的不同音

高的变化，是由其控制声带的松紧决定的。声带越松，声调越低；声带越紧，声调越高。

（一）调值

调值是音节高低升降、曲直长短的变化形式，也就是声调的实际读法。一般用“五度标记法”来标记声调的调值。

普通话的全部字音一般来说分别属于四种基本调值：高平调（光 55）、中升调（明 35）、降升调（磊 214）①、全降调（落 51）。

（二）调类

调类是声调的种类，即把相同调值的字归纳在一起所建立的类。普通话有四种调值，就有四种相应的调类，分别称作：阴平调（一声），阳平调（二声），上声调（三声），去声调（四声）。

（三）调号

阴平调 55 高平调 ˉ

阳平调 35 中升调 ˊ

上声调 214 降升调 ˇ

去声调 51 全降调 ˋ

发音特点：

阴平：起音高高一路平，

阳平：由中到高往上升，

上声：先降后升曲折起，

去声：高起猛降到底层。

二、声调发音的常见问题

（一）调类错误

调类错误的原因不是不会发四种声调，而是在方言和普通话的声调转化方面出现了错误，有时候用方言的声调来发音。

（二）调值缺陷

1. 阴平不够高。

2. 阳平不到位。

3. 上声没有曲折或出现两次曲折，还有的上声拉得过长。

4. 去声不到位。

---

① 普通话上声有 214、2114 两种标记法，此处按照四川省语言文字工作委员会办公室编写：《普通话水平测试训练教程》，109 页，成都，电子科技大学出版社，2006。

三、四声分类练习

声调是学习语音的难点，它比任何声母、韵母都难掌握。

（一）阴平声练习

阴平调值是55，发音时声带始终是拉紧，声音又高又平，阴平有为其他三个声调定高低的作用，如果阴平调值掌握不好，会影响其他声调的发音。

存在问题1：不能准确掌握阴平的调值，有些人阴平读得过低，造成去声降不下来，阴平读得过高，则阳平高不上去。

解决办法：练习阴平，可先用单韵母读出高、中、低三种不同的平调，体会发高音时声带拉紧、发低音时声带放松的不同感觉。这种练习不但可以比较出阴平的高平调值，而且可以训练控制声带松紧的技能，为掌握好复杂的升、降、曲三种声调打下基础。

练习：ɑ、o、e、ê、i、u、ü、（用以上单韵母读出高、中、低三种不同的平调）

存在问题2：阴平普遍不够高。尤其在东北方言中，阴平的调值比普通话要低，如果是发阴平的双音节词，则后一个阴平调值更低。

解决办法：可以先读一个阳平字，把声调升上去，按着阳平尾音的音高来发后一个阴平的字。

阳平＋阴平：

房间　夺标　泥沙　农村　来宾　决心

航空　旗杆　长春　南京　群芳　晴空

阴平声一开始是5度，然后维持不变，保持一条横线。如果是两个阴平声连在一起，念时稍把前一个降一点，后边的不变，保持5度。

题菊花

黄　巢

飒飒西风满院栽，蕊寒香冷蝶难来。

他年我若为青帝，报与桃花一处开。

望庐山瀑布

李白

日照香炉生紫烟，遥看瀑布挂前川。

飞流直下三千尺，疑是银河落九天。

（二）阳平

阳平调值是35，发音时声带由不松不紧，逐渐拉紧，声音由不高不低升到最高。多数人读不好这个调值是高音升不上去，主要原因是起点太高，声带已相当紧了，无法再紧，音高也就不能再升。纠正的方法是设法把声带放松，然后再拉紧。可以先读一个去声，把声带放松，紧接着读一个升调，这样可以读出接近阳平的调值。多读去声和阳平相连的词语，有助于练好阳平。

去声＋阳平：

逆流　掠夺　耐烦　内容　善良　预防　地图　树林

霎时　涉足　视察　便捷　亚麻　部门　汽油　切实

阳平声开始在 3 度，滑动上升到 5 度，如果两个阳平声相连要注意前边一个不能弯曲。

登鹳雀楼

王之涣

白日依山尽，黄河入海流，

欲穷千里目，更上一层楼。

黄鹤楼送孟浩然之广陵

李　白

故人西辞黄鹤楼，烟花三月下扬州。

孤帆远影碧空尽，唯见长江天际流。

（三）上声

上声调值是 214，发音时声带由较松慢慢到最松，再很快地拉紧。声音由较低慢慢到最低，再快速升高。在朗读和谈话中，上声的基本调值出现的机会很少，经常出现的是变化之后的调值。但是基本调值是变化的基础，掌握了基本调值才能掌握它的变化，所以首先应读准上声的本调。读上声时主要的问题是起点高，降不下来，给人的感觉是拐弯不够大，也有的人虽有拐弯，但前面下降的部分太短，后面上升的部分太长。还有的人不仅读得过长，而且出现两次曲折。练习上声时，首先应设法把声带放松，使声调的起点降低，并尽量把低音部分拖长。可以先读一个去声，以帮助放松声带和增加前半段的长度，气流不中断，紧接着念个短促的升调，就能读出较正确的上声了。

去声＋上声：

电网　地址　翅膀　地点　历史　后果　跳舞　电影

宁可　赦免　替补　向往　废水　怯场　向导　债主

注意要点：上声要发全，同时喉头要放松。

录取　饭碗　地理　旧址　战友　敬礼　呐喊　密码

遇雨　饲养　率领　戏曲　候补　探险　面粉　看法

卖场　信仰　人体　特有　入伍　字母　窃取　购买

念时注意首先要下到底，然后折转直升到4度。如果两个上声相接，按上声变调处理。

春　晓

孟浩然

春眠不觉晓，处处闻啼鸟。

夜来风雨声，花落知多少。

（四）去声

去声调值是51，发音时声带先拉紧，后放松，声音从最高降到最低。少数人读去声降不下去。可用阴平带去声的方法来练习，即先发一个阴平，使声带拉紧，再在阴平的高度上尽量把声带放松，就能读出全降调的去声了。多读阴平和去声相连的词语，有助于读好去声。

阴平＋去声：

捏造　喷射　音乐　鸡蛋　丰富　希望　书架　黑暗

招待　工作　亲爱　欺诈　失重　天赋　家具　香皂

去声一开始5度，然后下滑降到最低1度。普通话里叫全降调。如果两个去声相连，前边一个去声可以不降到1度，但后边一个必须到1度。

如梦令·元旦

毛泽东

宁化、清流、归化，路隘林深苔滑，今日向何方？

直指五夷山下。

山下，山下，风展红旗如画。

四、四声结合练习

四声练习要结合气息一块儿练。

练习口诀：

阴平：气势平均不紧张；

阳平：用气弱起逐渐强；

上声：降时气稳扬时强；

去声：强起到弱气通畅。

（一）同声韵音节练习

本节在练习声、韵母发音的同时练习声调。要求读准四声的同时出字要有力，咬住字头，拉开字腹，收住字尾；声音连贯，气息控制自如。

1. 唇音

巴拔把罢　坡婆叵破　猫毛卯帽

2. 唇齿音

方房仿放　风逢讽缝　帆烦反饭

3. 舌尖中音

低敌底弟　通同统痛　妞牛扭拗　撩聊了料

4. 舌根音

姑△①古顾　科咳可刻　酣含喊汉

5. 舌面音

居局举据　牵钱浅欠　香祥想象

6. 翘舌音

知职止至　掺缠铲颤　申神沈甚　△如乳入

7. 平舌音

簪咱攒赞　猜才采菜　虽随髓岁

8. 开口音

掰白摆败　抛刨跑泡　飞肥匪费

9. 齐齿音

家夹（夹被）甲架　亲勤寝沁　些斜写泻　△联脸炼

10. 合口音

窗床闯创　蛙娃瓦袜　欢还缓幻　乖△拐怪

11. 撮口音

晕云允运　圈全犬劝　渊源远怨　薛学雪谑

（二）词语声调练习：

阴平＋阴平：

出发　飞机　关心　司机　村庄　吸烟　交通　青春

加工　车间　珍惜　光阴　喝杯咖啡　交通公司

阴平＋阳平：

窗帘　花篮　经营　安全　坚强　金鱼　发言　钢琴

科学发明　家庭纠葛　真诚帮忙　非常匆忙

阴平＋上声：

操场　歌舞　思想　分手　发表　开水　黑板　英勇

① △标示在现代汉语中此声韵组合无此调类的字。以下同。

稀有金属　观赏花草　修理钢笔　发展生产

阴平＋去声：

黑夜　发动　波浪　公共　音乐　方向　黑暗　希望

公事公办　中外音乐　工作需要　亲密兄弟

阳平＋阴平：

国家　原因　时间　人生　成功　茶杯　文章　农村

乘车回家　南方农村　明天联欢　提花毛巾

阳平＋阳平：

人民　联合　园林　诚实　文明　鱼塘　儿童　食堂

牛羊成群　严格执行　蓬蓬勃勃　和平原则

阳平＋上声：

毛笔　杂草　文选　食品　平坦　停止　牛奶　全体

男女平等　竹竿毛笔　长短皮袄　评比结果

阳平＋去声：

学校　文化　杂志　年代　同伴　劳动　别墅　群众

联系实际　劳动服务　繁重劳动　实事求是

去声＋阴平：

电灯　大家　似乎　故乡　丧失　信心　树根　射击

互相竞争　大声唱歌　必须认真　定期印刷

去声＋阳平：

树林　动摇　预防　论文　教材　内容　运行　告别

调查事实　按劳付酬　预防治疗　课堂教学

去声＋上声：

报纸　跳舞　历史　翅膀　彻底　幻想　妇女　戏曲

汉语课本　大胆放手　默写字母　各种报纸

去声＋去声：

戏剧　毕业　会议　竞赛　大概　阵地　部队　电视

胜利闭幕　电报挂号　创造纪录　正确判断

（三）四字词声调练习

通过这个练习，可以锻炼灵活运用四声正音的技巧。读的时候，气息要控制好，放开声一口气很通畅地发出来。

阴阳上去不管变位在哪里，都要求准确。练时注意不要字字停顿，应该有强弱、虚实的表现。

1. 按四声顺序排列

英明伟大　山河美丽　天然宝藏　资源满地

阶级友爱　中流砥柱　工农子弟　千锤百炼
身强体健　精神百倍　心明眼亮　光明磊落
山明水秀　花红柳绿　开渠引灌　风调雨顺
阴阳上去　非常好记　高扬转降　区别起落

2. 逆向四声排列

热火朝天　妙手回春　万古长青　大好河山　耀武扬威
碧草如茵　破釜沉舟　刻骨铭心　去伪存真　暮鼓晨钟
背井离乡　墨守成规　弄巧成拙　四海为家　视死如归
异口同声　兔死狐悲　驷马难追　调虎离山　袖手旁观

发音要领：先分别读每个音节，每一个音节要发清晰，然后再连起来读，要把四声的区别度读出来，才会有抑扬顿挫的美感，其中的阳平、上声要读到位。

五、普通话与方言声调比较练习

方言跟普通话声调的主要差异有三：一是声调种类的多少不同；二是声调的调值不同；三是方言跟普通话之间各类声调所包含的字不尽相同。

运用方言与普通话声调调类相对应的规律，指导学生确定单字的普通话声调。方言地区人学普通话，除了发准调值有困难外，如何确定一个字的普通话声调也是个难题。声调错误现象，好多并不是因为发不准普通话调值，而是因为不知道这个字在普通话里究竟该读什么调而读错的。

普通话和汉语各方言都源自古代（主要是隋、唐、宋时期）汉语，之间有着千丝万缕的亲缘关系，其语音内部有着明显的对应规律。在声调方面，表示同一意义的同一个字，在普通话和方言里尽管调值不相同，但调类基本一致。

判断以下各字音的调类：

现在　演讲　周期　时而　考查　看台　宏伟　畅销
领先　坚持　感情　欢送　同志　讲话　优秀　教程

普通话有阴、阳、上、去四种声调，也就有四种调类。这个声调系统是从中古汉语的阴平、阳平、阴上、阳上、阴去、阳去、阴入、阳入八类声调分合演变而来。有的方言完整地保存了中古的八个调类；如江淮西北方言五种调类，多了入声；江淮东南区六种调类，入声分阴阳，有的还有七种调类，去声也分阴阳。

判断以下入声字的调类：

白百北逼毕别帛卜

擦册插拆撤赤出戳

簇撮达德敌叠督夺
伐福隔给谷刮国喝
黑斛滑或寂频节菊
磕窟酪陆灭漠穆捺
拍匹漆砌热肉若撒
瑟勺适菽熟夙獭沓
剔铁凸析袜息吓歇
穴噎奕郁曰杂仄眨
窄褶帜粥嘱灼族昨①

六、自我检测

（一）词组

千锤百炼　山明水秀　英明果断　山盟海誓　风调雨顺　思前想后
颠来倒去　逆水行舟　背井离乡　智勇无双　热火朝天　信以为真
万古流芳　厚古薄今　光辉灿烂　旧地重游　气贯长虹　方兴未艾
各奔前程　富贵荣华　心花怒放　远走高飞　壮烈牺牲　欢欣鼓舞

（二）古诗

静夜思

李　白

床前明月光，疑是地上霜。
举头望明月，低头思故乡。

鸟鸣涧

王　维

人闲桂花落，夜静春山空。
月出惊山鸟，时鸣春涧中。

大林寺桃花

白居易

人间四月芳菲尽，山寺桃花始盛开。
长恨春归无觅处，不知转入此中来。

① 四川省语言文字工作委员会办公室编：《普通话水平测试训练教程》，140～148页，成都，电子科技大学出版社，2006。

闲居初夏午睡起

杨万里

梅子留酸软齿牙，芭蕉分绿与窗纱。

日长睡起无情思，闲看儿童捉柳花。

（三）绕口令

1. 小石与小史，两人来争执，小石说“正直”应该读“政治”，小史说“整治”应该读“整枝”。两人争得面红耳赤，谁也没有读准“正直”、“整治”、“政治”和“整枝”。

2. 姥姥喝酪，酪落，姥姥捞酪；舅舅抓鸠，鸠飞，舅舅揪鸠；妈妈骑马，马慢，妈妈骂马；妞妞轰牛，牛拧，妞妞拧牛。

3. 一葫芦酒九两六，一葫芦油六两九。六两九的油，要换九两六的酒，九两六的酒，不换六两九的油。

（四）文章片段

1. 天空的霞光渐渐地淡下去了，深红的颜色变成了绯红，绯红又变成浅红。最后，当这一切红光都消失了的时候，那突然显得高而远了的天空，则呈现出一片肃穆的神色。最早出现的启明星，在这蓝色的天幕上闪烁起来了。它是那么大，那么亮，整个广漠的天幕上只有它在那里放射着令人注目的光辉，活像一盏悬挂在高空的明灯。

2. 夜色加浓，苍空中的“明灯”越来越多了。而城市各处的真的灯火也次第亮了起来，尤其是围绕在海港周围山坡上的那一片灯光，从半空倒映在乌蓝的海面上，随着波浪，晃动着，闪烁着，像一串流动着的珍珠，和那一片片密布在苍穹里的星斗互相辉映，煞是好看。

3. 我不由得停住了脚步。从未见过开得这样盛的藤萝，只见一片辉煌的浅紫色，像一条瀑布，从空中垂下，不见其发端，也不见其终极。只是深深浅浅的紫，仿佛在流动，在欢笑，在不停地生长。紫色的大条幅上，泛着点点银光，就像迸溅的水花。仔细看时，才知道那是每一朵紫花中最浅淡的部分，在和阳光互相挑逗。

第五节　普通话轻声

训练目标

通过轻声音节的学习训练，掌握轻声的读法，并能在口语交流中准确熟练地使用轻声词。

训练内容

一、轻声的含义

轻声是语流音变中的一种现象，它是指一些音节在词语或句子中由于受前一个音节的影响，丢失掉原来的调值，变成一种又轻又短的调子。一般来说，任何一种声调的字，在一定条件下，都可以失去原来的声调，变成轻声。如“头”本来读阳平 tóu，在“头目、剃头、回头”等词里可以保持阳平的原调，但在“馒头、枕头、拳头”等词里却读得又轻又短，这里的“头”就是轻声。通常把这些读成轻声的字叫轻声字，把含有轻声音节的词叫轻声词。由于轻声读音的弱化，调值明显发生了改变，音长变短，音强变弱，有的音色也发生了变化。尽管如此，轻声不是一个独立的调类，而只是一种特殊的变调。

二、轻声的特点

轻声音节的特性是由音高和音长这两个比较主要的因素构成的，也有的学者认为音高和音强是构成轻声音节的主要因素。轻声由于音节的弱化，主要的特点是又轻又短，具体表现为：

(1) 音高不固定。从音高上看，轻声音节由原字声调调值变为轻声音节特有的音高形式（可称为轻声调值）。由于它受前一个音节的影响，音高是不固定的。前一个音节是阴平、阳平、去声的，后面的轻声是短促的低降调；前一个音节是上声的，后面的轻声是短促的半高平调。

(2) 音长变短。从音长上看，轻声音节的长度短于正常重读音节的长度，甚至大大缩短，通常只有正常音节的 2/3～1/2。

(3) 音强变弱。轻声音节音强明显减弱，听感上轻短模糊，“弱”是指听不出轻声音节原来的调值，但声母、韵母的发音仍是可以听得比较清楚的。

(4) 音色有一定变化。最明显的是韵母发生弱化，元音（指主要元音）舌位趋向中央等，复合元音动程缩小。声母也可能产生变化，不送气的清塞音和塞擦音常常浊化。例如“我的”中的 de，声母由清变浊（即声带出现振动），主要元音 e 的舌位也趋于央化。

三、轻声的读法

尽管轻声不是独立的调类，但它也有自身的调值。轻声作为一种变调的语音现象，一定体现在词语和句子中，因此轻声音节的读音不能独立存在。轻声的调值取决于它前一个音节的调值。如果前一个音节是阴平、阳平、去声，轻声的调值是短促的低降调，可以描写为31；如果轻声前一个音节是上声，轻声的调值是短促的半高平调，可以描写为44。

（一）非上声＋轻声

1. 阴平＋轻声

窗户 chuānghu 玻璃 bōli 帮手 bāngshou 包涵 bāohan

提防 dīfang 姑娘 gūniang 多么 duōmo

2. 阳平＋轻声

核桃 hétao 婆家 pójia 含糊 hánhu 柴火 cháihuo

行当 hángdang 活泼 huópo 牌楼 páilou 泥鳅 níqiu

3. 去声＋轻声

别扭 bièniu 大夫 dàifu 道士 dàoshi 豆腐 dòufu

簸箕 bòji 困难 kùnnan 意思 yìsi 扇子 shànzi

（二）上声＋轻声

脊梁 Jǐliang 补丁 bǔding 扁担 biǎndan 火候 huǒhou

使唤 shǐhuan 脑袋 nǎodai 耳朵 ěrduo 老实 lǎoshi

上声后面的轻声，如果原字调是上声，有一些轻声要读作31，把前面的上声读作阳平。例如：

晌午 shǎngwu 找补 zhǎobu 打手 dǎshou 哪里 nǎli

四、轻声的训练

（一）存在的主要问题

目前，在轻声学习中，学生主要存在以下两方面的问题：一是不能准确识别轻声词，二是不能读准轻声词。为此，必须掌握轻声的规律，通过有效方法反复记忆和训练朗读，达到熟练掌握的目的。

（二）训练方法

1. 分类识别法：把轻声词分为有规律和没有规律两大类，分别加以记忆。

普通话的轻声词大多带有一定的规律性，它和词法、语法有密切的关系，书面语色彩很浓的词语以及一些新词、科技术语一般不念轻声。常见的有以下一些：

（1）语气词“吗、呢、吧、啦”等都读轻声。例如：

吃了吗 怎么办呢 回去吧 买回来啦

（2）助词“地、的、得、着、了、过”等读轻声。例如：

拼命地跑 美丽的风景 漂亮得很 他看着我 太好了 听说过

（3）词根附加后缀“子、头”构成名词，“子、头”绝大多数读轻声。例如：

票子 piàozi　本子 běnzi　房子 fángzi　筷子 kuàizi　辫子 biànzi

鞋子 xiézi　罐头 guàntou　芋头 yùtou　兆头 zhàotou　念头 niàntou

活头 huótou　对头 duìtou

(4) 附加在指认的名词性词语、人称代词后面表示复数的“们”念轻声。例如：

你们 nǐmen　我们 wǒmen　他们 tāmen

咱们 zánmen　人们 rénmen　老师们 lǎoshīmen

同学们 tóngxuémen　朋友们 péngyoumen　孩子们 háizimen

(5) 重叠的名词，末尾一个音节念轻声。例如：

爸爸 bàba　妈妈 māma　爷爷 yéye　奶奶 nǎinai　星星 xīngxing

娘娘 niángniang

(6) 构成单纯方位词的“上、里”或合成方位词的“边、面、头”通常念成轻声。例如：

墙上 qiángshang　路上 lùshang　社会上 shèhuìshang

生活上 shēnghuóshang

家里 jiāli　心里 xīnli　夜里 yèli

私下里 sīxiàli　暗地里 àndìli　被窝里 bèiwōli

上边 shàngbian　下边 xiàbian　左边 zuǒbian

右边 yòubian　里边 lǐbian　外边 wàibian

里面 lǐmian　外面 wàimian　前面 qiánmian

后面 hòumian　南面 nánmian　北面 běimian

外头 wàitou　里头 lǐtou　前头 qiántou

后头 hòutou　上头 shàngtou　下头 xiàtou

(7) 趋向动词作补语念成轻声；中心语与趋向补语之间嵌入“得、不”时，“得、不”念成轻声或轻读。例如：

上去 shàngqu　下去 xiàqu　拿来 nálai　拿去 náqu

看得出 kàndéchu　看不出 kànbùchu

(8) 重叠的单音节动词念成轻声；当重叠的动词中间嵌入“一、不”时，“一、不”念轻声。例如：

想想 xiǎngxiang　看看 kànkan　听听 tīngting

走一走 zǒuyizǒu　说不说 shuōbushuō

(9) 以“当”结尾的部分双音节词语“当”念轻声。例如：

稳当 wěndang　快当 kuàidang　便当 biàndang　顺当 shùndang

行当 hángdang

(10) 以“得”结尾的部分双音节词语“得”念轻声。例如：

记得 jìde　使得 shǐde　觉得 juéde

显得 xiǎnde　说不得 shuōbude　恨不得 hènbude

(11) 以“糊”结尾的部分双音节词语“糊”念轻声。例如：

迷糊 míhu　含糊 hánhu　模糊 móhu　烂糊 lànhu

黏糊 niánhu　糨糊 jiànghu

(12) 以“快”结尾的部分双音节词语“快”念轻声。例如：

爽快 shuǎngkuai　凉快 liángkuai　痛快 tòngkuai

畅快 chàngkuai　勤快 qínkuai

(13) 以“匠”结尾的部分双音节词语“匠”念轻声。例如：

木匠 mùjiang　铁匠 tiějiang　石匠 shíjiang

锡匠 xījiang　铜匠 tóngjiang　漆匠 qījiang

(14) 以“量”结尾的部分双音节词语“量”念轻声。例如：

气量 qìliang　打量 dǎliang　掂量 diānliang

商量 shāngliang　思量 sīliang　比量 bǐliang

(15) 以“气”结尾的部分双音节词语“气”念轻声。例如：

大气 dàqi　福气 fúqi　秀气 xiùqi　神气 shénqi

脾气 píqi　小气 xiǎoqi　阔气 kuòqi

(16) 以“实”结尾的部分双音节词语“实”念轻声。例如：

老实 lǎoshi　结实 jiēshi　踏实 tāshi

扎实 zhāshi　严实 yánshi　厚实 hòushi

普通话的轻声词除了大部分有规律外，还有一部分是没有规律的，但必须读成轻声词。以下词语主要来自于《普通话水平测试实施纲要》的《普通话水平测试必读轻声词语表》，共计 548 条。

爱人 àiren	案子 ànzi	巴掌 bāzhang	把子 bàzi
把子 bǎzi	爸爸 bàba	白净 báijing	班子 bānzi
板子 bǎnzi	帮手 bāngshou	梆子 bāngzi	膀子 bǎngzi
棒槌 bàngchui	棒子 bàngzi	包袱 bāofu	包涵 bāohan
包子 bāozi	豹子 bàozi	杯子 bēizi	被子 bèizi
本事 běnshi	本子 běnzi	鼻子 bízi	比方 bǐfang
鞭子 biānzi	扁担 biǎndan	辫子 biànzi	别扭 bièniu
饼子 bǐngzi	拨弄 bōnong	脖子 bózi	簸箕 bòji
补丁 bǔding	不由得 bùyóude	不在乎 bùzàihu	步子 bùzi
部分 bùfen	裁缝 cáifeng	财主 cáizhu	苍蝇 cāngying
差事 chāishi	柴火 cháihuo	肠子 chángzi	厂子 chǎngzi

场子 chǎngzi	车子 chēzi	称呼 chēnghu	池子 chízi
尺子 chǐzi	虫子 chóngzi	绸子 chóuzi	除了 chúle
锄头 chútou	畜生 chùsheng	窗户 chuānghu	窗子 chuāngzi
锤子 chuízi	刺猬 cìwei	凑合 còuhe	村子 cūnzi
耷拉 dāla	答应 dāying	打扮 dǎban	打点 dǎdian
打发 dǎfa	打量 dǎliang	打听 dǎting	大方 dàfang
大爷 dàye	大夫 dàifu	带子 dàizi	袋子 dàizi
耽搁 dānge	耽误 dānwu	单子 dānzi	胆子 dǎnzi
刀子 dāozi	道士 dàoshi	稻子 dàozi	灯笼 dēnglong
提防 dīfang	笛子 dízi	底子 dǐzi	地道 dìdao
地方 dìfang	弟弟 dìdi	弟兄 dìxiong	点心 diǎnxin
调子 diàozi	钉子 dīngzi	东家 dōngjia	东西 dōngxi
动静 dòngjing	动弹 dòngtan	豆腐 dòufu	豆子 dòuzi
嘟囔 dūnang	肚子 dǔzi	肚子 dùzi	缎子 duànzi
对付 duìfu	对头 duìtou	队伍 duìwu	多么 duōme
蛾子 ézi	儿子 érzi	耳朵 ěrduo	贩子 fànzi
房子 fángzi	份子 fènzi	风筝 fēngzheng	疯子 fēngzi
福气 fúqi	斧子 fǔzi	盖子 gàizi	甘蔗 gānzhe
杆子 gānzi	杆子 gǎnzi	干事 gànshi	杠子 gàngzi
高粱 gāoliang	膏药 gāoyao	稿子 gǎozi	告诉 gàosu
疙瘩 gēda	哥哥 gēge	胳膊 gēbo	鸽子 gēzi
格子 gézi	个子 gèzi	根子 gēnzi	跟头 gēntou
工夫 gōngfu	功夫 gōngfu	弓子 gōngzi	公公 gōnggong
钩子 gōuzi	姑姑 gūgu	姑娘 gūniang	谷子 gǔzi
骨头 gǔtou	故事 gùshi	寡妇 guǎfu	褂子 guàzi
怪物 guàiwu	关系 guānxi	官司 guānsi	罐头 guàntou
罐子 guànzi	规矩 guīju	闺女 guīnü	鬼子 guǐzi
柜子 guìzi	棍子 gùnzi	锅子 guōzi	果子 guǒzi
蛤蟆 háma	孩子 háizi	含糊 hánhu	汉子 hànzi
行当 hángdang	合同 hétong	和尚 héshang	核桃 hétao
盒子 hézi	红火 hónghuo	猴子 hóuzi	后头 hòutou
厚道 hòudao	狐狸 húli	胡琴 húqin	糊涂 hútu
皇上 huángshang	幌子 huǎngzi	胡萝卜 húluobo	活泼 huópo
火候 huǒhou	伙计 huǒji	护士 hùshi	机灵 jīling
脊梁 jǐliang	记号 jìhao	记性 jìxing	夹子 jiāzi

家伙 jiāhuo	架势 jiàshi	架子 jiàzi	嫁妆 jiàzhuang
尖子 jiānzi	茧子 jiǎnzi	剪子 jiǎnzi	见识 jiànshi
毽子 jiànzi	将就 jiāngjiu	交情 jiāoqing	饺子 jiǎozi
叫唤 jiàohuan	轿子 jiàozi	结实 jiēshi	街坊 jiēfang
姐夫 jiěfu	姐姐 jiějie	戒指 jièzhi	金子 jīnzi
精神 jīngshen	镜子 jìngzi	舅舅 jiùjiu	橘子 júzi
句子 jùzi	卷子 juànzi	咳嗽 késou	客气 kèqi
空子 kòngzi	口袋 kǒudai	口子 kǒuzi	扣子 kòuzi
窟窿 kūlong	裤子 kùzi	快活 kuàihuo	筷子 kuàizi
框子 kuàngzi	困难 kùnnan	阔气 kuòqi	喇叭 lǎba
喇嘛 lǎma	篮子 lánzi	懒得 lǎnde	浪头 làngtou
老婆 lǎopo	老实 lǎoshi	老头子 lǎotóuzi	老爷 lǎoye
老子 lǎozi	姥姥 lǎolao	累赘 léizhui	篱笆 líba
里头 lǐtou	力气 lìqi	厉害 lìhai	利落 lìluo
利索 lìsuo	例子 lìzi	栗子 lìzi	痢疾 lìji
连累 liánlei	帘子 liánzi	凉快 liángkuai	粮食 liángshi
两口子 liǎngkǒuzi	料子 liàozi	林子 línzi	翎子 língzi
领子 lǐngzi	溜达 liūda	聋子 lóngzi	笼子 lóngzi
炉子 lúzi	路子 lùzi	轮子 lúnzi	萝卜 luóbo
骡子 luózi	骆驼 luòtuo	妈妈 māma	麻烦 máfan
麻利 máli	麻子 mázi	马虎 mǎhu	码头 mǎtou
买卖 mǎimai	麦子 màizi	馒头 mántou	忙活 mánghuo
冒失 màoshi	帽子 màozi	眉毛 méimao	媒人 méiren
妹妹 mèimei	门道 méndao	眯缝 mīfeng	迷糊 míhu
面子 miànzi	苗条 miáotiao	苗头 miáotou	名堂 míngtang
名字 míngzi	明白 míngbai	蘑菇 mógu	模糊 móhu
木匠 mùjiang	木头 mùtou	那么 nàme	奶奶 nǎinai
难为 nánwei	脑袋 nǎodai	脑子 nǎozi	能耐 néngnai
你们 nǐmen	念叨 niàndao	念头 niàntou	娘家 niánjia
镊子 nièzi	奴才 núcai	女婿 nǚxu	暖和 nuǎnhuo
疟疾 nüèji	拍子 pāizi	牌楼 páilou	牌子 páizi
盘算 pánsuan	盘子 pánzi	胖子 pàngzi	狍子 páozi
盆子 pénzi	朋友 péngyou	棚子 péngzi	脾气 píqi
皮子 pízi	痞子 pǐzi	屁股 pìgu	片子 piānzi
便宜 piányi	骗子 piànzi	票子 piàozi	漂亮 piàoliang

瓶子 píngzi	婆家 pójia	婆婆 pópo	铺盖 pūgai
欺负 qīfu	旗子 qízi	前头 qiántou	钳子 qiánzi
茄子 qiézi	亲戚 qīnqi	勤快 qínkuai	清楚 qīngchu
亲家 qìngjia	曲子 qǔzi	圈子 quānzi	拳头 quántou
裙子 qúnzi	热闹 rènao	人家 rénjia	人们 rénmen
认识 rènshi	日子 rìzi	褥子 rùzi	塞子 sāizi
嗓子 sǎngzi	嫂子 sǎozi	扫帚 sàozhou	沙子 shāzi
傻子 shǎzi	扇子 shànzi	商量 shāngliang	上司 shàngsi
上头 shàngtou	烧饼 shāobing	勺子 sháozi	少爷 shàoye
哨子 shàozi	舌头 shétou	身子 shēnzi	什么 shénme
婶子 shěnzi	生意 shēngyi	牲口 shēngkou	绳子 shéngzi
师父 shīfu	师傅 shīfu	虱子 shīzǐ	狮子 shīzǐ
石匠 shíjiang	石榴 shíliu	石头 shítou	时候 shíhou
实在 shízai	拾掇 shíduo	使唤 shǐhuan	世故 shìgu
似的 shìde	事情 shìqing	柿子 shìzi	收成 shōucheng
收拾 shōushi	首饰 shǒushi	叔叔 shūshu	梳子 shūzi
舒服 shūfu	舒坦 shūtan	疏忽 shūhu	爽快 shuǎngkuai
思量 sīliang	算计 suànji	岁数 suìshu	孙子 sūnzi
他们 tāmen	它们 tāmen	她们 tāmen	台子 táizi
太太 tàitai	摊子 tānzi	坛子 tánzi	毯子 tǎnzi
桃子 táozi	特务 tèwu	梯子 tīzi	蹄子 tízi
挑剔 tiāoti	挑子 tiāozi	条子 tiáozi	跳蚤 tiàozao
铁匠 tiějiang	亭子 tíngzi	头发 tóufa	头子 tóuzi
兔子 tùzi	妥当 tuǒdang	唾沫 tuòmo	挖苦 wāku
娃娃 wáwa	袜子 wàzi	晚上 wǎnshang	尾巴 wěiba
委屈 wěiqu	为了 wèile	位置 wèizhi	位子 wèizi
蚊子 wénzi	稳当 wěndang	我们 wǒmen	屋子 wūzi
稀罕 xīhan	席子 xízi	媳妇 xífu	喜欢 xǐhuan
瞎子 xiāzi	匣子 xiázi	下巴 xiàba	吓唬 xiàhu
先生 xiānsheng	乡下 xiāngxia	箱子 xiāngzi	相声 xiàngsheng
消息 xiāoxi	小伙子 xiǎohuǒzi	小气 xiǎoqi	小子 xiǎozi
笑话 xiàohua	谢谢 xièxie	心思 xīnsi	星星 xīngxing
猩猩 xīngxing	行李 xíngli	性子 xìngzi	兄弟 xiōngdi
休息 xiūxi	秀才 xiùcai	秀气 xiùqi	袖子 xiùzi
靴子 xuēzi	学生 xuésheng	学问 xuéwen	丫头 yātou

鸭子 yāzi	衙门 yámen	哑巴 yǎba	胭脂 yānzhi
烟筒 yāntong	眼睛 yǎnjing	燕子 yànzi	秧歌 yāngge
养活 yǎnghuo	样子 yàngzi	吆喝 yāohe	妖精 yāojing
钥匙 yàoshi	椰子 yēzi	爷爷 yéye	叶子 yèzi
一辈子 yībèizi	衣服 yīfu	衣裳 yīshang	椅子 yǐzi
意思 yìsi	银子 yínzi	影子 yǐngzi	应酬 yìngchou
柚子 yòuzi	冤枉 yuānwang	院子 yuànzi	月饼 yuèbing
月亮 yuèliang	云彩 yúncai	运气 yùnqi	在乎 zàihu
咱们 zánmen	早上 zǎoshang	怎么 zěnme	扎实 zhāshi
眨巴 zhǎba	栅栏 zhàlan	宅子 zháizi	寨子 zhàizi
张罗 zhāngluo	丈夫 zhàngfu	帐篷 zhàngpeng	丈人 zhàngren
帐子 zhàngzi	招呼 zhāohu	招牌 zhāopai	折腾 zhēteng
这个 zhège	这么 zhème	枕头 zhěntou	镇子 zhènzi
芝麻 zhīma	知识 zhīshi	侄子 zhízi	指甲 zhǐjia（zhījia）
指头 zhǐtou（zhítou）	种子 zhǒngzi	珠子 zhūzi	竹子 zhúzi
主意 zhǔyi（zhúyi）	主子 zhǔzi	柱子 zhùzi	爪子 zhuǎzi
转悠 zhuànyou	庄稼 zhuāngjia	庄子 zhuāngzi	壮实 zhuàngshi
状元 zhuàngyuan	锥子 zhuīzi	桌子 zhuōzi	字号 zìhao
自在 zìzai	粽子 zòngzi	祖宗 zǔzong	嘴巴 zuǐba
作坊 zuōfang	琢磨 zuómo		

2. 音节辅助法：通过音乐节拍图式，掌握轻声词节拍的长短，体会其短促的音长特点，尤其是体会轻声音节只读正常音节的2/3～1/2长的感觉。

3. 对比训练法：将轻声词读成正确的轻声和错误的非轻声，通过对比，体会轻声词音节的强弱。

听《普通话水平测试必读轻声词语表》的录音，然后对比训练。

（三）训练材料

1. 词语对比训练

把守——把手　标志——标致　报仇——报酬　服饰——服侍

行礼——行李　原子——园子　主义——主意　核子——盒子

电子——垫子　地理——地里　堤防——提防　包含——包涵

服气——福气　近来——进来　感情——敢情

2. 绕口令训练

（1）屋子里有箱子，箱子里有匣子，匣子里有盒子，盒子里有镯子，镯子外面有盒子，盒子外面有匣子，匣子外面有箱子，箱子外面有屋子。

（2）天上日头，嘴里舌头，地上石头，桌上纸头，手上指头，树上枝头，集上市头。

(3) 老姥姥问姥姥，姥姥老问老姥姥。麻妈妈问妈妈，妈妈老问麻妈妈。

(4) 梁木匠，梁瓦匠，俩梁有事齐商量，梁木匠天亮晾衣裳，梁瓦匠天亮量高梁。梁木匠晾衣裳受了凉，梁瓦匠量高梁少了粮。梁瓦匠思量梁木匠受了凉，梁木匠思量梁瓦匠少了粮。

(5) 打南来了个瘸子，手里托着个碟子，碟子里装着茄子。地下钉着个橛子，绊倒了瘸子，撒了碟子里的茄子；气得瘸子，撇了碟子，拔了橛子，踩了茄子。

(6) 桃子李子梨子栗子橘子柿子槟子和榛子，栽满院子村子和寨子。刀子斧子锯子凿子锤子刨子尺子，做出桌子椅子和箱子。名词动词数词量词代词副词助词连词，连成语词诗词和唱词。蚕丝生丝熟丝巢丝染丝晒丝纺丝丝织丝，自制粗丝细丝人造丝。

五、自我检测

通过轻声的学习和训练，检测一下自己是否能够判别哪些是轻声，哪些不是轻声，以及是否能够准确地读出轻声。

（一）找出下列短文中的轻声音节，在该字下面加“·”，然后全文朗读

1. 朋友新烫了个头，不敢回家见母亲，恐怕惊骇了老人家，却欢天喜地地来见我们，老朋友颇能以一种趣味性的眼光欣赏这个改变。

2. 我去爬山那天，正赶上个难得的好天，万里长空，云彩丝儿都不见。素常，烟雾腾腾的山头，显得眉目分明。同伴们都欣喜地说：“明天早晨准可以看见日出了。”我也是抱着这种想头，爬上山去。

3. 父亲说：“花生的好处很多，有一样最可贵：它的果实埋在地里，不像桃子、石榴、苹果那样，把鲜红嫩绿的果实高高地挂在枝头上，使人一见就生爱慕之心。你们看它矮矮地长在地上，等到成熟了，也不能立刻分辨出来它有没有果实，必须挖出来才知道。”

4. 奶奶是个很爱漂亮的人，她常常打扮自己，尽管已经上了年纪，依然保持着如我姐姐一般年龄的苗条身材，人家常常夸她从背后看还像是个学生，这常常乐乎得她嘴巴都合不上，眼睛都睁不开。她是个十分精神的人，仿佛总有用不完的力气，我常常看她做些年轻人做起来都觉得困难的活儿。她极其爱凑热闹，在中秋将至时，她竟然心血来潮地拉着我的哥哥、姐姐、妹妹还有妹妹的新婚丈夫一起做起了卖月饼的小买卖，兴许是她那活泼的又不缺乏客气的应酬技巧，兴许是运气好，也兴许是因为月饼的售价便宜，所以她们的生意还不错，常常大晚上了，她的月饼摊前还是热闹的人流。总之，在我的心里，奶奶真是太有本事了！

5. 一天晚上，一位大爷在睡觉，耳朵、眼睛和嘴巴开始争论谁最有用。耳朵说："我的本事是能听千里之外。"眼睛说："我也能啊，现在流行通感，学学问、看东西全靠我。"嘴巴心里不是滋味："没有我，你哪有力气看书啊！我不吃粮食的话，那可就麻烦了。"他们争得面红耳赤，突然三只苍蝇分别飞到耳朵，眼睛和嘴巴里。耳朵嗡嗡的听不到，让眼睛帮忙看看是什么东西，眼睛也看不见了，叫嘴巴说话喊人来帮忙，但是耳朵里有东西，嘴巴痒痒地也说不出来。这时，大爷醒了，知道有苍蝇，便赶走了它们。此时，耳朵，眼睛和嘴巴都变得客气了许多，他们明白了一个道理：对方都有本事，但不能太在乎自己的能力，只有大家团结协作，才能把事情做得更漂亮。

6. 从很小的时候，我就常常听见好脾气的爷爷对爸爸妈妈、哥哥姐姐说："我不管人家心里怎么想，我所理解的活得幸福就是我们一家子能常在一起吃吃饭，说说笑话，谈谈自己近来的运气。活得漂亮，并不是说外貌上的身材苗条、体格健壮，而是指要活得精彩，活得明白。要清楚自己的本事，多学习，广交不同地方的朋友。在知道了别人需要帮助的时候，要不嫌麻烦、不惧困难、不怕花力气地给予别人支援。"

7. 有这么一只狗，它的浑身总是沾满污泥，它有着长长的耳朵，短短的尾巴，灰灰的胡子。酷暑，它常常将自己的大脑袋探进水沟中，以取得凉快。严冬，它常常将身体畏缩在墙角。它的大眼睛总是传递出一种受冤枉的信息，似乎是在努力告诉人们自己不幸的故事。可是乡下的人们总是忙碌的。他们忙于种植粮食，照看庄稼，或者忙于商量、应酬、解决自己的各种事情。人们几乎不去在乎这只狗，甚至没有一个固定的名字用来称呼它，更不用说去探究它是从哪里来的，又遭遇了什么。

8. 张大爷一个人住在乡下的旧屋里，他的老婆去世多年，膝下并无子女，又无兄弟姐妹。一个没有星星的晚上，只有苍蝇发出的嗡嗡声响能打破夜的寂静。他凝望天空中的一轮月亮，心中孤寂的感觉汹涌澎湃，脑海中便渐渐浮现出他妻子的倩影，一双水汪汪的大眼睛，两条似柳叶的眉毛。回想遇见她时，自己正值双十岁月，那时的自己是个壮实又有能耐的小伙子，有着粗胳膊、大力气，为人勤快，干事利落不马虎，堪当家里的脊梁。而今，自己已经年迈，连种庄稼、收粮食都觉得要没力气完成了，真是岁月不饶人呀。

（二）读准下列必读轻声词

白净　包涵　拨弄　簸箕　部分　苍蝇　称呼　凑合　柴火　场子

耷拉　打算　道士　提防　动弹　嘟囔　耳朵　甘蔗　膏药　告诉

跟头　红火　核桃　糊涂　厚道　活泼　脊梁　见识　叫唤　街坊

姐夫　戒指　咳嗽　浪头　困难　懒得　累赘　利索　凉快　连累
溜达　萝卜　骆驼　妈妈　码头　眯缝　迷糊　名字　奶奶　难为
能耐　暖和　盘算　朋友　便宜　铺盖　亲戚　前头　清楚　人们
塞子　扫帚　晌午　舌头　身子　狮子　石榴　拾掇　似的　事情
首饰　疏忽　爽快　她们　特务　挑剔　跳蚤　头发　妥当　唾沫
娃娃　尾巴　稳当　媳妇　消息　谢谢　行李　性子　休息　兄弟
学生　眼睛　养活　叶子　吆喝　衣服　意思　影子　月亮　云彩
早上　怎么　眨巴　栅栏　张罗　折腾　这个　镇子　芝麻　知识
侄子　指甲　主意　爪子　转悠　自在　琢磨

第六节　普通话儿化

训练目标

掌握普通话儿化的概念、音变规律及发音方法，准确熟练地识读儿化音节。

训练内容

一、什么是儿化

“儿化”指的是后缀“儿”与它前一音节的韵母合成一个音节，并使这个韵母带上卷舌音色的一种特殊音变现象。这种卷舌化了的韵母就叫做“儿化韵”①。例如普通话读“鸟儿”时，应读作 niǎor，在这里“儿”字不独立成音节，只是儿化的标志，表示在念到“鸟”这个字音的末尾时，要同步加上一个卷舌动作，使韵母带上卷舌音“儿”（er）的音色。这种带有卷舌色彩的韵母被称作“儿化韵”或“儿化音”。其标志是在韵母后面加上 r，如：大伙儿 dàhuǒr；一块儿 yīkuàir。

通常来讲，出现儿化标志的词语，都应读儿化音，但在诗歌散文等抒情类文体中，有时为了押韵的需要，可单独发儿化韵的音，如朱自清《春》：“鸟儿将巢安在繁花绿叶当中，”这句话中的“鸟儿”就可不读儿化；也有的时候，没有出现儿化标志，如一会，一点，小花，小孩这些表示微小、可爱的词语时，在口语里则必须加上儿化音。

儿化词并非普通话的特有现象，在我国北方方言区，特别是在北京、东北等地也大量存在，而南方方言中则较少儿化，因此南方人学习儿化有一定难度。最常见的问题，一是：儿化音和前一个韵母音节结合得不够紧密，在听觉上不像一个音节；二是：加上儿化后的音节，卷舌上翘不到位

① 王力：《现代汉语》，104页，北京，高等教育出版社，1997。

导致开口度不够，音色扁平。

儿化是普通话里不可缺少的组成部分，正确地识读儿化，念准儿化音能有效提高普通话语言表达的流畅度和圆润感，改善普通话语流语感生硬的毛病。

二、儿化的作用

普通话里儿化的存在不但能增强普通话的和谐美、韵律美，而且在表达词语的词汇意义、语法意义和修辞色彩上也有积极的作用。

（一）区别词义

有些词语儿化以后，词义发生了改变，如：

眼（眼睛）——眼儿（小孔）

头（脑袋）——头儿（领头的）

信（信件）——信儿（消息）

小人（不仁义之人）——小人儿（年纪小的孩子）

拉练（一种锻炼形式）——拉链儿（衣服的拉链）

开火（开战、打战）——开伙儿（开办伙食）

白面（白色面粉、面条）——白面儿（毒品的海洛因等的俗称）

（二）区分词性

有些词语加上儿化之后，词性发生了改变，如：

包（动词）——包儿（名词）　顶（动词）——顶儿（名词）

盖（动词）——盖儿（名词）　画（动词）——画儿（名词）

尖（形容词）——尖儿（名词）　个（量词）——个儿（名词）

破烂（形容词）——破烂儿（名词）

（三）表示细小、轻微的状态或性质

有些词儿化后表示“小”、“少”的意思，如：

花儿　小孩儿　铁丝儿　竹棍儿　门缝儿　蛋黄儿　头发丝儿

（四）表示亲切、温和或喜爱的感情色彩，如：

脸蛋儿　雪人儿　知心话儿　小孩儿　老头儿　小鸟儿　电影儿

（五）表示轻蔑、鄙视的感情色彩，如：

芝麻官儿　小瘪三儿　一个钱儿　小偷儿　小样儿

三、儿化的音变规律

普通话中除 er 韵、ê 韵外，其他韵母均可“儿化”。但儿化时往往不是简单地在韵母后面加上一个卷舌的动作，而是同时伴随着韵母的脱落、增加、更换和同化等现象。儿化是否使韵母产生了音变，取决于韵母的最末一个音素发音动作是否与卷舌动作发生冲突（即前一个动作是否妨碍了后一个动作的发生），若两者发生冲突，妨碍了卷舌动作，儿化时韵母发音就必须有所改变。具体音变规律如下：

（1）以 a、o、ê、e、u（包括 ao、iao 中的 o）作韵尾的韵母作儿化处理时，其读音变化不太大，卷舌动作与其本身的发音冲突不大，所以儿化时直接带上卷舌音色彩即可。其中，e 的舌位稍稍后移一点，a 的舌位略微升高一点即可。如：

a→ar：去哪儿 qù nǎr　　一下儿 yī xiàr

ia→iar：豆芽儿 dòu yár　　钱夹儿 qián jiār

ua→uar：画画儿 huà huàr　　浪花儿 làng huār

o→or：粉末儿 fěn mòr　　竹膜儿 zhú mór

uo→uor：干活儿 gàn huór　　大伙儿 dà huǒr

e→er：小盒儿 xiǎo hér　　硬壳儿 yìng kér

ue→uer：主角儿 zhǔ juér　　木橛儿 mù juér

ie→ier：石阶儿 shíjiēr　　字帖儿 zì tiěr

u→ur：泪珠儿 lèi zhūr　　离谱儿 lí pǔr

ao→aor：小道儿 xiǎo dàor　　荷包儿 hé bāor

ou→our：老头儿 lǎo tóur　　路口儿 lù kǒur

iao→iaor：小调儿 xiǎo diàor　　嘴角儿 zuǐ jiǎor

iu→iur：小球儿 xiǎo qiúr　　顶牛儿 dǐng niúr

（2）韵母是 i、ü 的音节作儿化处理时，因 i、ü 开口度较小，舌高点靠前，i、ü 此时又是韵腹不能丢去，故与卷动作有冲突。处理的方法是先增加一个舌面、央、中、中圆唇元音［ə］，再在此基础上卷舌。如：

i→ier：　锅底儿 guō dǐr　　玩意儿 wán yìr

ü→üer：　有趣儿 yǒu qùr　　金鱼儿 jīnyúr

（3）韵尾音素为 i 的韵母作儿化处理时，因 i 的发动作与卷舌有所冲突，儿化时韵尾 i 丢失，在主要元音的基础上卷舌。由于受卷舌动作的影响，舌位向后移。如：

ai→ar　名牌儿 ming páir　　小孩儿 xiǎo háir

ei→er：同辈儿 tóng bèir　　宝贝儿 bǎo bèir

uai→uar：糖块儿 táng kuàir　　一块儿 yī kuàir

uei→uer：口味儿 kǒu wèir　　一对儿 yī duìr

（4）韵尾音素为 n 的韵母作儿化处理时，因为 n 的发音妨碍了卷舌动作，所以儿化的韵尾 n 音要丢失，在主要元音基础上卷舌。原来舌位在前的主要元音，儿化后其音的舌位向央、中方向后移，主要元音妨碍卷舌的 i、ü 时，要增加一个舌面、央、中、不圆唇元音，再在此基础上卷舌。如：

an→ar 快板儿 kuài banr 脸蛋儿 liǎn dànr

en→er： 亏本儿 kuī běnr 命根儿 mìng gēnr

ian→iar 路边儿 lù biānr 鸡眼儿 jī yǎnr

in→ir：手印儿 shǒu yìnr 用劲儿 yòng jìnr

uan→uar：好玩儿 hǎo wánr 拐弯儿 guǎi wānr

uen→uer：皱纹儿 zhòu wénr 开春儿 kāi chūnr

üan→üar：圆圈儿 yuán quānr 手绢儿 shǒu juànr

ün→üer：花裙儿 huā qúnr 合群儿 hé qúnr

(5) 以舌尖前元音－i或舌尖后元音－i作韵尾的韵母作儿化处理时，因其发音的开口度小，且舌尖已接近齿背或前硬腭，已妨碍了卷舌动作，故儿化时应将其变为舌面、央、中、不圆唇元音，再在此基础上进行卷舌。如：

－i→er：找刺儿 zhǎo cìr 柳丝儿 liǔ sīr

－i→er：树枝儿 shù zhīr 找事儿 zhǎo shìr

(6) 以ng为韵尾音素的韵母作儿化处理时，na的发音部位在后（并不妨碍卷舌动作），但由于nag是鼻音，发音时口腔中没有气流通过，所以卷舌时就不能形成卷舌特点。故作儿化处理时要将nag音完全丢失，再在主要元音的基础上卷舌。若主要元音妨碍了卷舌动作的话，就增加一个鼻化的舌面、央、中、不圆唇元音［ə］，再在此基础上卷舌。如：

ang→ar（鼻化）：小羊儿 xiǎo yángr 药方儿 yào fāngr

iang→iar（鼻化）：唱腔儿 chàng qiāngr 鼻梁儿 bí liángr

uang→uar（鼻化）：门窗儿 mén chuāngr 竹筐儿 zhú kuāngr

eng→er（鼻化）：裤缝儿 kù fèngr 小瓮儿 xiǎo wèngr

ong→ur（鼻化）：抽空儿 chōu kòngr 酒盅儿 jiǔ zhōngr

iong→üer（鼻化）：小熊儿 xiǎo xióngr

四、儿化训练

（一）用下列儿化词语造句

没词儿 背心儿 金鱼儿 挨个儿 使劲儿 手腕儿 上班儿

台阶儿 挑刺儿 走调儿 名牌儿 没趣儿 墨水儿 裂缝儿

（二）儿化句子练习

1. 小鸟儿在树枝儿上叫出声儿，小鱼儿在水里边儿吐出泡儿。

2. 菜摊儿上的菜真全，有小葱儿、豆角儿、土豆儿、豆芽儿，还有小白菜儿。

3. 你要是有空儿，到我家来玩玩儿，咱们俩聊聊天儿。

4. 他叼着烟卷儿直出神儿，不知心里有什么事儿。

5. 这个抽屉里的东西还真不少，有照片儿、纸条儿、口罩儿、纽扣儿、牙刷儿还有松紧带儿。

（三）普通话水平测试朗读篇目中的儿化音①

一阵儿　一会儿　雪球儿　银条儿　雪末儿　青草味儿

赶趟儿　有点儿　一份儿　香味儿　老头儿　一会儿

这点儿　下点儿　山尖儿　银边儿　厚点儿　刚起头儿

一道儿　水纹儿　一点儿　那点儿　男孩儿　女孩儿

小孩儿　一霎儿　一丁点儿　聊起天儿来　日子的影儿

这儿　风儿　点儿　味儿　丝儿　圈儿　口儿

（四）绕口令

1. 有个小孩儿叫小兰儿，口袋里装着几个小钱儿，又打醋，又买盐儿，还买了一个小饭碗儿。小饭碗儿，真好玩儿，红花儿绿叶儿镶金边儿，中间儿还有个小红点儿。

2. 进了门儿，倒杯水儿，喝了两口运运气儿。顺手拿起小唱本儿，唱了一曲儿，又一曲儿，练完了嗓子练嘴皮儿，绕口令儿，练字音儿，还有快板儿对口词儿，越说越唱越带劲儿。

3. 一个老头儿，上山头儿，砍木头，砍了这头儿砍那头儿，对面儿来了个小丫头儿，给老头儿送来一盘儿小馒头儿，没留神撞上一块大木头，栽了一个小跟头儿。

4. 小哥儿俩，红脸蛋儿，手拉手儿，一块儿玩儿。小哥儿俩，一个班儿，一路上学唱着歌儿。学造句儿，一串串儿，唱新歌儿，一段段儿，学画画儿，不贪玩儿。画小猫儿，钻圆圈儿，画小狗儿，蹲庙台儿，画只小鸡儿吃小米儿，画条小鱼儿吐水泡儿。小哥儿俩，对脾气儿，上学念书不费劲儿，真是父母的好宝贝儿。

（五）语段练习

桃树，杏树，梨树，你不让我，我不让你，都开满了花赶趟儿。红的像火，粉的像霞，白的像雪。花里带着些甜味；闭了眼，树上仿佛已经满是桃儿，杏儿，梨儿。花下成千成百的蜜蜂嗡嗡地闹着，大小的蝴蝶飞来飞去。野花遍地是：杂样儿，有名字的，没名字的，散在草丛里像眼睛像星星，还眨呀眨的。（朱自清《春》）

大雪整整下了一夜。今天早晨，天放晴了，太阳出来了。推开门一看，嗬！好大的雪啊！山川、河流、树木、房屋，全都罩上了一层厚厚的雪，

---

① 参见四川省语言文字工作委员会编：《普通话水平测试用朗读作品及话题》，成都，电子科技大学出版社，2006。

万里江山，变成了粉妆玉砌的世界。落光了叶子的柳树上挂满毛茸茸亮晶晶的银条儿；而那些冬夏常青的松树和柏树上，则挂满了蓬松松沉甸甸的雪球儿。一阵风吹来，树枝轻轻地摇晃，美丽的银条儿和雪球儿簌簌地落下来，玉屑似的雪末儿随风飘扬，映着清晨的阳光，显出一道道五光十色的彩虹。（峻青《第一场雪》）

最妙的是下点小雪呀。看吧，山上的矮松越发的青黑，树尖上顶着一髻儿白花，好像日本看护妇。山尖儿全白了，给蓝天镶上一道银边。山坡上，有的地方雪厚点儿，有的地方草色还露着；这样，一道儿白，一道儿暗黄，给山们穿上一件带水纹的花衣；看着看着，这件花衣好像被风儿吹动，叫你希望看见一点更美的山的肌肤。等到快日落的时候，微黄的阳光斜射在山腰上，那点薄雪好像忽然害了羞，微微露出点粉色。就是下小雪吧，济南是受不住大雪的，那些小山太秀气！（老舍《济南的冬天》）

附：常用儿化词语①

a——刀把儿　号码儿　戏法儿　在哪儿　找茬儿　打杂儿　板擦儿　豆芽儿　裤衩儿

ai——名牌儿　鞋带儿　壶盖儿　小孩儿　加塞儿　本色儿

an——快板儿　身板儿　老伴儿　蒜瓣儿　脸盘儿　脸蛋儿　收摊儿　地盘儿　栅栏儿　包干儿　笔杆儿　门槛儿　心眼儿　字眼儿　豆瓣儿　白班儿　节骨眼儿　药丸儿　杂拌儿　破烂儿　豆腐干儿　菜单儿　床单儿

ia——掉价儿　一下儿　豆芽儿

ian——小辫儿　照片儿　扇面儿　差点儿　一点儿　聊天儿　拉链儿　抽签儿　冒尖儿　打蔫儿　打照面儿　单弦儿　坎肩儿　牙签儿　露馅儿　心眼儿　桌面儿　小辫儿　小白脸儿　白面儿　桌沿儿　影片儿　窗帘儿　拔尖儿

ua——脑瓜儿　大褂儿　麻花儿　笑话儿　牙刷儿　泪花儿

uai——一块儿

uan——茶馆儿　火罐儿　落款儿　摆款儿　打转儿　拐弯儿　好玩儿　大腕儿

üan——烟卷儿　手绢儿　眼圈儿　包圆儿　人缘儿　绕远儿　杂院儿

ei——刀背儿　摸黑儿　走味儿　宝贝儿

en——老本儿　花盆儿　嗓门儿　串门儿　哥们儿　纳闷儿　后跟儿　高跟儿鞋　别针儿　病根儿　对门儿　那阵儿　走神儿　大婶儿　唱本儿

---

① 部分参见国家语委普通话培训测试中心编制：《普通话水平测试纲要》，北京，商务印书馆，2004。

杏仁儿　刀刃儿　爷们儿　没门儿　较真儿　紧身儿　面人儿　泪人儿　戏份儿

ie——半截儿　小鞋儿　窑姐儿　锅贴儿

üe——旦角儿　主角儿

ui——跑腿儿　一会儿　耳垂儿　墨水儿　围嘴儿　走味儿　歪嘴儿　胶水儿

un——打盹儿　胖墩儿　砂轮儿　冰棍儿　没准儿　开春儿　混混儿

—i（前）——咬字儿　挑刺儿　没词儿　瓜子儿　石子儿

—i（后）——墨汁儿　锯齿儿　记事儿　攀高枝儿

i——针鼻儿　鞋底儿　肚脐儿　玩意儿　好气儿

in——有劲儿　送信儿　脚印儿　冲劲儿　干劲儿　铆劲儿　背心儿　抽筋儿

ing——花瓶儿　打鸣儿　门铃儿　眼镜儿　火星儿　人影儿　图钉儿

ü——毛驴儿　小曲儿　痰盂儿　金鱼儿

ün——合群儿

e——模特儿　逗乐儿　唱歌儿　挨个儿　矮个儿　打嗝儿　饭盒儿　在这儿

u——碎步儿　没谱儿　媳妇儿　梨核儿　泪珠儿　凑数儿　白醭儿　爆肚儿

ao——半道儿　好好儿　傻帽儿　乡巴佬儿　红包儿　灯泡儿　手套儿　口罩儿　绝着儿　口哨儿　蜜枣儿　一股脑儿　凑热闹儿　病号儿　掌勺儿　高招儿

iao——鱼膘儿　火苗儿　跑调儿　面条儿　豆角儿　走调儿　小鸟儿　拐角儿

ou——熬头儿　按扣儿　衣兜儿　老头儿　年头儿　小偷儿　门口儿　纽扣儿　线轴儿　小丑儿　加油儿　耍猴儿　个头儿　愣头儿青　小两口儿　奔头儿

iou——顶牛儿　棉球儿　拈阄儿　混球儿　浑球儿　小妞儿

uo——火锅儿　做活儿　大伙儿　邮戳儿　被窝儿　骨朵儿　零活儿　上座儿

o——耳膜儿　粉末儿　挪窝儿　心窝儿

ang——药方儿　赶趟儿　香肠儿　瓜瓤儿　模样儿　花样儿　跑堂儿

iang——鼻梁儿　透亮儿

uang——蛋黄儿　镜框儿　天窗儿

eng——一钢镚儿　夹缝儿　脖颈儿　提成儿　磕碰儿　吭声儿

ueng——小瓮儿

ong——果冻儿　门洞儿　胡同儿　抽空儿　酒盅儿　小葱儿

iong——小熊儿

五、自我检测

准确识读下列儿化词语：

板擦儿　壶盖儿　蒜瓣儿　针眼儿　照片儿　坎肩儿　牙刷儿

落款儿　眼圈儿　绕远儿　摸黑儿　病根儿　锅贴儿　主角儿

耳垂儿　开春儿　没词儿　墨汁儿　肚脐儿　背心儿　金鱼儿

挨个儿　梨核儿　白醭儿　口罩儿　鱼鳔儿　豆角儿　耳膜儿

耍猴儿　拈阄儿　邮戳儿　衣兜儿　药方儿　小熊儿　蛋黄儿

吭声儿　小瓮儿　花瓶儿　抽空儿　鼻梁儿

第七节　普通话变调

训练目标

掌握普通话变调的基本规律，能准确读出“一”、“不”的正确变调；体会上声、去声的变调调值；能准确读出“啊”的音变；能准确读出句子中出现的有叠音后缀的形容词的声调。

训练内容

普通话的音节在连续发出时，其中有一些音节的调值会受到后面的音节声调的影响，从而发生改变。这种现象，就叫变调。

普通话的变调主要分为上声变调，“一”、“不”变调，去声变调。

一、上声变调

上声在四声里难度最大，常见的毛病有三：一是低音段不够低，不够长。二是起音过高，因而降幅大。三是上升段或是没有，或是收音过重。

矫正方法：低音段最重要，须保持足够的长度；起音防止过高，形成明显降势；升段音高幅度虽然大，可是要快；收尾可以强，可是要防止夸张；缺少升音段的要补上。

普通话上声音节在单念或处于句尾以及处于句子中语音停顿位置时，没有后续音节的影响，即可读原调。在其他情况下一般要作变调处理，具体分为：

（一）“上声＋非上声”→“半上＋非上声”

上声音节在非上声音节（阴平、阳平、去声、轻声）之前，上声音节的调值由降升调变成只降不升的低降调，丢掉了本来要上升的后半段，变成了半上声（“半上”）。

如：

1. 上声＋阴平

首都　眼睛　火车　礼花　雨衣　省心　警花　捕捞
老师　主编　把关　贬低　饼干　补充　打针　产生
取消　法规　反思　感激　广播　海滨　抹杀　领先
法官　纺织　厂商　北京　表彰　启发　紧张　减轻

2. 上声＋阳平

古人　祖国　补偿　乞求　可能　厂房　起床　品尝
旅行　举行　火柴　海洋　典型　导游　表达　狠毒
打球　沈阳　漂白　改革　抢夺　简洁　取材　语言
赌博　搞活　考察　企图　可怜　解答　理由　反常

3. 上声＋去声

本质　法律　北部　百货　小麦　讲话　美术　狡辩
稿件　保证　保护　宝贝　女士　尽量　理发　呕吐
女士　美丽　法院　跑步　野兔　鼓励　可是　采购
请假　恐吓　渴望　暖气　改变　腐败　巩固　马路

4. 上声＋轻声

口气　奶奶　姥姥　嫂嫂　马虎　打扮　本钱　耳朵
底下　里面　外头　主子　影子　本事　姐姐　讲究
点心　脸面　暖和　骨头　伙计　买卖　点缀　脑袋
喜欢　老婆　老爷　老实　枕头　晚上　早晨　爽快

（如果后面的轻声音是由上声变来的，那么前面的上声大部分变为半上，少部分变为阳平，如“打扫”、“想想”等。）

（二）“上声＋上声”　→“阳平＋上声”

两个上声相连时，前面一个上声音节调值由降升调变为与阳平调值相当的高升调。

保险　保养　党委　尽管　老板　本领　引导　古老
敏感　鼓舞　产品　永远　语法　口语　岛屿　保姆
远景　北海　首长　母语　小姐　懒散　水井　厂长
拇指　古典　简短　饱满　感慨　辅导　粉笔　反感

（三）三个及以上上声相连的变调

三个上声音节相连，词语的组合可以有不同的层次。层次不同，上声的变调情况也不相同。

1. 第一类情况叫做“双单格”，亦称为“2＋1”结构。它指在该词组中前两个音节的意义关系密切，这样前两个上声变成35调值，第三个上声读原调。即（上声＋上声）＋上声→阳平＋阳平＋上声。如：

演讲稿　跑马场　展览馆　管理组　水彩笔　蒙古语　理想美

选举法　古典舞　虎骨酒　洗脸水　往北走　勇敢者　手写体

2. 第二类情况叫做“单双格”，亦称为“1＋2”结构。它指在该词组中后两个音节的意义关系更密切，这样第一个上声变为“半上”211，第二个上声变为35，第三个上声读原调。如：

史小姐　党小组　好小伙　跑百米　纸老虎　李厂长

老保姆　小两口　冷处理　很友好　旅党委　小拇指

3. 第三类情况叫做“单三格”，亦称为“1＋1＋1”结构。它指在该词组中三个音节的意义关系都相近，这样第一、第二个上声变成阳平，第三个上声读原调。即上声＋上声＋上声→阳平＋阳平＋上声。如：

缓减免　软懒散　稳准狠

4. 在实际应用中，我们还会遇到三个以上上声音节相连的情况，我们可视不同词语的内部组合情况而将它们划分为若干个二字组或三字组，然后按以上归纳的变调规律来进行变调处理。例如：“岂有此理”就可划为“岂有”、“此理”两部分，分别作变调处理。

党小组长　五把雨伞　请往北走　省展览馆

（四）句子中的上声

练习一：

下列词语或句子中最后一个音节如果是上声，请按214调值发音。

勇敢　特准　跳舞　六百　不买　絮语　地理　报纸

峰回路转　山高路远　每件四块五　最后的握手

春眠不觉晓，处处闻啼鸟。

夜来风雨声，花落知多少。

练习二：

上声音节处于句中停顿处，有念214（全上）调值的，也有念211（半上）调值的。

a：请问去省图书馆214○坐几路车？（图书馆后没有标点，可是有逻辑停顿，好让对方明白，○表示逻辑停顿。）

b：山○朗润起来了，水214○涨起来了，太阳的脸214○红起来了。（分句的主语都有逻辑停顿。）

c：我也很好211，你不用担心。

d：我只懂英语211　，所以你说汉语211我听不懂。

（c、d这两句的强调重音不在分句或单句末尾音节，而在“我”、“英”、“汉”上，其后的音节形成下降的语调斜坡，语势减弱。）

二、“一”、“不”的变调

在目前的普通话改革中，“七、八”已趋向于不变调，所以，我们只分析“一”、“不”的变调情况。

“一”的单字是阴平，“不”的单字调是去声。它们在单念或处于词尾、句尾时读原调，如“二零零一”、“统一”、“你不”、“不”等。“一”作序数表示“第一”的意义，不变调，而在其他情况下就要做变调处理。

首先分析以下双音节词，注意“一”是否变调：

一天　一年　一宿　一次　　不说　不来　不好　不对

（一）“一”、“不”在去声音节前面都要变调，都要变成阳平调值。

1. 下面的“一”全读为“yí”：

一致　一再　一定　一律　一瞬　一共　一带　一向　一色　一道

一并　一路　一趟　一样　一面　一类　一阵　一贯　一度　一概

一味　一共　一切　一半　一旦　一意　一月　一笑

2. 下面的“不”全读作“bú”：

不是　不错　不赖　不测　不干　不妙　不看　不累　不怕

不跳　不要　不叫　不骂　不被　不去　不便　不必　不定

不论　不屑　不愧　不料　不用　不对　不断　不过　不论

不肖　不顾　不但　不利　不上　不下　不嫁

（二）“一”、“不”在非去声音节（阴平、阳去、上声）前，“一”变读去声，“不”不变调，仍念去声。

下面的“一”全读作“yì”：

一早　一晚　一朝　一夕　一心　一生　一齐　一同　一直　一瞥

一览　一连　一些　一般　一举　一晃　一起　一时　一群　一条

一行　一天　一批　一家　一体　一经　一瓶　一厢　一回　一身

一张　一如　一年　一曲　一发　一缕　一首

（三）“一”夹在动词中间，读轻声；“不”夹在动词中间、形容词中间或动词补语中间时，读作轻声。如：

走一走　遛一遛　看一看　写一写　想一想　读一读　试一试

说一说　买不买　来不来　让不让　要不要　吃不吃　想不想

去不去　气不气　卖不卖　好不好　难不难　美不美　丑不丑

搞不懂　摸不清　看不见　辨不明　起不来　拿不起　输不起
上不来　下不去　走不动　吃不下
也有一些教材把夹在动词补语中的“不”的读音归类为次轻音。
认读以下短语和短文中“一”、“不”的变调：
不露声色　不可一世　不明不白　不偏不倚　不大不小　不痛不痒
不计其数　不打自招　不置可否　不弃不离　不秀不朗　不毛之地
不上不下　不共戴天　不伦不类　不卑不亢　不折不扣　不屈不挠
一朝一夕　一丝不挂　一丝不苟　一五一十　一窍不通　一尘不染
一蹶不振　一文不值　一手一足　一起一落　一去不返　一字不漏
不见得　不晓得　不值钱　不像话　不自量　不成文
不等式　不要紧　不锈钢　不过去　不动产　不成器
（四）“一”的变调练习：
一般　一拍　一方　一边　一车　一刀　一吨　一根　一锅　一家
一筐　一道　一度　一丈　一寸　一粒　一辆　一个　一次　一去
一趟　一万　一亿　一架　一扇　第一　其一　统一　七一　八一
一把手　一把抓　一半天　一辈子　一场空　一点儿　一锅粥
一清早　一身胆　一条龙　一条虫　一窝蜂　一系列　一元论
一元钱　一口气　一口锅　一览表　一揽子　一连串　一年生
一口锅　一品红　一般人　一神教　一条心　一团糟　一席话
一言堂　一元论　一而再　一点儿
一个劲儿　一股脑儿　一溜烟儿　一条藤儿　一股劲儿　一丁点儿
一面理儿　一头儿沉　一般见识　一本万利　一笔勾销　一臂之力
一差二错　一成不变　一触即发　一刀两断　一发千钧　一反常态
一鼓作气　一技之长　一箭双雕　一蹶不振　一来二去　一了百了
一心一意
干什么工作都要一心一意，表里如一，言行一致，埋头苦干；情绪不能一高一低，一好一坏，一落千丈，一蹶不振。

三、去声变调①

（一）两去相连，前一个音节的去声调少了后半段，调值不是51，而是

① 这一节主要观点引自张本楠、杨若薇：《普通话去声变调之考察》，载《语文建设》，1996（6）。

53，也可称为“前半去”。而后一个音节因受到前一个去声的影响，起声点的调值略低，但没有明显的变调。前面的去声不能降到底，而后面的去声也不能从最高处开始。但要注意的是，这种变调只能出现在“前轻后重”即后字重读的情况下。以下是一些例子：

变质　创造　动态　变调　业绩　会议　大豆　去世

庆祝　变态　运算　市政　令箭　烙印　落叶　害怕

月夜　再见　面目　迫害　木料　电话　戏剧　自治

（二）两去相连，“前重后轻”时，前一个去声音节也变调读为53的调值，即读作“前半去”；但后一个音节的调值变调差不多为31，可称为“后半去”。也就是说，“前重后轻”型的两去声相连，两音节分别变调为“前半去”与“后半去”。例如：

调动　变化　贯彻　气度　运用　困惑

善意　货物　重要　教育　命令　密切

介绍　利用　志趣　贵重　近视　慎重

这些在后面的去声字，有时可以读得十分轻短，听起来近于一个轻声字，如“气度”的“度”字等，但它们仍是一个“轻读”而不是“轻声”音节。

（三）如果一连串几个音节都是去声调，其间若不是故意强调某个音节，那么整个词组的声调读起来有个“递降”的调势，调值逐渐由5降到了1。第一字读“前半去”的声调53，最末一字是“后半去”的降调31，中间各字调值约在42上下，形成类似过渡音的中间音。如三字组去声连读：

旧社会——旧53、社42、会31　　自动化——自53、动32、化31

运动战——运53、动32、战31　　阔叶树——阔53、叶42、树31

自治县——自53、治43、县31　　大撤退——大53、撤42、退31

代数式——代53、数42、式31

再如，四字组去声连读：

陆地上面——陆53、地42、上42、面31

日用货物——日53、用42、货42、物31

建设事业——建53、设42、事42、业31

互爱互助——互53、爱42、互42、助31

各式各样——各53、式42、各42、样31

教育电视——教53、育42、电42、视31

连读的四字词组一般是前两字语法关系紧密些，后两字也紧密些，特别要注意的是第二字总是读得轻些，音值略长，形成节奏。

四、带叠音后缀的形容词的声调

由词根附加叠音后缀构成的形容词，叠音后缀部分的实际声调是阳平、上声、去声的，有的变为阴平。如：

黑糊糊　红彤彤　黄澄澄　闹嚷嚷　羞答答　毛茸茸

有的可以不变调，但读得缓慢，听觉上，叠音的后一个音节读次轻。如：

碧油油　汗淋淋　沉甸甸　湿漉漉　亮堂堂　慢腾腾

五、关于语气词“啊”的音变

语气词“啊”在普通话里可以用于陈述句、疑问句、祈使句、感叹句全部四类句式，可以用于句末，也可以用在句中，是最为常用的一个语气词。在朗读文章和说话时都会经常使用它，读对了说对了可以避免不少语音失误。

常见错误在于发“啊”音的时候过于用力，以至于读成重音。另外就是对“啊”的音变不够熟练，以至于发错误的音。

（一）“啊”的音变形式

“啊”受前字末尾音素的影响而产生音变，共有六种音变形式，注意都是读轻声。使音变读准确的发音要领是“顺势而发”，练习时把“啊”之前的字的韵母尾音延长，在这个音的基础上顺势发出相应的读音，如“看啊”，看的尾音是 an，把 n 延长，发音部位、口型都不变，顺势发出的音必然是 na。

1. 读 ya，也可以写成“呀”

出现在以 a、o、e、ê 为末尾音素的音节后面，产生异化增音。包含的韵母有：a、ia、ua、o、uo、e、ie、üe。例如：

原来是他啊　你快说呀　真没辙啊　要认真地学啊

出现在以 i、ü 为末尾音素的音节后面，产生同化增音。包含的韵母为：i、ai、ei、uai、ui、ü。例如：

别急啊　来啊　真黑啊　跑得好快啊　东西真贵啊　去不去啊

2. 读 wa，也可以写成“哇”

出现在以 u 为末尾音素的音节后面，是一种同化增音。韵母为：u、ou、iou、ao、iao。例如：

别哭啊　快走啊　吹什么牛啊　好啊　真好笑啊

3. 读 na，也可以写成“哪”

出现在前鼻音韵母后面，产生同化增音。韵母有 an、en、in、ün、

ian、uan、üan、uen，例如：

怎么办啊　真笨啊　别多心啊　头好晕啊　好险啊　下班好晚啊　好玄啊　算得真准啊

4. 读nga，一般应写成“啊”

出现在后鼻音韵母后面，也是同化增音。韵母有ang、eng、ing、ong、iong、iang、uang、ueng。例如：

唱啊唱　疼不疼啊　行啊　真红啊　有什么用啊　人和动物都是一样啊

快讲啊　别慌啊　什么是请君入瓮啊

5. 读ra，一般应写成“啊”

出现在zhi、chi、shi、ri、er及儿化音节后面，也是同化增音。例如：

同志啊　吃啊　是啊　今天是节日啊　儿啊　真好玩儿啊

6. 读za，一般只写成“啊”

出现在zi、ci、si三音节后面，也是同化增音。声母［z］是与s同部位的浊擦音，读s时振动声带即可。例如：

谁认识这个字啊　人生会有多少个第一次啊　老四啊

句子练习：

你呀，为什么不早说呀！

好大的雪呀，可我没有合适的冰鞋呀！

瓜子皮儿可不能乱吐哇！

好哇，你这家伙可真会取巧哇！

这事可难哪，叫人怎么办哪！

多伟大的母亲哪！

你怎么这么荒唐啊！

原来你真不识字啊！

这是第几次啊？

六、自我检测

1. 读句子

请你把美好理想给领导讲讲。

请你给我打点洗脸水。

请你给我买几把小雨伞。

我很了解你。

展览馆里有好几百种展览品。

2. 绕口令

三个人一齐出大力

一二三，三二一，一二三四五六七，七六五四三二一。一个姑娘来摘李，一个小孩来摘栗，一个小伙儿来摘梨。三个人一齐出大力，收完李子、栗子、梨，一起提到市上去赶集。

玲珑塔来塔玲珑，玲珑宝塔第一层。一张高桌四条腿，一个和尚一本经，一个铙钹一口磬，一个木鱼一盏灯。一个金钟，整四两，西北风一刮，纹儿了纹儿了响纹儿了嗡。

3. 古诗

秋江独钓图

纪晓岚

一蓑一笠一渔舟，一个渔翁一钓钩。

一拍一呼还一笑，一人独占一江秋。

4. 段落练习

(1) 不！不要管他，不是我看不起他，他敢跟我说个不字吗？

(2) 冬冬不小心打碎了一个花瓶，他急得团团转。爸爸见了不动声色，这使冬冬更不知所措……

妈妈不慌不忙地走过来，和蔼地安慰冬冬说："今天这个花瓶不是你故意打碎的，妈妈不批评你；不过，以后干事情可不要再粗心了。"

冬冬歉意地点了点头。接着，爸爸又风趣地说："旧的不去，新的不来嘛！"

这才使冬冬心头的一块石头落了地，连连向爸爸妈妈表示说："以后我再也不粗心大意不管不顾了。"

(3) 啪、啪、啪！/谁呀？/张果老哇！/怎么不进来呀？/怕狗咬哇！/衣兜里兜着什么呀？/大酸枣哇！/怎么不吃啊？/怕牙倒哇！/胳肢窝里夹着什么呀？/破棉袄哇！/怎么不穿上啊？/怕虱子咬哇！/怎么不叫你老伴儿拿拿呀？/老伴儿死了。/你怎么不哭哇？/盒儿啊，罐儿啊，我的老伴儿啊！

(4) 没有一片绿叶，没有一缕炊烟，没有一粒泥土，没有一丝花香，只有水的世界，云的海洋。

一阵台风袭过，一只孤单的小鸟无家可归，落到被卷到海洋里的木板上，乘流而下，姗姗而来，近了，近了！……

(5) 落光了叶子的柳树上挂满了毛茸茸亮晶晶的银条儿；而那些冬夏常青的松树和柏树上，则挂满了蓬松松沉甸甸的雪球儿。

第八节　普通话易错字练习

本节普通话易错字专指在普通话水平测试中容易读错的字，在范围上不包括受方言声韵调影响而产生的语音错误，也不完全等同于某些《现代汉语》教材中所列出的“容易读错的字”。普通话易错字可以出现在“读单音节字词”、“读双音节词语”、“朗读短文”和“说话”四个测试环节中，但常集中出现在“读单音节字词”和“读双音节词语”两个测试环节中。

训练目标

1. 了解普通话易错字的类型
2. 掌握每种易错类型的纠误方法
3. 在普通话语音实践中最大限度地减少易错字

训练内容

一、普通话易错字的类型

在普通话测试中，常见的易错字的类型主要有：

（一）形声字“认半边”致误

由于古今语音的演变，大多数形声字的声旁同整个字的读音不完全相同，只有大约1/4的形声字的声旁同整个字的读音相同。如果以“认字认半边”的方式来读形声字，大多数情况下都容易造成误读。如把“淙淙”的“淙”读成zōng，“瞠目结舌”的“瞠”读成táng，“唾手可得”的“唾”读成chuí，这类读错字的情况是很常见的。另一种情况是，有的字完全可以按照声旁来读，却没有按照声旁来读，如把“汲取”的“汲”读为xí，“铲子”的“铲”读为chuǎn，“缔造”的“缔”读为tì等。

（二）多音多义字致误

多音多义字指一个字有两个或两个以上的读音，而不同的读音表示不同的意义。普通话常用字中有三四百个多音多义字，如创（chuàng）：创造、创举、首创和创（chuāng）：创伤、创口、重创；称（chèn）：称心、称职、相称和称（chēng）：称赞、称呼、名称。

现代汉字里多音字约占总字数的10%，这些多音多义字必须根据它们的意义和出现的具体语言环境来确定读音，测试中需要仔细分辨。如“劳累、累赘、累及”中三个“累”、“差错、差劲、参差、出差”中四个“差”读音各不相同，如果不加区别，都读为一个音或随意混读，就会读错字。

（三）异读字、异读词现象致误

异读字是多音同义字，指一个字有两个或两个以上的读音而表达的意义相同，如“穴”有人读 xué，也有人读 xuè，“血”有人读 xiě，也有人读 xuè。异读词是多音同义词，指一个词有两个或两个以上的读音而表示的意义相同。异读词既包括单音节的异读字所记录的单音节异读词，如上文中的“血”；也包括含异读字的复音词，如“教室”有人读 jiàoshì，有人读 jiàoshǐ，“机械”有人读 jīxiè，有人读 jījiè。异读字、异读词的现象很容易造成读音的混乱，尤其是文白异读现象，像血、薄、剥、露等字都有读书音和口语音之分，如果不加注意，很容易误读。1985 年 12 月 27 日国家语言委员会等部门公布《普通话异读词审音表》，从多种读音中选择其中一种读音为规范的标准读音，淘汰另外的读音，在一定程度上消除了多种字音并存的现象。

（四）难字、生僻字词的错读

有些书面色彩强的词语中的字，由于日常使用频率不太高，不少人不清楚它们的字义和字音，如麇（麇集）、鸩（鸩毒）、粜（粜米）、鳜（鳜鱼）、饕餮、觊觎等，看见了不认识，一定要读出字音，自然就容易读错。

（五）粗心大意致误

常见的有两种情况，一是汉字中有些字因形体比较相近，稍不注意很容易误读，如拔和拨、栗和粟、刺和剌、奥和粤、赫和郝、赢和羸。二是一些双音节联绵词中由于两个汉字总是连在一起出现，在测试中容易因紧张或草率的原因将其中的甲字误读成乙字，或将乙字误读成甲字。如将“铿”读为“锵”、“玫”读为“瑰”、“犹”读为“豫”等，属于无谓的失误。

二、减少易错字失误的方法

针对以上这些读错字的原因，纠正错误字音的方法主要有：

1. 注意声旁相同而读音不同的字。如汹、酗；询、徇、绚；偶、遇、隅；涛、铸、焘、畴等。

2. 注意区别多音多义字。多音多义字必须根据其意义来确定读音。

3. 注意异读字的规范读音。严格按照《普通话异读词审音表》确定的规范字音来读字，如果是文白异读，要区分清楚读书音和口语音，以免发错音。

4. 逐个识记难字的读音。

5. 注意区分形近字，克服粗心的毛病，调整紧张的心理，减少无谓的错误。

三、易错字分项练习

（一）声旁相同而读音不同的字练习

箴 zhēn—缄 jiān　枯 kū—怙 hù　诲 huì—悔 huǐ
浅 qiǎn—笺 jiān　崚 léng—凌 líng　赂 lù—咯 kǎ
坯 pī—胚 pēi　怯 qiè—祛 qū　溢 yì—谥 shì
络 luò—酪 lào　碘 diǎn—腆 tiǎn　激 jī—檄 xí
绚 xuàn—徇 xùn　锲 qiè—楔 xiē　挟 xié—浃 jiá
珍 zhēn—殄 tiǎn　沏 qī—砌 qì　脂 zhī—诣 yì
绣 xiù—莠 yǒu　刷 shuā—涮 shuàn　枢 shū—妪 yù
苔 tái—笞 chī　提 tí—堤 dī　姿 zī—恣 zì
拌 bàn—畔 pàn　嫌 xián—赚 zhuàn　撤 chè—辙 zhé
概 gài—慨 kǎi　凑 còu—揍 zòu　纂 zuàn—篡 cuàn
绽 zhàn—淀 diàn　踝 huái—裸 luǒ　盲 máng—肓 huāng
沸 fèi—佛 fú/fó　瞻 zhān—赡 shàn　瞠 chēng—膛 táng
摄 shè—蹑/嗫 niè　晌 shǎng—响 xiǎng　瞥 piē—憋 biē
辑 jí—缉 jī　符 fú—附 fù　渴 kě—谒 yè
持 chí—恃 shì　唇 chún—蜃 shèn　磐 pán—罄/謦 qìng
澡 zǎo—燥/躁 zào　烁 shuò—砾 lì　腈 jīng—晴 qíng
姝 shū—株 zhū　镶 xiāng—嚷 rǎng—囔 nāng
玷 diàn—沾 zhān—砧 zhēn　弧 hú—孤/呱 gū
缜 zhěn—慎 shèn—嗔 chēn　癖 pǐ—秕 bì—纰 pī—毗 pí
诞 dàn—涎 xián—筵 yán　碎 suì—粹/啐/淬 cuì
湍 tuān—惴 zhuì—踹 chuài—揣 chuāi　绌 chù—咄 duō—黜 chù—拙 zhuō

（二）多音多义字练习

强行 qiáng—勉强 qiǎng　旋转 zhuǎn—转速 zhuàn
冠军 guàn—皇冠 guān　撇开 piē—撇嘴 piě
似的 shì—似乎 sì　角色 jué—角度 jiǎo
投奔 bèn—奔驰 bēn　模型 mó—模样 mú
给以 gěi—给予 jǐ　仿佛 fú—佛寺 fó
变更 gēng—更加 gèng　处所 chù—处理 chǔ
假日 jià—假公济私 jiǎ　关卡 qiǎ—卡片 kǎ
兴衰 xīng—兴趣 xìng　应用 yìng—应该 yīng
劳累 lèi—累赘 léi/累计 lěi　爪子 zhuǎ—爪牙 zhǎo

妥帖 tiē—请帖 tiě—字帖 tiè

切实 qiè—切削 qiē

勾画 gōu—勾当 gòu

别扭 biè—别针儿 bié

划分 huà—划算 huá

答理 dā—答复 dá

曲解 qū—曲调 qǔ

混合 hùn—混蛋 hún

症状 zhèng—症结 zhēng

体育场 chǎng—场院 cháng

刷新 shuā—刷白 shuà

挑刺儿 tiāo—挑拨 tiǎo

参与 yù—与日俱增 yǔ

创造 chuàng—创伤 chuāng

禁止 jìn—情不自禁 jīn

折光 shé—折腾 zhē—折磨 zhé

发卡 fà—萌发 fā

横扫 héng—横祸 hèng

扎实 zhā—捆扎 zā

丧失 sàng—丧事 sāng

把手 bǎ—刀把儿 bà

悄然 qiǎo—静悄悄 qiāo

行当 háng—行头 xíng

宁可 nìng—宁静 níng

当事人 dāng—当真 dàng

空闲 kòng—空当 kōng

差额 chā—差劲 chà—差不多 chà—参差 cī

着慌 zháo—着手 zhuó—着数 zhāo—着呢 zhe

（三）异读字和异读词练习

有些汉字有“文”、“白”两读。前者或称“读书音”，后者或称“口语音”。例如，“剥”字在“剥削”、“剥夺”等书面词语中读 bō，而在“剥皮”、“剥花生”等口头词语中却读 bāo。前者常出现在复音词中；后者常用做单音词。

剥①bō〈文〉剥削　剥夺　生吞活剥　②bāo〈白〉剥皮　剥花生

薄①bó〈文〉薄弱　单薄　厚今薄古　②báo〈白〉薄板　薄饼　待他不薄

澄①chéng〈文〉澄清　澄湛　江澄似练　②dèng〈白〉把水澄清了　澄沙　澄浆泥

逮①dài〈文〉逮捕　②dǎi〈白〉逮蚊子　逮特务

貉①hé〈文〉一丘之貉　②háo〈白〉貉子　貉绒

核①hé〈文〉核心　核桃仁　核实　核算　结核　原子核　②hú〈白〉枣核儿　煤核儿

虹①hóng〈文〉彩虹　虹吸　霓虹灯　②jiàng〈白〉出虹了

颈①jǐng〈文〉颈项　颈椎　长颈鹿　②gěng〈白〉脖颈子　脖颈儿

嚼①jué〈文〉咀（jǔ）嚼　过屠门而大嚼　②jiáo〈白〉嚼碎　嚼舌　嚼子　细嚼慢咽

勒①lè〈文〉勒令　勒索　悬崖勒马　勾勒　勒碑　②lēi〈白〉勒紧行李

馏①liú〈文〉蒸馏　干馏　②liù〈白〉馏馒头

露①lù〈文〉露天　露骨　暴露　显露　抛头露面　露头（矿苗）②lòu〈白〉露头（出现）　露富　露脸　露马脚

落①luò〈文〉降落　涨落　落魄　落花生　②lào〈白〉落色　落枕　落架　③là〈白〉丢三落四　落在后面

络①luò〈文〉经络　联络　络腮胡子　络绎不绝　网络　笼络　②lào〈白〉络子

蔓①màn〈文〉蔓延　蔓草　蔓生植物　②wàn〈白〉爬蔓　顺蔓摸瓜　瓜蔓儿　打蔓儿

尿①niào〈文〉尿布　尿肥　糖尿症　屎尿　②suī〈白〉尿（niào）尿（suī）

疟①nüè〈文〉疟疾　疟蚊　②yào〈白〉发疟子

荨①qián〈文〉荨麻　②xún〈白〉荨麻疹

翘①qiáo〈文〉翘首　翘楚　连翘　②qiào〈白〉翘尾巴　翘辫子

壳①qiào〈文〉甲壳　地壳　躯壳　金蝉脱壳　②ké〈白〉蛋壳儿　壳郎（láng）猪　手枪卡（qiǎ）壳　脑壳儿　子弹壳儿

雀①què〈文〉雀斑　门可罗雀　雀盲症　雀跃　孔雀　麻雀　②qiǎo〈白〉家雀儿　雀盲眼　③qiāo〈白〉雀子（雀斑）

色①sè〈文〉色彩　景色　面色　色厉内荏（rěn）　贪财好（hào）色　②shǎi〈白〉掉色　套色　色子（骰子）

塞①sè〈文〉堵塞　闭塞　塞责　搪塞　闭目塞听　②sài〈文〉要塞　边塞　塞外　塞翁失马　③sāi〈白〉活塞　瓶塞　把洞塞住

杉①shān〈文〉杉树　紫杉　水杉　②shā〈白〉杉篙　杉木

葚①shèn〈文〉桑葚　②rèn〈白〉桑葚儿

熟①shú〈文〉成熟　熟练　熟视无睹　时机已熟　②shóu〈白〉苹果熟了　蒸熟了

苔①tái〈文〉苔藓　青苔　苔衣　②tāi〈白〉舌苔

削①xuē〈文〉剥削　削减　削弱　②xiāo〈白〉削铅笔　刀削面　削球（乒乓球）

血①xuè〈文〉心血　血压　贫血　血吸虫　血泪史　流血牺牲　②xiě〈白〉流了点儿血　吐了一口血　鸡血　血块子

熏①xūn〈文〉熏染　熏陶　熏肉　臭气熏人　利欲熏心　②xùn〈白〉煤气熏着了

钥①yuè〈文〉锁钥（比喻关塞）②yào〈白〉　钥匙（shi）

（四）难字、生僻字词练习

稗 bài 砭 biān 钵 bō 掣 chè 豉 chǐ 匙 chi 涔 cén 疵 cī

箍 gū 菰 gū 汩 gǔ 蛊 gǔ 龋 qǔ 赧 nǎn 孽 niè 蹑 niè

黍 shǔ 惬 qiè 阖 hé 舂 chōng 霾 mái 淖 nào 媲 pí 憩 qì

觑 qù 稔 rěn 靥 yè 噱 xué 赝 yàn 怏 yàng 貉 hé 衅 xìn

莘 shēn 剜 wān 栉 zhì 狩 shòu 怵 chù 皈 guī 聒 guō 挲 suō

皴裂 cūnliè 发飙 fābiāo 麇集 qúnjí 鳜鱼 guìyú 沉疴 chénkē

鸩毒 zhèndú 粜籴 tiàodí 犄角 jījiǎo 蹊跷 qīqiāo 耄耋 màodié

踟蹰 chíchú 趑趄 zījū 缱绻 qiǎnquǎn 旖旎 yǐ nǐ 僭越 jiànyuè

一爿 yīpán 沆瀣 hàngxiè 饕餮 tāotiè 梦魇 mèngyǎn

狡黠 jiǎoxiá 戏谑 xìxuè 悭吝 qiānlìn 魑魅魍魉 chīmèiwǎngliǎng

（五）形似字练习

灸 jiǔ—炙 zhì 未 wèi—末 mò 栗 lì—粟 sù 茶 chá—荼 tú

嬴 yíng—羸 léi 肆 sì—肄 yì 刺 cì—棘 jí 拔 bá—拨 bō

斐 fěi—裴 péi 糜 mí—霏 fēi 汨 mì—汩 gǔ 懒 lǎn—漱 shù

戊 wù—戌 xū—戍 shù

（六）联绵词单字练习（因是单字练习，因此其中连读轻声词中的轻声音节都还原其本调）

铿 kēng 锵 qiāng 斑 bān 斓 lán 唠 láo 叨 dāo 芭 bā 蕾 léi

忐 tǎn 忑 tè 澎 péng 湃 pài 吩 fēn 咐 fù 踌 chóu 躇 chú

螳 táng 螂 láng 混 hùn 沌 dùn 傀 kuí 儡 lěi 蜻 qīng 蜓 tíng

玛 mǎ 瑙 nǎo 蜈 wú 蚣 gōng 鸳 yuān 鸯 yāng 窈 yǎo

窕 tiǎo 骆 luò 驼 tuó 咀 jǔ 嚼 jué 玻 bō 璃 lí 喷 pēn 嚏 tì

蹉 cuō 跎 tuó 翩 piān 跹 xiān 邋 lā 遢 tà 玫 méi 瑰 guī

佝 gōu 偻 lóu 茉 mò 莉 lì

四、自我检测

检测题（一）

1. 读单音节字词

碑 谒 裆 嚏 瞥 磐 蹑 撤 沌 瑙

踝 龊 炙 咯 爿 逛 睑 儡 邋 赚

拨 瞠 攥 铐 戊 蜓 盲 拽 辙 脏

纰 栗 玻 砾 聒 螂 瞻 溺 馋 刺

裴 躁 俩 沓 祛 痣 荼 绮 汩 疴

2. 读双音节词语

照片　皴裂　血汗　似的　摩挲　发飙　麇集　休憩　瞌睡　掣肘
模样　鳜鱼　边塞　聒噪　勾当　沉疴　发憷　关卡　轴线　龋齿
名角儿　鸩毒　粜米　犄角　给以　僭越　耄耋　累赘　趔趄　燥热
皈依　削减　佛寺　连翘　切实　舂米　钥匙　假条　爪子　悲怆
蛊惑　针砭　枣核儿　豆豉　孽缘　瑕疵　溯源　惬意　参差　稗子

检测题（二）

1. 读单音节字词

肄　晕　佛　漱　泱　末　熏　腈　踌　穗
晌　癖　嗔　餍　汲　绽　槛　粹　删　穴
癞　搽　佝　踹　咀　鹤　禽　飑　殄　叨
拨　檄　惴　囔　怙　锲　涮　砧　腆　毗
粹　涎　鸯　腈　肄　瞠　骋　恃　踝　斐

2. 读双音节词语

咀嚼　堆砌　巢穴　缜密　湍急　癖好　淬火　沏茶　毛坯　嗔怒
剥削　曲调　强行　应用　假日　暴露　悄然　别扭　发卡　场合
熟练　横财　似的　嗫嚅　佛寺　膏肓　戊戌　编纂　拜谒　淀粉
咯血　处理　憋气　磐石　慨然　赡养　窈窕　谥号　笨拙　瞠目
分娩　旋转　撇嘴　发卡　五更　地壳　角色　桑葚儿　饕餮
别针儿

第三章　普通话的表达技巧

第一节　普通话表达的要求

一、普通话水平测试等级标准

普通话水平测试等级标准，对普通话表达水平做了等级界定。

一级（标准的普通话）

一级甲等（测试得分：97～100 分之间）朗读和自由交谈时，语音标准，词语、语法正确无误，语调自然，表达流畅。

一级乙等（测试得分：92～96.99 分之间）朗读和自由交谈时，语音标准，词语、语法正确无误，语调自然，表达流畅。偶然有字音、字调失误。

二级（比较标准的普通话）

二级甲等（测试得分：87～91.99 分之间）朗读和自由交谈时，声韵调发音基本标准，语调自然，表达流畅。少数难点音（平翘舌音、前后鼻尾音、边鼻音等）有时出现失误。词语、语法极少有误。

二级乙等（测试得分：80～86.99 分之间）朗读和自由交谈时，个别调值不准，声韵母发音有不到位现象。难点音（平翘舌音、前后鼻尾音、边鼻音、fu-hu、z-zh-j、送气不送气，i-ü 不分、保留浊塞音、浊塞擦音、丢介音、复韵母单音化等等）失误较多。方言语调不明显。有使用方言词、方言语法的情况。

三级（一般水平的普通话）

三级甲等（测试得分：70～79.99 分之间）朗读和自由交谈时，声韵母发音失误较多，难点音超出常见范围，声调调值多不准。方言语调较明显。词语、语法有失误。

三级乙等（测试得分：60～69.99 分之间）朗读和自由交谈时，声韵调发音失误多，方音特征突出。方言语调明显。词语、语法失误较多。外地人听其谈话有听不懂的情况。

二、普通话表达对字、词等的要求

在读单音节字词和多音节词语时，要了解普通话语音知识，掌握声母、韵母、声调的正确发音。读准普通话的语流音变，掌握各种变调、轻声、儿化、“啊”的音变等。普通话多音节词语表达时应注意轻重格式，除非特别需要，一般不能改变这种固有格式。

朗读时正确处理普通话朗读技巧，把握朗读的语调，有较强的朗读、讲演和讲话能力。

说话自然流畅，语音、词汇、语法规范准确，口语表达清晰、正确、得体；掌握教学、教育、交谈的口语特点，力求科学、简明、生动，具有启发性。

此外，表达时应能识别自己方言中与普通话在语音词汇、语法方面的差异和对应规律，并能进行方音及方言词汇、语法辨正。

第二节　普通话轻重音格式

普通话多音节词语的几个音节有约定俗成的轻重差别，这就是词语的轻重格式，除非特别需要，一般不能改变这种固有的格式。轻与重是相对的，读起来要自然而不生硬。普通话词语的轻重音可以分为四个等级：重音、中音、次轻音、轻音。介乎中间的是“中”，比“中”略轻的是“次轻”，短且弱的称为“轻”，长且强的称为“重”。

在普通话中，双音节词大多是“中·重”格式。中重格式主要是后一个音节比前一个音节读得略长，且音高略低，调域也宽一些，形成前短后长、前高后低、前窄后宽的双音节模式，这是普通话双音节组合的主要语音模式，简称为“后重”。而在一些方言中，却有把普通话读“中·重”格式的词语读作“重·中”甚至“重·轻”格式的情况，表现为第一个音节读得长，而第二个音节读得短，简称为“前重”，如“现在”、“半天”（均读“前重”）。

轻声词属于词重音在前面的“重·轻”格式。“必读”轻声音节不标声调符号，其轻重音格式为“重·最轻”，例如“东西、妈妈、规矩、客气、麻烦”等；“可读”轻声词一般轻读，间或重读，读音不太稳定，其轻重音格式则为“重·次轻”。在《现代汉语词典》里，一部分可读轻声词既标注声调符号，又在轻声音节前面标注圆点，表示该音节可轻读，例如“太阳、新鲜、客人、知道”；另一部分则未作明确标注，例如“制度、解释、分析”。

训练目标

掌握普通话轻重音的几种基本格式及发音方法；能读准篇章中的轻重音词语。

一、双音节词语的轻重格式

（一）中·重

前一个音节读中音，后一个音节读重音。双音节词绝大部分是这个格式。

搏斗 服丧 南方 为时 布控 合并 义愤 地震 老板 时运
作乐 爱慕 芭蕉 把关 颁发 帮忙 宝贵 报仇 女性 文思
长寿 加剧 气窗 乡村 成就 致命 犯浑 面包 调解 教室
前锋 新绿 错位 继续 声张

（二）重·中

前一个音节读重音，后一个音节读次轻音，后面轻读的音节，原调调值仍依稀可辨，但不稳定。

阿门 爱护 爱惜 安顿 安排 安生 安慰 安稳 安置 暗下
傲气 巴望 把柄 把握 霸气 白菜 白露 摆弄 拜望 斑鸠
搬弄 办法 扮相 帮助 包庇 宝贝 报务 倍数 鼻涕 比喻
编辑 便利 表示 别是 病人 博士 布置 才气 材料 财神
参与 操持 岔口 差役 产物 产业 长度 敞亮 车钱 成绩
成全 承应 乘务 程度 程序 尺度 充裕 仇人 臭虫 处分
处置 春天 绰号 次数 次序 刺激 聪明 错误 答复 打开
待遇 担待 倒换 倒是 敌人 嫡系 地步 地势 地位 冬瓜
冬天 董事 动物 动作 斗笠 督促 读物 肚量 度量 恩人
翻译 反映 犯人 方便 方式 防备 分析 风气 凤凰 缝隙
伏天 服务 福利 富裕 干预 干部 根据 工程 购置 估计
观望 寒战（寒颤） 行业 和睦 会务 贿赂 货物 豁亮 吉他
纪律 技术 季度 家务 家业 价目 建筑 将军 讲求 匠人
将士 交代 交待 交际 交涉 较量 教育 接济 节目 节日
解释 界线 界限 今天 进度 进士 近视 经济 韭菜 救济
局势 剧目 觉悟 爵士 军人 军事 刊物 控制 老虎 礼数
里面 力度 利益 利用 联络 烈士 猎物 邻居 吝惜 灵气
零碎 伦巴 埋怨 面积 名分 命令 摩托 模样 目的 男士
男子 南瓜 南面 能手 女儿 女士 女子 偶尔 牌坊 喷嚏
批评 僻静 篇目 破费 菩萨 蹊跷 气氛 气候 气量 气质
器物 器重 恰当 迁就 牵涉 牵制 前天 轻便 轻快 清静
请示 穷人 秋季 秋千 秋天 去处 趣味 权利 权力 劝慰
人物 荣誉 容易 若是 杀气 伤势 商议 设计 设置 射手

深度　甚至　生计　生物　声势　声音　省份　圣人　诗人　时务
实惠　食物　士气　世道　事故　事务　适应　嗜好　手气　手势
手艺　熟悉　树木　数目　耍弄　税务　顺序　硕士　私下　素质
速度　算是　太监　太阳　探戈　堂上　体会　天气　天上　添置
条理　调剂　统计　痛处　头目　腿脚　退伍　托福（～考试）
威风　围裙　维护　卫士　文凭　文书　文艺　武士　物质　误会
西瓜　习气　席位　媳妇　戏弄　系数　细致　下午　嫌弃　显示
羡慕　乡里　乡亲　香椿　项目　销路　孝敬　孝顺　效率　效益
效应　心计　信任　信用　信誉　刑具　刑事　形式　形势　兴致
性质　休克　序数　学问　烟囱　延误　盐分　掩饰　样式　药材
药物　要不　业务　医务　仪器　仪式　贻误　遗弃　义务　艺术
意气　印台　印象　影壁　应承　勇士　犹豫　油性　右面　幼稚
于是　院士　愿望　月份　月季　乐器　运动（物质～、体育～）
杂货　杂种　责任　债务　战士　账目　障碍　招待　这里　这样
珍惜　政治　职务　植物　制度　质量　秩序　智慧　智力　重量
重视　装饰　装置　壮士　姿势　滋味　字据　组织　左面　作物
作用

（三）**重·轻**

前一个音节读重音，后一个音节读轻音，即轻声词的结构。

爱人　脖子　福气　南边　围子　巴结　部分　合同　女婿　文气
把手　长处　家伙　气性　乡下　班子　成分　教训　前边　薪水
帮子　错处　记号　牲口　益处　保人　地道　姥姥　实诚　志气
报酬　饭食　面筋　调理　做作

二、三音节词语的轻重格式

（一）**中·中·重**

前两个音节读中音，第三个音节读重音。绝大部分三音节词语读这种格式。

展览馆　电视机　教研室　近卫军　自行车　扁桃体　视网膜
原子能　芭蕾舞　主持人　探险家　东道主　寄生虫　染色体
三角形　天安门　奥运会　地球仪　博物馆　火车站　运动场
立交桥　安理会　急诊室　乒乓球

（二）**中·重·轻**

第一个音节读中音，中间一个音节读重音，末尾的音节读得最轻。

小姑娘 凑热闹 为什么 打官司 卖关子 打冷战 牛脾气
撑门面 硬骨头 枪杆子 命根子 过日子 两口子 山核桃
老师们 好家伙 老头子 闹别扭 赔不是 吊嗓子 拿架子
做生意 好朋友 胡萝卜 同学们

（三）中·次轻·重（包括“中·轻·重”）

第一个音节读中音，第二个音节读次轻音或轻音，第三个音节读重音。

豆腐脑 生意场 窝囊废 来不了 月亮门 吃不消 走不成
萝卜汤 过不去 萨其马

（四）重·轻·轻

第一个音节读重音，后面两个音节读最轻。这种格式的三音节词数量较少，其中有的相当于轻声词后面加上一个轻读的词缀。

跑下来 跳起来 屋子里 孩子们 姑娘们 娃娃们 先生们 拿过去
桌子上 落下来 冷起来 走出去 耳朵里 出来了 朋友们

三、四音节词的轻重格式

（一）中·重·中·重

第一个和第三个音节读中音，第二个音节和末尾一个音节读重音。包括四字成语在内的绝大多数四音节词都是这个格式。

龙腾虎跃 丰衣足食 轻歌曼舞 五光十色 根深蒂固 鹤发童颜
花好月圆 移风易俗 年富力强 耳濡目染 心猿意马 心明眼亮
五湖四海 画蛇添足 心旷神怡 推心置腹 天长地久 龙潭虎穴
死记硬背 班门弄斧

（二）中·次轻·中·重

第一个和第三个音节读中音，第二个音节读次轻音，末尾一个音节读重音。

断断续续 慌里慌张 嘻嘻哈哈 大大方方 化学工业 奥林匹克
乌鲁木齐 社会主义

（三）重·中·中·重

前后两个音节读重音，中间两个音节读中音。

敬而远之 惨不忍睹 义不容辞 诸如此类

四、自我检测

（一）词语练习

1. 双音节词语

处分 处置 长度 充裕 仇人 程度 程序 成全 成绩 尺度

春天　绰号　次数　次序　打井　地位　冬天　懂事　动物　犯人
方便　方式　防备　动作　斗笠　督促　读物　购置　度量　待遇
恩人　翻译　敌人　地步　地势　反映　分析　风气　缝隙　富裕
干预　干部　根据　估计　和睦　贿赂　货物　吉他　季度　技术
纪律　家务　建筑　将军　讲求　力度　联络　联系　烈士　权利
劝慰　人物　若是　商议　圣人　诗人　实惠　食物　嗜好　士气
数目　速度　体会　天气　条例　统计　退伍　卫士　文凭　武士
误会　习气　戏弄　下午　乡亲　项目　孝顺　效率　性质　形式
掩饰　药物　衣物　义务　仪器　犹豫　幼稚　乐器　影响　植物
政治　障碍　账目　战士　招待　珍惜　这样　斗争　沼泽　城镇
比喻　字数　尝试　赠送　推诿　乃至　庭审　集体　农村　侥幸
退税　周围　粗犷　俗称　瑞雪　纵深　得罪　引擎　赌瘾　教育
珍惜　风光　格外　绝壁　强迫　自己　插销　水壶　阿胶　帆布
皮鞋　气馁　剖析　敲打　躲藏　操作　炎症　豁免　车辆　菜肴
姿势　导致　聘任　蚂蚁　匆忙　妊娠　奔驰　层次　武装　气质
催促　冗长　震惊　鞠躬　悬崖　侮辱　湍急　积蓄　泼辣　船舶
适中　肮脏　晶莹　剧场　生活　新闻　急着　调查　世界　自然
放映　午餐　动画　财经　体育　立案　弹性　相同　攻读　复兴
毕业　懂事　嶙峋　猎犬　习惯　象征　诀窍　叫喊　内疚　诗句
感化　而且　颜色　智慧　美丽　随意　爱惜　包庇　安置　把柄
帮助　倍数　便利　病人　博士　操持

2. 三音节词语

电视台　电影院　动画片　反义词　纺织品　服务员　必需品　出发点
博物馆　不由得　差不多　地下水　电气化　东道主　方向盘　标准化
避雷针　不见得　抱不平　出生率　大多数　打火机　大人物　放射线
高血压　电磁波　法西斯　肺结核　计算机　基本功　海岸线　工业化
花岗岩　开玩笑　领事馆　养老院　寄生虫　照相机　工程师　负离子
副作用　工作日　哈密瓜　共产党　古兰经　画外音　回归线　公积金
红领巾　机械化　积极性　记忆力　技术员　加速度　金字塔　进化论
俱乐部　决定性　教科书　吉普车　胡萝卜　甲骨文　进行曲　科学家
猫头鹰　连环画　两口子　农产品　平衡木　留声机　南半球　螺旋桨
马铃薯　连衣裙　人民币　农作物　三角洲　舍不得　四边形　世界观
水蒸气　天然气　太阳能　神经病　圣诞节　望远镜　统一体　水龙头
天花板　细胞核　现代化　糖尿病　小伙子　向日葵　协奏曲　小朋友

写字台 微生物 胰岛素 游击队 研究生 温度计 体育场 荧光屏
里程碑 黄鼠狼 防护林 动物园 红外线 规范化 锦标赛 副作用

3. 四音节词语

百花齐放 雷厉风行 博古通今 脱胎换骨 名存实亡 销声匿迹
枯木逢春 破绽百出 忘恩负义 光明磊落 精益求精 两肋插刀
震耳欲聋 以身作则 废寝忘食 周而复始 包罗万象 别出一格
赤手空拳 不动神色 川流不息 方兴未艾 不计其数 根深蒂固
顾名思义 束手无策 风驰电掣 独一无二 后顾之忧 排忧解难
啼笑皆非 一筹莫展 相得益彰 刻不容缓 如释重负 有的放矢
标新立异 不胫而走 塞翁失马 惊弓之鸟 语重心长 了如指掌
十拿九稳 琳琅满目 安居乐业 此起彼伏 漫不经心 背道而驰
四面楚歌 兵不血刃 刚柔相济

（二）段落练习

1. 中国有句古话："饿死别做贼，屈死不告状。"中国的老百姓把告状与做梁上君子相提并论，可见告状之难。千百年来，在封建专制集权的统治下，不要说告官府，就是告庶民，有理没钱也莫闯衙门，"民不告官"成了老百姓信奉的千古律条。某市法院曾对该市受过行政处罚的人进行调查，有62%的人对"你受到不当处罚而不提起行政诉讼的原因"的回答是"不敢告"，因为怕"胳膊拧不过大腿"。即使官司打赢了，但还是在"官"的管辖范围内，日子也不见得好过。可谓是"赢一阵子，输一辈子"。可是今天不同了，在现代法治社会中，公民的法律意识正在逐步提高，我们欣喜地看到愈来愈多的人开始懂得用法律来维护自己的合法权益，民与"官"可以平等地对簿公堂，行政诉讼的社会功能也已为更多的人所认识和理解。

2. 不管是两岸的和平统一也好，两岸的接触对话也好，一个中国原则都是基础，是前提，绝对不容许挑战。台湾要有美好的未来，要有光辉的前程，就要统一，要和平，要谈判。而要统一，要和平，要谈判，台湾的新领导人就必须承认一个中国的原则。吕秀莲疯狂地向坚持一个中国原则的12亿5000万中国人民挑衅，分明是要把台湾人民推向战争的深渊。这样的人还奢谈什么"台湾安全"、"人民幸福"、"两岸和平"？完全是欺人之谈。让这样一个随时可能给台湾带来灾难的丧心病狂的"台独"分子做台湾地区的领导人，能让我们的2300万台湾同胞安心吗？

3. 他没有遗产，他没有子嗣，他没有坟墓，他也没有留下骨灰。他似乎什么也没有给我们留下，但是他永远活在我们心里。

4. 物质贫困固然可怕，更可怕的是精神贫困。只有自强不息，顽强拼搏，人生足迹才会落地有声，才会真正实现人生价值。

5. 众所周知，诚信乃立人、立业之本，也是中国传统文化的精髓所在。一部《论语》，光“信”字就被谈及38次，其中24次是指“诚信不欺”之意。子曰：“人而不信，不知其可也。”意思是说：“作为一个人，却不讲信誉，那怎么可以！”在商品交易中，国人历来讲究“童叟无欺”，市场经济也强调公平、公正，信誉更是企业的生命。那些缺少公信度的人或企业，或迟或早会被淘汰出局，因为“多行不义必自毙”，不论他（它）属于公有制还是非公有制经济。

（三）综合练习

材料1

在美国，整个节奏是紧张的，而在这里却令人感到松弛、心旷神怡。早上起来，我沿着河边散步，在柔和的阳光下，看到一群群大学生开始从宿舍里走向课堂。他们和她们背着鼓鼓囊囊的书包，穿着米色和红色的夹克衫，匆匆地走着，碰到面时，总是笑容可掬轻轻地道一声：“早上好！”

爱阿华的五万多人口中，有三万大学生，像我这样五十多岁的人在街上就很少看到。这是一个充满着青春气息的城市，这里很少看到西装革履衣冠楚楚的男人，也很少看到浓妆艳抹华服盛装的女人，这里的男孩子和女孩子穿着打扮都很质朴，衬衫、夹克、牛仔裤，但朴素的服装并不能掩盖住他们青春的美。

聂华苓在飞机上告诉我：“爱阿华的女大学生们的美丽是出众的，她们一个个都长得苗条丰满，特别是皮肤都是粉红颜色，一个个都像奶油捏成的一样，看了会使人吃惊的！”来到爱阿华后，我虽然没有达到吃惊的程度，但我感到用“奶油捏成”这个比喻已经不够了，她们比“奶油”更美，特别是闪耀在她们笑靥上的青春光泽，在早晨的阳光下，使你分不清到底是阳光抑或是“艳若桃李”的青春光辉。

在爱阿华，使人感到既老又年轻。老是因为生活在年轻人中间比较而言；年轻是因为整个城市的青春气息的感染，哪怕你是华发苍颜，你也会不自觉地丢弃手杖，你也会想穿上一件夹克衫。特别是走路的时候，你会感到两条腿开始矫健有力，变成了年轻人的步伐。（节选自李准《充满青春气息的小城》）

材料2

孩子往往羡慕大人；老人往往羡慕孩子。

普通人羡慕名人；名人又羡慕普通人。

打懂事开始，人们就开始羡慕他人，也开始不停地变换着羡慕对象，还一遍又一遍地梦想着拥有羡慕对象的容貌、身体、学识、才能、名气、地位、财富……

美慕的感觉都是相似的，羡慕的对象却各有不同：失败者羡慕成功者，丑陋者羡慕美貌者，穷人羡慕老板，士兵羡慕将军，少年羡慕英雄，少女羡慕明星……有的人喜欢将羡慕之情溢于言表；有的人则把羡慕的秘密深藏心底，正如一首歌里唱的："等待已久的梦，只有自己知道。"

我听到一个真实的故事：某单位有一妙龄女子，不仅性情温柔，容貌出众，还能歌善舞。不久前当她突然昏倒住进医院时，人们才知道她患有严重的先天性心脏病。当同事们前去医院探望她时，她含着泪说："我羡慕你们每个人，因为你们拥有健康。"

许多人喜欢抱怨自己生不逢时，怀才不遇，感叹人生苦涩，无缘富贵，却对自身拥有的一切视而不见。其实从某种意义上讲，能来到这个世界本身就是一种幸运，能有一个健康的身体则是最大的幸运。无论你是谁，一定有许多相识的或不相识的人在由衷地羡慕着你：羡慕你的健康，羡慕你的聪慧，羡慕你有家庭的温暖，羡慕你有工作的乐趣，羡慕你打一手好球，羡慕你写一手好字，甚至羡慕你光洁的皮肤、乌黑的头发和雪白的牙齿……

上帝是不公平的，于是便有了世间的穷和富、善与恶、美与丑、成功与失败、幸福与不幸。

上帝又是公平的，他给了你金钱，往往就要夺走你的真诚和善良；他给了你成熟，往往就要夺走你的年轻和纯真；他给了你美貌，往往就要夺走你的智慧和毅力；他给了你成功，往往就会夺走你的健康和幸福。（节选自王晓冰《羡慕》）

材料 3

常听人说，人世间最纯净的友情只存在于孩童时代。这是一句极其悲凉的话，居然有那么多人赞成，人生之孤独和艰难，可想而知。

我并不赞成这句话。孩童时代的友情只是愉快的嬉戏，成年人靠着回忆追加给它的东西很不真实。友情的真正意义产生于成年之后，它不可能在尚未获得意义之时便抵达最佳状态。

其实，很多人都是在某次友情感受的突变中，猛然发现自己长大的。仿佛是哪一天的中午或傍晚，一位要好同学遇到的困难使你感到了一种不可推卸的责任，你放慢脚步忧思起来，开始懂得人生的重量。就在这一刻，你突然长大。

我的突变发生在十岁。从家乡到上海考中学，面对一座陌生的城市，心中只有乡间的小友，但已经找不到他们了。有一天，百无聊赖地到一个小书摊看连环画，正巧看到这一本。全身像被一种奇怪的法术罩住，一遍遍地重翻着，直到黄昏时分，管书摊的老大爷用手指轻轻敲了敲我的肩，说他要回家吃饭了，我才把书合拢，恭恭敬敬放在他手里。

那本连环画的题目是:《俞伯牙和钟子期》。

纯粹的成人故事，却把艰深提升为单纯，能让我全然领悟。它分明是在说，不管你今后如何重要，总会有一天从热闹中逃亡，孤舟单骑，只想与高山流水对晤。走得远了，也许会遇到一个人，像樵夫，像隐士，像路人，出现在你与高山流水之间，短短几句话，使你大惊失色，引为终生莫逆。但是，天道容不下如此至善至美，你注定会失去他，同时也就失去了你的大半生命。

故事是由音乐来接引的，接引出万里孤独，接引出千古知音，接引出七弦琴的断弦碎片。一个无言的起点，指向一个无言的结局，这便是友情。人们无法用其他词汇来表述它的高远和珍罕，只能留住“高山流水”四个字，成为中国文化中强烈而缥缈的共同期待。

那天我当然还不知道这个故事在中国文化中的地位，只知道昨天的小友都已黯然失色，没有一个算得上“知音”。我还没有弹拨出像样的声音，何来知音?如果是知音，怎么可能舍却苍茫云水间的苦苦寻找，正巧降落在自己的身边、自己的班级?这些疑问，使我第一次认真地抬起头来，迷惑地注视街道和人群。

差不多整整注视了四十年，已经到了满目霜叶的年岁。如果有人问我:“你找到了吗?”我的回答有点艰难。也许只能说，我的七弦琴还没有摔碎。

我想，艰难的远不止我。近年来参加了几位前辈的追悼会，注意到一个细节:悬挂在灵堂中间的挽联常常笔涉高山流水，但我知道，死者对于挽联撰写者的感觉并非如此。然而这又有什么用呢?在死者失去辩驳能力仅仅几天之后，在他唯一的人生总结仪式里，这一友情话语乌黑鲜亮，强硬得无法修正，让一切参加仪式的人都低头领受。

当七弦琴已经不可能再弹响的时候，钟子期来了，而且不止一位。或者是，热热闹闹的俞伯牙们全都哭泣在墓前，那哭声便成了“高山流水”。

没有恶意，只是错位。但恶意是可以颠覆的，错位却不能，因此错位更让人悲哀。在人生的诸多荒诞中，首当其冲的便是友情的错位。(节选自余秋雨《关于友情》)

第四章 计算机辅助普通话测试辅导

为进一步推动普通话水平测试工作科学发展，教育部语言文字应用管理司印发《教育部语用司关于推进计算机辅助普通话水平测试工作等有关问题的通知》(教语用司函〔2010〕72号)，决定在全国范围内全面实行计算机辅助普通话水平测试工作。普通话机测是普通话测试的一种新趋势，并将逐步成为普通话测试的主要方式。

一、普通话机测内容

普通话机测考试内容和以往的普通话测试内容相同，一共四道题，分别是：第一题，读单音节字词100个音节，限时3.5分钟，共10分；第二题，读多音节词语100个音节，限时2.5分钟，共20分；第三题，朗读短文，400个音节，限时4分钟，共30分；第四题，命题说话，不得少于3分钟，共40分。

前三题由电脑普通话评分软件自动评分，第四题，由普通话测试人员根据电脑录音进行人工评分。

二、普通话机测流程

考生凭“身份证”和“准考证”报到后，由考务人员按考试顺序编号，并按要求正确填写标签，按指定试卷准备考试，准备时间约10分钟左右。10分钟后，由考务人员引导进入计算机测试室。按编号就座后戴上耳机(麦克风戴在左耳)，并将话筒置于口腔前方。

1. 考生登录

输入考生准考证号，单击“进入”按钮继续，如果输入有误，单击“修改”按钮重新输入。

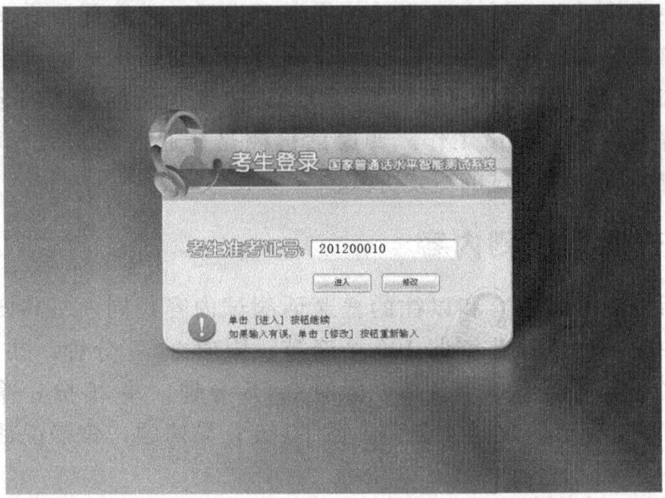

2. 核对信息

请仔细核对考生个人信息。如信息无误，单击“确认”按钮继续。如准考证号有误，请单击“返回”按钮重新登录。如其他信息有误，请索要并填写“信息更正单”，交主考老师，然后单击“确认”按钮继续。

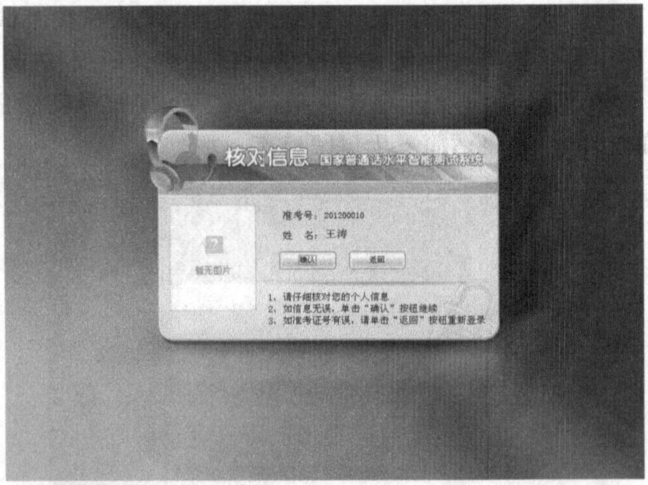

3. 确认试卷

该步骤考生不需操作，直接点击“确认”按钮继续（本机已设定您所准备的试卷）。

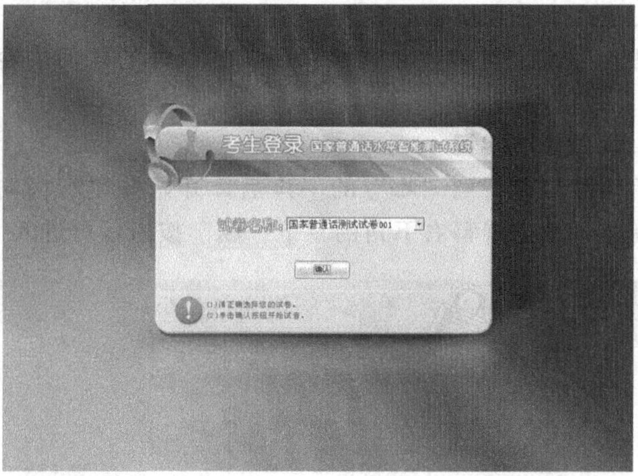

4. 试音

请在提示语结束并听到“嘟”的一声后，用正常说话的音量朗读电脑屏幕上的考生个人测试信息。试音结束，系统会弹出提示试音结束的对话框。点击对话框中的“确认”按钮，进入正式测试程序。

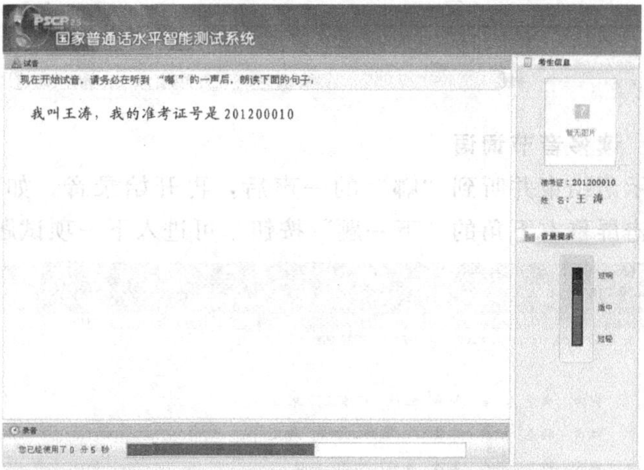

5. 开始考试

普通话水平测试共有 4 道题目，系统会依次显示各项内容，考生只需根据屏幕显示的试题内容进行录音。每项试题前都有一段语音提示，请在提示语结束并听到“嘟”的一声后，再开始录音。录音过程中，应做到吐字清晰，语速适中，音量同试音时保持一致。录音过程中，请注意主屏下方的时间提示，确保在规定的时间内完成每项考试。规定时间结束，系统会自动进入下一项试题。如某项试题时间有余，单击屏幕右下角的“下一题”按钮，可进入下一项试题。

特别提醒：考试过程中，考生切忌说试卷以外的任何内容，以免影响考试成绩。

第一题　读单音节字词

请在提示语结束并听到“嘟”的一声后，开始按逐行横向朗读。如该项试题时间有余，单击屏幕右下角的“下一题”按钮，可进入下一项试题。

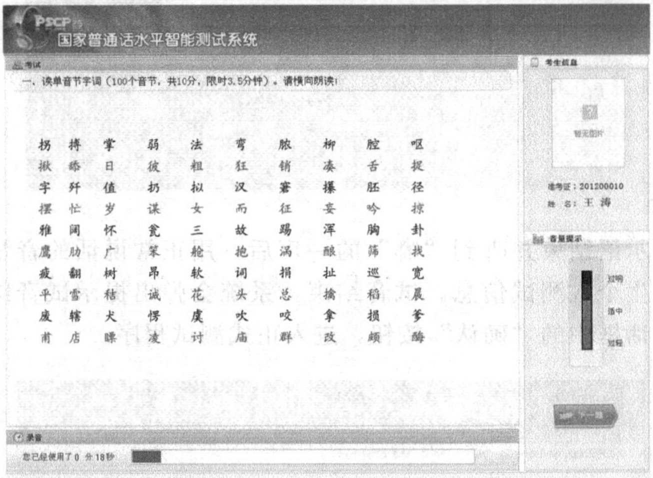

第二题　读多音节词语

请在提示语结束并听到“嘟”的一声后，再开始录音。如该项试题时间有余，单击屏幕右下角的“下一题”按钮，可进入下一项试题。

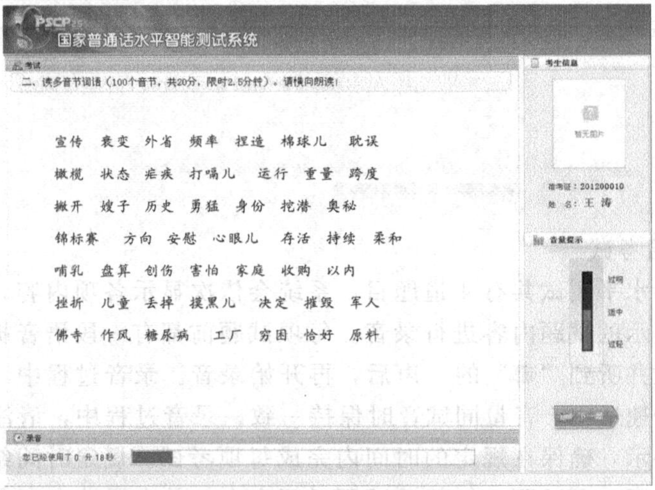

第三题 朗读短文

请在提示语结束并听到“嘟”的一声后，再开始录音。如该项试题时间有余，单击屏幕右下角的“下一题”按钮，可进入下一项试题。

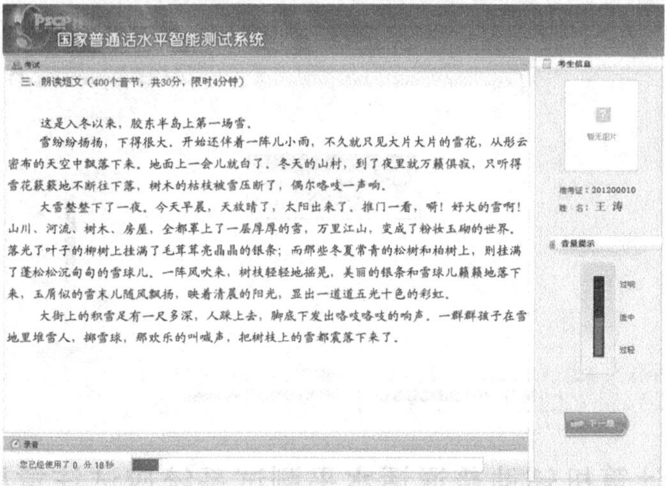

第四题 命题说话

请在提示语结束并听到“嘟”的一声后，开始录音。录音开始时，请读出所选话题名称。如：我说的话题是“我的业余生活”。说话时间必须达到3分钟（请按主屏下方的时间提示把握时间），否则扣分。

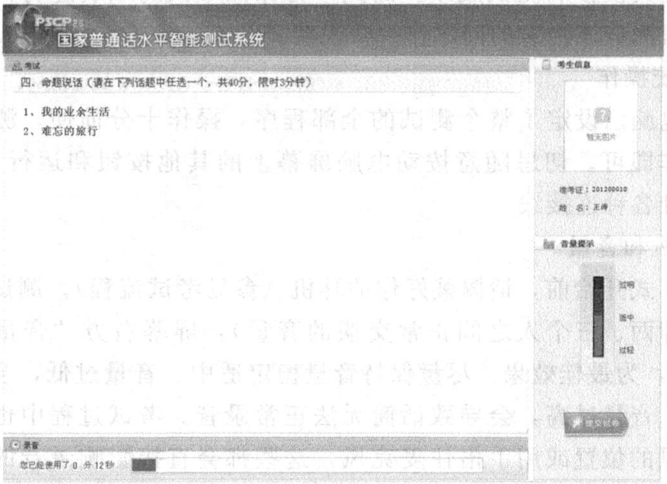

6. 提交试卷

说话结束后，单击屏幕右下角的“提交试卷”按钮，并点击“确定”

按钮，考试结束。

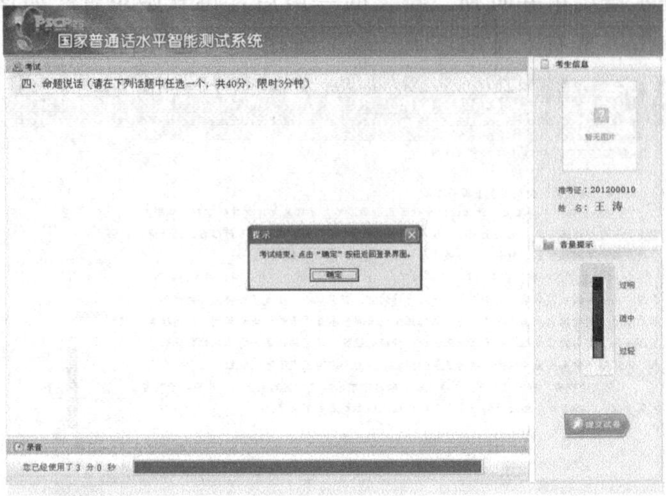

三、计算机辅助普通话水平测试系统应试注意事项

进行计算机测试时，每个考生都被安排在独立且封闭的语音测试室内进行，不会受外界干扰。面对电脑，考生可以放松紧张情绪，调整心态，发挥自己最真实的水平。但由于考生对这种新的测试方式还比较生疏，担心操作出现失误影响测试成绩。因此，为保证考试的顺利进行，下面就几个普通话机测应该注意的问题作一些说明。

1. 系统操作

测试电脑已设定了整个测试的全部程序，操作十分简便，测试时只需按提示操作即可。切忌随意按动电脑屏幕上的其他按钮和运行其他程序，也不要拉扯各种连接线。

2. 耳机和音量

测试正式开始前，请佩戴好你的耳机（参见考试流程）。测试时采用中等音量（即两、三个人之间正常交谈的音量），屏幕右方“音量提示”为“黄”色时，为最佳效果。尽量保持音量稳定适中。音量过低，会导致发音含混不清；音量过高，会导致话筒无法正常录音。考试过程中也尽量不要移动麦克风的位置或用手捂住麦克风，这些都会直接影响录音的效果和准确度。

3. 语速

考试时考生应保持适当的语速，一个字一个字念清楚。语速过快，字与字都粘在一起，每一个字发音都不清晰，会造成缺陷音。按评分规则，缺陷音都要扣分。语速过慢，也会造成缺陷音或超时。

4. 吐字归音

由于机测是标准化评分，因此对考生的发音提出了更高的要求，所以，考生发音时一定要注意打开口腔，读准每个词的声母、韵母、声调，特别要注意吐字归音、字正腔圆，发音尽量标准圆满。

5. 漏读、错读、重读、跳读。

考生在测试第一题单音节词和第二题多音节词时，必须逐行横向朗读，如有漏读、跳读，电脑将按错误扣分；如有错读，可及时纠正一次，如果隔词朗读，则无效。在朗读测试中，如果出现错读或重读，系统将会按照普通话水平测试大纲的评分要求扣分。因此考生应试时应保持沉着冷静，尽量一次读好、读正确。

6. 关于第四题“命题说话”的要求

测试时考生必须以“我说话的题目是*****”或者“我选择的题目是*****”开头，然后立即按照要求围绕主题讲述，切记不可说与试题无关的内容，也尽量少支支吾吾的无效语，延误测试时间。

下　编
教师口语训练

第一章　一般口语表达技巧

第一节　口语表达基本技巧

训练目标

了解口语表达的特点及方式。

训练内容

一、口语表达的概念

口语是指我们日常生活中大量运用的口头语言。广义地说凡是有声语言都可以叫做口语，但口语也有语体色彩的差异；那些经过修饰加工，又经人们读出来的，如发言稿、演讲词、文学作品等，虽然间或保留些口语的特点，较为通俗、易懂、生动、活泼，但已经是介乎口语与书面语之间的语体了。狭义的口语，一般指那些停留在人们口头、未经加工的语言，也就是我们在现想现说的情况下，借助各种辅助手段的口头语言。

与书面语比较，口语更贴近人们的生活实际，充满着活生生的词汇，特别是日常用语比较形象、通俗，如雪白、冰冷、白花花、香喷喷、拍马屁、捅马蜂窝等。从语音的角度来说，口语中的语调、语气极富表意性和表情性这个特点非常明显。说话人常借助于语调、语气的变化，表达丰富的感情和语意。有时使用同样的词语，由于语调的高低、长短、强弱不同，能表达出不同的感情和语意。这就使得口语在交际中生动活泼，富于感人的力量（同样的话，形诸文字，就会减色不少；这就是口语调、语气极富有智慧性和表情性的优越），如“我同意”这句话，如果语调高昂、声长而强，能表示愉快高兴的感情；如果语调低沉、声音低而弱，则表示一种勉强。情愿的感情；如果语调高，声音短而强，就流露出一种反感，被迫无奈的情绪。罗君《语言的魅力》中讲到我国著名配音演员苏秀的一件事也很能说明问题：

一天，我来到她家请教她配音的学问在哪。她想了想，突然用惊喜的语气说：“今晚你来看我可太好了。”转而把脸一沉，冷笑着又重复一遍，接着又咬牙切齿地说了一遍。然后问我有什么感受。我回味了一下说，第一句对我今晚来看你非常高兴，第二句是不欢迎我来，第三句你好像把我恨透了。她大笑着说："你看，这么简单的一句话，可以说出多么不同的含义呀！"

从语法的角度来说，口语短句多、省略句多、易位现象多。

我们进行口头表达的过程是一个看起来简单，实际上复杂的心理和生理活动的过程。这个表达过程是人们将自己的内部言语（无声语言、思维）借助于词语，按一定句式快速转换为外部言语（有声语言）的过程。人们在运用口语表达某个意思的时候，从内部语言（思维）的角度来说是集中于要表达的内容之上，集中于某些关键的概念，比如要表达"我明天早晨要到合肥去办一件急事"这个内容时，可能是集中于"明天早晨，合肥"。而在说的时候，则立即选择一个语词句式把这个意思串联起来："我明天早晨要到合肥去办一件急事"、"明天早晨我要到合肥去办一件事，很急的事"之类，思维的内容靠在嘴边的词语迅速表达出来，嘴上说着的是已经想到的，而心里想着的却是嘴上将要说的内容。我们就是这样边想边说，边说边想，不断地把自己的意思完整地表达出来。这个过程几乎如闪电般迅速完成，如果中途任一环节出现了障碍，都会影响表达，造成言词混乱，让人听了不知所云。如果词汇贫乏，选词造句不过关，那就会因想词而停顿，或者是"茶壶里煮饺子——有料倒不出"；如果语音不过关，那就会吐字不清，没有抑扬顿挫，语调、语速失当，影响表达。只有思维清楚，有足够的词汇、句式，有运用语音的技巧，这个表达过程才会通畅。

总之，口语表达过程的中心环节是思维。词语、句式的选择与组织，语音运用的技巧。从口头表达能力训练角度而言，这三方面都需要我们特别重视。

二、口语表达的特点

在使用口语进行表达时，以下特点比较显著：

（一）现想现说，表述内容逐渐清晰

如前所述，人们的口头表达是现想现说的。当我们要说话还未启口时，对于某件事或某个问题的想法不一定那么有条理，只是一个大概的想法。要表达的意思，其结构还不十分严密，逻辑性还不强，细节也不具体，感情色彩也还不鲜明。在与别人交谈的说与听的过程中，头脑中新的想法会不断产生，要表达的意思也逐渐发展得越来越明朗，内容不断得到充实，语气中所包含的感情色彩越来越丰富强烈。口头表达的这个特点是由于表达者内部语言向外部语言转化时自身的逐渐明朗化和外部信息反馈造成的。

说话人在说与听的过程中，通过接收外来信息，逐渐使自己的思想条理化，因此，广泛的社交活动，会锻炼我们的口头表达能力。

（二）语音稍纵即逝

口语是通过语音而显现的。语音作为一种声音也是由物体振动而产生的一种音波，它的留存是短暂的、稍纵即逝。因此，人们在交际中，话一说出口，就是人的思想表达的最终形式。这不仅要求说话人的思维要敏捷、灵活、富有条理，同时也要求说话人口齿清楚、声音洪亮，如此才会使听话人听得清楚、明白。为了清楚地表达，还要求说话人尽量选择口语色彩的词语（因为这种词语通俗易懂），选择短小的句子，而不用层次多、结构复杂的长句子，这些都有助于意思表达得清楚明白。

（三）针对性强

口头表达时说者与听者一般情况下是直接的、面对面的，共处于相同的时间与地点。口头表达时的对象（与谁说）、语言环境（什么样的时间、地点、场合）一般确定。因此，在不同的场合，针对不同的对象，必须说切合语境的话。不仅要明白自己讲话时的身份，而且也要注意听话人的身份、心理、情绪的不同，相应地变化讲话的方式方法、讲话的内容等。同时在讲话中，还要善于随时观察听话人的神态、眼色、表情，相应地变化讲话的方式，以求得最好的口头表达效果。

（四）可以借助于无声语言作为辅助手段

书面表达只能借助于文字，而口头表达可以借助于“体态语言”（人们讲话时的手势、姿态、动作等）和“类语言”（人们讲话时的哭、笑、叹息等）来作为表达时的辅助手段，增强表达效果或补充表达的意思和情绪。

三、口语的表达方式

口语与书面语都是语言，彼此关联。因此在表达方式上有共同之处，都有叙述、描述、说明、议论、抒情五种基本形式。但是口语是声音的，书面语是文字的，因而这五种基本形式在口语属“耳治”的，即听觉的；书面语属“目治”的，即视觉的。从说话的角度来说运用这五种基本方式除了要遵循书面语对这五种形式的要求之外，还应顾及口语声音性这个特征，否则听话人难以清楚明晰地接受你所要表达的思想情感。本节是从说话的角度而不是从写作的角度讨论这五种形式。

（一）叙述

叙述就是把人物的经历和事物变化的过程说出来的一种最基本的表达方式。叙述使用范围广，交谈、讲课、辩论、演讲、讲故事等都离不开它。

叙述有繁有简，也可长可短，它最基本的要求有两点：一是清楚，二是生动。讲得清楚，别人才能听懂；讲得生动，别人才会乐意听。会讲的，一件平凡小事，使人听得头头是道十分有趣；不会讲的，一件有趣的事，叫人听不出个头绪，索然无味。可见，叙述不能不讲究技巧。

叙述的技巧主要表现在两个方面：一是语脉清晰；二是语调传神。

1. 语脉清晰

语脉其实就是叙述的线索和顺序，叙述时语脉清晰方能使得叙述具有条理性。

语脉多种多样，常见的有时间性的、空间性的和事理性的。在口头表达中，使用最多的是以时间、空间为叙述语脉的。比如，叙述人物生平、事情经过，通常采用时间的变化为语脉；叙述旅游，观光等情况，通常采用空间的变换为语脉；叙述较复杂的事情，往往采用时空交错的变化为语脉。

口头表达叙述的语脉既要通过清晰的思路，还要通过恰当的声音。用恰当的声音来传达语脉主要是在语流、重音和停顿上来做文章。一般说来顺畅的语流给人以整体感，使听的人理解你讲的前前后后是一件事的开头结尾、因果发展；运用强调重音突出显示时、空变化，使听的人很容易把握语脉；不同长短的停顿则把叙述的层次交代清楚。三者巧妙地结合起来，叙述的语脉就可以清晰地传入听者的耳中了。

2. 语调传神

口头叙述最忌语调呆板单一，即使最精彩的内容，假如用呆板单一的语调来叙述，那也会使人觉得索然无味。因此口头叙述必须讲究语调的变化，讲究语调的神采飞扬。语调的变化主要反映在声音的强弱、句调的抑扬、停顿的长短和语速的缓急等方面。在叙述的时候，首先应根据内容定下一个相适应的基调，一开始就造成一种特定的气氛，在此基础上，再根据内容的发展作些变化渲染。其次还应考虑语言环境、反馈信息，灵活调整语调，使叙说自始至终扣人心扉，以期收到更好的效果。

3.《智退小偷》口叙提示

下面是个关于巴尔扎克智退小偷的小故事。人们向来憎恨小偷，因为遇上小偷，不仅钱财一空，有时还会性命难保。也有不怕小偷的，且以奇论智退小偷，譬如巴尔扎克。巴尔扎克的《人间喜剧》不知倾倒过多少读者。然而他自己“演出”的却常常是人间悲剧。他当过出版商，破产后才专“爬格子”，可稿费又常常不够还债。有一次，穷困潦倒的巴尔扎克醒着躺在床铺上，看见有人偷偷走向房间，在撬他写字台的锁。这是一个小偷。巴尔扎克先生忍不住笑了起来。这位小偷先生吓得惊慌失措。原来他以为巴尔扎克睡着了。“你笑什么？”小偷放胆地问。“我的好伙计，我笑的是，在这张写字台的合法之人白天都从来找不到钱的抽屉里，你居然费尽心机，冒大风险奢望在夜间找到钱，可能吗？”巴尔扎克风趣地说。小偷一听此话，暗喊倒霉，一溜烟地走了。

向别人口叙这个小故事可注意以下几方面：

（1）宜将书面语词语和书面语句式改换为口语词语和口语句式。

（2）这个故事总的基调为：诙谐风趣。因此叙说的语速可略缓，语调可略扬。

（3）可运用重音、停顿来显示语脉。

（二）描述

描述，是用口头语言描绘人物、景物、物体、场景等，给人以如见其人、如睹其物、如临其境的感觉。描述和叙述是两种不同的表达方式。描述是用生动形象的语言把人物或景物具体地描绘出来的一种表述手法，如说：“王师傅往炉里添了煤，火很快就旺起来了。”这是叙述，它告诉我们王师傅做了什么，炉火起了变化。如果说成这样：“王师傅往炉里添了煤，不一会儿，那红火苗就腾腾地蹿起来了。”这后一句就成了描述，有形象、有颜色，我们好像真的看到那红火苗蹿出来一样。有时，描述和叙述只差在几个字上。如说“马路上过来一辆小车”，这是叙述；说“马路上吱吱呀呀地过来了辆小车”，多了“吱吱呀呀”四个字，说出了声音，听者由声音引起想象，情形就不同。在口头表述中，叙述和描述经常是结合在一起的，二者并无特别严格的界限，有时甚至很难分别。生动的描述能激起听者丰富的想象，给人以美感。如在泰山顶上看日出时，有一位导游用了这么一段解说：“大家请注意东方天边的变化。”游客中立即有人踊跃地说：“看！雾气变红了，像一片红的海洋。”导游立即接过话头说：“在这红的海洋上，簇拥出一堆墨蓝色的云霞，在这云霞里隆起一道细细的抛物线。这线红得透亮，闪着金光……看，抛物线被突破了，太阳露出来了，只有小半个，像一角弯月，放射出无数扇形光波，光彩夺目，灿烂辉煌……蓝、青、紫、橙、黄、白五颜六色，不断变换……”导游在解说中用了大量色彩词、形容词，将日出过程描绘得生动、逼真、优美。

从口头表达的角度来说，运用描述这种方法时有两点特别需要注意：

（1）描述的口语要具体形象，绘声绘色。可运用重音突出描述对象形、神、声、色的特征，造成清晰的视像。

（2）语调应曲折多变，给人以曲折生动之感。描述的特征在于形象性。因此在口头描述时应通过语调的抑扬顿挫以及语气的变化转换，使人如见其形、如闻其声、如临其境。如沈萍的演讲《为了我们的父亲》中的一小段：“……再看一看我们的父亲吧！这是一张忠厚善良、朴实慈祥的老人的脸，在那一道道深深的皱纹中，仿佛隐藏了一生的艰辛，眼睛有些昏花，但却安详，没有悲哀和怨恨，有的却是无限的欣慰和期望。你看，这双勤劳的大手，青筋罗布、骨节隆起，虽然枯燥得像干枯的树皮，但却很有力量……”

这是一段肖像描述，口头演说时可用重音突出描述性成分，如“忠厚善良，朴实慈祥”等。两个“却”的前后语调都宜有所变化，这样便于形成以声载情、以声感人的效果。

（三）说明

说明，是把事物的性质、状态、特征、过程、功用等有条理地清楚明白地说出来。说明以解释、介绍、阐述事物的性质、特征、形状、成因、关系、功用等为主要目的。这种被解释、介绍、阐述的事物，可以是实体的，例如山岳、湖泊、动植物等；也可以是抽象的事理，例如立场、观点、名词术语、学术流派等。

从语言运用的角度来说，说明大致有两种形式，一种是用平实的语言来说的，如：“狗，是一种哺乳动物。它的种类多，嗅觉、听觉非常灵敏，毛有黄、白、黑等颜色。狗是种家畜，有的可以训练成警犬，有的用来帮助打猎、牧羊等”。另一种是用形象的语言来说的，如：“重庆，是一座有名的美丽山城，周围青山环抱，城下绿树围绕。南有长江滚滚东去，北有嘉陵江滔滔而来，两江汇流，将重庆围成一个弯月似半岛，好似两条龙托起一座变幻多娇的海市蜃楼。每当旭日东升，给市区林立的高楼大厦披上金色的朝霞，山城就显出它雄伟绚丽的英姿。待到新月高悬，登上枇杷山公园俯瞰万家灯火，恰似繁星闪闪，又使人顿生飘然登天的幻景。而到秋去冬来，江雾缭绕，浓云弥漫，水天一色，山城又时隐时现在一片神秘缥缈的雾海苍茫之中。”

运用说明有两点需要注意：

（1）一般而言，口头说明以通俗易懂、平实质朴为宜。但也要看对象、目的与场合。有时通俗易懂、平实质朴不宜，而是绚丽多姿、形象生动为佳，比如导游人员对风景名胜的解说，如果一味地平实质朴，是很难成功地引导游客观赏的。

（2）说明的语调宜清新活泼、自然流畅。这是使人爱听的重要条件。另外，说明一般没有情节，应注意使用停顿。

（四）议论

议论，是对事件或问题进行分析、论证，它运用概念、判断、推理的逻辑形式直接说理，征服对方。简而言之，议论是阐明自己见解、评论他人是非的一种表达方式，它广泛运用于交谈、讨论发言、演说、论辩等之中。

议论要求论点鲜明，论据确凿，论证合乎逻辑，做到言之成理、言之有据、以理服人。议论有论证性的，也有反驳性的。前者如：

问：你以为研究思想政治工作也是一门专业吗？

答：研究牛、马、羊和鱼、鸟、虫，都称之为专业，为什么研究高等动物——人的思想变化却不能成为专业呢？人的思想变化不是比动物的行为更复杂吗？

回答是采用于类比证明的方式来证明研究思想政治工作也是一门专业。这种比附自然、贴切、无懈可击。

后者如：在一次国际会议期间，一位西方外交人士挑衅性地对我国代表说："如果你们不向美国保证不用武力解决台湾问题，那么显然缺乏和平解决的诚意。"我国代表义正词严地回答：台湾问题是中国内政，采取什么方式解决是中国人民自己的事，无须向他国作什么保证。请问，难道你们竞选总统时需要向我们作出什么保证吗？一句反问，使这位西方外交人士哑口无言。从口语最大的特点——声音性这个角度来说，运用议论这种口头表达方式有三点需要特别注意：

(1) 语气要坚定。议论要求是非褒贬泾渭分明，因此语气要坚定不犹豫，赞成什么，反对什么，明确果断。不过要注意，不要趾高气扬，盛气凌人。

(2) 轻重应分明。议论要求有理有据，据理力争，可运用重音来增加雄辩的力度。

(3) 进行论证语调要抑扬顿挫。议论要求以严密的逻辑道理来征服听者，因此要用语调的抑扬顿挫来展示语言链条的逻辑关系，增加整个议论的气势。

（五）抒情

抒情，就是通过抒发主观情感，以感染听者的表达方法。它同叙述、描述、说明、议论等一样也是人们反映客观现实不可缺少的一种手段。抒情有直接抒情和间接抒情两种。

1. 直接抒情就是人们常说的"直抒胸臆"，它不借助于外物，而是直接表白自己的爱憎，如民歌《边调曲儿》：

老天爷，你年纪大，耳又聋来眼又花。你看不见人，听不见话。吃素看经的活活饿死，杀人放火的享着荣华。老天爷，你不会做天，你塌了罢！

这是封建社会劳动人民发自肺腑的震天撼地的呼声。它没有叙述什么事件，没有对客观景物的描绘，只是指出暗无天日封建社会的不合理现象，于是便对耳聋眼花的“老天爷”发出了“你塌了罢”的愤怒呼喊。这种抒情手段是直接的、坦露的，由于感情浓烈，感染力很强。

2. 间接抒情是一种依附于事、依附于理、依附于景的抒情，也就是通过叙述、议论、描述的方式抒情。如，游览革命圣地井冈山，导游小姐说：“井冈山——革命圣地。她没有嵩山少林寺，也没有泰山玉皇顶，但是岁月却给我们留下了大量的革命胜迹：茅坪河边，红军在这里胜利会师；八角楼上，毛主席在这里播下星星火种……这山这水哪一样不可以和名山大川媲美呢，这一事一物，哪一桩不在扣动人们的心扉?”这一段就是间接抒情。

我们在说话的时候要有真情实感。抒情是手段，不是目的。为了感染人、激励人、教育人，说话必须有真挚的情感。矫揉造作、无病呻吟达不到以情感人的目的。

语调、语气应随着主旨的不同而变换。抒情是为说话的主旨服务的。说话的主旨不同，其抒情方式的语调、语气也应有相应的变化。

第二节　口语表达中的态势语言

训练目标

通过对学生眼神、姿态、手势的训练，让学生掌握基本的态势语言表达方法。

训练内容

态势语中的眼神、站、坐、走、手势训练。

一、态势语的含义

态势语言是以人的表情、姿态和动作等来表示一定语义、进行信息传递的一种伴随性无声语言。又称为体态语言或人体语言。

态势语言能有效地配合有声语言传递信息，能起到补充和强化有声语言的作用，运用得好不仅可以最大程度增强有声语言的表达效果，甚至有时还能起到口头语言不能起到的作用。从美国心理学家艾伯特·梅拉比安的一个公式：信息的总效果＝7％的有声语言＋38％的语音＋55％的面部表情，也充分表明态势语言对于人与人交流的重要性。

作为教师口语表达技巧的一部分，在教师日常教学中，涉及的有些知识往往是比较抽象的，如何让课堂教学生动、有趣？教师教态是关键的因素之一，课堂教学中运用态势语言和有声语言协调统一，同时刺激学生的听觉和视觉，激发学生学习的兴趣，让学生更直观地感受教学；让态势语言成为不可缺少的课堂资源，同时也是塑造教师个人魅力的重要手段。

二、态势语中眼神的训练

眼睛是心灵的窗户，人不是没有内心的外形，而人的内心世界之所以能够被人了解和感知，很大程度上归功于我们眼睛所流露出的信息。在进行口语表达的时候，我们的目光必须有明确的投射点。不能不看对方的眼神，也不能“望天说地”、“望地说天”。这样很难让受话方理解我们的正确意思，以致减弱我们口语表达的效果。

下面我们进行相应的练习：

在练习中，一开始可以将目光划分为几个区域，以便根据文学作品的内容匹配自己的视向。一般而言，我们可以将面对观众的方向按上、中、下，左、中、右划分为九个区域，如图：

1	2	3
4	5	6
7	8	9

这就好似你眼前竖着一幅大屏幕，在屏幕的九个区域交替播放你说话内容的影片。比如说你说的是“太阳升起来了……”就可以从4看向1，看到远远的天际一轮红日冉冉升起；你说的是“月亮挂在树梢……”便可以看3的方向，看到轻轻摇曳的柳枝后面挂着银盘似的圆月或是一钩弯月牙；你说的是“小溪潺潺，鱼儿在水中游来游去……”你可以由7向9看，看到河水的流淌，再回看8，看见清澈的溪水中，鱼儿在石缝间漫游……

当然，开始训练的时候目光可能会显得有些机械，但只要结合你所要表达的内容慢慢感受用心地表达下去，不久便熟能生巧了。

三、态势语中站姿、坐姿、走姿、手势训练

（一）关于站姿的训练

1. 靠墙站立法：就是说，身体背靠着墙，让后脑勺、肩胛骨、臀部、

脚后跟都能与墙面呈点的接触，这样就能体会到正确的站立时的身体各部位的感觉了。之后，可以每天练习，比如每天靠墙站立 20 分钟，或者分时间段来练习体会站立的感觉。

2. 俯卧支撑法：这种方法还对我们练习腹肌力量很有帮助，因为我们的播音发声也涉及腹肌的力量控制。具体来说就是，先让身体面朝下俯卧，然后用手肘和脚前掌支撑起身体，使身体除小臂、手肘部和脚前掌与地面接触外，身体的其他部位都离开地面并与地面平行，注意肩要放松，胸不要往里含，要和地面平行，腰背也是一样，要有支撑住身体的力度，保持身体平直的紧张度。这样保持一会儿，坚持不了的时候就恢复俯卧的姿势，然后不断地做三到五次。这样有助于加强我们的腰、背、腹的力量，让身体有支撑感，可以让我们在站、坐、行的时候能收腹、立腰、直背，获得支撑身体的力量和感觉，特别是平时有习惯性含胸、驼背、弯腰问题的人，更要加强这方面的训练。

3. 收腹立腰站立法：做这个练习，主要就是要让自己有一个向上的感觉。就好像头顶中间有一根绳子从上面拉着你，然后肩放松下沉，腰背自然挺立，双手叉腰，有整个身体往中间收拢成一根棍的感觉，而且要觉得身体随之长了，还在努力地往上长，让背部、腰部、腹部、臀部都向中间收紧，有很强的绷紧的感觉。这样站立一分钟左右就休息一下，然后反复地练习几遍，对挺拔我们的身姿非常有效。

（二）关于坐姿的训练

由于对坐姿的要求基本上和对站姿的要求是一致的，所以练习站姿的方法也同样是适用于坐姿的训练。只是对于坐姿来说，更重要的是注意一些细节的地方，比如坐的时候坐在靠椅子的前处；双膝要靠拢，不要分开，特别是不要跷二郎腿，不要做随意地抖动双腿等不雅观的动作。否则会给人一种很不认真、很不端庄、没修养的感觉，让你的印象分大打折扣。

（三）关于走姿的训练

练习平衡感：做这样的练习有助于纠正我们在走路的时候不由自主的左右晃动，或者是弯腰驼背、脊椎不直。具体的做法是，把一本书或者是一个小垫子，放在头顶上，视线落在前方四米左右的地方，手可以叉腰也可以自然下垂前后摆动，坚持走一段距离，休息一下再反复练习。修正线条：这一练习可以让我们走姿变得优美。在地上放一条宽五公分左右的带子，迈出去的脚只能让脚跟内侧碰到带子，如果踩到带子上就变成外八字了，臀部还会外翘，显得没有活力。

（四）关于手势的训练

在平时的时候，多考虑一下手势运用的问题。用稿件来带动练习，什么样的稿件内容该用什么样的手势，平时要去思考，多做自我设计，多观察一下优秀得体的一些主持人的手势，丰富自己的表达。有的同学在手势运用上的问题在于一到紧张或兴奋的时候就手足无措，好像手不听自己的使唤了，这就是对手势缺乏控制，不能很好地有意识地支配手的动作。具体的练习方法是，将两手手心相对合掌于胸前，开始想象有一粒种子埋在土中，接着，双手手心微开，想象幼芽萌发出来了，以手尖表示嫩芽；接下来，手指微开，想象花蕾开始绽放了，脸上同时要露出笑容；然后，将意念传达到指尖，让花开放三分；再然后，想象花开了五分，开了七分，同时脸上的笑容也随之越来越灿烂；最后，将手指打到最开，但手掌间还是要合拢，感觉花儿已全然盛开，笑容也最灿烂。做这个练习，一定要慢慢地做，用心去体会，有意识地支配手的动作，达到对手势的自如运用。

四、教学态势语的训练

在我们的教学中运用态势语言教学，并不能凭空运用，在教学中合理运用态势语言需要一个支点、一个框架，态势语言依附在具体的材料之上，为态势语言运用提供一个支点、一个框架，才能运用得体。态势语言必须附着在教材上。比如：以小学数学教材为基础，才能发挥态势语言在小学数学教学中的作用，体现态势语言在教学中起到优化教材的特点。

那么具体运用起来应该是怎么样的呢？请看：

案例一：小学二年级《初步认识有余数的除法》教学的态势语言应用。10 根小棒，平均分给小朋友，可以怎么分？态势语言可以运用在分一分和有余数教学这两个环节。教师在讲解分一分时，可以通过简单的手势，双手合起，然后再摊开，再利用眼神与学生进行交流，学生从教师的身上得到肯定，激发学生分一分的乐趣，为下面学生动手分小棒的环节打下基础；教学余数这个环节的运用上，处理余数时，教师做一个疑惑的表情，余数怎么办呢？做一个放在一旁的简单手势，激发学生探究有余数算式写法，让学生知道余数不是不写，而是把余数写在商的后面。让学生直观地认识到有余数除法的书写格式。

我们通过简单的手势与眼神的态势语往往能在教学中起到事半功倍的效果，也能增加学生的学习兴趣。

五、态势语综合训练

（一）请通过朗诵雷抒雁的短文《灯塔》，思考与设计合理的态势语言并进行体现①

灯　塔

雷抒雁

在黑色的夜晚，在黑色的海上，我们孤独地前进。

你在远处，一闪一闪，用目光向我们呼叫，用目光向我们招手，于是，我们便向你靠或者充满信心地从你身边驶过。

是的，你并不能照亮整个海域，并不能平息海上的浪涌，甚至，也不能告诉我们哪一处有隐藏的礁石。可是，你总是在指给了我们以道路，给了我们信心和希望，于是，我们过去了，默默地向你致谢，表示我们的崇敬和礼赞。

在黑色的夜晚，在黑色的海上，灯塔以温暖的目光寻找船只。

（二）请根据下列教学情景设计教学中的态势语言

一位教师讲《生活中的负数》一课时，教师问天气预报中有负数吗？学生答后，教师接着问："零下5度与5度意思一样吗？接着出示一个大号温度计，挂在黑板一边，学生能够指出5度，而指出零下5度却有困难了，怎么能让学生理解呢？"请设计教师态势语言。

附：态势语言自我测评表

项　目	测评内容（分值）	该项目自我评分	总　分
01	进行口语表达时，内心是否松弛、不紧张，拥有良好的心理环境？（10分）		
02	表达过程中眼神使用是否能准确地传递信息？（20分）		
03	口语表达时姿态是否得体、从容、大方？（20分）		
04	所采用的手势是否能很好地帮助语言内容的表达？（25分）		
05	在态势语表达中，能否独立的完成态势语的设计与构思？（25分）		

① 参见方伟：《艺术语言基本技巧》，96页，北京，文化艺术出版社，2005。

第三节 朗读、朗诵技能训练

训练目标

通过本节的学习训练，要求学生了解朗读、朗诵的概念和异同；掌握朗读、朗诵的基本技巧；学会不同文体的诵读；解决诵读中的方言语调问题。

训练内容

一、朗读、朗诵的概念与异同

《现代汉语词典》是这样定义朗读和朗诵的：“朗——声音清晰响亮”。朗读：“清晰响亮地把文章念出来。”朗诵：“大声地诵读诗或散文，把作品的感情表达出来。”① 由此可见，朗读、朗诵都有一个共同的特点——朗声，即用清晰响亮的声音读或者诵。除此之外，朗读和朗诵还有以下一些共同点：

（1）都要使用标准的普通话；

（2）都要首先解析文本，理解作品；

（3）都要忠实原文；

（4）都要声情并茂；

不同点：

（1）本质不同。朗读本质上是一种“念读”，应用性较强；而朗诵本质上则是一种诵读，表演性较强。

（2）选材差异。朗读在选材上没有太多的限制，诗歌、散文、议论文、说明文以及各种文章、书信等都可以朗读；朗诵则主要针对文学作品，而且只有辞美、意美、脍炙人口的文学精品，才适合朗诵。

（3）应用范围不同。朗读是一种教学宣传形式，主要用于课堂学习和电台、电视台播音。朗诵则是一种艺术表演形式，大多在舞台上、在文娱活动中运用。

（4）表现形式不同。朗读对声音的再现要求本色化、生活化，口语形式平实、自然。声音高低、吐字节奏等，可以根据表达需要而有所变化，

① 中国社科院语言研究所词典编辑室编：《现代汉语词典》第五版，北京，商务印书馆，2008。

但不宜太多；朗诵对声音再现的要求则更注重风格化、个性化，甚至可以戏剧化，口语形式强调生动、优美。它要求朗诵者借助于语速、语顿、音区、轻重音等方面的富于变化的个性表达手段，将朗诵材料转化为一种艺术表演。

(5) 态势语的区别。一般对朗读者的形体、态势、表情、眼神等均无明确的要求，如老师可以来回走动着读课文，播音员通常坐着播音等。朗诵则要求朗诵者，在朗诵过程中形体、态势、表情、眼神的和谐统一、协调配合，以强化朗诵语言的艺术感染力。

老舍先生曾说："朗读的传播对象应该是最广大的人民群众，而不是极少数的爱好者，这便是朗读与朗诵的不同。"朗读是朗诵进行艺术加工的基础，朗诵是朗读艺术加工后的提高。因此，朗读和朗诵，既有区别又有着密不可分的联系。朗读者所处的位置是本色化的，而朗诵者所处的位置是艺术化的。但无论是朗读或是朗诵，语言都不能脱离生活语言的基础。要防止"朗腔"、"播音腔"、"舞台腔"。

二、朗读、朗诵的基本技巧

（一）字音

字音的准确是重点中的重点，朗读、朗诵对于字音的要求都包含清晰、有力、有弹性等特点，汉语口语训练要诀——"枣核型"，即声母的发音虽然是字音开头的着力支点，但必须尽快地过渡到韵腹（最响亮的元音）上去；整个字音的中心和重点在韵腹，应念得圆润、丰满；字音最后收束在韵尾，重在意念，力量不宜太大，时间不宜太长。所谓咬字如"老猫叼小猫"的讲究，咬字要有弹性，不要"吃字"。准确与弹性结合起来，就是所谓的"字正腔圆"。

常用的汉字不过4000个左右，它们都离不开418个音节和阴平、阳平、上声、去声4个声调。因此，只要下苦功夫，读准声母、韵母和声调，进而读准全部音节并非难事。

字音技巧训练：（参照声、韵、调部分）

（二）连续音变

普通话音变现象包括上声变调；"一"、"不"的变调；轻声；儿化；"啊"音变等，而在朗读、朗诵篇目中往往都是不同音变现象同时出现的连续音变。例如：

但是，聪明的，你告诉我，我们的日子为什么一去不复返呢？《匆匆》

是啊，我们有自己的祖国，小鸟也有它的归宿，人和动物都是一样啊，哪儿也不如故乡好！《可爱的小鸟》

落光了叶子的柳树上挂满了毛茸茸亮晶晶的银条儿；而那些冬夏常青的松树和柏树上，则挂满了蓬松松沉甸甸的雪球儿。《第一场雪》

（三）停连

指在有声语言的流动中，声音的中断和连接。停连包括两个方面：停，即停顿，就是指句子当中、句子之间、段落之间的间歇；连，即连接，就是指句子之间的连接。停连被看做是朗读的“王牌”和“支柱”，是朗读时特殊的“标点符号”。事实上，停顿与连接二者之间，停顿是最关键的，停顿位置恰当，情意表达才能清楚。因此，我们这里主要讲练停顿，常用的停顿有以下几种：

1. 换气停顿

人的正常呼吸大约是 4 至 5 秒钟一次，由于换气的需要，在表达过程中必然要有停顿，这种停顿即换气停顿。特别是有些长句，中间没有也不应有标点符号，而一口气却无法说完，必须酌情进行换气停顿。比如这样的长句：

我想，这是因为他们都知道：//正是这些老人们的//流血牺牲//换来了包括他们信仰自由在内的//许许多多。

饮水思源，我们怎能不万分感激//和无限缅怀伟大领袖毛主席//和敬爱的周总理呢！

第一次看到//班上男同学//搂着女同学跳舞，吓得心跳脸红。

标有“//”符号的地方是指需要换气停顿的地方。事实上，这里的停顿，还不仅是为了换气，而且是为了加强语言的清晰度和表现力。倘若将上述的长句不停顿地勉强一口气念完，既难做到清晰，也不可能有多大表现力。

换气停顿要恰当，必须服从内容和思想感情表达的需要，尽管换气停顿的具体方法个人不尽相同，但是，却不能随心所欲、想在哪里停顿就在哪里停顿。比如：上例第三句如果在“女同学”后面换气停顿，便会产生理解歧义，甚至引人发笑。并且，有些句子如果在不同的地方停顿，意义不同，甚至会完全相反。如：“他望着我笑了起来”，若在“我”后面停顿，是指他笑了起来；若在“望着”后面停顿，是指我笑了起来。

2. 语法停顿

语法停顿是根据句子的语法结构所作的停顿。这种停顿，一般根据标点符号进行时间长短不一的停顿，凡有标点符号的地方都应有适当的停顿，停顿时间大体是：句号分号冒号逗号顿号。至于省略号、破折号、感叹号、问号等，要根据其使用的地方和表情达意的具体情况来确定停顿时间的长短。例如：

头上扎着白头绳，/乌裙，蓝夹袄，月白背心，//年纪大约二十六七，//脸色青黄，但两颊却还是红的。（鲁迅《祝福》）

她一手提着竹篮，/内中一个破碗，/空的；//一手拄着一支比她更长的竹竿，/下端开了裂：///她分明已经纯乎是一个乞丐了。（鲁迅《祝福》）

3. 逻辑停顿

逻辑停顿，是指在朗诵过程中，有时为了表达某种感情、强调某一观点或概念、突出某一事物或现象，在句中没有标点符号的地方作适当的停顿，它不同于前两种停顿，逻辑停顿最小单位常常是一个词。如：

妈妈说/我不对

妈妈说我｜不对

这种逻辑停顿，虽然随着所强调的和突出的内容不同，停顿的地方可以有所不同，但是，它仍然要受语法停顿的制约，一般是在较大的主语和谓语之间、动词和较长的宾语之间、较长的附加成分中心词之间、较长的联合成分之间作逻辑停顿。

4. 心理停顿

心理停顿是朗读者表现作品时，给予听众思考、联想、回味、共鸣的重要时刻，它不是语流的中断，而是情感的蓄势待发。心理停顿又称感情停顿，它没有固定的模式，即可以在句子开头停顿，也可以在句子中间或结尾停顿。前几种停顿，停顿的时间都较短，通常最长都只能是几秒钟。而心理停顿，可短亦可长，短则几秒，长则几十秒，甚至几分钟，由表达者根据所表达的内容或情感的需要，自行设计和掌握，运用得好，可以产生很强的艺术效果。例如：

在这人间，灯光是不会灭的——我想着，想着，不觉对着山那边微笑了。（巴金《灯》）

惨相，已使我目不忍视了；流言，尤使我耳不忍闻。我还有什么话可说呢？我懂得衰亡民族之所以默无声息的缘由了。沉默呵，沉默呵！不在沉默中/爆发，就在沉默中/灭亡。（鲁迅《记念刘和珍君》）

朗读最后一句时，如果在“爆发”和“灭亡”的前面作一停顿，就可以使听众充分感受到这里发出了“不爆发即灭亡”的呼告及对读者投入斗争的召唤。

心理停顿主要用于以下场合：

第一，论理之后拟举例说明，需作停顿，举例结束亦作停顿。

第二，设问之后回答之前需作停顿。如前所说，有些设问是不作答的，而有些设问是自问自答的，在设问后、自答前适当停顿，既可使听众产生悬念，还可为后面的出人意料的巧妙回答作出铺垫。

第三，感叹或感叹之余需作停顿。感叹之余，紧接着运用心理停顿，以加深听众的印象，引起听众的共鸣。

第四，话题转移或告一段落之际需作停顿。这是为了让听众搁下已讲完的话题，做好迎接新内容的心理准备。

停顿的方法：

(1) 停顿时同时换气

(2) 停顿而不换气——声断气不断

(3) 换气而不停顿——声断意连

课堂练习：

(1) 那人一只大手，向他摊着，一只手却撮着一个鲜红的馒头，那红的/还是一点一点地往下滴。(鲁迅《药》)

(2) 我与父亲不相见已二年余了，我最不能忘记的是他的/背影。(朱自清《背影》)

(3) 有的人活着/他已经死了；/有的人死了/他还活着。(臧克家《有的人》)

(四) 重音

为了实现朗读、朗诵的目的，强调或突出词、短语，甚至某个音节，称为重音。

重音一般用增加声音的强度来体现。重音有语法重音和强调重音两种。

其一，语法重音在不表示什么特殊的思想和感情的情况下，根据语法结构的特点，把句子的某些部分重读的，叫语法重音。语法重音的位置比较固定，常见的规律是：

(1) 一般短句子里的谓语部分常重读；

(2) 动词或形容词前的状语常重读；

(3) 动词后面由形容词、动词，及部分词组充当的补语常重读；

(4) 名词前的定语常重读；

(5) 有些代词也常重读；如果一句话里成分较多，重读也就不止一处，往往优先重读定语、状语、补语等连带成分。如：

我们是怎样度过这惊涛骇浪的瞬息！

快把那炉火烧得通红。

得注意的是，语法重音的强度并不十分强，只是同语句的其他部分相比较，读得比较重一些罢了。

其二，强调重音指的是为了表示某种特殊的感情和强调某种特殊意义而故意说得重一些的音，目的在引起听者注意自己所要强调的某个部分。语句在什么地方该用强调重音并没有固定的规律，而是受说话的环境、内容和感情支配的。同一句话，强调重音不同，表达的意思也往往不同，例如：

我去过北京。（回答“谁去过北京”）

我去过北京。（回答“你去没去过北京”）

我去过北京。（回答“北京、上海等地，你去过哪儿？”）

因而，在朗诵时，首先要认真钻研作品，正确理解作者意图，才能较快较准地找到强调重音之所在。

重音的表现方法：

❖重音重读

大江东去，浪淘尽。千古风流人物。故垒西边，人道是，三国周郎赤壁。乱石穿空，惊涛拍岸，卷起千堆雪。江山如画，一时多少豪杰！

❖重音轻读

遥想公瑾当年，小乔初嫁了，雄姿英发，羽扇纶巾，谈笑间，樯橹灰飞烟灭。故国神游，多情应笑我，早生华发。人间如梦，一樽还酹江月。

❖重音高读

——暴风雨！暴风雨就要来啦！

这是勇敢的海燕，在怒吼的大海上，在闪电中间，高傲地飞翔；这是胜利的预言家在叫喊：

——让暴风雨来得更猛烈些吧！

❖重音慢读

浓雾里吹着带雪的风，从那建筑的深处透出一股寒气，同时还有一个缓慢、重浊的声音问着：

“啊，你想跨进这门槛来作什么？你知道里面有什么东西在等着你？”

“我知道。”女郎这样回答。

重音练习——读出下列句子中词语的语法重音：

（1）东风来了，春天的脚步近了。

（2）一切都像刚睡醒的样子，欣欣然张开了眼。

（3）手势之类，距离大了看不清，声音的有效距离大得多。

——读出下面语句中的强调重音：

于是有人慨叹曰："中国人失掉自信力了。"如果单据这一点现象而论，自信其实是早就失掉了的。先前信"地"、信"物"，后来信"国联"，都没有相信过"自己"。假使这也算一种"信"，那也只能说中国人曾经有过"他信力"，自从对国联失望之后，便把这他信力都失掉了。

（五）语气

语气是一种难以捉摸又实实在在的言语成分。正如朗诵艺术家和理论家张颂先生所说："语气是朗读中语句的神与形的结合体。"①

注意语气变化规律：句首忌同一起点、句腰忌同一波形、句尾忌同一落点。

语气运用的一般规律：

喜则气满声高；悲则气沉声缓；

爱则气缓声柔；憎则气足声硬；

急则气短声促；冷则气少声淡；

惧则气提声抖；怒则气粗声重；

疑则气细声粘；静则气舒声平。

可以说，有了恰当的语气，才能使朗诵者具有形象色彩、感情色彩、理性色彩、语体色彩、风格色彩；有了恰当的语气，才能增强语言的魅力，才能恰当的表达思想感情。才能调动听众的情绪，才能引起听众的共鸣。

语气色彩训练：

荷塘月色

朱自清

月光如流水一般，静静地泻在这一片叶子和花上，薄薄的轻雾浮起在荷塘里，叶子和花仿佛在牛乳中洗过一样，又像笼着轻纱的梦。

声声慢

李清照

寻寻觅觅，冷冷清清，凄凄惨惨戚戚。乍暖还寒时候，最难将息。三杯两盏淡酒，怎敌他晚来风急？雁过也，正伤心，却是旧时相识。

满地黄花堆积，憔悴损，如今有谁堪摘？守着窗儿，独自怎生得黑！梧桐更兼细雨，到黄昏，点点滴滴，这次地，怎一个愁字了得！

小 池

杨万里

泉眼无声惜细流，树荫照水爱晴柔。

① 张颂：《朗读学》，226页，北京，北京广播学院出版社，1999。

小荷才露尖尖角，早有蜻蜓立上头。

最后一次演讲

闻一多

今天，这里有没有特务？你站出来！是好汉的站出来！你出来讲！凭什么要杀死李先生？杀死了人，又不敢承认，还要污蔑人，说什么桃色事件，说什么共产党杀共产党，无耻啊！无耻啊！

海燕

高尔基

在苍茫的大海上，狂风卷集着乌云。在乌云和大海之间，海燕像黑色的闪电，在高傲地飞翔。

一会儿翅膀碰着波浪，一会儿箭一般地直冲向乌云，它叫喊着，——就在这鸟儿勇敢的叫喊声里，乌云听出了欢乐。

在这叫喊声里——充满着对暴风雨的渴望！在这叫喊声里，乌云听出了愤怒的力量、热情的火焰和胜利的信心。

（六）语调和语速

语调（又称句调），在汉语中，我们通常称字调为声调，是指音节的高低升降。而语调则是指语句的高低升降。语调贯穿整个句子，其中以句尾的升降表现尤为重要，它和句子的语气关系很密切，根据表示的语气和感情态度的不同，可分为四种：下降、上升、平直、曲折，如：

下降——直陈　例：忽然又来了一条狗。（《火烧云》）

坚信　例：花生的好处很多。（《落花生》）

祈使　例：快把雨披脱下来！（作品20号）

号召　例：让暴风雨来得更猛烈些吧！

上升——提问　例：你们爱吃花生么？（《落花生》）

怀疑　例：刚刚能走路，就能跨台阶？（《第一次》）

反问　例：难道我还不如这只虫子？

平直——冷漠　例：我叫你妈来接。（《父亲的爱》）

严肃　例：我母亲在3年半以前就已经离开了人间了。

曲折——感叹　例：真是百折不回啊！

气愤　例：你以为这是什么车？旅游车？（《父亲的爱》）

除了以上这些基本表达手段外，要使朗诵有声有色，还得借助一些特殊的表达手段，例如：笑语、颤音、泣诉、重音轻读等，这里我们就不详细介绍了。

语速，是指朗读或朗诵时每个音节的长短及音节之间连接的紧松，也即念句子的快慢。普通话朗读的正常语速大约240个音节/分钟，根据不同场合、不同职业、不同语境等因素的影响，可以上下浮动，限制在150个至300个音节之间。

朗读、朗诵的速度是由诵读者的感情决定的，且与文章的思想内容相联系。一般说来，热烈，欢快、兴奋、紧张的内容速度快一些；平静、庄重、悲伤、沉重、追忆的内容速度慢一些。而一般的叙述、说明、议论则用中速。以《雷雨》中周朴园和鲁侍萍的对话为例，诵读时应根据人物心情的变化调整语速，而不应一律以一种速度读下来。如：

周：梅家的一个年轻小姐，很贤惠，也很规矩。有一天夜里，忽然地投水死了。后来，后来——你知道吗？（慢速。周朴园故作与鲁侍萍闲谈状，以便探听一些情况。）

鲁：这个梅姑娘倒是有一天晚上跳的河，可是不是一个，她手里抱着一个刚生下三天的男孩，听人说她生前是不规矩的。（慢速，侍萍回忆悲痛的往事，又想极力克制怨愤，以免周朴园认出。）

鲁：我前几天还见着她！（中速）

周：什么？她就在这儿？此地？（快速。表现周朴园的吃惊与紧张。）

鲁：老爷，您想见一见她么？（慢速。鲁故意试探。）

周：不，不，不用。（快速。表现周朴园的慌乱与心虚。）

周：我看过去的事不必再提了吧。（中速）

（七）节奏

在有声语言的表达上所显示的快与慢、抑与扬、轻与重、虚与实等种种回环交替的声音形式，就是节奏。

类型	特点	举例
轻快	多扬少抑　多轻少重　语气偏于轻快	《春》《海上日出》
凝重	多抑少扬　多重少轻　语气分量较重	《谁是最可爱的人》《乡愁》
低沉	语势落潮　声音暗沉　语气沉缓	《卖火柴的小女孩》《包身工》
高亢	语势起潮　声音亮高　扬而更扬　语气昂扬　爽朗	《海燕》
舒缓	多扬少抑　声较高而不着力　语气较为舒展	《荷塘月色》
紧张	多扬少抑　多重少轻　气足音短　语气急促紧张	《最后一次演讲》

节奏转换规律：

扬中有抑，抑中有扬；快中有慢，慢中有快；重中有轻，轻中有重。突变、渐转、逆转等。

节奏转换练习：

《春》

盼望着，盼望着，东风来了，春天的脚步近了。一切都像刚睡醒的样子，欣欣然张开了眼。山朗润起来了，水涨起来了，太阳的脸红起来了。

小草偷偷地从土里钻出来，嫩嫩的，绿绿的。园子里，田野里，瞧去，一大片一大片满是的。坐着，躺着，打两个滚，踢几脚球，赛几趟跑，捉几回迷藏。风轻悄悄的，草软绵绵的。

春天像刚落地的娃娃，从头到脚都是新的，它生长着。春天像小姑娘，花枝招展的，笑着，走着。春天像健壮的青年，有铁一般的胳膊和腰脚，领着我们上前去。

《狼和小羊》

狼来到小溪边，看见小羊正在那儿喝水。狼非常想吃小羊，就故意找碴儿，说："你把我喝的水弄脏了，你安的什么心？"小羊吃了一惊，温和地说："我怎么会把您喝的水弄脏呢？您站在上游，水是从您那儿流到我这儿来的，不是从我这儿流到您那儿去的。"狼气冲冲地说："就算这样吧，你总是个坏家伙，我听说，去年你在背地里说我的坏话！"可怜的小羊喊道："啊，亲爱的狼先生，那是不会有的事，去年我还没有生下来哪！"狼不想再争辩了，龇着牙，逼近小羊，大嚷道："你这个小坏蛋！说我坏话的不是你就是你爸爸，反正都一样。"说着就往小羊身上扑去。

三、朗读、朗诵中的方言语调问题

普通话水平测试大纲在朗读项规定："不同程度地存在方言语调一次性扣分。问题突出的，扣3分；比较明显的，扣2分；略有反映的，扣1.5分。"

方言语调具体表现在以下方面：

1. 声调问题

主要表现在：(1) 高平调不够高、不够平；(2) 中升调扬不到位，或中途拐弯；(3) 曲折调读残，或降不下去升不上来；(4) 全降调起音不够高，或降不到底；(5) 不会准确变调，或变调后调值不准；(6) 不会读轻声，或轻声音高不在标准位置上。

2. 轻重格问题

主要表现在：(1) 习惯性地将普通话中的中重格或轻重格念成重轻格。如念“四川”、“湖北”等。(2) 轻声音节重读。如妈妈、衣服、麻烦、朋友、云彩、风筝、苍蝇等。(3) 逻辑重音错误。如“而我的‘金子’是在这块土地里，只有诚实的人用勤劳才能采集到”。

3. 语调节奏的方言色彩

4. 方言感叹词和语气助词

如“啃囉”、“哦”、“哈”、“嘛”、“咧”、“哩”……

四、不同文体的诵读技巧

(一) 诗歌朗诵的基本要求

和其他文学形式相比，诗歌的显著特征是有和谐的音韵、鲜明的节奏，形成了一定的节拍感和音乐性，鲁迅说“散文是走路，而诗歌是跳舞”，诗歌的朗诵更要强调和谐流畅的韵律和节奏。

1. 掌握节奏和韵律。诗歌的节奏建立在固有的规整的节拍基础上，必须遵循其固有规律

例如：

(1) 采取二二一的方式：

白日依山一尽
黄河一入海一流
欲穷一千里一目
更上一一层一楼

(2) 采取二二一和二一二的方式：

西山一红叶一好
霜重一色一愈浓
革命一亦一如此
斗争一见一英雄

2. 注意几种关系的处理

(1) 对仗关系

朗诵诗词一定要上下句语气相呼应。一般上句语调要稍稍扬起，形成动势；下句时就要相对稳定下来，语调要稍稍降下，形成相对的静态。例如：

三山半落青山外

二水中分白鹭洲

(2) 层层递进

所谓层层递进，是指在诗句之间，句与句的意思是不断深化不断向前推进的。例如：

我们找遍整个世界

啊，总理

你在革命需要的每一个地方

辽阔大地

到处是你深深的足迹

(3) 对比关系

在诗歌中由于内容的需要，句与句之间在语音的高低与强弱、节奏的快慢和连断的变化上会形成鲜明而强烈的对比，在朗诵的处理上就需要根据内容的要求，调整语音和节奏来达到对比效果。

(4) 重叠诗句

同一诗句在不同地方出现时所具有的含义和作用不同，读出不同的语气和味道，切不可千篇一律地运用一个腔调。

例如：

寻寻觅觅，冷冷清清，凄凄惨惨戚戚……

（二）寓言朗读、朗诵基本要求

寓言篇幅短小，但情节有趣、寓意深刻，富于哲理。寓言朗读、朗诵中需要注意以下几点：

1. 声音的造型和化妆；
2. 以真实为目的的夸张；
3. 以严肃为目的的诙谐；
4. 抓住鲜明的形象表现本质。

《狐假虎威》

老虎搜集各种动物吃，有一次捉住了一只狐狸。

狐狸说："你是不敢吃我的，天帝派我当百兽之王。如今你要吃了我，就是违抗天帝的命令！——你以为我的话不可靠？那么我走在前面，你跟在我后面，看看百兽看见我有不逃走的吗？"

老虎以为这话很有道理，所以就跟他一路走去，果然野兽们望见他们都逃走。老虎不知道野兽们是害怕自己而逃走的，还以为是害怕狐狸呢。

（三）散文体文学作品朗读、朗诵基本要求

散文体泛指除了韵文体之外的文学作品，是散文、小说、故事以及其他抒情记事文学作品的统称。普通话口语水平测试朗读篇目中，散文占绝大多数，包括叙事散文、抒情散文、景物散文、哲理散文等。

散文体作品朗诵练习的重点是：

1. 表意准确，叙述清晰；
2. 克服念书腔，口语尽量自然、平易、生活化；
3. 抓准“文眼”，把握基调，感情抒发得体；
4. 运用丰富的语调、音色来描绘不同的情景、塑造不同的形象。

训练篇目：

1. 抒情散文《春》、《可爱的小鸟》；
2. 叙事散文《捐诚》、《金子》、《迷途笛音》；
3. 哲理散文《匆匆》；
4. 景物散文《第一场雪》、《济南的冬天》、《海滨仲夏夜》。

五、经典名篇诵读视频赏析

经典名篇朗读、朗诵鉴赏视频主要选自教育部、国家语委、中央文明办等共同主办的《中华诵》经典诵读大赛优秀节目，网址：http：//zhonghuasong. edu. cn/。

六、诵读精品选

1. 古诗词经典

春　晓

孟浩然

春眠不觉晓，处处闻啼鸟。
夜来风雨声，花落知多少。

江　雪

柳宗元

千山鸟飞绝，万径人踪灭。
孤舟蓑笠翁，独钓寒江雪。

咏　柳

贺知章

碧玉妆成一树高，万条垂下绿丝绦。
不知绿叶谁裁出，二月春风似剪刀。

村　居

高　鼎

草长莺飞二月天，拂堤杨柳醉春烟。
儿童散学归来早，忙趁东风放纸鸢。

送元二使安西

王　维

渭城朝雨浥轻尘，客舍青青柳色新。
劝君更进一杯酒，西出阳关无故人。

绝　句

杜　甫

两个黄鹂鸣翠柳，一行白鹭上青天。
窗含西岭千秋雪，门泊东吴万里船。

早发白帝城

李　白

朝辞白帝彩云间，千里江陵一日还。
两岸猿声啼不住，轻舟已过万重山。

七步诗

曹　植

煮豆持作羹，漉豉以为汁，
萁在釜下燃，豆在釜中泣。
本自同根生，相煎何太急？

峨眉山月歌

李　白

峨眉山月半轮秋，影入平羌江水流。
夜发清溪向三峡，思君不见下渝州。

关　雎

关关雎鸠，在河之洲。窈窕淑女，君子好逑。参差荇菜，左右流之。窈窕淑女，寤寐求之。求之不得，寤寐思服。悠哉悠哉，辗转反侧。参差荇菜，左右采之。窈窕淑女，琴瑟友之。参差荇菜，左右芼之。窈窕淑女，钟鼓乐之。

过零丁洋

文天祥

辛苦遭逢起一经，干戈寥落四周星。
山河破碎风飘絮，身世浮沉雨打萍。
惶恐滩头说惶恐，零丁洋里叹零丁。
人生自古谁无死，留取丹心照汗青。

水调歌头

苏 轼

（丙辰中秋，欢饮达旦，大醉，作此篇，兼怀子由。）明月几时有？把酒问青天。不知天上宫阙，今夕是何年？我欲乘风归去，又恐琼楼玉宇，高处不胜寒。起舞弄清影，何似在人间？转朱阁，低绮户，照无眠。不应有恨，何事长向别时圆？人有悲欢离合，月有阴晴圆缺，此事古难全。但愿人长久，千里共婵娟。

念奴娇·赤壁怀古

苏 轼

大江东去，浪淘尽。千古风流人物。故垒西边，人道是，三国周郎赤壁。乱石穿空，惊涛拍岸，卷起千堆雪。江山如画，一时多少豪杰！遥想公瑾当年，小乔初嫁了，雄姿英发，羽扇纶巾，谈笑间，樯橹灰飞烟灭。故国神游，多情应笑我，早生华发。人间如梦，一樽还酹江月。

茅屋为秋风所破歌

杜 甫

八月秋高风怒号，卷我屋上三重茅。茅飞渡江洒江郊，高者挂罥长林梢，下者飘转沉塘坳。南村群童欺我老无力，忍能对面为盗贼。公然抱茅入竹去，唇焦口燥呼不得，归来倚杖自叹息。俄顷风定云墨色，秋天漠漠向昏黑。布衾多年冷似铁，娇儿恶卧踏里裂。床头屋漏无干处，雨脚如麻未断绝。自经丧乱少睡眠，长夜沾湿何由彻！安得广厦千万间，大庇天下寒士俱欢颜！风雨不动安如山？呜呼！何时眼前突兀见此屋，吾庐独破受冻死亦足！

宣州谢朓楼饯别校书叔云

李 白

弃我去者，昨日之日不可留；乱我心者，今日之日多烦忧。长风万里送秋雁，对此可以酣高楼。蓬莱文章建安骨，中间小谢又清发。俱怀逸兴壮思飞，欲上青天揽明月。抽刀断水水更流，举杯消愁愁更愁。人生在世不称意，明朝散发弄扁舟。

木兰诗

唧唧复唧唧，木兰当户织。不闻机杼声，惟闻女叹息。问女何所思，问女何所忆。女亦无所思，女亦无所忆。昨夜见军帖，可汗大点兵，军书十二卷，卷卷有爷名。阿爷无大儿，木兰无长兄，愿为市鞍马，从此替爷征。东市买骏马，西市买鞍鞯，南市买辔头，北市买长鞭。旦辞爷娘去，暮宿黄河边，不闻爷娘唤女声，但闻黄河流水鸣溅溅。旦辞黄河去，暮至黑山头，不闻爷娘唤女声，但闻燕山胡骑鸣啾啾。万里赴戎机，关山度若飞。朔气传金柝，寒光照铁衣。将军百战死，壮士十年归。归来见天子，天子坐明堂。策勋十二转，赏赐百千强。可汗问所欲，木兰不用尚书郎；愿驰千里足，送儿还故乡。爷娘闻女来，出郭相扶将；阿姊闻妹来，当户理红妆；小弟闻姊来，磨刀霍霍向猪羊。开我东阁门，坐我西阁床，脱我战时袍，著我旧时裳，当窗理云鬓，对镜帖花黄。出门看火伴，火伴皆惊惶：同行十二年，不知木兰是女郎。雄兔脚扑朔，雌兔眼迷离；双兔傍地走，安能辨我是雄雌？

短歌行

曹　操

对酒当歌，人生几何？譬如朝露，去日苦多。
慨当以慷，忧思难忘。何以解忧？唯有杜康。
青青子衿，悠悠我心。但为君故，沉吟至今。
呦呦鹿鸣，食野之苹。我有嘉宾，鼓瑟吹笙。
明明如月，何时可掇？忧从中来，不可断绝。
越陌度阡，枉用相存。契阔谈讌，心念旧恩。
月明星稀，乌鹊南飞。绕树三匝，何枝可依？
山不厌高，海不厌深。周公吐哺，天下归心。

无　题

李商隐

相见时难别亦难，东风无力百花残。
春蚕到死丝方尽，蜡炬成灰泪始干。
晓镜但愁云鬓改，夜吟应觉月光寒。
蓬山此去无多路，青鸟殷勤为探看。

梦游天姥吟留别

李 白

海客谈瀛洲，烟涛微茫信难求；越人语天姥，云霞明灭或可睹。天姥连天向天横，势拔五岳掩赤城。天台一万八千丈，对此欲倒东南倾。我欲因之梦吴越，一夜飞渡镜湖月。湖月照我影，送我至剡溪。谢公宿处今尚在，渌水荡漾清猿啼。脚着谢公屐，身登青云梯。半壁见海日，空中闻天鸡。千岩万转路不定，迷花倚石忽已暝。熊咆龙吟殷岩泉，栗深林兮惊层巅。云青青兮欲雨，水澹澹兮生烟。列缺霹雳，丘峦崩摧。洞天石扉，訇然中开。青冥浩荡不见底，日月照耀金银台。霓为衣兮风为马，云之君兮纷纷而来下。虎鼓瑟兮鸾回车，仙之人兮列如麻。忽魂悸以魄动，恍惊起而长嗟。唯觉时之枕席，失向来之烟霞。

世间行乐亦如此，古来万事东流水。别君去兮何时还？且放白鹿青崖间，须行即骑访名山。安能摧眉折腰事权贵，使我不得开心颜！

2. 现代诗词经典

毛泽东诗词

沁园春·长沙

独立寒秋，湘江北去，橘子洲头。
看万山红遍，层林尽染；漫江碧透，百舸争流。
鹰击长空，鱼翔浅底，万类霜天竞自由。
怅寥廓，问苍茫大地，谁主沉浮？
携来百侣曾游，忆往昔峥嵘岁月稠。
恰同学少年，风华正茂；书生意气，挥斥方遒。
指点江山，激扬文字，粪土当年万户侯。
曾记否，到中流击水，浪遏飞舟？

沁园春·雪

北国风光，千里冰封，万里雪飘。
望长城内外，惟余莽莽；大河上下，顿失滔滔。
山舞银蛇，原驰蜡象！
欲与天公试比高，须晴日，看红装素裹，分外妖娆。
江山如此多娇，引无数英雄竞折腰。
惜秦皇汉武，略输文采；唐宗宋祖，稍逊风骚。
一代天骄，成吉思汗，只识弯弓射大雕。
俱往矣，数风流人物，还看今朝！

忆秦娥·娄山关

西风烈，长空雁叫霜晨月。
霜晨月，马蹄声碎，喇叭声咽。
雄关漫道真如铁，而今迈步从头越。
从头越，苍山如海，残阳如血。

采桑子·重阳

人生易老天难老，岁岁重阳。
今又重阳，
战地黄花分外香。
一年一度秋风劲，
不似春光。
胜似春光，
寥廓江天万里霜。

雨　巷

戴望舒

撑着油纸伞，独自
彷徨在悠长，悠长
又寂寥的雨巷，
我希望逢着
一个丁香一样的
结着愁怨的姑娘。
她是有
丁香一样的颜色，
丁香一样的芬芳，
丁香一样的忧愁，
在雨中哀怨，
哀怨又彷徨；
她彷徨在这寂寥的雨巷，
撑着油纸伞
像我一样，
像我一样地
默默彳亍着，
冷漠、凄清，又惆怅。

她静默地走近
走近，又投出
太息一般的眼光，
她飘过
像梦一般地，
像梦一般地凄婉迷茫。
像梦中飘过
一枝丁香地，
我身旁飘过这女郎；
她静默地远了，远了，
到了颓圮的篱墙，
走尽这雨巷。
在雨的哀曲里，
消了她的颜色，
散了她的芬芳，
消散了，甚至她的
太息般的眼光，
丁香般的惆怅。
撑着油纸伞，独自
彷徨在悠长，悠长
又寂寥的雨巷，
我希望飘过
一个丁香一样的
结着愁怨的姑娘。

再别康桥

徐志摩

轻轻的我走了，
正如我轻轻的来；
我轻轻的招手，
作别西天的云彩。
那河畔的金柳
是夕阳中的新娘
波光里的艳影，

在我的心头荡漾。
软泥上的青荇，
油油的在水底招摇；
在康河的柔波里，
我甘心做一条水草！
那榆阴下的一潭，
不是清泉，是天上虹，
揉碎在浮藻间，
沉淀着彩虹似的梦。
寻梦？撑一支长篙，
向青草更青处漫溯，
满载一船星辉，
在星辉斑斓里放歌。
但我不能放歌，
悄悄是别离的笙箫；
夏虫也为我沉默，
沉默是今晚的康桥！
悄悄的我走了，
正如我悄悄的来；
我挥一挥衣袖，
不带走一片云彩。

致橡树

舒　婷

我如果爱你——/绝不学攀援的凌霄花，/借你的高枝炫耀自己；
/我如果爱你——/绝不学痴情的鸟儿，/为绿荫重复单调的歌曲；
/也不止象泉源/常年送来清凉的慰藉；/也不止象险峰，
/增加你的高度，/衬托你的威仪。/甚至日光/甚至春雨
/不，这些都还不够/我必须是你近旁的一株木棉，
/作为树的形象和你站在一起。/根，相握在地下；
/叶，相触在云里。/每一阵风吹过，我们都互相致意，
/但没有人/听懂我们的言语/你有你的铜枝铁干，
/象刀象剑也象戟；/我有我红硕的花朵，/象沉重的叹息，
/又象英勇的火炬/我们分担寒潮风雷霹雳；

/我们共享雾霭流岚虹霓；/仿佛永远分离，却又终身相依
/这才是伟大的爱情，/坚贞就在这里/爱/不仅爱你伟岸的身躯，
/也爱你坚持的位置，/足下的土地。

错 误

郑愁予

我打江南走过
那等在季节里的容颜如莲花的开落
东风不来，三月的柳絮不飞
你的心如小小的寂寞的城
恰若青石的街道向晚
跫音不响，三月的春帷不揭
你的心是小小的窗扉紧掩
我达达的马蹄是美丽的错误
我不是归人，是个过客……

你是人间的四月天

——一句爱的赞颂　林徽因

我说你是人间的四月天；
笑响点亮了四面风；轻灵
在春的光艳中交舞着变。
你是四月早天里的云烟，
黄昏吹着风的软，星子在
无意中闪，细雨点洒在花前。
那轻，那娉婷你是，鲜妍
百花的冠冕你戴着，你是
天真，庄严，你是夜夜的月圆。
雪化后那篇鹅黄，你象；新鲜
初放芽的绿，你是；柔嫩喜悦
水光浮动着你梦期待中白莲。
你是一树一树的花开，是燕
在梁间呢喃，——你是爱，是暖，
是希望，你是人间的四月天！

乡 愁

余光中

小时候，
乡愁是一枚小小的邮票。
我在这头，
母亲在那头。
长大后，
乡愁是一张窄窄的船票。
我在这头，
新娘在那头。
后来啊，
乡愁是一方矮矮的坟墓。
我在外头，
母亲在里头。
而现在，
乡愁是一湾浅浅的海峡。
我在这头，
大陆在那头。

回 答

北 岛

卑鄙是卑鄙者的通行证，
高尚是高尚者的墓志铭，
看吧，在那镀金的天空中，
飘满了死者弯曲的倒影。
冰川纪过去了，
为什么到处都是冰凌？
好望角发现了，
为什么死海里千帆相竞？
我来到这个世界上，
只带着纸、绳索和身影，
为了在审判之前，
宣读那些被判决的声音。
告诉你吧，世界

我——不——相——信！
纵使你脚下有一千名挑战者，
那就把我算作第一千零一名。
我不相信天是蓝的，
我不相信雷的回声，
我不相信梦是假的，
我不相信死无报应。
如果海洋注定要决堤，
就让所有的苦水都注入我心中，
如果陆地注定要上升，
就让人类重新选择生存的峰顶。
新的转机和闪闪星斗，
正在缀满没有遮拦的天空。
那是五千年的象形文字，
那是未来人们凝视的眼睛。

一棵开花的树

席慕蓉

如何让你遇见我
在我最美丽的时刻
为这
我已在佛前求了五百年
求佛让我们结一段尘缘
佛于是把我化做一棵树
长在你必经的路旁
阳光下
慎重地开满了花
朵朵都是我前世的盼望
当你走近
请你细听
那颤抖的叶
是我等待的热情
而当你终于无视地走过
在你身后落了一地的

朋友啊
那不是花瓣
是我凋零的心

雪落在中国的土地上

艾　青

雪落在中国的土地上
寒冷在封锁着中国呀……
风，
像一个太悲哀了的老妇。
紧紧地跟随着，
伸出寒冷的指爪
拉扯着行人的衣襟。
用着像土地一样古老的话，
一刻也不停地絮聒着……
那丛林间出现的，
赶着马车的，
你中国的农夫，
戴着皮帽，
冒着大雪，
你要到哪儿去呢？
告诉你，
我也是农人的后裔——
由于你们的，
刻满了痛苦的皱纹的脸，
我能如此深深地，
知道了，
生活在草原上的人们的，
岁月的艰辛。
而我，
也并不比你们快乐啊，
——躺在时间的河流上，
苦难的浪涛，
曾经几次把我吞没而又卷起——

流浪与监禁，
已失去了我的青春的最可贵的日子，
我的生命，
也像你们的生命，
一样的憔悴呀。
雪落在中国的土地上，
寒冷在封锁着中国呀……
沿着雪夜的河流，
一盏小油灯在徐缓地移行，
那破烂的乌篷船里，
映着灯光，垂着头，
坐着的是谁呀？
——啊，你，
蓬发垢面的少妇，
是不是
你的家，
——那幸福与温暖的巢穴——
已被暴戾的敌人，
烧毁了么？
是不是
也像这样的夜间，
失去了男人的保护，
在死亡的恐怖里，
你已经受尽敌人刺刀的戏弄？
咳，就在如此寒冷的今夜，
无数的，
我们的年老的母亲，
都蜷伏在不是自己的家里，
就像异邦人，
不知明天的车轮，
要滚上怎样的路程？
——而且，
中国的路，
是如此的崎岖，

是如此的泥泞呀。
雪落在中国的土地上，
寒冷在封锁着中国呀……
透过雪夜的草原，
那些被烽火所啮啃着的地域，
无数的，土地的垦殖者，
失去了他们所饲养的家畜，
失去了他们肥沃的田地，
拥挤在，
生活的绝望的污巷里；
饥馑的大地，
朝向阴暗的天，
伸出乞援的，
颤抖着的两臂。
中国的苦痛与灾难，
像这雪夜一样广阔而又漫长呀！
雪落在中国的土地上，
寒冷在封锁着中国呀……
中国，
我的在没有灯光的晚上，
所写的无力的诗句，
能给你些许的温暖么？

天上的街市

郭沫若

远远的街灯明了，
好像是闪着无数的明星。
天上的明星现了，
好像点着无数的街灯。
我想那缥缈的空中，
定然有美丽的街市。
街市上陈列的一些物品，
定然是世上没有的珍奇。
你看，那浅浅的天河，
定然是不甚宽广。

那隔着河的牛郎织女，
定能够骑着牛儿来往。
我想他们此刻，
定然在天街闲游。
不信，请看那朵流星，
是他们提着灯笼在走。

3. 散文经典

海　燕

高尔基

在苍茫的大海上，狂风卷集着乌云。在乌云和大海之间，海燕像黑色的闪电，在高傲地飞翔。

一会儿翅膀碰着波浪，一会儿箭一般地直冲向乌云，它叫喊着，——就在这鸟儿勇敢的叫喊声里，乌云听出了欢乐。

在这叫喊声里——充满着对暴风雨的渴望！在这叫喊声里，乌云听出了愤怒的力量，热情的火焰和胜利的信心。

海鸥在暴风雨来临之前呻吟着，——呻吟着，它们在大海上飞蹿，想把自己对暴风雨的恐惧，掩藏到大海深处。

海鸭也在呻吟着，——它们这些海鸭啊，享受不了生活的战斗的欢乐：轰隆隆的雷声就把它们吓坏了。

蠢笨的企鹅，胆怯地把肥胖的身体躲藏在悬崖底下……只有那高傲的海燕，勇敢地，自由自在地，在泛起白沫的大海上飞翔！

乌云越来越暗，越来越低，向海面直压下来，而波浪一边唱歌，一边冲向高空，去迎接那雷声。

雷声轰响。波浪在愤怒的飞沫中呼叫，跟狂风争鸣。看吧，狂风紧紧抱起一层层巨浪，恶狠狠地将它们甩到悬崖上，把这些大块的翡翠摔成尘雾和碎末。

看吧，它飞舞着，像个精灵，——高傲的、黑色的暴风雨的精灵，——它在大笑，它又在号叫……它笑那些乌云，它因为欢乐而号叫！

这个敏感的精灵，——它从雷声的震怒里，早就听出了困乏，它深信，乌云遮不住太阳——是的，遮不住的！

狂风吼叫……雷声轰响……

一堆堆乌云，像青色的火焰，在无底的大海上燃烧。大海抓住闪电的剑光，把它们熄灭在自己的深渊里。这些闪电的影子，活像一条条火蛇，在大海里蜿蜒游动，一晃就消失了。

——暴风雨！暴风雨就要来啦！

这是勇敢的海燕，在怒吼的大海上，在闪电中间，高傲地飞翔；这是胜利的预言家在叫喊：

——让暴风雨来得更猛烈些吧！

荷塘月色

朱自清

曲曲折折的荷塘上面，弥望的是田田的叶子。叶子出水很高，像亭亭的舞女的裙。层层的叶子中间，零星地点缀着些白花，有袅娜地开着的，有羞涩地打着朵儿的；正如一粒粒的明珠，又如碧天里的星星，又如刚出浴的美人。微风过处，送来缕缕清香，仿佛远处高楼上渺茫的歌声似的。这时候叶子与花也有一丝的颤动，像闪电般，霎时传过荷塘的那边去了。叶子本是肩并肩密密地挨着，这便宛然有了一道凝碧的波痕。叶子底下是脉脉的流水，遮住了，不能见一些颜色；而叶子却更见风致了。

月光如流水一般，静静地泻在这一片叶子和花上。薄薄的青雾浮起在荷塘里。叶子和花仿佛在牛乳中洗过一样；又像笼着轻纱的梦。虽然是满月，天上却有一层淡淡的云，所以不能朗照；但我以为这恰是到了好处——酣眠固不可少，小睡也别有风味的。月光是隔了树照过来的，高处丛生的灌木，落下参差的斑驳的黑影，峭楞楞如鬼一般；弯弯的杨柳的稀疏的倩影，却又像是画在荷叶上。塘中的月色并不均匀；但光与影有着和谐的旋律，如梵婀玲上奏着的名曲。

荷塘的四面，远远近近，高高低低都是树，而杨柳最多。这些树将一片荷塘重重围住；只在小路一旁，漏着几段空隙，像是特为月光留下的。树色一例是阴阴的，乍看像一团烟雾；但杨柳的丰姿，便在烟雾里也辨得出。树梢上隐隐约约的是一带远山，只有些大意罢了。树缝里也漏着一两点路灯光，没精打采的，是渴睡人的眼。这时候最热闹的，要数树上的蝉声与水里的蛙声；但热闹是他们的，我什么也没有。

4. 寓言故事经典

狐狸与葡萄

饥饿的狐狸看见葡萄架上挂着一串串晶莹剔透的葡萄，口水直流，想要摘下来吃，但又摘不到。看了一会儿，无可奈何地走了，他边走边自己安慰自己说：“这葡萄没有熟，肯定是酸的。”

孔雀和赫拉

孔雀向赫拉诉说夜莺以悠扬、动听的歌声，深深地打动了人们的心，使大家十分喜爱她。

而她一开口唱歌，便遭到听众们的嘲笑。天后赫拉安慰她说："但你的外表和身材是出类拔萃的。绿宝石的光辉闪耀在脖子上，开屏时，羽毛更是华丽富贵，光彩照人。"

孔雀说："既然在歌唱上我远远不及他人，这种无言的美丽，对我又有什么用呢？"

赫拉回答说："各人有各人的命运，这是由命运之神所注定的。他注定了你的美丽、老鹰的力量、夜莺的歌唱、乌鸦的凶征。所有鸟类都满意神所赋予他们的东西。"

说谎的放羊娃

有个放羊娃赶着他的羊群到村外很远的地方去放牧。他老是喜欢说谎、开玩笑，时常大声向村里人呼救，谎称有狼来袭击他的羊群。开始两三回，村里人都惊慌得立刻跑来，被他嘲笑后，没趣地走了回去。后来，有一天，狼真的来了，窜入羊群，大肆咬杀。牧羊娃对着村里拼命呼喊救命，村里人却认为他又在像往常一样说谎、开玩笑，没有人再理他。结果，他的羊群全被狼吃掉了。

这故事说明，那些常常说谎话的人，即使再说真话也无人相信。

农夫与蛇

冬天，农夫发现一条蛇冻僵了，他很可怜它，便把蛇放在自己怀里。蛇温暖后，苏醒了过来，恢复了它的本性，咬了它的恩人一口，使他受到了致命的伤害。农夫临死前说："我该死，我怜悯恶人，应该受恶报。"

这故事说明，即使对恶人仁至义尽，他们的邪恶本性也是不会改变的。

两只口袋

普罗米修斯创造了人，又在他们每人脖子上挂了两只口袋，一只装别人的缺点，另一只装自己的。他把那只装别人缺点的口袋挂在胸前，另一只则挂在背后。因此人们总是能够很快地看见别人的缺点，而自己的却总看不见。

这故事说明人们往往喜欢挑剔别人的缺点，却无视自身的缺点。

塞翁失马

靠近边境一带居住的人中，有位擅长占术的人。一次，他们家的马无缘无故跑到了胡人的住地。邻居们都为此来慰问他。那个老人说："这怎么就不能变成一件好事呢？"过了几个月，那匹马带着胡人的良马回来了。邻居们都前来祝贺他们一家。那个老人说："这怎么就不能变成一件坏事呢？"他家中有很多好马，他的儿子喜欢骑马，结果从马上掉下来摔得大腿骨折。人们都前来安慰他们一家。那个老人说："这怎么就不能变成一件好事呢？"

过了一年，胡人大举入侵边境一带，壮年男子都拿起弓箭去作战。靠近边境一带的人，绝大部分都死了。唯独这个人因为腿瘸的缘故免于征战，父子得以保全生命。

选　择

几个学生向苏格拉底请教人生的真谛。

苏格拉底把他们带到果林边，这时正是果实成熟的季节，树枝上沉甸甸地挂满了果子。“你们各顺着一行果树，从林子这头走到那头，每人摘一枚自己认为是最大最好的果子。不许走回头路，不许作第二次选择。”苏格拉底吩咐说。

学生们出发了。在穿过果林的整个过程中，他们都十分认真地进行着选择。

等他们到达果林的另一端时，老师已在那里等候着他们。

“你们是否都选择到自己满意的果子了？”苏格拉底问。

学生们你看着我，我看着你，都不肯回答。

“怎么啦？孩子们，你们对自己的选择满意吗？”苏格拉底再次问。

“老师，让我再选择一次吧！”一个学生请求说，“我走进果林时，就发现了一个很大很好的果子，但是，我还想找一个更大更好的，当我走到林子的尽头后，才发现第一次看见的那枚果子就是最大最好的。”

另一个学生紧接着说：“我和师兄恰巧相反，我走进果林不久就摘下了一枚我认为是最大最好的果子，可是以后我发现，果林里比我摘下的这枚更大更好的果子多的是。老师，请让我也再选择一次吧！”

“老师，让我们都再选择一次吧！”其他学生一起请求。

苏格拉底坚定地摇了摇头：“孩子们，没有第二次选择，人生就是如此。”

第四节　即兴口语表达技能训练

训练目标

1. 表达者在瞬息万变的生活中，善于根据事物的细枝末节，在最短时间内思考后摆脱常规思路的束缚，有独到合理的见解。

2. 能在不断变化着的语境中让思维和表达达到同步的程度，在表达中常有精妙言语脱口而出。

训练内容

武汉科技大学的一项举措引起了人们的关注和热议——“普通话表达能力差将不能毕业”。该校将“一口话”作为大学生非专业素质的基础，并设学分，通过自我介绍、即兴表达（演讲或讲述）、辩论三个环节测试大学生的汉语表达能力，并和毕业“挂钩”。这项举措的利弊众说纷纭，而校长的一番话却道出了学校的初衷：“把‘一口话’作为大学生的基本功并设素质学分进行测试，并不是要培养‘演说家’，而是要为学生今后就业和人际交往打下一个良好的基础。”

现代社会生活中，即兴表述已经成为人们参与公共生活的普遍需要了。有资料表明，人的一生中在进行人际交往时，有40％的时间在说话。正所谓“言如其人”，即兴口语不仅反映一个人的语言智慧，同时也是一个人内涵和修养的自然流露。

即兴口语是一种对外界刺激来不及深思熟虑，经过短暂的、高度集中的思维过程后，迅速作出的反应。由于在进行即兴口语表达时通常是在比较重要的场合下，准备时间短，对内容要求比较高，所以容易导致表达者精神紧张、思维混乱。要在同一时间里进行双重思维，如果普通话不过关，产生语言障碍，要想字音是否发对，又想内容要说好，增加了表达的难度；如果思路不清，不知从何说起，就会导致语流不畅，口头禅比较多。出现这些情况后，连基本口语表达要求的清晰、流畅、准确都达不到了，更别提使自己的口语表达更加有魅力。

即兴口语表达能力的提高需要的是日积月累，是一个非常漫长和艰苦的过程，与人各方面的素质和技能有很大的关系。在训练语流的同时，还要注意加强即兴口语表达的深度，增强表达内容的吸引力，更加有可听性。

很多时候，我们会遇到心里要说的内容已经有了，但真正说起来嘴巴却不听使唤的情况。其实这是因为从“想”到“说”有一个转化过程，想得好不一定就会说得好。

一个人口语表达能力的高低取决于其思维能力的强弱，口语表达能力的提高，在很大程度上靠的是思维方式和知识内涵的提高。各种形式的思维活动，在人的思维活动中是不能截然分开的，它们往往互相渗透、互相作用、相辅相成。

与即兴口语表达能力联系紧密的思维方法分别是形象思维、逆向思维、类比思维、逻辑思维。

一、形象思维能力

科学研究发现，人的左右脑承担的“工作”并不相同，左脑主要负责人的逻辑思维，语言、分析、数学、认识和行为等；而右脑则负责空间形象和感官记忆，直觉、想象、灵感、视知觉、美术、音乐等。95％以上的人仅仅最大开发使用了大脑的左脑，而负责形象思维的右脑并没有得到充分的开发和利用。所以进行形象思维基础训练，实际上就是要激活我们右脑的功能，训练自己形象记忆、想象以及联想的能力。在口语交际中，运用、强化和拓展形象思维，有助于我们将抽象的概念、纷繁的事物、复杂的道理等表述为具体、生动、鲜活的语言，使大家可触可感、一听即明。

形象思维由哲学家黑格尔最早提出。它是思维主体运用直观形象和表象揭示事物本质和规律的一种认知方法。形象思维是将外界具体生动的各种事物，它们的形状、颜色、声音、场景等在人脑中形成的一系列影像，因此形象思维最显著的特点就是直观、具体和形象。形象思维可以为我们的讲话插上一双灵动的翅膀，飞入听众的心灵。

训练设计：

虽然人们都具备对有形有象事物捕捉、记忆的能力，但是要他们准确地说出所见所闻所想的具体内容，表达的水平却各有不同。因为人的感觉器官受到外界刺激，脑屏幕上出现的只是一些零碎的图像和散乱的“思维语符”，要快速说出自己看到、听到、想到的客观事物，缺乏这种能力的人，心里有想法，说起话来却力不从心，出现言语障碍，甚至出现急不择言。

1. 听后就说

训练提示：能快速地将听到的内容不走样地表述出来，记忆力很重要。根据合理的表达结构，通过综合理解与判断，筛选出最重要的信息。将它的侧重面、兴趣点或动情之处，作出合理的安排和组合。

训练题：

听几个寓言故事的录音材料，如可听寓言故事《猫和老鼠做朋友》、《乌鸦和狐狸》听过以后立即将其内容讲述出来，然后与原录音材料对照，这个训练也可以培养听觉注意力和听觉记忆力。

2. 看后就说

训练提示：必须要精力专注，指向鲜明，抓住最有用的信号。不一定按原句或者原结构说，但要完整准确、语流顺畅。

训练题：

(1) 概要表述

齐白石是已故著名国画家。有一次，他因事去北京城南，在街旁地摊上看见一个人正在卖齐白石的画，走近一看，全是假画。齐先生认为这人损伤他的声誉，便厉声质问：“你为什么冒充我的名字卖假画骗人?”那人笑了笑，郑重答道：“齐先生，你好不懂道理！不错，这都是些假画。凡是大画家没有不被别人造假的。造假的人越多，说明他的名气越大；无名之辈，谁也不造他的假画。再说我这些画卖得便宜，有钱人还是买你的真画，没钱人才买我的假画。这不妨碍有钱人买你的真画，你又何必动气呢?”这番话使齐先生无话可说。停了一会儿，齐老先生从地下捡起一幅画，说："我看看你画得怎么样。"看罢说："还有点儿意思。我收你做徒弟吧！"

那人一听，趴下就给齐白石先生磕头。

(2) 详细表述

远古的艺术家很可能是巫师，他们身穿兽皮和树叶编织的服装，身上、脸上画满怪异的图形，山岩上也涂上颜色，在篝火前祈祷，神秘而庄严。那些图案和图形是人类最早的图画，欢快的跳跃是人类最早的舞蹈，拍打出来的各种声音是最早的音乐，兽皮和树叶是最早的服饰，口中念念之词是人类文学的最早形态。

考古发现，洞穴里的动物图形是古人类留下来的美术作品。他们相信，动物、河流都有自然灵性和精神，表达了人类想与自然沟通的渴望。

图腾一词出自北美、印第安语，是他的亲族的意思。原始人相信，祖先通过神话的方式，与动物发生了亲缘关系，体现了生命延续的渴望、对精神追求的渴望，表达了萌芽时期的智慧，也是最早的文化形态。

3. 想后就说

训练提示：将视觉形象快速转换为直观性口头语言的强化训练。认真观察事物，抓住形象的主要特征，经过对形象的思考判断，得出结论，抓住形象内外部最主要的特征，先进行轮廓性回映；然后对其形态、方位、色泽、意境等作细致解说；语言表达准确，尽量条理化，有可听性。语言表达一定要简洁，切记不要冗长，否则会出现思路不清、中心不明确、语言杂乱、不知所云、无法收场的情况。

训练题：

绘画描述

《维纳斯的诞生》 桑德罗·波提切利

《蒙娜丽莎》 达·芬奇

《倒牛奶的女仆》 约翰内斯·维米尔

二、逆向思维

逆向思维最显著的特点就是转换思考问题的角度，即所谓的“反其道而行之”。因此逆向思维又叫反向思维。它是对司空见惯的事物或已经被社会公众普遍认同的观点、主张反过来思考的一种思维方式。

逆向思维有三种表现形式：肯定、否定、非我。思维主体针对事物或观点的多重性和复杂性，通过“为什么”、“是什么”、“怎么样”、“说明了什么”等问题，探本求源，揭示客观事物的本质和规律，并在此基础上有所创新的思维方式。

逆向训练——春、夏、秋、冬四季先找一个或者多个当季最让你喜欢的事物，表述喜欢的理由，再用同样的事物推翻刚才所说的喜欢的理由，表述不喜欢的理由。训练由易到难，注意表述语言的可听性，但也切忌华丽辞藻的一味堆砌。

三、类比思维

是根据两个或两类对象在属性上相同或相似，并且已知其中的一个或一类对象还具有其他特定的属性，由此推出另一个或一类对象也具有相应特定属性的思维方法。

类比训练1——词组

A. 一封信、遥控器、葡萄干

B. 电池、暴雨、香烟

C. 雪花、身份证、饼干

D. 蘸水钢笔、老花镜、燃烧的蜡烛

E. 写字声、风扇声、切菜声

F. 汽车、台灯、盆景

G. 大海、云、花

类比训练 2——根据图形即兴组织语言进行表达

A. △

B. ○

C. □

D. ◇

E. ※

F. △＋◇＋○

G. □＋△＋◇

四、逻辑思维

逻辑思维又叫抽象思维，是舍弃事物的一般属性和具体形象，借助概念、判断和推理来反映客观事物的本质和规律的思维方式。逻辑思维是人类在长期实践的基础上形成的，运用逻辑思维认识和改造客观世界是人类认识能力质的飞跃。在即兴口语表达中运用逻辑思维，就是要求人们在讲话的过程中不能前后不一，不能自相矛盾，不能模棱两可，必须要有充足的理由印证自己的观点。逻辑思维要求人们在思考问题、表达思想时要遵守逻辑思维的四大特征：普遍性、严密性、稳定性、层次性。做到层次分明，条理清晰，前后呼应，无懈可击。

逻辑训练：

(1) 在课堂上随机让同学们拿出一些小物件，笔、手表、笔袋、镜子、耳环等。根据小物件的形象特点，即兴组织语言表达。

(2) 让同学们寻找自己最喜爱的物品进行表达。

(3) 几位同学根据下面的话题一人讲两分钟，要求接着讲的内容能够承接前言、前后照应，尽量言之成理，使话题有所拓展。

①学历与能力

②“90后”

③电子书时代如何读书

第二章　教师职业口语表达技能

第一节　教师用嗓及其保护

训练目标

通过对教师嗓音保护的学习，使教师能够养成科学用嗓习惯和预防教师嗓音疾病，从而延长其职业寿命。

训练内容

一、教师嗓音保护的重要性

教师具有以嗓音为媒介进行知识传播的职业特点，所以嗓音是教师至关重要的职业工具。教师的教学大多是以课堂讲授为主，尽管如今多媒体教学在课堂上得到了广泛的运用，并不能真正减少教师用嗓的负担。很多教师在嗓子疲劳的情况下进行课堂讲授，结果导致许多嗓音疾病，比如咽炎、声带充血等。现在大多数教师都患有或大或小的嗓音疾病，甚至有些教师因声带疾病而不得不离开课堂，因此嗓音的保护对教师是非常重要的。

二、教师嗓音保护的原则——坚持科学练声与用声

教师在讲授过程中应按照“以情带声、以声传情、以情运气、气随情动；以情用声、声随情变；声情并茂、传情达意”的要求来进行。

三、教师嗓音保护的方法及注意事项

教师嗓音保护的方法有：

1. 在说话时，要注意发“暖声”，状态应该积极热情，面部呈“似微笑”状。

2. 有些教师在用声时喉部负担过重，有的胸口僵硬、气息沉不下来，还有的教师声音过刚过直等，这类教师要尽快改掉毛病，掌握科学的发声方法。

3. 在嗓音疲劳的时候，可以用“气泡音”来帮助消除疲劳。具体做法：喉部放松，喉结处于适中的位置，气吸到五到七成，用弱气流冲击声带，感受一个个颗粒性气泡均匀连续发出。可用以“啊”音的延长音进行练习。可以反复做几次伸舌的动作，把舌头用力地向外伸，张大口，这样

可以起到调节喉结紧张度的作用。在每次上课前进行气泡音练习可以起到活动开声带的作用，在每次上课后练习能起到保健按摩的作用。

教师除了注重掌握科学发声方法外，为了保护嗓音，防止疾患，还需要在日常生活当中，注意以下几点：

1. 教师在教学中应根据实际环境大小掌握好说话的音高、语速、时间，在课堂上多使用副语言帮助自己的课堂讲授，比如：用眼神、手势、掌声等肢体语言组织好课堂纪律，以减轻嗓子的负担，避免用嗓过度。

2. 忌过度用嗓。教师感到嗓子发干或声音嘶哑时，应停止讲话。讲话的声音要保持正常，不要过高或过低，低声讲话对于保护嗓子来说也是不利的。

3. 忌过多地清嗓子。“清嗓”时气流会猛烈地震动声带，造成声带的损害。如果觉得喉咙难受，就小口地饮水或是吞咽。

4. 注意休息。人在休息的时候，声带也进入休眠状态，这时声带的状态恢复会达到事半功倍的效果。

5. 谨防季节更替。嗓子最不舒服的季节是秋冬交替之时，因为秋天特别干燥，而暖气和空调也是嗓子的头号大敌。

6. 注意饮食保健。多喝温开水，避免饮用酒精和咖啡，保持体内水的平衡可以充分地滋润声带。避免刺激性食物，少吃过热、过凉和辛辣的食物，戒烟少酒。平时可以用藏青果、胖大海、白荷花、麦冬、罗汉果、金银花、甘草泡水代茶饮用。

7. 适当运动。多做跑步、打球等锻炼，不但能增强体质，还会增大肺活量，为吸气、呼气和发音奠定良好的基础。

四、自我检测

读出下列词语：

1. 用小镜子观察自己在表达时是否能够达到面部呈“似微笑状”，并用听觉感受自己的声音是否呈“暖声”状态。

2. 感受声音是否通畅、响亮、自如：

兵强马壮　阶级友爱　山穷水尽　山明水秀
山盟海誓　千锤百炼　飞檐走壁　飞禽走兽
风调雨顺　心怀叵测　心直口快　心明眼亮
瓜田李下　发凡起例　光明磊落　妖魔鬼怪
优柔寡断　安常处顺　阴谋诡计　花团锦簇
鸡鸣狗盗　积年累月　深谋远虑　思前想后
逆水行舟　妙手回春　热火朝天　兔死狐悲

驷马难追　信以为真　背井离乡　遍体鳞伤
步履维艰　万古流芳　倒果为因　地广人稀
调虎离山　奋起直追　叫苦连天　救死扶伤
四海为家　痛改前非　破釜沉舟　万古长青
下笔成章　袖手旁观　耀武扬威　异口同声

第二节　主要教学环节的口语技能

训练目标

让学生通过本节学习，初步掌握教学环节中经常使用的导入语、过渡语、提问语、讲授语和断课语的要领和技巧，提高课堂教学水平。

训练内容

课堂教学离不开语言。教学口语是教师传授知识、传递信息并获得教学反馈的基本手段和主要载体之一。教学过程是教师有目的、有计划、有组织、有步骤地对学生的认知系统和情感系统施加影响的完整过程。中学每一个教学的基本单位一般是45分钟，这是一个有间歇又连续不断的过程。在这一过程中教学语言艺术与课堂教学效果有密切的关系。教师向学生传道、授业、解惑以及师生之间信息的传递和情感的交流，都必须以语言作为凭借，语言是打开知识宝库的钥匙，是学生掌握知识的主要媒介，所以教师的语言修养直接决定着教学效果和教学质量。著名教育家苏霍姆林斯基说：“教师高度的语言修养在极大的程度上决定着学生在课堂上脑力劳动的效率。”因此从某种意义来说，课堂教学的艺术首先是教学语言的艺术。优秀的教学语言能够在教学过程中把抽象艰深的知识变成具体形象可感知的东西，更有利于学生掌握知识，从而激发学生的学习兴趣。所谓教学语言艺术，就是教师在教学过程中遵循教学规律和审美性原则，正确处理教学中的各种关系，把知识和信息正确有效地传递给学生的语言技能活动。根据教师的教学实际，我们可以把主要教学环节的教学口语，划分为导入语、过渡语、讲授语、提问语、断课语。

一、导入语训练

导入语俗称“开场白”，指教师上课开始时对学生讲的与教学目标有关、能调动学生学习兴趣的一席话。俗话说：“良好的开端，是成功的一半。”正如一部好的电影有一个激动人心的序幕，观众就会目不离屏一样。好的导入，可激发起学生的求知欲，为新课的展开作好铺垫。好的导入像桥梁，把新旧知识紧密地联系起来；像序曲，使学生上课伊始就受到强烈的感染；像磁石，一开始便紧紧地吸引住学生的注意力；像路标，引导着学生竞相登堂入室。因此优秀的教师大都很注意精心设计导入语，让它为整个教学过程定下基调，确定好教学的逻辑顺序，调动学生学习积极性。由此可见，导入语是一种艺术，是教师口语的重要环节。

（一）导入语的主要特点和功能

1. 导入具有针对性。有针对性的导入才能达到预期目标。导入针对的实际有两个方面：一是要针对教学内容、教学目标设计导入。每一节课都有一个明确的教学内容和要达到的目标，不同的内容及目标需要与之相称的教学方法。因此，教师在课前导入时要选择适合完成教学任务达到教学目标的方法。二是要针对学生年龄特点、心理特征和知识基础特征以及爱好兴趣的差异程度。学生年龄不同，心理特征也不同。对小学生的导入方法自然与中学生有差异。同样是中学生，初中生与高中生的导入方法也有不同。因为年龄的不同，心理发展水平有差异。教师在选择导入方法时，应顾及学生思维方式的这些特点。例如，针对小学生，导入最好从讲故事、寓言、做游戏入手。而中学生的思维可以离开具体事物而进行纯粹形式的逻辑推理，因此导入应多从联想类比、启发谈话、设置疑难入手。具有针对性的导入语能满足学生学习的需求，从而实现教育目标。

2. 导入具有启发性。《论语》记载孔子教授学生“循循然善诱人”、“不愤不启，不悱不发”。《学记》也提出：“故君子之教，喻也。”这里所说的“喻”，是启发诱导的意思。这句话的意思是：君子的教学，重在启发诱导。根据外因要通过内因才能起作用的原理，教师传授知识与技能必须通过学生的主观能动性才能起作用。自觉能动性是人类的特点，因此，优秀的教师上课伊始并不急于传授知识，而是通过启发性的导入来调动学生的主观能动性，激发学生思维，从而有效地引导学生对新知识、新内容的探求。兴趣是入门的向导，启发式的导入可以促进学生从一接触教材就引起兴奋，产生探求愿望，促进积极思维。如一位老师在教学《鲁提辖拳打镇关西》时，先让学生看书中插图，接着说：“我们知道打人是不好的，可图中这位彪形大汉正举拳痛击，他是谁？打的又是谁？为什么要打人呢？”看着插图，学生对老师一连提出的三个问题产生了浓厚的兴趣。具有启发性的导入语，能够激发学生的思维活动，有效地引起他们对新知识学习的强烈欲望。

3. 导入具有新颖性。心理学研究表明，令学生耳目一新的“新异刺激”，可有效地强化学生的感知态度，吸引学生的注意指向。不管一位教师花多少气力给学生讲解知识，如果他的教学内容不能激起学生的积极性，那么所有的气力都是白费。好的导入语新颖活泼，能激起学生的求知欲，而陈旧的、平板的导入语，只能使学生失去学习兴趣，影响教学效果。例如一位老师讲授《核舟记》一文，课前老师要求学生准备一张白纸、一支削尖的铅笔、一把直尺。上课开始，老师让同学们在白纸上画一个长2.9厘米、宽为2厘米的长方形，在长方形内尽可能大的画一个椭圆，椭圆内画一艘小船，画上船舱，船头画三个人，两个站着，一个坐着，船尾画两个人（学生边议论边画，勉强画好了老师又要求学生继续画下去）。在船舱上画上四扇窗户，窗户两边写字，右边写"山高月小，水落石出"，左边写"清风徐来，水波不兴"，还要给船头的那个人挂上一串念珠……（老师慢慢地讲着画画要求，学生一个接着一个放下笔，交头接耳地说，不可能画出来。）发现学生不能画出来，老师才说，我们做不到，可明代有一位杰出的微雕艺术家做得到，他能在那么小的核桃上雕刻出比老师的要求更为苛刻、更为复杂的事物。不信，请看课文《核舟记》。这样的导入具有新颖性，语文课让学生画图，学生觉得新鲜，通过操作，激发了学生阅读课文的主动性、积极性。

4. 导入具有趣味性。常言道："兴趣是最好的老师。"一名教师要想让学生对自己的教学内容产生兴趣，就得采用与教材内容相关的趣味性讲述，用以吸引学生的注意力。英国教育家斯宾塞于1845年就提出了"快乐教育"的思想，这种思想的核心就是认为学习如果能给学生带来精神上的满足和快乐，即使没有人督促，学生也会不停地自学。他的理论完全符合心理科学。因此富有趣味的导入能有效激发学生学习兴趣，调剂课堂气氛，师生间往往在会心的笑声中达到默契交流。但是著名教育家巴班斯基认为：教学中的趣味性并非为了引起笑声或耗费精力，趣味性应该使课堂上掌握所学材料的人是活动的、积极的。这一点是每一位教师须注意的。具有趣味性的导入能有效地激发学生的学习兴趣，调节课堂气氛和节奏，师生之间常常会在会心的笑声中达到默契交流。如特级教师宁鸿彬老师为《七根火柴》设计的导入就很有趣味性。学生读课文前，老师提出如下要求，假如有一座"红军博物馆"，而你是这座博物馆的讲解员，你负责讲解的是展台上摆放着的六根火柴，请你以讲解员的口吻向前来参观的人们介绍这六根火柴的来历。这个导入很巧妙，使学生们对阅读课文产生了极大兴趣。学生们在愉快的复述中，不知不觉地掌握了课文内容。

5. 导入语具有精炼性。莎士比亚曾说过："简洁是智慧的灵魂，冗长是肤浅的藻饰。"导入语仅仅是开课前的一段语言，它要求要简短精悍。这就需要教师在备课时要精心设计。导入语一般不宜过长，三五分钟就行了，否则喧宾夺主，占时过多影响教学进度。

（二）导入语的基本形式和方法

导入语在教学中具有不可忽视的作用，导入语的设计自然也非常重要；但由于教学内容多样，文章的文体不同，风格也各异，这就决定其导入语的设计不能千篇一律。教学有法，但法无定法。教师教学的内容不同，教学对象不同，教学场地不同，加之教师本人的兴趣爱好不同，所以，导入的方法也各个不同，要因人而异、因地而异、因时而异，采用不同类型的导入语。无论哪种方法，只要设计得好，运用得好，都能起到激发学生求知欲、增强教学效果的作用。

一般说来，导入语的形式和方法有以下几种：

1. 直接导入法

直接导入法也叫“开门见山法”。这是阅读教学常见的一种导入方法，教师揭示题目之后，不迂回曲折，单刀直入课文的作者、主题、结构、选材、炼词以及教学重点、难点，说明教学的目的，使学生听后心中有数。运用直接导入能够让学生马上明白学习目的，进入学习过程，有助于提高学习效率。不足之处是学生往往缺乏学习的准备，因为上课伊始，学生的注意力还没有完全集中。所以这种方法不宜过多地单独使用，而适于与其他方法结合使用。比如教师在上《荷塘月色》的时候，可以直接说：“今天我们一起学习朱自清的散文《荷塘月色》，请同学们打开书翻到这篇课文。”但是这种方法过于单调，不能频繁使用，否则会使学生失去新鲜感，特别是对于活泼好动的学生而言，会大大减弱他们学习的积极性，而课堂气氛一开始就没有调动起来，就不利于下一环节的教学。

运用此法要选好一个突破口。开门见山可用文中诗文、典故、成语为突破口。如讲《谈骨气》可用文中引用的文天祥的名句“人生自古谁无死，留取丹心照汗青”为突破口，叫学生解释诗句的含义，询问文章引用诗句的作用是什么？由此引出文章以文天祥为例说明中心论点“我们中国人是有骨气的”。而讲授《荔枝蜜》可用苏轼“日啖荔枝三百颗，不辞长作岭南人”作导入语；讲授《驿路梨花》可以用陆游诗句“驿路梨花处处开”为导入语；讲授《黔之驴》，可以用成语“黔驴技穷”作为导入，先让学生查成语词典弄清成语的意思，然后教师带领学生进入课文。只要弄懂引文的含义、作用，就找准了学习此文的突破口。

另外，开门见山的导入可以以介绍课文相关内容为突破口。开课就介绍文章内容、结构、主题、写作特点或学习重点、难点。但不要面面俱到，要突出某一方面，就是这一方面也应该有所侧重，避免占用过多的学习时间或冲淡学习重点。最好是直截了当地提出问题让学生思考。有的放矢地提问，让学生带着问题读书，思维迅速定向，很快进入对课文中心的探求。

鲁迅先生的杂文《论雷峰塔的倒掉》对初中生来说不太好理解，如果教师以“雷峰塔为什么活该倒掉”、“倒掉之后天下人的心情如何”两个问题导入，学生一下子就能抓住文章主旨。学习散文《白杨礼赞》可以用课后“练习一”作为导入，作者以“景美”、“形美”、“神美”赞美白杨树的“不平凡”，让学生依次找出三“美”的具体内容，文章主要内容也就抓住了。

2. 情景导入法

所谓“情景导入法”是指教师从实现教学目的的需要出发，利用语言、设备、环境、音乐、绘画等手段，营造一个可以引导学生探索和掌握知识的气氛的方法。教学中可以借助多媒体创造教学情境，培养学生兴趣，增强学生情感，体会文章旨意。例如，讲授朱自清的《荷塘月色》时，可以先播放投影：画面是淡雅、恬静的清华园的荷塘。然后在这画面上缓缓地打出全文，同时播放二胡名曲《二泉映月》，在音乐伴奏下轻柔舒缓地朗读全文，让学生在感受此情此景时，去领悟画面那淡雅、恬静的特点以及从画面中所传出来的那种超脱、宁静的淡淡喜悦之情，并发现这一切情与景都源于“这几天心里颇不宁静”这一“文眼”。在这自我发现的喜悦中，推动了学生快速背诵这篇优美的散文，理解文章主旨。讲汪曾祺的《胡同文化》时，可先播放富有京味的歌曲《前门情思大碗茶》，然后在音乐声中问学生有没有去过故宫，让学生伴着音乐讲述故宫的金碧辉煌，然后再联系《我这一辈子》、《大宅门》等电视剧，设置情境，通过比较，让学生体会胡同的特点。而讲授《周总理，你在哪里》一课时可以这样设计导入语：

> 说起周总理，熟知他的人们总会从心底里产生一种深深的怀念和无限崇敬的感情。难忘的1976年1月8日，千山默哀，万水呜咽，敬爱的周总理与世长辞了。当时，尽管“四人帮”穷凶极恶，不准人们悼念这位伟人，但是人民不顾高压，仍以各种形式悼念他，缅怀他。尤其当人们想到总理对无产阶级革命事业忠心耿耿，兢兢业业，鞠躬尽瘁，死而后已，没有遗产，没有坟墓，没有骨灰……谁都会禁不住热泪盈眶。1976年1月，诗人柯岩怀着诚挚而深切的感情写下了《周总理，你在哪里》这首优美的抒情诗。

当今的青少年对周总理的人格和事迹不会有太直接的感受，为了让他们尽快进入课文的情景，教师在运用语言导入的同时，可以播放小提琴独奏曲《一月的哀思》，并配以当年十里长街送总理的影视画面，这样就能营造出一种悲怆的气氛，让学生和教师一起进入一种深情怀念的情绪之中。

情景导入语，要求讲课者“把自己体验过的感情传达给别人，为这些感情所感染，也体验到这些感情”（列夫·托尔斯泰语）。如著名中学特级教师于漪老师在教《周总理，你在哪里》时，课堂上哀思如潮，学生难以自控。这就是因为她“自己的教案就是用泪水写出来的”。

设计情景导入语的关键在于教师应根据不同的教学内容，用不同的情境激发学生的情感，这也是提高学生学习质量的有效手段。为此，教师首先要深研教材，吃透教材，准确把握作者的思想感情，然后再依此设计出与作者感情一致的导入语。在实际导入课文时，教师还根据文章实际，注意自己的语速、语调及面部表情等感染因素，要把文章中所蕴涵的喜怒哀乐展现出来，这样才能敲开学生的心扉，唤起他们强烈的学习欲望。

3. 故事导入法

故事一般来说具有生动性、形象性、趣味性，而爱听故事是人的天性，中小学学生尤其喜欢听故事，因为猎奇心理是青少年的共同特征。他们最反感的是教师的空洞说教，而对那些妙趣横生、充满哲理意味和智慧光辉的奇闻逸事特别感兴趣。老师若能利用学生的这一特点，在课堂导入时讲述一些短小精当的故事，必然能够激发学生的兴趣，使其以良好的状态投入课文的学习。当老师走上讲台，说一句“今天，我给大家讲一个故事”。往往就能很快把学生的注意力吸引过来。古今中外也有很多生动有趣的故事常常被有经验的老师信手拈来作为教学的开场。而寓言、历史传说、典故、谜语等，大多具有故事的性质，都可以作为故事导入的材料。例如，物理老师由一队士兵迈着整齐的步伐过桥，导致桥体坍塌讲到物理学上的共振原理；历史教师由陈胜吴广起义讲到秦朝的灭亡；数学教师由老和尚给小和尚讲故事讲到“循环小数”的知识。语文教师由王安石修改“春风又绿江南岸”的故事讲到写作中炼字；化学教师由坟山“鬼火”讲到磷的燃烧。这样的导入语连同它所引出的知识，往往会让学生一下子进入学习探索的过程。例如：有一位老师在讲《拿来主义》一文时，先讲述了这样一个故事：

一次酒会上，分别来自法国、俄国、美国、中国的四位商人聚在一起，他们各自拿出本国最著名的酒在别人面前炫耀。法国人拿出了白兰地，俄国人拿出了伏特加，中国人当然拿出了茅台；而美国人呢？只见他不慌不忙地拿起酒杯，倒了点白兰地，又倒了点伏特加，最后再倒了点茅台，然后从容不迫地告诉大家：这就是我们美国的鸡尾酒。听了这个故事，学生们似乎明白了一个什么道理。这时，教师再揭示课文标题，就显得水到渠成了。①

① 摘自网络语文轩文章《巧设导入语，激发求知欲》，作者未知。

利用这种方式导入，一要注意故事的新颖性，如果采用老掉牙人人皆知的故事，不但学生不感兴趣，反而会淡化学生的学习热情；二要注意故事的教育性，要使学生受到某种启迪，有利于学生健康人格的形成，不能只是为了猎奇、搞笑、哗众取宠而陷入低级、庸俗；三要注意和课文内容的相关性，设计的故事要和课文内容有所关联，有利于学生对课文的学习；四要注意故事须短小精悍，如果故事太长，势必占用学生学习课文的时间，喧宾夺主。

4. 悬念导入法

悬念能激发学生的好奇心，能促使学生很快进入积极的学习状态。如果教师要引发学生思维，而且是向更深更远的方向引发，那在开讲时，最好就使用悬念导入。设置悬念能够迅速激活学生的思维，激发学生的求知欲和表现欲，激励学生的探索精神，促使学生主动探索。生物教师在讲授《生态环境的保护》的时候就可以这样来设计导入语：

北宋著名词人李之仪有一首很有名的作品《卜算子·我住长江头》，词中写道："我住长江头，君住长江尾。日日思君不见君，共饮长江水。"表达了作者深深的思念之情。但是如果李之仪还活着，生活在今天，我想他绝不会再写出"共饮长江水"的词句了，为什么呢？

讲生物课，却从很优美的情意绵绵的词句入手，设置悬念，让学生心理上马上产生疑问，注意力很快被吸引过来。

而有一位语文老师在教学《祝福》时开篇是这样设置悬念的："祥林嫂姓甚名谁？"看似简单却又难以一下子回答的问题，很自然促使学生认真研读课文。接着，教师在此基础上，可以顺势引导学生认识祥林嫂没有名字的深刻原因，解决教学难点。

5. 谐趣导入法

幽默是活跃课堂气氛的润滑剂，课堂上巧妙地运用幽默语言或动作，常常能取得意想不到的良好效果。法国演讲家雷曼麦曾说过："用幽默的方式说出严肃的真理，比直截了当地提出更容易让人接受。"苏联著名教育家斯维特洛夫也曾说过："教育家最主要的，也是第一位的助手是幽默。"可见，幽默是教师教学不可缺少的一种艺术。教师巧妙地使用幽默导入法，能使枯燥无味的学习变成一种精神享受，形成轻松活泼的教学气氛，消除学生的疲劳，激发学生的学习兴趣。比如运用一个哑剧表演导入，抓住学生的有意注意，让学生边看教师的动作，边猜意思，能激起学生的求知欲和对新知识的探索兴趣。亦可用一个幽默的笑话轻松地将学生带入新课。这种方法最适合学生普遍认为枯燥乏味的政治思想品德课的教学。例如：

在教学《掌握交往艺术提高交往能力》一课时，教师给学生讲了一个幽默故事：

一位年轻人要到北村去，可不认识去北村的路，他看见一位老人问："喂，老头，去北村还有几里？"老人说："还有三百八十丈。"年轻人说："路途怎么讲丈？"老人说："因为你就不讲礼（里）。"

然后启发学生文明交往礼为先，同时要掌握交往艺术，提高交往能力，随之进入新课。

6. 评书导入法

一些优秀教师根据课文实际有时会采用评书式的语言作为导入语，往往也能取得很好的效果。我国有句古话："知之者不如好之者，好之者不如乐之者。"这句话道出了兴趣在学习中的重要作用。所以在导入中借用中国人喜闻乐见的评书形式来激发学生学习兴趣不失为一种好方法。例如：教师在讲授《空城计》一文时，导入时就可以借用"评书"的形式。教师手拿惊堂木往讲台上"啪"地一拍，然后说道：

同学们，今天听老师来说一段评书。话说魏主曹丕新亡，年仅十五岁的曹睿即位。诸葛亮想借此机会伐魏。参军马谡献上反间计，使得魏将司马懿被削职回乡。诸葛亮闻此大喜，即率三十万大军伐魏，一路上斩将略地，势不可当。魏主曹睿见之大惊，只得重新起用司马懿。司马懿猜透了诸葛亮的战略意图，不与蜀军正面交锋，却去断蜀军粮道。由于诸葛亮错用了马谡，失了街亭，形势急转直下，变得十分被动，退守西城，准备伺机回师汉中。恰在此时司马懿亲率十五万大军来夺西城。而城中只有二千五百官兵，形式万分危急。情急之下，诸葛亮在西城城头，摆开阵势，导演了一出惊心动魄的空城计。（啪!），欲知诸葛亮能否金蝉脱壳、转危为安，且听课文分解。

在这里，老师针对学生强烈的好奇心，巧用评书，造成悬念，一下子就抓住了学生的注意力，吊足了学生的胃口，往下的讲课效果自然会好。

再如某语文教师在上高中课本中的《武松打虎》一课时，也是将导入语以说书人的口吻说道：

话说那武松喝过十大碗酒，提起梢棒，踉踉跄跄直奔景阳冈而去，来到山前，只见一棵大树上写道：三碗不过冈。武松哪里管它，直以为是酒家赚钱的伎俩，只管往山上而来，走不多时，天色已晚。武松昏昏欲睡，这时突然一只大虫向武松直扑过来，说时迟，那时快。只见那武松抡起梢棒，只听喀嚓一声，梢棒折为两节。要知后事如何，且听分解。

短短的几句话，可以说是调足了学生的胃口，使得学生们对这一课充满了兴趣。学生自然会把课本翻开，想要看个究竟。这样的形象化的语言基本上把这篇课本的大意说清楚了，并且文章中最精彩的部分也就在这里，老师在下一节课的教学时就很轻松了。

7. 新旧知识联系导入法

就是从学生已有的生活和已学过的知识出发，并结合所授课文的内容及其特点导入新课的一种方法。回顾旧知识是导入新课的常用方法。如在教授鲁迅的《祝福》一课时，可与学生一起回忆所学过的鲁迅的文章，如《故乡》、《社戏》、《孔乙己》等，简单的回忆可让学生了解鲁迅作品的风格，有助于理解新课文的写作特点，从而更好地学习新课文的内容。

教学《陋室铭》一课时，教师可以引导学生回顾刘禹锡的诗《酬乐天扬州初逢席上见赠》。然后接着说：

通过温习，大家进一步了解了作者在诗中不仅表达了长年被贬偏远之地、政治失意的愤懑，而且表达了对生活、对未来的积极、乐观的态度。尤其是“沉舟侧畔千帆过，病树前头万木春”两句诗，更能表达出诗人对世事变迁的豁达襟怀。而《陋室铭》一文又表现了诗人怎样的情趣和节操？现在，我们就来学习这篇课文。

8. 切题导入法

所谓“切题导入法”是指从文章的内容、主题出发开讲的方法。这种方法能让学生很快进入文本，在很短的时间内拉近与课文的距离。拉近距离的方式很多，最直接的方式就是课文的题目，而题目中最重要的就是“题眼”。以它作为媒介激发学生的生活体验，直接将学生的生活和课文内容建立联系，从而激发内心情感。例如讲授《藤野先生》一文，这篇课文内容很丰富，关于它的主题也有不同的看法。但其主要内容是怀念藤野先生，赞许他的高尚品质。鲁迅先生对藤野先生的怀念是很深的，整篇文章饱含鲁迅的尊师精神。因此开课之初可不必先介绍历史背景，而从“伟大的人物尊师”谈起，从曾晳尊敬孔子谈到毛泽东尊敬杨昌济，再谈到鲁迅怎样尊敬寿镜吾和章太炎，接着就转到藤野先生：

还有一位对鲁迅影响很大的老师是他在日本学医时候的藤野先生，他教授鲁迅骨学、血管学和神经学。虽然他是日本人，但鲁迅说：“在我所认为我师中，他是最使我感激，给我鼓励的一个。”

然后再引入新课。这样既从文章内容、主题出发，又针对学生实际，进行了尊师教育。

以上介绍的仅仅是一些文科常用常见的导入方法和形式，除此之外还有许多导入方法，如理科教学常用的演示法、实验法等。无论哪种方法，都必须做到针对教学，因课而异，富于独创，生动有趣，准确无误，符合教学规律和原则。“纸上得来终觉浅，绝知此事要躬行。”教师要多动脑、多实践，才能将各种方法运用自如，为自己的教学艺术增添光彩。

（三）技能训练

训练目标

训练8种类型的导入语设计。

训练内容

1. 根据不同课程和对象让学生自己设计不同的导入语；
2. 训练学生初步掌握导入语技巧；
3. 让学生在5分钟内，完成导入语的讲述。

训练程序

1. 观看优秀教师授课影像，做好记录，认真体会；
2. 教师指定小学、初中、高中教材中的篇目，让学生设计导入语，在全班同学面前讲述；
3. 模拟训练（根据教学录像），重点训练以下三种：

（1）借用名人名言、诗词、警句，设计一段导入语；

（2）设计一段情景导入语；

（3）设计一段故事导入语。

时间为3分钟左右，然后登台当众讲述。

二、过渡语

所谓“过渡语”是指教师将上一个教学环节的内容知识与下一个教学环节的内容和知识衔接起来时所使用的语言。它又叫做“衔接语”或“转换语”。它的主要功能就是把课堂中的各环节串联起来，开启学生的思维的大门，使其顺利接受新的知识。

（一）过渡语的特点和功能

课堂教学过渡语不仅是各个环节的“黏合剂”，也是教学内容的有机组成部分，其作用主要有以下四个方面：

（1）穿针引线，使整个教学过程上下贯通、结构紧密、浑然一体；

（2）增强学生注意力、激发学生积极思考问题；

（3）温故而知新，有利于学生加深印象，课堂教学效益将会得到进一步提高；

(4) 为课堂教学增加美感，教师的教学特色得到充分展现，使学生在美的熏陶中获取到知识。

过渡语起着承上启下的作用。运用过渡语要遵循以下两条原则：

(1) 过渡自然，不可生硬；

(2) 语言简练，不可拖沓。

过渡语的途径，其一是借助语言；其二是借助媒介；其三是借助活动。

（二）过渡语的形式和方法

常见的教学过渡语有以下几种形式和方法：

1. 直接过渡

即教师直接转入下一个讲授内容的语言。这类用语大多用于一堂课的开头。教师在上课时，直接用“我们本节课学习什么内容”的语言来过渡。当然课的开头方法千变万化，教师可依据内容的不同选择恰当的过渡方式。而在教学过程中，当前后两个问题之间没有直接联系时，也常常使用这种过渡语，直接导入下面所要讲授的内容，用语简短，干净利落，内容鲜明，入题迅速，给人以清醒的提示。这类过渡语常运用于段落清晰的课文教学过程中。例如，在讲授毛泽东《沁园春·雪》的过程中就可以这样过渡：“刚才我们一起学习了上片，诗人毛泽东为我们描写了一幅美丽的北国雪景图，下面大家一起来看看下片又写了些什么呢?”再如，一位教师讲授朱自清的《荷塘月色》，有这样一个语言片段：

> ……从文章整体看，写月色没有离开荷塘，写荷塘也没有离开月色，因而题目应理解为“荷塘的月色”。如把“荷塘月色”理解为联合词组，势必割裂了“荷塘”与“月色”浑然一体的内容，没有抓住原文所描写的景物特点。当然，同学们还可以在课后继续讨论。现在我们来研究另一个问题：本文安排的线索是什么？是行踪、景物的描写，还是感情的表露？

这位教师在讨论了题目的结构、准备接着讨论文章安排材料的线索问题时，使用“现在我们来研究另一个问题”这样一句简明扼要的话，给学生以清醒的提示后，教学内容便从上一个问题转到了下一个问题。①

再如：“好。我们了解了根从土壤里吸收水分用的是渗透的方式。可是，植物根除了从土壤中吸收水分外，植物生活还需要什么物质呢?”用设问句的方式，引出“矿质代谢”这一命题的讲述。

① 转引自赖华强、杨国强：《教师口才训练教程》，365页，广州，暨南大学出版社，2000。

这种直入式的过渡简便易行，但不宜使用太频繁，否则会使课堂教学显得单调乏味。

2. 承上启下过渡

又叫做“顺流过渡”。此种类型的过渡语，是一种基本用语形式，用于课堂教学的各环节都行。如用于课堂教学中间某环节，教师就说刚才我们学习了什么内容，下面接着继续学习什么内容之类的语言过渡。比如，在教授小学语文《庐山云雾》一课时，教师就可以这样来设计过渡语：

庐山除了有飞流直下三千尺的瀑布，还有横看成岭侧成峰的山峦，更吸引人的是它那神奇美丽的云雾。今天请大家随着作者的脚步去细细领略一番。请同学们仔细阅读文章，看看在乘车登山的路上，最先映入我们眼帘的是怎样一幅“奇景”？

当学生通过阅读，把第一个波峰（山间云变成浓雾的奇景）尽情地欣赏一番之后，教师便可以继续往前推进说：“浓雾瞬息万变，美景引人入胜，而牯岭的庐山雾更是神秘莫测，趣味无穷。它的神秘在哪里呢？”学生简要阅读第二个波峰的内容之后，教师又立即过渡：“此景只堪天上有，人间哪得几回见？牯岭可真算得上是人间仙境。现在，我们站在‘大天池’这个地方，来观看庐山云雾中最壮观的景色——云海……”“一路行来，我们在沿途见到了哪些奇景”……“面对这瞬息万变的庐山云雾，怪不得北宋伟大诗人苏东坡要大叹‘不识庐山真面目’，更难怪清代的学者要自称‘云痴’，恨不得‘餐云’、‘眠云’。”这一系列富有艺术情趣的设问语言，把学生安然地从一个波峰送到另一个波峰上去的同时，一堂课就在不知不觉中过去了。①

3. 提示过渡

教师讲完一部分内容并对其进行梳理、归纳后，对接着要讲的内容给予提示，从而过渡到另一部分讲授时所用的语言，就是提示过渡语。这种过渡语主要用于在逻辑上具有逐层深化关系的前后教学内容的衔接。例如，一位教师在讲完老舍《在烈日和暴雨下》的第二段之后，接下来是这样讲的：

这里不仅写出了烈日下车夫的口渴难熬，而且直接表现出劳动人民非人的生活。这就是祥子拉车的典型环境。在这样的环境中，祥子会怎样呢？接下去就是写祥子在烈日下拉车。

① 转自初高中语文123资源网 http://www.yuwen123.com/Article/201102/47214.html。

祥子拉车的典型环境与祥子在这样的环境中的表现，是两个不同的层次，而后一个层次是对前一个层次的深化。教师使用一句“在这样的环境中，祥子会怎样呢”？来提示下面要讲授的内容，过渡显得很自然。①

4. 提问过渡

教师在讲完一部分内容后，通过富有艺术情趣的提问，将学生从一个浪尖带到另一个波峰上去，使学生的注意力从一个问题顺利地转移到另一个问题上去。以实现课堂教学内容的转换，使课堂整体结构安排得天衣无缝。例如，一位老师在讲授《雨中登泰山》时就是这样导引过渡的：“作者启程登泰山了，你们看到雨中的泰山是怎样一幅景色？过岱宗坊后首次映入眼帘的又是怎样的一幅奇景？”学生通过阅读把虎山水库奇景尽情欣赏一番后，教师又往前推进“尽管黄锦、白纱的奇景美不胜收，但‘雨大起来了，不得不拐进王母庙后的七真祠’，为什么叫七真祠呢？祠中最传神之作是什么呢？怎样传神？”……最后“会当凌绝顶，一览众山小。绝顶又是怎样的风光呢？让我们带着胜利的喜悦，来欣赏这仙境般的美景。”

再如，一位教师讲授《我的四季》一文，在学生了解了四季是有寓意的这一观点后，需要过渡到四季的真正内涵时，设计了以下的过渡语：“我们已经知道了女作家将人的一生比喻成春、夏、秋、冬四季，那么这四个季节分别对应人生的哪四个阶段呢？”这样的过渡语言能够将学生的注意力分配到下一个问题上——作为喻体的四季的具体寓意，自然就收到了循序渐进、层层递进的效果。这类过渡语可以提高学生注意力，启发学生思维，激发学习兴趣，是课堂教学中常用而又较好的一种过渡手段。如果教师能够深入研究问题的提出方式，把握问题的层次和梯度，配之以声情并茂的表述，将会给你的课堂教学增色不少。

5. 小结过渡

这类过渡语一般用于教学环节之间或课堂教学环节之末。教师在上环节教学内容结束后，用简明扼要的语言，择其重点作一小结，承上启下地过渡到下一环节的施教内容。这类过渡语的特点是，能把教学的重点再现一次，加深学生印象，巩固所学知识。例如，一位教师讲授《念奴娇·赤壁怀古》一词，讲完上阕后，便以这样的方式进行过渡：“这首词的上阕重在描写赤壁的雄奇景色，而景色的描写是为下阕服务的。那么同学们知不知道上阕的景色描写的目的是什么呢？”当学生七嘴八舌说出自己的看法以后，老师总结道：“大家说的很对，景物描写的目的是为下阕周瑜的出场作铺垫，使英雄人物和壮丽山河相映生辉。下面我们就一起来领会下阕的

① 赖华强、杨国强：《教师口才训练教程》，366页，广州，暨南大学出版社，2000。

内容。”

这样的语言，既对前面讲授的内容作了一个小结，又很自然地过渡到下阕的学习，而其中的提问也颇具启发学生积极思考的作用。

6. 转折过渡

所谓“转折过渡”是指从正面内容转入到反面内容，或从反面内容转入到正面内容时使用的过渡语言。其特点是在两个有较大区别的教学内容之间，采用“但是”、“却”、“而”之类的词语，引出下面要讲授的内容。例如，一位教师讲授《六国论》一文，当讲完“赂秦则力亏，破灭之道也”这个分论点后，要过渡到“不赂秦者以赂秦丧”分论点时，他设计了这样一个过渡：“贿赂秦国是导致三个国家灭亡的原因，但是没有贿赂的国家又是如何灭亡的呢?”

这样的过渡，既可以引发学生的好奇心，也能够提高其学习兴趣，而且对于问题的解决产生重要作用。这种带有问题的转折过渡与前面所介绍的“提问过渡”有相似之处，两者结合可以相得益彰。

除了以上六种常见的过渡方法外，还有许多过渡方法，如：比喻过渡法，即运用恰当的比喻来达到由一个内容向另一个内容的过渡；评述过渡法：即对一篇文章或文中的人物、事件作出评价，激发学生的求知欲望和学习热情的过渡；故事过渡法：即在讲完上一个问题后，讲一个与将要讲的内容有关的小故事，以引起学生兴趣，从而过渡到下一个内容。教师要根据不同的教学内容，采用不同的方法。

三、提问语

教师在课堂上为了调动学生积极思维，依据教学内容向学生提出问题，引导和促进学生自觉学习时所用的语言，就是提问语。课堂提问是一种技巧，更是一种艺术，并且是教学中用得最多而又很难用精、用巧的艺术。善于运用提问进行教学几乎是所有优秀教师教学艺术的特征。曾有一位教育家说“教师不谙熟发问的艺术，他的教学是不容易成功的”，“教学的艺术全在于如何恰当地提出问题和巧妙地引导学生回答”。可见，课堂提问不仅需要扎实的业务功底和丰富的教学经验，还需要很强的课堂教学的驾驭能力，重视课堂教学的提问技巧的训练和运用，是教师提高教学质量的有效途径。

如果我们注意观察，就会发现，从小学、初中到高中，教师课堂提问的次数明显减少。许多教师对此的解释是，学生年级越高，回答问题的顾虑越多，积极性越低。小学低年级小手如林，初中时举手的已寥若晨星，高中学生几至全无。言外之意，教师问得少，是因为学生不愿意回答。但我们却鲜有考虑，为什么学生年级越高，越不愿意回答问题？他们的顾虑是什么？产生原因何在？这一现象，是否与教师的提问设计有关？是否与教师对学生答案的评价失当有关？台湾作家林清玄的短文《静心与抽烟》也许能给我们一些启示。文章说的是两个参禅的人在休息时烟瘾犯了，决定向素以严苛出名的师父请示，看是否容许抽烟。两人分别去问师父。甲问“抽烟的时候，可不可以静心（休息并讨论打坐的心得）？”师父听了很高兴，说：“当然可以了！”乙问：“静心的时候，可不可以抽烟？”师父非常生气，怒斥了他。为什么两人的动机相同，得到的结果却截然相反？盖因提问的方式和角度不同。甲的提问，让师父觉得他即便在抽烟的时候还想着静心之事，显得虔诚无比；乙的提问，给师父的印象是静心的时候却想着抽烟，六根未净，无心向佛。由此说来，教师问什么，如何问，如何评价学生的回答，与学生答问的积极性密切相关。

（一）提问语的特点和功能

有一位教育家曾说：“教学的艺术全在于如何恰当地提出问题和巧妙地引导学生作答。”一个教师的教学水平、教学能力和教学效果的好坏，很大程度上取决于他发问的性质和发问的时机、方法。课堂教学的提问，不同于日常生活中的发问，带有一定的随意性，而是需要教师备课时认真准备、精心设计。它是打开科学知识宝库的钥匙，是启迪学生智慧的“产婆术”。课堂提问是贯彻落实启发式教学原则的重要途径，它能有效地激发学生的学习兴趣，促进学生积极思考，发现问题、分析问题、解决问题，也能让学生得到充分的口语训练，培养其口头表达能力，还能活跃课堂气氛、交流师生的思想感情，从而提高教学效率。

（二）提问的原则

在教学实践中，我们会发现有很多教师在课堂上都会运用提问进行教学，可是有部分教师的提问存在这样的通病：

其一是提问过于简单，如问学生“是不是”、“好不好”、“对不对”、“行不行”、“能不能”等，学生齐答了事，这种提问可以说基本上起不到启发学生思考的作用，是毫无用处的。

其二是提问不分主次，过于繁琐，如“《白杨礼赞》赞的是什么呀”、“作者是谁呀”、“茅盾的真实姓名是什么呀”，等等，这样的提问的确会使课堂很热闹，但可以说全是废话，是在浪费时间，学生回答问题之后并没有真正学到有价值的东西。

其三是提问过于空泛，不着边际，或是过于艰深，让学生无从回答。如“为什么说鲁四老爷是杀害祥林嫂的元凶”、“《祝福》的艺术特色表现在哪里”。这样的提问多数时候让大多数学生不知如何作答，导致他们产生对学习的厌烦情绪。

其四是提问过于雷同，缺少新意。如总是问学生课文分为几段？每个段落讲的什么？中心思想是什么？写作特点是什么？等等。这样的提问是传统教学的弊病之一，千篇一律，枯燥乏味，导致教学失去审美作用，致使学生失去学习兴趣。在新课标背景下的教学务必要克服以上毛病，要使提问能有效调动学生积极思维，引导和促进学生自觉地学习，这就需要遵循以下一些基本原则：

(1) 提问要有思考性。教师在设计提问的时候，不能心血来潮，而是要根据教学的重点、学生的难点来提问。教育家叶圣陶说过："教师引导学生用心阅读，宜揣摩何处为学生所不易领会，即于其处提出问题，令学生思之，思之不得，则为讲明之。"① 可见提问并不是满堂问，而是针对学生不易理解的地方发问，让学生认真思考，没有思考价值的提问是毫无用处的。赞科夫也认为"教师提出的问题，课堂内三五秒钟就有多数人'刷'地举起手来，这是不值得称道的"。

(2) 提问要有适中性。一般的提问要充分考虑学生是否能回答。太容易，学生无需动脑筋，失去提问的意义；太难，只有少数学生作答，大多数"作壁上观"，学生的主体地位得不到体现，长此以往，学生逐渐失去答问的兴趣。

(3) 提问要有目的性。教师设计提问时要提出有价值、有分量的问题。首先问题的指向是明确的，对要求学生了解什么、掌握什么教师要心中有数，让学生通过问答能达到预期的目的；其次对问题在教学结构中的作用要明确，是用于导入、承上启下的过渡，还是用于课堂小结，是用于点拨，还是用于警示，能令人一目了然；最后是提问的思路要明确，从什么角度切入提问，用什么方式提问，提问需要了解学生哪些知识与能力，提问要解决教学中哪些问题等。

(4) 提问要有全局性。对于教师来说，教室里不应该有"被遗忘的角落"，每一位学生都应该得到教师的教诲。在实际教学中，常常会出现这样的现象，教师精心设计的问题提出后，积极回答的学生寥寥无几，即使回答也总是几名学习较好的学生，让老师左右为难。结果还有可能造成了成绩好的学生自傲、自负，成绩差的学生自卑甚至自弃。解决的办法就是教师提问应根据学生的心理特征，面向全体学生，让学生"八仙过海，各显神通"积极思考、主动回答。因此，提问时要尽量少用指名作答的方式，而应该让学生举手作答，认真听完学生的回答，尊重回答问题的学生。在

① 叶圣陶：《叶圣陶语文教育论》，731页，北京，教育科学出版社，1980。

提问中要顾忌个别学习有困难的人，鼓励他们回答问题的积极性，使全班学生的学习都能在自己的起点上通过回答问题得到不同程度的进步。

（5）提问要有时机性。伟大的教育家孔子说："不愤不悱，不启不发。"就是说学生如果不是经过思考并有所体会，想说却说不出来时，就不去开导他；如果不是经过冥思苦想而又想不通时，就不去启发他。因此教师提问时对学生要严格要求，先让学生积极思考，再进行适时启发。提问要抓住时机，相机诱发，从而收到应有的教学效果。如果提问没抓到时机，或错失良机，就可能导致学生思维阻塞，启而不发，学生产生对立情绪，课堂混乱。

（三）提问的类型和技巧

1. 提问的常见类型

（1）知识提问。知识提问不需要学生进行深刻的思考，只需要学生针对老师的提问回答"是"或"不是"即可。这类提问主要是对概念、意义、具体事实等进行发问，目的是训练学生的记忆力和表达力，检查学生对基本概念、基础知识等的掌握情况。它所涉及的心理过程主要是回忆，提问常用词是：谁、是什么、什么意思、哪里、何时等。如"洋务运动的代表人物是谁?""水是由氢和氧两种元素构成的吗?"这类提问缺少高级的思维活动，不宜频繁使用，否则会使课堂显得枯燥乏味。

（2）理解提问。理解提问要求学生用自己的话来叙述所学知识，比较知识和事件的异同，能把知识从一种形式转化为另一种形式，从回答中可以看出学生对知识的理解程度，同时又能训练学生的口语表达能力。提问使用的关键词是：是什么、怎样理解、有何根据、为什么、怎么样、何以见得等。如，"读了《画家与牧童》一文后，请你说说这篇文章想要表达的中心思想是什么"；"请举例说明温带大陆性气候有哪些主要特征"。

（3）应用提问。这是一种促使学生应用所学知识以解决实际问题的提问，其心理过程是迁移。提问使用的关键词是：运用、分类、选择、举例等。如，"请运用根毛吸水的原理说明为什么在盐碱地上植物很难生长"、"鲸鱼属于鱼类吗"、"蝙蝠是鸟吗"等。

（4）分析提问。这种提问要求学生识别条件与成因，或找出条件之间、原因与结果之间的关系。这种提问的目的在于培养叙述的逻辑推理和知识运用的能力。提问常用的关键词是：为什么、什么原因、请证明、试分析等。如，"为什么说五四运动是中国新民主主义革命的开端"，"曹雪芹是如何对林黛玉的肖像进行描写的"，"阿Q为什么忌讳别人说'灯亮了'"，"李鸿章开办了许多工厂和公司，在今天看来算得上一个大资本家了。但为什么说他的思想和认识还停留在地主阶级层面上"。这类问题在课本上没有现成的答案，学生回答时要组织自己的思想，寻找根据，进行解释或鉴别，进行较高级、复杂的思维活动。

（5）综合提问。综合提问要求学生把所学的知识综合到一起，形成总体的、总结性的认识，从而达到培养学生综合解决问题的能力。这种提问能够激发学生的想象力和创造力。提问常用的关键词是：综合、归纳、小结、重新组织等。如，“人口的迅速增长可能会产生哪些社会问题”，“人与自然为什么必须和谐共处”。回答综合问题，学生需要回忆、检索与问题有关的知识，对知识综合分析后方能得出结论，有利于学生思维能力的培养。多用于组织课堂讨论教学。

（6）评价提问。评价提问要求学生对一定的教学内容进行评价，以培养他们评价能力。这类提问是让学生运用所学知识、概念、原理、法则，对所学知识重点、难点、关键点，进行分析、比较、推理、论证，并加以评析，它能帮助学生依据一定的标准来评判事物和材料的价值，能了解学生对所学材料掌握的水平。提问常用的关键词是：判断、评价、你对……有什么看法等。如，“陶行知先生的‘生活即教育’思想对我们今天的教育教学改革有何意义”，“阿Q的形象具有怎样的社会意义”。

以上是提问的主要类型，教师在实际教学中不会单用某种类型，而是综合运用各种类型。而对于学生的回答，教师应该作出积极的评价，首先要明确学生回答得“对不对”，然后要复述一遍完整的答案，不能用学生的回答代替教师应做的工作。其次要评价“好不好”，通常教师都要作出标准的示范，但是答案“不封口”、留有余地。“是不是只有这种讲法对呢？大家还可以从另外的角度想一想。”最后无论是肯定还是否定，都应“对事不对人”。整个评价过程中，教师要以表扬为主，鼓励求异，帮助有困难的学生，鼓励学生积极评价。在提问的过程中，教师不可逼问，要给学生思考的时间，把问题重复两遍，再请学生回答。学生回答时教师的眼光注视学生，用话语诱导：“别着急，想一想再说”，“我相信你是能回答的”，“怎么，一时记不起来了？一会儿想起来再说好吗”。同时要把握好语气。提问时语速不宜过快，语音要清晰。

2. 提问的技巧

提问要讲究技巧，要问得开窍，问得“美”，才能启迪学生智慧。广大教师在长期的教学实践中设计了各种各样的提问，现采撷数例加以介绍：

（1）诱导式提问。《学记》说：“君子之教谕也。道而弗牵，强而弗抑，开而弗达。”就是强调教学重在启发诱导。例如，有位教师提问学生：“原始初民驯养小动物的最初动机是什么？”多数学生回答是为了获取食物，为了吃动物的肉，剥取动物的毛皮。这是没有教师暗示下的原有思路延伸的结果。接着教师诱导一位平时爱养小狗小猫和各种昆虫的学生，让他结合从小爱养小动物的生活体验谈谈想法，结果他提出了一种新看法：小动物多可爱好玩！初民们最早饲养小动物也可能是为了好玩，是为了与孩子们做伴，是为了增添生活乐趣。各种动物驯养多了，驯养时间长了，才成为家畜，才发展起畜牧业来。等到畜牧业发展起来之后，才谈得上经济价值。饲养动物，追求经济价值是后来的事，不是原始初民最早的动机。原始初民最早时还头脑简单，还不可能有先养后吃的长远打算，只可能凭着喜爱动物这种感性冲动来饲养动物。这样，就开拓了一条与众不同的新思路，开拓出了创造意境。

这种提问设计，关键在“诱”，核心在“导”，融知识介绍和感情激发为一炉，诱导学生的求知欲，达到让学生明白“为什么”、“怎么样”、‘何以见得’、“有何根据”等问题，使学生有疑而进，无疑而出。如教学《林黛玉进贾府》，要让学生了解作者写王熙凤这个人物的方法，诱导法设计提问：其一，她出场时先干什么？其二，未见其人，先闻其笑声，为什么要这样写？其三，这样写说明她什么样的个性？这种诱导式提问，要让学生情趣交融的沉浸在最佳学习境界中，不解疑惑，不知复出。

(2) 转弯式提问。也叫曲问、迂回问。它问在此而意在彼，使学生开动脑筋，通过一番思索才能回答。这种提问富于启发性，学生回答问题时，其脑筋也要“转一个弯”，久而久之，学生的思维能力就能得到提高。例如，著名特级教师钱梦龙教《愚公移山》，讲到“邻人京城氏之遗孀有遗男，始龀，跳往助之”时，有一段教学实录：

师：啊，很好。愚公和智叟都是老头子。那么，那个遗男有几岁了？

生：七八岁。

师：你又是怎么知道的？

生：从“龀”字知道。

师：噢，龀。这个字很难写，你上黑板写写看。（生板书）写得很好。“龀”是什么意思？

生：换牙。

师：对，换牙。你看这是什么偏旁？（生答：“齿”旁。）孩子七八岁时开始换牙。同学们不但看得很仔细，而且都记住了。那么，这个年纪小小的孩子跟老愚公一起去移山，他爸爸肯让他去吗？（“他爸爸肯让他去吗？”此问的本意在于了解学生是否掌握“孀妻”、“遗男”二词，问在此而意在彼，谓之“曲问”。前面问“愚公有多大年纪”，都是曲问的例子。问题“拐个弯”，容易激发思考的兴趣。）

（生一时不能回答，稍一思索，七嘴八舌地："他没有爸爸！"）

师：你们怎么知道？

生：他是寡妇的儿子。孀妻就是寡妇。

这段教学实录，有两处很经典的曲问，如果教师直问："'龀'字是什么意思？""'孀'字又是什么意思？"就不能收到启迪学生思维的效果，也不能引起学生答问的兴趣。

再如，一位教师讲授《大铁椎传》，当讲到"语类楚声"一句时发问："大铁椎是哪里人？"学生回答："大概是湖南、湖北一带的人。"因为"语类楚声"一句，类，是"像"的意思；楚，指湖南湖北一代。学生的回答经过一番思考，问曲答直，可见一斑。曲问有较大的思维价值，值得提倡。

（3）释疑式提问。学生的学习是一个不断质疑和释疑的过程，因而朱熹曾说："读书无疑者，须教有疑。有疑者却要无疑，到这里方是长进。"亚里士多德也说："思维自惊奇和疑问开始。"不少学生学习过程中不会"生疑"，因而领略不到文章的妙处，理解课文不深入，"长进"自然也就不大。教学中教师要善于引导学生"生疑"、"质疑"、"释疑"，培养他们发现问题、分析问题、解决问题的能力，促使他们真正理解和掌握知识。例如，伏契克《267号牢房》中有这样几句话："从门到窗子是七步，从窗子到门是七步。这个，我很熟悉。""走过去是七步，走过来是七步。……是的，这一切，我很熟悉。"对于这几句话，学生很容易一掠而过，不太注意它们内在的深刻含义。对此，教师可以这样来设计提问：

四个"七步"、两个"熟悉"是不是很啰唆？各留下一个好不好？如果都留下，那它们的深意何在？再如，一位教师讲授《孔乙己》，当讲到"我到现在终于没有见——大约孔乙己的确死了"时，他这样提问："大约"与"的确"是矛盾的，那么孔乙己到底死了没有？为什么？

以上两例提问，都能促使学生认真思考，仔细琢磨，发掘其中蕴藉较深的内容，理解作者"看似寻常最奇绝，成如容易却艰辛"的功力，不至于对那些看似明白的字词句一晃而过。

（4）辐散式提问。这种提问，以某一问题为中心，然后派生出许多小问题，从各个角度或侧面引导学生去思考。若干小问题解决了，中心问题也就解决了。为了让学生机智地攻破难点，突破重点，化难为易，教师可运用辐散法设计提问，即以某个问题为核心，派生出许多小问题，从各个角度不同侧面引导学生思考；这些小问题解决了，中心问题也就迎刃而解了。在教分数意义时，让学生建立单位"1"的概念是教学的难点，为此先认识几个具体事例，然后抽象概括：①把一张饼分给两个同学，你想怎样分？每份是多少？②把一个正方形平均分成4份，每份是什么形状？用数怎样表示？③把一堆苹果平均分成5份，三份是多少？④1名同学是一行同学的几分之几？把谁看做整体？1名学生是全班的几分之几？把谁看做一个整体？这种辐散式提问，要注意让学生一要牢记中心问题，二要化整为零后认真归纳概括、由零变整。

（5）情景式提问。这种提问旨在引导学生触景生情，多元思维。为了让学生在特定的情境中，耳听、口读、眼观、脑想，从多方面多角度地形成立体思维，教师可运用情境法设计提问。这种提问可将学生带进具体真实的情境中，使学生情绪饱满，思维活跃，解答顺利，发展智力。课文《荷花》讲到我因喜爱美丽的荷花，感到人花一体了。要让学生理解这个意思，就要运用情境法设计提问，把学生带到荷花池里，变成一朵荷花：①为什么一进公园的门，我就往荷花池跑去？②荷花像什么？③白荷花开的样子有几种？④我仿佛变成荷花以后，蜻蜓和小鱼有什么表示？这种情境式提问，要注意让学生一要设身处地，全身心地投入；二要不断调整自己的思维方式，从不同的侧面看问题。

（6）牵筋式提问。这种提问目的是引导学生注重抓主要矛盾，如教学《陈奂生上城》，先让学生找出最能体现陈奂生上城愉快悠闲的心境的一个词语“悠悠”，然后设计提问：①陈奂生为什么悠悠上城？②除了用这悠悠的动作描写他的愉悦之外，作者还用了什么描写方法？③用景物烘托、神态描写、肖像描写等来写人物，这与《项链》中写人物心理的方法有何不同？问题解决了，中外小说描写人物心理的方式的异同也被“牵”出来了。这种牵筋式提问，要注意让学生在众多矛盾中找到主要矛盾，然后牵住牛鼻子不放，直到解决了问题，达到目标。教学中一旦出现“心有灵犀一点通”的局面，就会具有很强的凝聚力、吸引力和感染力了。

此外还有：剥笋式提问、梳辫式提问、演绎式提问、递进式提问、追踪式提问……

例证是难以穷尽的，也没有必要繁琐罗列。一位教师只要问得美妙，问得开窍，就是好的提问，就能培养学生能力、发展他们的智力。

（四）技能训练

训练目标

初步掌握依据教材内容和学生水平设计提问语的技巧，做到富有启发和量力而行。

训练内容

（1）根据教材内容设计出恰当的提问语；

（2）运用设计出的提问语组织教学活动；

(3) 训练学生们初步掌握教材介绍的 6 种提问语的方法。

训练程序

(1) 观摩名师教学录像;

(2) 讨论:这位教师是如何设计提问的;

(3) 提供一节教材,让学生设计合适教学的提问语,然后在班上进行实验教学,同学听后进行讨论;

(4) 课后每人自选一篇中学教材,精心设计提问语,由教师指定在小组内试讲,然后推荐优秀者在全班试讲,从中选出佼佼者。

四、讲授语

讲授语指教师较系统、完整地向学生叙述和描述教学内容的教学用语。它以具体的人物、事件、形态、现象为对象,以感知教材为主要目的,注重条理的清晰和系统的完整。

(一) 讲授语的主要形式

1. 画龙点睛式讲授语

叶圣陶先生在谈到教师运用讲授语的策略时指出:"倾筐倒箧容易,画龙点睛艰难。"即教师不能把教材内容不加选择、不分重点地讲出来,要善于寻找教材中的重要概念、关键语段,来设疑激趣精心点拨,使学生的思维就像"点睛"之龙一样自由腾飞,以收到"心有灵犀一点通"的教学效果。

例如,一位教师在讲授《祝福》时,提出一个问题让学生思考:"作者为什么让祥林嫂反复讲'我真傻'?"当学生回答不得要领时,教师予以点拨式讲析:"请大家想一想:祥林嫂的悲惨命运究竟是谁造成的?是吃掉阿毛的狼吗?再想想:祥林嫂为什么认为自己傻,祥林嫂到底傻在什么地方?"经过教师一点拨,学生很快领悟到祥林嫂看到自然界的狼吃掉阿毛,却看不到社会的"狼"正在吞噬自己。教师指出"我真傻"这句辛酸的话,深刻地揭示了祥林嫂受迫害而不自觉的性格特征。

这位教师抓住祥林嫂的一句反复讲说的话,探求这句话背后深刻的社会根源,从而揭示了祥林嫂性格的一个重要侧面。这种讲授语虽然不长,却画龙点睛式地讲清楚了一个重要的道理。这位教师大量运用了设问句、提示语,较好地启发了学生的思考。

2. 叙述式讲授语

叙述式讲授语就是以叙述为主的讲授语。例如:

司马迁,字子长,于公元前 145 年(汉景帝中元五年)生于龙门(今陕西韩城),是中国古代伟大的史学家和文学家。他 10 岁开始读古书,学习十分认真刻苦，遇到疑难问题，总是反复思考，直到弄明白为止。20岁那年，司马迁从长安出发，到各地游历。后来回到长安，做了郎中。他几次同汉武帝出外巡游，到过很多地方。35岁那年，汉武帝派他出使云南、四川、贵州等地。他了解到那里的一些少数民族的风土人情。他父亲司马谈死后，公元前108年（元封三年），司马迁接替其做了太史令。公元前104年（太初元年），他与天文学家唐都等人共订“太初历”。同年，开始动手编《史记》。公元前99年（天汉二年），李陵出击匈奴，兵败投降，汉武帝大怒。司马迁为李陵辩护，触怒了汉武帝，获罪被捕，受了“腐刑”。公元前96年（太始元年）获赦出狱，做了中书令，掌握皇帝的文书机要。于是他发愤著书，全力写作《史记》，大约在他55岁那年终于完成了全书的撰写和修改工作。

《史记》是我国第一部纪传体通史，全书130篇，52万余字，包括十二本纪、十表、八书、三十世家和七十列传，对后世的影响极为巨大，被称为“实录、信史”，被鲁迅先生誉为“史家之绝唱，无韵之离骚”，被列为“前四史”之首，与《资治通鉴》并称为史学“双璧”。因此司马迁被后世尊称为史迁、史圣。与司马光并称“史界两司马”，与司马相如合称“文章西汉两司马”。

这段叙述式的讲述语叙述了司马迁生平的主要事迹、最突出的贡献，以及《史记》的体例和后人对他的高度评价。

3. 描述式讲述语

描述式讲述语就是以描述为主的讲述语。

例如：

说江南好呀，它的风景，原先我曾经很熟悉，太阳一出来，江水的浪花，被映得比火还红，这是一般时候，这还不足以胜记江南之美，而春天一来呢，就更美好了：那清澈的江水，映照着大地的绿色，江水真绿得和蓝靛一样。一个胜似火，一个绿如蓝，互相映照，颜色多么鲜艳，多么引人向往，所以下句说“能不忆江南”。上两句画出了江南的图景，证实了“江南好”，总明“忆曾说”，所以这才用反问的口气说我怎样能不回忆江南呢！人常说“上有天堂，下有苏杭”，所以一说到江南，就使人有一种风光旖旎、美景无边的感觉。

这样的描述能引导学生去想象，能使学生的情绪受到感染自然产生了“江山如此多娇”的感觉，并因而产生共鸣。

4. 分层次讲授语

分层次讲授语分门别类、划分层次做条理明晰的讲授。分层次讲授语常将以下三方面做不同层面的组合：

组合A：是什么＋为什么

组合B：怎样做＋为什么

组合C：是什么＋怎样做＋为什么

此外，还有：比较式讲授、举例式讲授、讨论式讲授等。讲授语要做到：准确、清楚，有吸引力。

设计讲述语的策略主要有：

(1) 要深浅适度。讲得高深莫测或过于浅薄，都是不可取的。

(2) 要重在点拨。不是把知识硬塞给学生，而是用话语创设一种认知情景，引导学生自己去解决知识的难点。

(3) 要尽可能生动、鲜明。如一些化学现象也可以讲得形象、生动。如说二氧化碳与石灰水反应现象时，讲成“清澈透明的石灰水马上出现乳白色浑浊”；钠与水的反应现象，讲成：“看，反应剧烈。很快，看……白雾升腾，熔球四处滚动，还发出清脆的沙沙声。一会儿，销声匿迹了。把无色酚酞液滴到溶液里面，无色溶液马上泛起桃红色。”这样讲，会引起学生的兴趣。

(4) 要主导课堂氛围。如教鲁迅的《阿Q正传》，如果教师仅用幽默诙谐的话语来取笑阿Q，把悲剧基调变成笑剧就不好了。教师应用抑郁、深沉的语调，引导学生去把握作品内在的悲怆旋律，牢牢把握课堂教学的气氛。

(二) 技能训练

训练目标

要求学生初步掌握常用讲授语，并能运用于教学实践活动。

训练内容

让学生尝试运用、掌握说明式、叙述式、描述式、复述式、评述式讲述语的基本方式方法。

训练程序

(1) 观看优秀教师的教学录像；

(2) 学生讨论教师在课堂上运用了哪些讲述语，给你的感受如何；

(3) 以小组为单位，由授课教师指定一篇中学教材，进行试讲，然后选出代表在全班示范，大家评议。

五、断课语

断课语就是结束语，是教师结束一个教学任务时所使用的语言方式。人们写文章大都知道“凤头、猪肚、豹尾”的写作原理。写文章开头要响亮，中间要充实，结尾要让人回味，讲课何尝不是如此呢？优秀教师讲课几乎都很注意一堂课的结尾，保持教学过程的完整性，从而收到良好的教学效果。他们精心设计结束语，或归纳总结，或强调重点，或留下悬念，或铺路搭桥，各自显示出自己的教学艺术风格，可见断课语是教学中一个不可忽视的重要环节，应该引起所有教师的高度重视。

（一）断课语的主要特点和功能

1. 断课语要画龙点睛。教师的断课语也是整堂课的"点睛之笔"，要求教师在一堂课结束时及时对所教知识进行回忆，并使之条理化，用准确的语言提示知识结构和学习重点，把重要的概念总结深化，使学生感到"言已尽而意无穷"。特级教师于漪的教学经验是："用点睛之笔，把文章的精髓鲜明地突出在学生眼前。"只有如此，结束语才能引起学生课后咀嚼回味，展开丰富想象。

2. 断课语要首尾呼应。断课语要紧扣教学内容，首尾呼应，以使教学内容相互连贯。断课语实际上是对开讲设疑的巧妙回答，是对激发学生兴趣、认真学习的必然结果，断课语只有前呼后应，才能使课堂教学完美。

3. 断课语要简洁、准确。断课语要简洁明快，用语必须准确、干净、不拖泥带水。

（二）断课语的基本形式与方法

1. 归纳式断课语。这是最常用的一种结束方法。它是对教学内容、课文特色作提纲挈领的总结和归纳，是对知识进行条理化和系统化的工作，旨在让学生由博返约，纲举目张，牢固地掌握所学知识。自然，用语必须简明扼要，力戒重复啰嗦、拖泥带水，避免产生消极作用。例如，教学完《剃光头发微》，我们可以这样结束："本文以小见大，从剃头谈到权，从平凡的生活现象谈起，谈到重大的社会问题，举重若轻。善用类化，联类引申的写让人啧啧称奇。杂而不乱，漫而有序的结构、平易又不乏幽默意味的语言以及那浓浓的文化气息都让人不忍释卷。这是一篇不可多得的佳作，也是一篇极好的写作范例。"这样的结束，既有对课文内容的总结，又有对课文艺术特色的归纳，能够加深学生的印象，起到强化和深化的作用，对作文教学也起到了指导作用。真可谓一箭双雕。

2. 悬念式断课语。这种断课语旨在以悬念诱导学生思考问题。苏霍姆林斯基说："能够把少年拴在你的思想上，引他们通过一个阶梯走向知识，这是教育技巧的一个重要特征。"课堂教学的结尾也应像文章的结尾一样，讲究意在笔后、悬念迭出，回味无穷，给人一种课已结束而意未尽的感受。因此，在课堂教学结束时，有时采用巧设悬念的方法，能收到"欲知后事如何，且听下回分解"的艺术效果。比如，完成《装在套子里的人》第一课时，可以这样设计课堂结束语："恋爱，多么诱人的字眼；一个哲人说过，如果没有爱情，人间将成为一座坟墓。的确如此，就连别里科夫这样一个把自己装在套子里与世隔绝的人，也禁受不住爱情的诱惑，居然从套子里探出头来，要品尝一下恋爱的滋味了。像他这样的人，会获得姑娘的爱吗？他的爱情结局将会怎样呢？"这样的结束，能紧紧抓住学生的好奇心理，在学生的心里激起悬念，引发学生的学习兴趣，形成"我要学"的求知心理状态，诱导着学生去阅读后面的故事情节。同时为第二课时的教学做好了铺垫，使前后课时互相关联，形成一个整体。当然也达到了"教，是为了不教"的目的。①

3. 拓展式断课语。这类断课语要求教师在结束课程时把所学知识向其他方向延伸，以拓宽学生的知识面，引起浓厚的学习兴趣，把前后的知识联系起来，使学生的知识系统化并使学生自觉地去课外寻求知识，以弥补课堂教学之不足。因此，教师宜在课堂教学临近尾声时，用简短的话语向学生介绍与课文有关的内容，引导学生由课内向课外延伸、扩展。例如，学完《边城（节选）》一文，学生意犹未尽，很是关心故事的下文，关心翠翠等人的最后命运。于是教师就简要地讲述了一下《边城》的情节，然后说："要知详情，请同学们课后阅读《边城》全文。"像这样的课堂结束语，与其说是课的结束，倒不如说是课的开始，它能成为联系前后两节课的纽带，促使学生运用已知去获得未知，通过节选而阅读全篇，以此来不断扩大学生的阅读面，拓展学生的知识面。

4. 过渡式断课语。过渡式断课语的特点是注重教学内容的系列性和阶段性，要求教师在讲课时语言环环相扣，起到瞻前顾后的榫接作用、新旧联系的桥梁作用、知识勾连的过渡作用。例如，原高中语文第二册中《风景谈》、《天山景物记》、《时钟》、《故都的秋》四篇散文为一个单元，教完《风景谈》，有位教师这样结尾：

"风景"，不仅包括自然景观，而且包括人地活动。写景与写人的活动相结合，并在写景中进行恰当的议论，文情并茂，这些都是值得我们学习的。

明天，我们将要学习课文《天山景物记》，那么，这篇课文又是怎样写景的呢？表达作者什么样的感情呢？大家可以先睹为快，预习思考。

这个结尾犹如一道卡子把前后两课的学习紧紧地锁住了，知识沟通，情感

---

① 孟鸿仲：《初中语文新课程教学设计与特色案例评析》，83页，北京，首都师范大学出版社，2010。

相连，小结了旧课，提示了新课，收到了“欲知后事如何，且听下回分解”的艺术效果。

（三）运用断课语要注意的问题

1. 忌拖沓。断课语如果小题大做、啰嗦、杂乱，用语不简洁、不明确，必然让学生感到厌烦，影响教学效果。

2. 忌仓促。临下课时慌里慌张地讲几句，草率收场，不能起到断课巩固强化的作用。

3. 忌平淡。一是断课语语调平淡，没给学生留下深刻印象；二是断课语总是一个模式，例如：“好！今天的课就上到这里，下课！”应当根据教学目标与教学语境的需要，变换断课语，除前面介绍的以外，还有点睛式、引申式、含蓄式、检验式，等等。有的断课戛然而止；有的断课含蓄委婉，课虽尽而意无穷。成功的断课语，是教学口语艺术的精品。

（四）技能训练

训练目标

训练学生设计几种方式的断课语。

训练内容

（1）训练学生熟悉、掌握7种断课语的方法。

（2）根据教学的需要让学生能够设计出恰当的断课语。

训练程序

（1）观看优秀教师的教学录像，重点观看断课语部分，对他们使用的断课语进行分类，并指出有哪些特点。

（2）话题训练。任课教师指定作品，让学生设计断课语，在班上演示，然后同学评议、指出优缺点。

第三节　常用专业术语

训练目标

掌握各专业常用术语的表达

训练内容

一、中文教学常用专业术语

1. 语文教学基本常用术语

表达方式：记叙、描写、议论、抒情、说明。

描写方式：动静结合、虚实结合、点面结合、明暗结合、正侧结合、远近高低多角度描写、粗笔勾勒、工笔细描等。

抒情方式：直抒胸臆、借景抒情、寓情于景、情景交融、情景相生、情因景生、以景衬情、融情入景、一切景语皆情语。

文体：记叙文、议论文、说明文；散文、小说、诗歌、戏剧；童话、寓言、书信、读后感、科普故事、科学幻想、调查报告、新闻特写、消息。

修辞手法：常用的有比喻、拟人、反复、夸张、排比、对偶、对比、设问、反问。

说明方法：举例子、分类别、列数据、作比较、下定义、作诠释、打比方、画图表、摹状貌。

说明顺序：时间顺序、空间顺序、逻辑顺序。

论证方法：道理论证、事实论证、对比论证、比喻论证、归谬法。

论证方式：立论和驳论。

艺术风格：雄浑、旷达、豪放、沉郁、悲慨、婉约。

语言特色：清新、平淡、绚丽、明快、含蓄、简洁。

2. 文学作品鉴赏常用名词术语

（1）评价主旨类：深化意境、深化主旨、意境深远、意境优美、意味深长、耐人寻味、言近旨远、言简意丰、意在言外、含蓄蕴藉、委婉、不著一字，尽得风流。

（2）语言风格特点类：勾勒简洁、体物入微、诗情画意、行云流水、形神兼备、简洁或洗练、浅显或明白如话、平淡无奇、清新、淡雅、辞藻华丽、明快、质朴、自然、苍凉、低沉、苍劲、舒缓、悲凉、雄健、雄浑、准确、生动、形象、沉郁顿挫、清新明快、平淡有趣、浓墨重彩、艳丽多彩、含蓄蕴藉、富有哲理、淋漓尽致、简洁巧妙、入木三分、语言凝练、生动传神、惟妙惟肖、字字是泪、声声哀叹、感人至深、自然宏丽、音节和谐流畅、语句工整、含蓄隽永、朴实无华、淡雅含蓄、通俗生动、低回婉转、清而不淡，秀而不媚。

（3）思想感情类：欢快、愉悦、激动、现实、浪漫、雄浑、旷达、豪放、忧愁、寂寞、伤感、惆怅、孤独、烦闷、恬淡、闲适、激愤、坚守节操、忧国忧民、蔑视权贵、怀才不遇、壮志难酬、归隐田园、惜春悲秋、羁旅愁思、思乡念亲、忆友怀旧、别恨离愁、怀古伤今、借古讽今、愤世嫉俗、热爱自然、沉郁、悲慨、婉约、清新、明丽、豪迈、豪放、奔放、刚劲、低沉、幽怨、哀伤、凄凉、缠绵、消极、积极、朴实自然、清新飘逸、沉郁顿挫、淡雅高远、华妙艳丽、雄健高昂、悲壮苍凉、严谨细腻。

（4）文章结构类：做铺垫、埋伏笔、呼应或照应、浑然天成。

（5）其他：构思精巧、新颖、独树一帜、别具一格、不落窠臼、不落俗套、自出机杼、感情细腻、感情真挚、跃然纸上、曲折、层次分明。

小说三要素：人物、故事情节、环境。

情节四环节：故事发生、发展、高潮、结局。

散文特点：形散而神不散。

人物描写：肖像、语言、动作、心理；其中肖像包含神态、外貌、服饰。

二、数学教学常用专业术语

1. 图形类

线、直线、线段、射线、角、直角、锐角、钝角、三角形、直角三角形、锐角三角形、钝角三角形、等腰三角形、等边三角形、四边形、长方形、正方形、平行四边形、梯形、圆形、圆、扇形、长方体、立方体、圆柱体、圆锥体。

2. 计量类

长度、面积、体积、重量、时间、角度、周长、体积、表面积、阴影、直径、半径、边长、长、宽、高、棱长、底边。

3. 计算类

加、减、乘、除、平方、个、十、百、千、万、千万、亿、十分之一、百分之一、千分之一、和、差、积、商、倍、几分之几、相等、大于、小于、增加、减少、扩大、缩小、被除数、除数、余数、整除。

4. 其他

抛物线、直线、边、差、长、乘、除、底、点、度、分、高、勾、股、行、和、弧、环、集、加、减、积、角、解、宽、棱、列、面、秒、幂、模、球、式、势、商、体、项、象、线、弦、腰、圆、十位、个位、几何、子集、大圆、小圆、元素、下标、下凸、下凹、百位、千位、万位、分子、分母、中点、约分、加数、减数、数位、通分、除数、商数、奇数、偶数、质数、合数、乘数、算式、进率、因式、因数、单价、数量、约数、正数、负数、整数、分数、倒数、乘方、开方、底数、指数、平方、立方、数轴、原点、同号、异号、余数、除式、商式、余式、整式、系数、次数、速度、距离、时间、方程、等式、左边、右边、变号、相等、解集、分式、实数、根式、对数、真数、底数、首数、尾数、坐标、横轴、纵轴、函数、常显、变量、截距、正弦、余弦、正切、余切、正割、余割、坡度、坡比、频数、频率、集合、数集、点集、空集、原集、交集、并集、差集、映射、对角、数列、等式、基数、正角、负角、零角、弧度、密位、公比、公差、复数、虚数、实数、实部、虚部、实轴、虚轴、向量、辐角、排列、组合、通项、概率、直线、公理、定义、概念、射线、线段、顶点、始边、终边、圆角、平角、锐角、钝角、直角、余角、补角、垂线、垂足、斜线、斜足、命题、定理、条件、题设、结论、证明、内角、外角、推论、斜边、曲线、弧线、周长、对边、距离、矩形、菱形、邻边、梯形、面积、比例、合比、等比、比分、垂心、重心、内心、外心、旁心、射影、圆心、半径、直径、定点、定长、圆弧、优弧、劣弧、等圆、等弧、弓形、相离、相切、切点、切线、相交、割线、外离、外切、内切、内径、外径、中心、弧长、扇形、轨迹、误差、视图、交点、椭圆、焦点、焦距、长轴、短轴、准线、法线、移轴、转轴、斜率、夹角、曲线、参数、摆线、基圆、极轴、极角、平面、棱柱、底面、侧面、侧棱、楔体、球缺、棱锥、斜高、棱台、圆柱、圆锥、圆台、母线、球面、球体、体积、环体、环面、球冠、极限、导数、微分、微商、驻点、拐点、积分、切面、面角。

被减数、被乘数、被除数、假分数、代分数、质因数、小数点、多位数、百分数、单名数、复名数、统计表、统计图、比例尺、循环节、近似数、准确数、圆周率、百分位、十分位、千分位、万分位、自然数、正整数、负整数、相反数、绝对值、正分数、负分数、有理数、正方向、反方向、正因数、负因数、正约数、运算率、交换率、结合律、分配律、最大数、最小数、逆运算、奇次幂、偶次幂、平方表、立方表、平方数、立方数、被除式、代数式、平方和、平方差、立方和、立方差、单项式、多项式、二项式、三项式、常数项、一次项、二次项、同类项、填空题、选择题、判断题、证明题、未知数、大于号、小于号、等于号、恒等号、不等号、公分母、不等式、方程组、代入法、加减法、公因式、有理式、繁分式、换元法、平方根、立方式、根指数、小数点、无理数、公式法、判别式、零指数、对数式、幂指数、对数表、横坐标、纵坐标、自变量、因变量、函数值、解析法。

正切表、余切表、平均数、有限集、描述法、列举法、图示法、真子集、欧拉图、非空集、逆映射、自反性、对称性、传递性、可数集、可数势、维恩图、反函数、幂函数、角度制、弧度制、密位制、定义域、函数值、开区间、闭区间、增函数、减函数、单调性、奇函数、偶函数、奇偶性、五点法、公因子、对逆性、比较法、综合法、分析法、最大值、最小值、递推式、归纳法、复平面、纯虚数、零向量、长方体、正方体、正方形、相交线、延长线、中垂线、对顶角、同位角、内错角、无限极、长方形、平行线、真命题、假命题、三角形、内角和、辅助线、直角边、全等形、对应边、对应角、原命题、逆命解、原定理、逆定理、对称点、对称轴、多边形、对角线、四边形、五边形、否命题、中位线、相似形、比例尺、内分点、外分点、平面图、同心圆、内切圆、外接圆、弦心距、圆心角、圆周角、弓形角、内对角、连心线、公切线、公共弦、中心角、圆周长、圆面积、反证法、主视图、俯视图、二视图、三视图、虚实线、左视图、离心率、双曲线、渐近线、抛物线、倾斜角、点斜式、斜截式、两点式、一般式、参变数、渐开线、旋轮线、极坐标、公垂线。

正棱锥、上底面、下底面、多面体、旋转体、旋转面、旋转轴、拟柱体、圆柱面、圆锥面、多面角、变化率、左极限、右极限、隐函数、显函数、导函数、左导数、右导数、极大值、极小值、极大点、极小点、极值点、原函数、积分号、被积式、定积分、无穷小、无穷大、连分数、近似数、弦切角。

混合运算、乘法口诀、循环小数、无限小数、有限小数、简易方程、四舍五入、单位长度、加法法则、减法法则、乘法法则、除法法则、数量关系、升幂排列、降幂排列、分解因式、完全平方、完全立方、同解方程、连续整数、连续奇数、连续偶数、同题原理、最简方程、最简分式、字母系数、公式变形、公式方程、整式方程、二次方根、三次方根、被开方数、平方根表、立方根表、二次根式、几次方根、求根公式、韦达定理、高次方程、分式方程、有理方程、无理方程、分数指数、同词根式、异次根式、最简根式、同类根式、常用对数、换底公式、反对数表、坐标平面、坐标原点、比例系数、一次函数、二次函数、三角函数、正弦定理、余弦定理、样本方差、集合相交、等价集合、可数集合、对应法则、指数函数、对数函数、自然对数、指数方程、对数方程、单值对应、单调区间、单调函数、诱导公式、平面几何、解析几何、初等函数、等差数列、循环纯小数、一次二项式、二次三项式、最大公约数、最小公倍数、代入消元法、加减消元法、平方差公式、立方差公式、立方和公式、提公因式法、分组分解法、十字相乘法、最简公分母、算数平方根、完全平方数、几次算数根、因式分解法、双二次方程、负整数指数、科学记数法、有序实数对、两点间距离、解析表达式、正比例函数、反比例函数、三角函数表、样本标准差、样本分布表、总体平均数、样本平均表、集合不相交、基本恒等式、最小正周期、两角和公式、两角差公式、反三角函数、反正弦函数、反余弦函数、反正切函数、反余切函数、第一象限角、第二象限角、第三象限角、第四象限角、线性方程组、二阶行列式、三阶行列式、四阶行列式、对角线法则、系数行列式、代数余子式、降阶展开法、绝对不等式、条件不等式、矛盾不等式、克莱姆法则、算术平均数、几何平均数、一元多项式、乘法单调性、加法单调性、最小正周期、零次多项式、待定系数法、辗转相除法、二项式定法、二项展开式、二项式系数、数学归纳法、同解不等式、垂直平分线、互为邻补角、等腰三角形。

三、美术教学常用专业术语

欣赏、审美、感受、色彩、空间、体积、点、线、面、岩画、壁画、抽象、具象、写实表现主义、骨法、用笔、应形象形、随类赋彩、经营位置、设计、传移默写、气韵生动、对称、平衡、风俗画、家具、家居、油画、版画、肌理、笔触、质感、光感、构图、明暗、连环画、线条、三维空间、二维平面、漫画、木版年画、写意、工笔、勾、皴、染、浓、淡、干、湿、阴、阳、向、背、虚、实、疏、密、留白、印象主义、野兽主义、立体主义、未来主义、装置艺术、反光、调子、层次、素描、静物、肖像、风景、山水、花鸟、人物、透视、观念艺术、书籍装帧、篆刻、剪纸、速写、扎染。

四、生物教学常用专业术语

基因、基因组、人类基因组计划、测序、遗传、遗传信息、遗传学、人类基因组图谱、染色体、色盲、遗传病、遗传因子、杂交实验、纯种、杂种、纯合子、杂合子、孟德尔、生物遗传、闭花受粉、自花传粉、异花传粉、自花授粉、父本、母本、雄蕊、雌蕊、植株、相对性状、融合遗传、显性性状、隐性性状、性状分离、比例分离、假说、生殖细胞、配子、随机分配、分离现象、分离定律、测交实验、自由组合、自由组合定律、等位基因、表现型、减数分裂、受精作用、有性生殖、精子、卵细胞、细胞分裂、生殖器官、曲细精管、精原细胞、交叉互换、联会、配对、次级精母细胞、四分体、同源染色体、初级精母细胞、纺锤丝、极体、卵巢、分裂、分化、发育、果蝇、非等位基因、伴性遗传、佝偻病、腺嘌呤、鸟嘌呤、胞嘧啶、胸腺嘧啶、尿嘧啶、腺嘌呤脱氧核苷酸、鸟嘌呤脱氧核苷酸、胞嘧啶脱氧核苷酸、胸腺嘧啶脱氧核苷酸、S型细菌、R型细菌、噬菌体、增殖、侵染、遗传物质、DNA双螺旋结构、碱基互补配对原则、氢键、半保留复制、同位素示踪技术、密度梯度离心、解旋、脱氧核糖核苷酸、核糖核苷酸、肺炎双球菌、噬菌体、同位素标记法、大肠杆菌、遗传物质、细胞质、细胞核、核糖体、蛋白质、病毒、细菌、叶绿体、线粒体、高尔基体、内质网、液泡、模版、遗传效应、连接酶、解旋酶、聚合酶、碱基对、离心、X射线衍射、放射性同位素、转录、翻译、核苷酸、氨基酸、中心法则、复制、遗传密码、基因突变、变异、胰岛素、基因重组、紫外线、染色体变异、猫叫综合征、非同源染色体、同源染色体、单倍体、染色体组、秋水仙素、诱导、白细胞、杂交育种、基因工程、人工杂交、育种、培育、转基因生物、物种起源、进化论、自然选择、基因频率、种群、群落、基因库、等位基因、突变、基因突变、物种、隔离、生殖隔离、地理隔离、随机交配、共同进化、生物、生物圈、森林、原野、放大镜、显微镜、非生物、生命、绿色植物、光合作用、有机物、水、无机盐、二氧化碳、葡萄糖、淀粉、金钱豹、营养物质、呼吸、氧气、鲸、出汗、排尿、外界刺激、反应、生长、繁殖、含羞草、蘑菇、种子萌发、雏鸡、鸟、虎、豹、病毒、珊瑚、珊瑚虫、藻类植物、生物多样性、细菌、真菌、葵花、长颈鹿、牛、海豚、仙人掌、阳光、生物因素、非生物因素、鼠妇、潮虫、温度、湿度、阴暗处、明亮处、捕食、竞争、协作、七星瓢虫、蚜虫、杂草、水稻、养料、蚂蚁、蜜蜂、穴居、动物、蚯蚓、三叶草、结子、土蜂、传粉、田鼠、幼虫、巢、猫、适应、影响、骆驼、尿液、骆驼刺、海豹、胸部皮下脂肪、旗形树、树冠、形态结构、生活方式、生活环境、裸地、草地、灌丛、排泄物、土壤肥力、栽种植物、繁殖、鲤鱼、产卵、山羊、绵羊、啃食、饲养、蜘蛛网、生态系统、啄木鸟、腐烂树枝、植物制造有机物、生产者、消费者、细菌和真菌的分解作用、相互依存、食物链、食物圈、狐、蛇、兔、青蛙、食草昆虫、自动调节、森林生态系统、草原生态系统、淡水生态系统、海洋生态系统、湿地生态系统、农田生态系统、城市生态系统、淡水生物、浮游动物、浮游植物、龟、鳄、爬行动物、鹭、虾、河蚌、筑巢、花粉、洄游、迁徙、企鹅、鱼鹰、黄鳝、泥鳅、生物圈1/2号、维持相对平衡、衰老、凋亡、细胞、洋葱表皮细胞、切片、涂片、装片、标本、标本制作、载玻片、盖玻片、内表皮、黄瓜表层果肉细胞、黑藻叶片果肉细胞、临时装片、叶绿体、细胞壁、细胞膜、细胞核、液泡、细胞质、生命活动、动物细胞、植物细胞、口腔上皮细胞、生理盐水、肌肉细胞、神经细胞、动物细胞模型、琼脂、海棠、细胞学说、核酸、线粒体、叶绿素、甘薯、遗传信息库、受精卵、多利克隆羊、有核卵细胞、无核卵细胞、融合细胞、代孕母羊、胚胎、细胞分裂、DNA、载体、双螺旋、基因、染色体、遗传病、脱氧核糖核酸、核糖核酸、癌细胞、癌变、癌症、恶性肿瘤、组织、器官、血液、淋巴、癌细胞转移、生物治疗、原癌基因、抑癌基因、生长因子、生物体、多细胞动物、分化、受精卵、上皮组织、收缩、舒张、平滑肌、小肠腺、消化液、传导兴奋、结缔组织、骨组织、软骨、大脑、心脏、肝、胃、肺、眼、耳、肾、甲状腺、唾液腺、系统、口、咽、食道、肠、肛门、胰、消化系统、运动系统、呼吸系统、循环系统、神经系统、泌尿系统、内分泌系统、生殖系统、股骨、肱二头肌、脊髓、植物体、动物体、根、茎、叶、花、果实、种子、油菜、分生组织、成熟区、伸长区、分生区、根尖、保护组织、营养组织、输导组织、叶脉、酵母菌、草履虫、衣藻、眼虫、变形虫、培养液、收缩管收集管、大核、小核、胞肛、纤毛、表膜、口沟、食物泡、疟原虫、痢疾、赤潮、烟草花叶病毒、流感、艾滋、口蹄病、鸡瘟、萝卜花叶病、植物病毒、动物病毒、细菌病毒、噬菌体、大肠杆菌噬菌体、腺病毒、小儿麻痹症、阮病毒、疯牛病、克雅氏病、藻类、苔藓、蕨类、种子植物、鹿角菜、马尾藻、石莼、紫菜、海带、裙带菜、石花菜、墙藓、肾蕨、星蕨、孢子、卷柏、狗肾、满江红、胚乳、种皮、胚轴、胚根、胚芽、子叶、油松、雪松、云杉、银杏、苏铁、侧柏、刺槐、白毛杨、槟榔、玉米、小麦、牡丹、菊、玫瑰、苍耳、鬼针草、白网纹草、银线鸟巢凤梨、萌发、休眠、发芽率、枝条、无土栽培、开花、结果、花托、萼片、花蕊、花药、花丝、雄蕊、雌蕊、柱头、花柱、子房、胚珠、花粉、花粉管、精子、受精、人工授粉、蚕豆、绿豆、芝麻、花生豆、苹果葡萄、西瓜、黄瓜、南瓜、丝瓜、槐树、菠菜、水循环、导管、筛管、木质部、韧皮部、保卫细胞、蒸腾作用、气孔、空腔、上表皮、下表皮、叶肉、天竺葵、碳氧平衡、草原、荒漠、热带雨林、常绿阔叶林、落叶阔叶林、针叶林、植被、类人猿、大猩猩、黑猩猩、长臂猿、猩猩、髋骨、骨骼化石、头盖骨化石、膀胱、精囊腺、分泌黏液、输精管、尿道、阴茎、附睾、睾丸、雄性激素、雌性激素、阴道、胚泡、精子、卵细胞、受精卵、子宫内膜、怀孕、胚胎、胎儿、胎盘、脐带、羊水、绒毛、毛细血管、分娩、试管婴儿、青春期、遗精、月经、外阴部、乳房、喉结、腋毛、阴毛、臀、骨骺、体毛、糖类、脂质、蛋白质、佝偻病、鸡胸、X/O 型腿、骨质疏松、厌食、贫血、肌无力、骨痛、缺铁性贫血、地方性甲状腺肿、维生素 ABCD、夜盲症、干眼症、神经炎、脚气病、消化不良、食欲不振、坏血病、慢性肠胃病、牙齿、舌、嚼食物、血糖、糖尿病、消化、唾液淀粉酶、消化酶、盲肠、阑尾、大肠、十二指肠、胆囊、消化道、消化腺、皱襞、马铃薯、芹菜、韭菜、辣椒、茄子、梨、核桃、带鱼、鲫鱼、呼吸道、会厌软骨、膈、鼻、气管、支气管、鼻腔、鼻毛、黏膜、支气管数、纤毛、黏液、腺细胞、哮喘、尘肺、食团、软腭、肋骨、胸廓、肩胛骨、膈肌收缩/舒张、肺泡、血浆、血细胞、白细胞、血小板、红细胞、血栓、造血干细胞、干细胞、骨髓移植、血管、动脉、静脉、四肢静脉、静脉瓣、上腔静脉、主动脉、肺动脉、肺静脉、左心房、左心室、右心房、右心室、下腔静脉、毛细血管网、冠状动脉、血管壁、血压、血型、A 型、B 型、AB 型、O 型、血量、输血、献血、血液制品、心血管病、排泄、排遗、物质循环、输尿管、肾小囊、肾小管、入球小动脉、出球小动脉、肾静脉、原尿、肾移植、视觉、虹膜、瞳孔、角膜、晶状体、巩膜、视网膜、脉络膜、玻璃体、眼球、近视、远视、听觉、耳郭、外耳道、外耳、半规管、前庭、耳蜗、内耳、鼓膜、听小骨、骨室、中耳、咽鼓管、角膜移植、神经、突起、神经冲动、神经纤维、神经纤维末端、鞘、反射、膝跳反射、韧带、小腿、膝盖、反射弧、收手反射、排尿反射、眨眼反射、激素、垂体、胸腺、胰岛、侏儒症、巨人症、糖尿、激素调节、神经调节、肾上腺素、生物入侵、生物圈、水循环、脊椎、脊柱、脊椎动物、无脊椎动物、防御、鳃、鳍、腔肠动物、软体动物、生长激素、觅食、避敌、有机物、腐殖质、感觉器官、穴居、分泌、胎生、繁衍、繁殖、神经系统、栖息地、迁徙、气囊、运动系统、刺激、关节、遗传因素、先天性行为、学习行为、社会行为、信息交流、性外激素、引诱剂、腺体、交配、生态平衡、食物链、食物网、物质循环、无机盐、传粉、生物防治、寄生、生物反应器、遗传、基因、仿生、养殖、真菌、霉菌、细菌、培养、培养基、菌落、琼脂、高温灭菌、接种、巴氏消毒法、感染、荚膜、鞭毛、生殖、抵抗能力、芽孢、菌丝、孢子、分解者、腐败、共生、光合作用、根瘤菌、伴孢晶体、酶、发酵、抑制、抗生素、致病、胰岛素、青霉素、红霉素、抗药性、界、门、科、目、纲、属、种、生物的多样性、器官、亲缘关系、哺乳、裸子植物、杂交、育种、天然基因库、活化石、种子库、精子库、濒危、生殖、遗传、变异、繁衍、有性生殖、无性生殖、嫁接、扦插、接穗、砧木、组织培养、愈伤组织、变态发育、两栖动物、孵化、畸形、求偶、交配、筑巢、育雏、产卵、疫苗、性状、可遗传性状、杂交、相对性状、致病基因、近亲结婚、性别遗传、性染色体、原始生命、微生物、进化、化石、保护色、自然选择、营养物质、解剖、传染病、免疫、传染源、传播途径、易感人群、疫苗、脊髓灰质炎、吞噬细胞、分泌物、体液、淋巴结、非特异性免疫、特异性免疫、淋巴细胞、抗原、抗体、致病性、器官移植、过敏反应、处方药、非处方药、人工呼吸、非传染性疾病、心血管疾病、恶性肿瘤。

五、化学教学常用专业术语

还原反应、单质、物理性质、空气、质子、质量分数、质量守恒定律、金刚石、氢气、相对分子质数、相对原子质数、原子、原子团、原子核、氧化反应、氧气、离子、能源、混合物、硬水、稀有气体、煤、碳、燃烧、燃料、爆炸、金属、硫酸、纯净物、铁、铜、铝、钢、钛、合金、置换反应、金属活动顺序、溶剂、溶质、溶液、饱和溶液、不饱和溶液、溶解度、氯化钠、硝酸钾、结晶、溶质的质量分数、酸、碱、酚酞、石蕊、硝酸、氢氧化钠、氢氧化钙、潮解、中和反应、盐、碳酸钠、碳酸氢钙、复分解反应、化学肥料、农药、蛋白质、氨基酸、霉、糖类、葡萄糖、蔗糖、淀粉、有机化合物、合成材料、高分子化合物、塑料、合成纤维、合成橡胶、可降解塑料、复合材料、元素周期律、沸点、澄清、纯净物、混合物、化合反应、触媒、单质、分子、质子、固液气三态、硬水、软水、咸水、相对原子质量、中和反应、易爆物、铝、铬、铵、胺、羟、嘌呤、腈、重铬酸钾、氯酸钾、铊、氯气、氕、氘、氚、氦、氖、氩、氪、氙、氡、沼气、明矾、酚酞、石蕊、化肥、石笋、钟乳石、纤维、甲、乙、丙、丁、戊、己、庚、辛、壬、癸、橡皮塞、坩埚钳、贮存、振荡、盛放、稀释、浑浊、沉淀。

六、计算机教学常用专业术语

1. 服务器术语

SERVER（服务器）、SMP（对称式多处理器）、MPS：Multi Processins System 即多处理器系、RAID：Redundant Array of Indepnedent Disks 廉价冗余磁盘阵列、RISC：RISC 即“精简指令集计算机”、Hot－Swappable（热插拔）、USB：（Universal Serial Bus：通用串行总线）、群集技术、镜像技术、ETR：（External TransferRate），指硬盘的外部数据传输速率、EDORAM：扩展数据输出内存、DIMM：（Dual－Inline－Menory－Modules）即双列直插式存储模块、故障监控软件、处理器、MIPS 处理器 、服务器操作系统、重新设置服务器、服务器导航软件、Mbps：数据传输速率的单位、网络、单键恢复、HWM（硬件监视）、总线、局部总线、PCI 总线、EISA 总线 、L2Cache：二级缓存、MCA：MCA（Micro Channel Architecture：微通道体系结构）、CRC：即循环冗余校验、DMA：它的意思是直接存储器存取、加速图形端口。

2. 主板术语

主板结构、CPU（Central Processing Unit：中央处理器）。

3. CPU 术语

主频、外频、倍频、缓存、一级缓存、二级缓存、内存总线速度、扩展总线速度、地址总线宽度、数据总线宽度、生产工艺、工作电压、字节、字长、IA－32（Intel Architecture）：英特尔体系架构、联合并行处理二级缓存、回写高速缓存（Write Back）、高速互斥缓存（Mutually exclusive）、追踪缓存（Trace Cache）、高级转移缓存（ATC，Advanced Transfer Cache）、双独立总线结构、流水线、推测执行、向下兼容。

4. 内存术语

bit：比特、ns（nanosecond）：纳秒，是一秒的 10 亿分之一。

5. 硬盘术语

硬盘、磁头、GMR（Giant Magneto Resistive，巨磁阻）、间隔因子、

平均寻道时间、平均潜伏期、平均访问时间、外部数据传输率、主轴转速、数据缓存、硬盘表面温度、S.M.A.R.T.（自监测、分析、报告技术）、DPS（数据保护系统）、数据卫士。

6. 网卡术语

网卡、计算机网络组成、通信子网、通信协议、资源共享、局域网、广域网、城域网、有线网、光纤、共享资源网、数据处理网、数据传输网、客户机/服务器网络、对等网、网络体系结构、星型拓扑、环型拓扑、混合型拓扑、传输介质、双绞线、同轴电缆。

7. 显卡术语

显示内存、总线接口 、AGP（Accelerated Graphics Port）AGP加速图形端口、分辨率、像素填充率、Double Buffering（双重缓冲区处理）、节点修饰。

七、体育教学常用专业术语

集合、站队、各就各位、原地踏步、稍息、立正、向左（右、前）看（齐）、向中看齐、散开、靠拢、报数、一二报数、向前靠拢、前后对正、向左（右、后）转、向左（右）转走、向后转走、左（右）转弯走、换步、踏步走、齐步走、跑步走、便步走、快步走、跑步前进、向前三步走、立定、以中间（左翼、右翼）为基准散开、以我为准、出列、前后离开一步、两手放下、深呼吸、成一列横队集合、成两列横队集合、成一路纵队集合、成两路纵队集合、一二一、起立、解散、原地解散、预备、跑。

以××为基准向中（前）看齐！

以这组为基准成体操队形散开！

两手前平举！

两手侧平举！

原地踏步——走！跑步——走！

今天都到齐了吗？谁缺席了？

谁来试一试？

准备好了吗！开始！

大胆点！别害羞！

加油！快成功了！

你做得不错！给他一点掌声！

请自己完成动作！

不错。

仔细观察！别粗心！

请遵守课堂纪律！

请控制住自己！

保持两边的距离！

累吗？

没有关系。

请帮他一下！

请站后（前）一点！

站直了！坐直了！

让我来纠正你的错误！

请尊重你的老师！

请尊重他人！
注意清洁！注意安全！
快！静！齐！
我们开始游戏！
谁能帮他？
不要打扰他人！
出来！回去！
请站后面！
靠右边走！
先出左脚！
蹲下！躺下！
请安静盘腿坐下！
徒手操。
广播体操。
请看同学的后脑！
天很热，请脱外套！
天很冷，请穿好外套！
请检查你的运动服装和鞋子！
怎么啦？
我感觉不舒服。
请深呼吸！
请注意你的呼吸节奏！
不要伤了手腕！
不要扭伤了脚踝！
不要拉伤了腿部肌肉！

不要推挤以免发生事故！
严重吗？
注意你的身体！
让我测一下你的脉搏！
别紧张！放松！
请站队尾。
让我们做热身练习！
请收拾体育器材！
请爱惜体育器材！
本课我们将学习……
本课重点是学习……
让我们慢跑两圈！
分解动作练习。
请遵守游戏规则！
让我们分组练习！
跟上口令，合上拍子！
体育委员。
组长。
请仔细观察和听然后模仿！
和你的同伴一起练习动作！
请记住动作要点！
完整动作练习。
让我们做放松练习！
时间到，下课。

八、音乐教学常用专业术语

1. 速度

庄板（缓慢速）、广板（稍缓慢速）、慢板（慢速）、柔板（慢速）、小柔板、小广板（慢速）、行板（稍慢速）、小行板、中板（中速）、小快板（稍快速）、快板（快速）、快速有生气地、快速有生气地、急板、最急板（急速）、原速、自由节奏、渐慢、突慢、渐慢、稍转慢、渐快、稍转快、速度自由（或散板）。

2. 表情

纵情地、深情地、富于感情地、激动地、愉快地、进行曲风格、柔情地、活泼地、热情地、辉煌地、滑稽地、如歌地、随想地、有爱情地、有感情地、温柔地、柔和地、悲痛地、有表情地、优美地、有生气地、柔和、甜美地、哀伤地、精力充沛地、优美高雅地、欢庆地、有朝气地、葬礼地、诙谐地、雄伟地、纯洁的、阴郁地、哭泣地、高贵地、神秘地、虔诚地、响亮的、喧闹地、田园风格、豪华、炫耀的、华彩乐段。

3. 强弱

渐弱、最弱、很弱、弱、中弱、渐强、中强、强、很强、最强、突强、强后突弱。

4. 调式

调、调式、调性、大调、小调、转调、调式中止、调式的交替/转换、混合里底亚调式、多调式的、多调性。

5. 和声

和弦、和声。

6. 旋律

旋律、音阶、音程、音高、音域、音色、乐句、声部、切分音。

7. 曲式

二段体、三段体、奏鸣曲式、呈示部、展开部、再现部、回旋曲式、进行曲式、赋格。

8. 作曲技巧

模进、复调、对位法、切分法、无调性、十二音、序列主义、卡农、转位。

9. 演奏技巧

琶音、吐音、连奏、断奏、装饰音、颤音、震音、柔弦、拨弦、变格定弦。

九、政治教学常用专业术语

1. 经济生活

商品、使用价值、价值、价值量、社会必要劳动时间、劳动生产率、一般等价物、货币、价值尺度、商品流通、流通手段、贮藏手段、价值规律、生产资料公有制、国有经济、集体经济、混合所有制经济、个体经济、私营经济、外资经济、按劳分配、市场、市场经济、宏观调控、企业、企业法人、劳动者、劳动合同制度、公司、股份有限公司、有限责任公司、破产、兼并、三大产业、国民经济、社会保障制度、财政、税收、纳税人、银行、储蓄存款、债券、商业保险、商品服务市场、消费观、家庭消费、世界市场、对外贸易、对外开放、关税。

2. 政治生活

人民民主专政的本质是人民当家做主、四项基本原则、公民的政治权利和自由、政治生活主要内容、选举的方式、直接选举、间接选举、等额选举、差额选举、居民委员会、村民委员会、政府的职能、便民利民的政府、坚持对人民负责的原则、树立求真务实的工作作风、依法行政、政府依法行政的意义、政府权力制约和监督的意义、政府的阳光工程、政府的权威、人民代表大会、立法权、决定权、任免权、监督权、提案权、质询权、政体、民主集中制、中国共产党的领导和执政地位的确立、科学执政、民主执政、依法执政、共产党的先锋模范作用、中国特色社会主义理论体系、“三个代表”、科学发展观、共产党领导的多党合作和政治协商制度、长期共存、互相监督、肝胆相照、荣辱与共、处理民族关系的原则、民族区域自治制度、我国的宗教信仰自由、主权国家得地位和国际组织的作用、联合国宪章、国际关系的决定性因素：国家利益、时代主题：和平与发展、维护和平促进发展的有效途径、世界多极化的发展趋势、独立自主的和平外交政策、和平共处五项原则、霸权主义和强权政治、中国和平发展道路的内涵。

3. 生活与哲学

哲学、世界观、方法论、哲学的基本问题、唯物主义、唯心主义、世界的本质是物质、物质、运动、规律、意识、意识的作用、实事求是、实践、真理、唯物辩证法、联系观、发展观、发展的本质、矛盾、对立和统一、两点论、重点论、具体问题、具体分析、创新意识、辩证的否定、社会生产力、社会存在、社会意识、社会发展的规律、社会基本矛盾运动、意识反作用、上层建筑、经济基础、社会历史发展总趋势、社会历史主体、群众观、群众路线、价值与价值观、人生观、价值判断、价值选择、价值创造、价值实现、价值观导向作用、联系的多样性、整体与部分、联系的客观性、联系的普遍性、一切从实际出发。

4. 文化生活

文化、社会、社会实践的产物、文化与经济、文化与政治、文化影响面面观、潜移默化、深远持久、文化塑造人生、人的全面发展、文化传播、文化继承、文化创新、文化的多样性、大众媒体、文化的传播手段、文化交流、文化发展、传统文化、发扬传统文化、文化的两个方面、教育与文化、源泉和作用、文化创新的途径、民族精神、民族文化、文化的基本内涵、中华民族精神的基本内涵、弘扬中华文化、培育中华民族精神、中华民族之魂、爱国主义、选择文化生活、发展先进文化、思想道德建设、人民大众的文化、社会主义精神文明、社会主义物质文明、思想道德目标、科学文化、三个面向、中国特色社会主义文化。

第四节 说课语言技能

说课是由执教者本人以教学理论和教学实际为根据，口头阐述自己开展某课题教学的思路、构思和设计，以及其课堂运作，并对之进行可行性或自我评价性阐释与论证的一种独立的教研活动形式。口头语言是说课活动凭借的工具，即说课是一种口语行为。在说课实践中，说课语言是一种很重要的技能，说课者语言技能的高低，是决定说课内容能否得到听者的认可、有无效果的关键。

训练目标

1. 掌握说课语言的特点
2. 了解说课语言存在的问题
3. 学会说课表达基本方式

训练内容

一、说课语言的特点

1. 条理性

教师说课语言的条理性是指教师在说课中的口头表述内容，必须符合教学的客观规律，符合整堂课的教学设计思路，要有条理性。

2. 准确性

教师的说课语言具有规范性、准确性的特点，不同于一般的日常语言，要求准确规范、语义连贯、逻辑严密，必须符合现代汉语的语法规范，符合标准普通话的语音规范。

3. 简洁性

教师的说课语言还应该简洁明了、言简意赅，既说清知识的要点重点，又能阐释相关的理论依据。

4. 交流性

说课的功能很大程度在“说”的语言交流与沟通上，在说课过程中，说课者要通过语言与听课者建立双向互动和交流的关系。

5. 感染力

说课语言虽然有别于课堂教学语言，但同样要体现语言的感染力，说课者在说课过程中，要体现语言的表现力，注意语言的抑扬顿挫、轻重缓急。

二、说课语言存在的问题

说课是执教者对同行、专家系统而概括地解说自己对具体课程的理解，以口头表述为主，表述自己具体执教某课题的教学目标、教学重难点、教学方法、教学过程以及相关的理论依据等。说课语言体现在“说”，与讲课语言一样，既要有科学性，又要有艺术性，在“说”的要求上比“讲”更难，说课要求教师在10分钟左右将一节课的教学设计、教学过程及教学内容用简要准确的语言表达出来，它对语言的要求更高。

在说课语言中主要存在的问题有：

1. 音准的问题

说课应该使用标准规范的普通话，这是最基本的语言表达要求，要求发音准确、声韵调到位、字正腔圆，不应该有方言语音。

2. 音量的问题

音量要适中，高低起伏有所变化。

3. 节奏的问题

说课的语言一般有讲述性的语言、模拟课堂教学语言，在语言的表述上有演讲性的特点，所以，对说课者的语速节奏有比较高的要求，在说课过程中要体现语速的节奏变化，在说课时，语速节奏出现的问题主要有：语速过快，急促，给人紧迫之感，没有把讲述性的语言、模拟课堂教学语言等区别开来；语速缓慢，平淡无激情，没有起伏变化。

4. 语调变化的问题

说课的语言重在“说”，语调要自然而不做作，这个方面存在的主要问题在于，用一个腔调念稿或背稿，语调缺少变化，过于生硬平板，没有情感投入，导致语言没有情味。

5. 语言的规范问题

在说课时，语句的表述、词语的选用都必须符合语法规范，避免用词不当、语义不通的问题。

6. 语言没有感染力，缺乏激情

说课语言平淡、没有感染力是说课中经常出现的问题，这样就使得说课没有吸引力，让听者感觉沉闷，所以在说课过程中，一定要使语言有感染力、有激情。

三、说课语言训练

在说课过程中，语言是最主要的手段和媒介，说课者能否准确地传达出说课的内容，使听者对所说的内容产生兴趣，在很大程度上取决于语言的表达，这既体现在整个说课过程中，又体现在说课的各个环节中。

（一）说课语言的基本训练

1. 讲述语言

在说课中主要运用的是讲述语言，讲述就是把事情和道理讲说出来，是说课者系统地介绍自己的教学设想内容和相关理论依据运用的语言。

训练要点：

（1）条理清晰

说课的内容要有逻辑性，语言要有条理性，表述要清晰。

［案例1］有位教师在中学政治《投资理财与规避风险》说课中对学情的分析。①

学生对银行、股票、债券、保险并不陌生。但对投资理财与规避风险之间的关系缺少了解，甚至存在误解。因为学生在这方面没有多少实际的经验，社会上又对投资理财有误导，认为投资理财就是投资增值、就是生财，使大家思想认识产生混乱；加上我国金融市场还不够成熟，投机气氛较浓，而传统的教育又将投资理财当做“少儿不宜”。因此在教学中存在一定的难度。

分析：这段对学生在投资理财方面的学情分析讲述有条理，表述清晰。

（2）简明扼要

说课的语言应该简明扼要、要言不烦，不能把说课的内容简单化为教学的内容，对教学过程进行详细的分析阐述，说课的每一环节都有相应侧重的内容，在说课时，应该用精练的语言把所说内容的要点讲述出来。

［案例2］有位教师在中学语文课文《泪珠与珍珠》说课中，教学过程设计了“导新课——理思路——明感悟——赏技法——引共鸣”五个环节，下面是他的“明感悟”教学环节的内容。

通过阅读，学生理清了课文的思路，找到写了哪些泪，却不一定明白

① 案例1、4、8、9均选自方贤忠：《如何说课》，上海，华东师范大学出版社，2008。

为什么要写这些泪，这就要体会作者的情感。我让学生分小组讨论两个问题：一是本文所写的泪能否变换顺序？学生容易看到书中泪——生活泪——信仰泪，体会到其层次却又不能说清，这时我再结合作者生平经历让学生体会到作者由不解——初解——深解，从小我——大我这样的心路历程。二是题为《泪珠与珍珠》，为何全篇几乎都在写泪珠呢？结合课文谈谈泪珠与珍珠的关系，先找到文中哪里写两者关系，再齐读找出其相同点，我再结合生活实际去加深他们的印象。

分析：这段说课内容是说教学过程中的一个环节，在前面“理思路”教学环节的基础上，本环节的内容主要是引导学生感悟，更深入地理解作者的情感，语言表述简明扼要。

（3）语速适中

在说课时，讲述的语言要适中，不能语速过快，显得急切，也不能过于平缓，缺乏感染力。

（4）语调变化

讲述语言虽然主要以客观的陈述语言为主，但在讲述时语调上还是应该有所变化，使说课有更好的表达效果。

2. 模拟课堂教学语言

教学语言是指教师在从事教学活动的过程中所使用的专业口头用语。说课虽然不是上课，但要涉及“怎样教”，要说清楚教学过程设计，为了让听者更直观地感受教学过程与环节情景，说课者可对自己精心设计的教学环节或教学片段做必要的模拟、描述。说课的教学语言不是真实课堂上的教学语言，具有很强的模拟性，要使听者有身临其境的感觉。

训练要点：

（1）新颖生动的导入语

在导语的语言表述中，要用新颖生动的语言来导入，激发学生的兴趣。

［案例3］有位教师在中学语文课文《泪珠与珍珠》的说课中设计了如下的导入语。

良好的开端是成功的一半，同样，良好的导入也是一堂课成功的一半。我将这样设计我的导语：眼睛是心灵的窗户，泪水就是真心的流露。《氓》中有“不见复关，泣涕涟涟”，李商隐吟唱“春蚕到死丝方尽，蜡炬成灰泪始干”，白居易感慨“座中泣下谁最多，江州司马青衫湿”，柳永悲吟“执手相看泪眼，竟无语凝噎”，杜甫长叹“出师未捷身先死，长使英雄泪满襟”。泪有形，有声，泪中有景，泪中有情。那么台湾女作家琦君的《泪珠与珍珠》又道出泪中怎样的人生道理呢？就让我们一起走进作家、走进作品《泪珠与珍珠》吧！之所以这样导入，目的是用已学知识引起他们共鸣，激发其学习的兴趣，创设良好的课堂氛围。

分析：这段导入语引用古诗词名句引起学生对泪的感知和联想，继而激发学生学习课文的兴趣，语言新颖生动。

(2) 令人深思的提问语

提问是教师根据教学要求和学生学习过程中的表现提出问题，或启发学生的思维，或调整学生的学习方法，或引导学生深入钻研，或为学生树立学习的新目标。提问语就是根据上述种种情形在教学过程中体现出的语言，说课者在讲述提问的设计时，可以采用模拟课堂教学的提问语言，以真实体现提问的主要作用，达到让听者感受课堂教学气氛的效果。

在提问语的设计中，根据不同的教学内容和学生实际，主要有启发式提问语、评价式提问语、指导式提问语。

[案例 4] 有位教师在小学语文《田忌赛马》说课中就比较好地运用了提问语。

新课标指出“阅读是一种被引导的创造”。在阅读教学中，教师要善于激发学生的好奇心理，激发学生寻根问底的兴趣。要鼓励学生敢于发表和坚持自己的意见，做学习的主人。因此，第一环节的教学主要是让学生在充分读的基础上运用已有的生活经验和知识，读懂课文，初步了解整个赛马经过。

为了激起学生寻根问底的兴趣，引导学生加深理解，体会正确的思想方法，引导学生质疑：①调换马的出场顺序就一定能取胜吗？如果齐威王每个等级的马都比田忌的快得多将会是怎样的结果？学生经过思考就会明白那样的话田忌同样会输，调换出场顺序也是徒劳的。②孙膑为什么不在第一次比赛前提出调换马的出场顺序这个办法让田忌一战即胜呢？通过这两个问题引导学生明白孙膑调换马的出场顺序这一创新，不仅要有胆识，还要善于观察、分析。

(3) 简明清晰的阐释语

阐释语是说课者在说课过程中完整地讲述教学内容的用语，阐释语的要求为：目标明确，突出重点、难点；要深入浅出，具有启发性；生动活泼，有一定的感染力。阐释语是说课过程中运用比较多的语言，根据说课内容的需要和不同，阐释语又分为不同的种类，主要有：理解式阐释语、答疑式阐释语、综合式阐释语、启发探究式阐释语、描述式阐释语、评价式阐释语。

[案例5] 下面是一位教师在说中学语文课文《雨巷》教学过程中的一个环节，体现了启发探究式阐释语的特点。

为了指导学生领悟作者透过景与事抒发的情感，把握诗歌的情感特征，我设计了以下两个问题。第一，诗歌中包含着怎样的情感和情绪？引导学生答出：低沉、伤感等词语。接着我会问这种情感和情绪是从哪里来的？引导学生分析诗歌意象：油纸伞、雨巷、丁香花、姑娘等。诗歌是通过意象和意境来传达情感，沟通意象和象征意义之间的桥梁就是阅读主体的丰富的联想和想象以及以往阅读经验的迁移，因此我会引导学生通过联想和想象以及以往阅读经验来正确地解读诗歌。接着我会采用分组讨论的方法，意象和象征意义之间的这种联系在小组交流中得以强化，在小组的合作中得以突破，在想象和联想中得以沟通，从而让学生了解诗歌的象征意义以及作者要表达的思想感情。

(4) 完整精练的结束语

结束语是说课者在讲述完课题内容后，对所讲述的内容做出总结、归纳时采用的语言。结束语的要求为：注意完整性；具有启迪性；简洁精练。

[案例6] 下面是一位教师在说中学语文课文《背影》的最后一个教学环节"拓展延伸"，体现了结束语的特点。

在课文讲授的最后一个环节，我将引用写父母之爱的古诗，如"慈母手中线，游子身上衣"等启迪学生。让学生进入个性发言阶段，安排学生讲述自己的亲情故事，看看他们是如何认识评价爱的，并进行适当指导，让他们认识到，真正的爱并不是溺爱、迁就。

在此基础上，让学生谈谈自己的收获、感受，这也是培养学生养成自我小结的习惯。在学生总结的基础上，我再对全文做总结，最后安排欣赏歌曲《父亲》，用音乐把课堂推向高潮，让学生的情感得到进一步升华。布置作业：让学生为父母或者长辈做一件力所能及的事。本环节把课本和生活有机地结合在一起，锻炼了学生的表达能力，提升了其对亲情的理解和感受，使其学会感恩。

3. 朗读语言

朗读语言主要体现在人文学科的说课实践中，这种语言是指教师有感情地运用各种语调、语气将文字读出声的语言。说课的朗读语言主要体现说课者的示范性，再现说课内容描述的情景。

训练要点：

（1）朗读语言的内容选择

主要是选择说课内容中那些重要的词句和能突出中心的段落，说课者采用朗读的方式，就能丰富说课的语言。

［案例7］下面是一位教师在说中学语文课文《胡同文化》教学过程时的教学设想。

高一学生在阅读时往往知思路易、明思想难，而情感和态度又需要深刻体悟、深入品析才能体味其中的美，为突破把握作者情感这一难点，我将让学生重点品味课文的最后三个自然段，找出文中体现作者情感的语句，接着我再引用汪曾祺在另一篇文章《日子就这么过来了》中的话："过去的终归要过去，这是无可奈何的事"，"在无可奈何之中，更有新的希望在生长"，帮助学生理解。文章最后一句"再见吧，胡同"，我设计了快中慢三种读法，让学生在读的过程中理解作者的情感态度，树立起自己对胡同文化的认识，在此我将让学生进行小组讨论，以小组为代表阐述各自的观点。这充分体现了自主合作探究学习的要求，也是对学生把握作者情感态度和文章内涵的考验。

分析：这一教学设想中汪曾祺在《日子就这么过来了》一文中的有关句子和课文最后一句"再见吧，胡同"，都可以运用朗读语言。

（2）朗读语言的要求

说课的朗读语言，虽然不是上课的课堂教学朗读语言，但在语言的要求上也很严格，主要应体现为：准确流利的普通话；饱满激昂的情感；抑扬顿挫的声调。

（二）说课主要环节的语言训练

说课时必须思路清楚，要按照"教什么——怎样教——为什么这样教"的思路说课，能体现出执教者对一堂课的整体设计思路，符合教学准备时的思维过程，也要符合听者的认知习惯，便于理解接受。在说课的主要环节中，其语言训练的要求各有侧重。

1. 如何说教学目标

"教学目标"是说课的必要内容，每一学科每一章节的教学目标都应该体现该学科的课程理念，课堂教学目标是课程教学目标的具体化。在说课的教学目标表述中，应包括表达行为与内容两方面，"教学目标"的语言是叙写学生行为状态变化，主要由行为主体（学生）、行为动词、行为条件和表现程度四个要素组成。

在陈说教学目标时，主要的语言应该是讲述语言，要求为：

（1）陈述准确，简明扼要；

（2）条理分明，有条不紊；

（3）语速适中，表述清楚。

［案例8］一位在全国说课评比中获优胜奖的小学数学教师的《轴对称图形》一课的教学目标。

①初步认识轴对称图形，知道轴对称图形的特点，能准确找出各种轴对称图形的对称轴；

②学生能通过观察、实验、阅读教材发现规律，提高观察和动手能力；

③形成学习轴对称图形审美情趣，提高空间想象力。

2. 如何说学情

教学设计要根据教学内容和学生的实际，学生是学习的主体，教学过程的安排、教学方法的选择都取决于学情，所以，在说课中，对学情的陈述是比较重要的，主要内容包括：学生的身心特点、思维特点、相关的知识结构等，在陈述这些学生的实际情况时，主要采用讲述语言。

［案例9］有位教师在中学化学《分子和原子》的说课中是这样讲述学情的。

我校地处农村，经济较薄弱，家长对子女文化课的学习不够重视，造成学生学习气氛不浓。因此，我尽量挖掘教材的内容，结合学生身边的实际生活，合理安排程序，教学设计尽量使学生爱听、爱做、爱看、爱学，激发他们的思维，有利于学生积极思考，提高他们学习化学的兴趣。

分析：此学情的讲述，体现了说课者对学生实际情况的了解，并能有针对性地采取相应的教学策略，使学生更有效地参与教学活动。

3. 如何说教学重点、难点

教学重点和难点是实现教学目标的关键，在说课过程中，教师要根据教学内容、学情来确定教学重点，一般而言，教学重点是指教材内容中最基本、最核心的知识和技能，教学难点是指学生学习起来较难理解或容易产生错误的教学内容。

（1）在说教学重点、难点时，首先要说清楚教学重点、难点是什么，并用简明的文字或语言作表述。

（2）在语言的表述中，要有明确的突出重点、突破难点的意识。

［案例10］有位教师在说中学物理《机械波》一课时是这样表述重点和

难点的。

机械波的形成过程及描述是本节课的重点和难点，因为波动过程的细节不容易体现出来，教学过程通过课件模拟物理过程的方法进行重点、难点的突破，使学生获得较直观的信息，充分调动学生的主观能动作用，以激发学生研究物理问题的浓厚兴趣。

分析：这段讲述既说清楚了《机械波》一课的教学重点和难点，又说明了这样设置的原因以及如何突破重点难点，语言简明扼要。

4. 如何说教学方法、学法

教学方法是教师为了完成一定的教学任务，在教学过程中所采用的手段，学法主要指学生在学习相关知识时，在教师的指导下所运用的学习方法，在说教法、学法时，在语言的表述上应注意：

(1) 说清楚选择何种教学方法；指导学生的学法有哪些；

(2) 说清楚为什么要选择运用这种教学方法和学法，从理论和实践上讲明依据。

[案例 11] 有位教师在中学物理《简谐运动》说课中的教法陈述。

高一学生学习物理的兴趣正在从直观向概括的认识转化，他们的思维也正在从形象思维向抽象思维转移，所以教学中通过演示使学生观察到振动的特点，运用类比引导学生建立理想模型，指导学生讨论振动中各物理量的变化规律，归纳出产生振动的原因。因此，这节课可采用综合运用直观演示、讲授、自学、讨论并辅以多媒体电教手段。教学中，要积极引导加强师生间的双边活动，激发学生的思维。

5. 如何说教学过程

说教学过程是说课者根据教学程序的几个基本环节，遵循相关的教学原则，灵活地说出符合教学规律的教学过程设计。教学过程应当体现个人的教学思想和教学构思。具体要求是：一要说清教学过程的总体结构；二要说清主要教学环节如何设计以及相关的理论依据；三要说清教学重点、难点如何突破。

教学在时间顺序上一般分为四段：导入、呈现、运用、总结。在每一过程中，对说课者的语言都有不同的要求。

(1) 铺垫导入阶段

铺垫导入阶段是教师讲授新课的第一个环节，导入语是教师讲授新课前的开场白，主要是为了激发学生学习新课的强烈欲望。说课者在说这一环节的内容时，主要采用讲述语言和模拟课堂教学语言，使听者清楚明白说课者所要采用的导入方式，并通过说课者模拟课堂导入语言，让听者有如临其境之感。

①讲述语言的训练

讲说清楚导入采用的方式，如故事导入、情境导入、问题导入等；陈述清楚为什么要采用这样的导入方式，即导入的相关理论依据。

②模拟课堂教学语言的训练

说课者模拟课堂导入语言，要求根据不同的导入方式，针对学生情况，采用不同的语言表达，总的要求为：能引人入胜，激发学生的学习欲望，使其产生对所学内容的兴趣。

(2) 呈现讲授阶段

说课者根据教材内容和学生实际，解说如何运用恰当的教学方法，引导学生学习新知识。本环节主要以讲述语言为主，辅以模拟课堂教学语言、朗读语言。

①讲述语言

对知识的呈现应该设计出怎样的教学环节，通过哪些教学步骤来完成教学内容的呈现，说课者应该交代清楚，这主要用讲述语言。

②模拟课堂教学语言

在讲述知识的呈现过程中，有些步骤教学性较强，可以运用模拟课堂教学语言，以增强说课的感染力。

③朗读语言

在知识的呈现中，有些关键部分和重点段落需要通过朗读来强调突出，特别是语文、英语、政治、历史等学科，在讲说这些部分时，可以通过朗读语言来体现。

(3) 巩固运用阶段

在教学过程中，需要有一个教学环节来巩固运用知识，在说课时，说课者要用条理清楚的语言陈述，这部分的语言主要是讲述语言，要求清晰明了、逻辑分明。

(4) 总结归纳阶段

在教学过程结束时，需要有一个环节对所讲授的内容进行一定的总结归纳，在说课中，说课者应该陈述清楚这一环节，以使教学过程更完整，这一环节的语言主要是讲述语言和模拟课堂教学语言。要求为：注意完整性；具有启迪性；简洁精练。

[案例 12] 下面是一位教师在中学语文课文《再别康桥》说课中的“说

教学过程”部分，此部分的语言表述以讲述语言为主，在第1环节“新课导入”可以运用模拟课堂教学语言，第2环节“创设情境”可以运用朗读语言。

我的课堂教学设计将分为：新课导入　激发兴趣、创设情境　把握重点、探索“三美”　突破难点、知识迁移　加深理解这4个步骤。

1. 新课导入　激发兴趣

课上首先用多媒体展示图片，学生观察，同时我做这样的描述：“这座城市位于英国伦敦北部，以其卓越的自然科学成就闻名于世，它的名称取自当地的一条河流——剑河，河的两岸垂柳倒挂，芳草萋萋，河上架设着许多设计精巧、造型美观的桥梁，城市之名便由此而来。”做这样的描述让学生猜测图片中展示的是哪个地方，以此来导入课文，激活课堂气氛。

2. 创设情境　把握重点

在创设的图片情境中，学生观察图片，自然会去联系诗歌中对康桥的描述，进入到诗歌，也就自然地进入对重点的学习。所以我会让学生找出图中的景物并用语言描述颜色进行着色，发挥想象，将景物、色彩融合为一幅画面，然后与诗人的着色进行对比，这时他们会发现差异，从而突显出诗人在景物选取及其色彩搭配上的与众不同，让学生感受诗歌的“绘画美”，同时通过语言描述的形式也提高了他们的语言组织能力。

为培养他们的读诗趣味和增强他们的情感体验，并且为学生体验“音乐美”创造朗诵情境，我将播放朗诵《再别康桥》的PPT，先让学生根据自己的理解读诗歌，接下来我再引导他们抓住那些使康桥显得生动有灵性的动态词语，重读诗歌，边指导边读，体会诗人对康桥的眷恋之情中所包含的由衷的热爱之情，并由我朗诵示范。学生反复读，老师来示范，进而体味诗的节奏、韵律，最终把握音乐上的美。

朗诵的同时，学生回到诗歌，不难发现诗歌外在形式上：四行一节，双行退格排列等特点。但是要怎样让学生将这一特点与诗人的审美联系起来呢？这时展示与诗歌结构特点相似的中西方建筑图片，讲解中国传统建筑审美观，让学生找到建筑师与诗人相似的审美观，将诗歌特点与建筑审美联系起来，为学生提炼“建筑美”做铺垫。

3. 探索“三美”　突破难点

到此学生已全面体会到诗歌的美，但要求他们将“美”与绘画、音乐、建筑联系起来并用具体的词语提炼出“三美”，这是很难的，但是有了前面学习的铺垫，我会再次带动他们感受康桥的美丽风景，回顾诗歌结构和韵律上的特点，并补充讲解闻一多的“三美”诗学主张，让他们思考回答，自己提炼出“三美”，掌握诗歌“三美”的特点。

4. 知识迁移　加深理解

最后趁热打铁，让他们用已掌握的“三美”知识去预习鉴赏本篇课文中下一首诗歌《死水》，由此做知识的迁移，加深对诗歌“三美”的理解，进一步提高学生的诗歌鉴赏能力。

四、实训材料

（一）说课语言运用实例分析

文科案例

中学语文《我与地坛》（节选）说课稿

一、说教材

《我与地坛》是人教版高中语文第一册第二单元的一篇自读课文。本单元的鉴赏重点是在整体把握散文思想内容和艺术形式的基础上，品味散文的语言，赏析散文的表现手法。本文仅仅选取了《我与地坛》其中的两部分，第一部分写地坛，第二部分写母亲。重点写作者从地坛获得的人生感悟。

（本部分对教材的地位和作用进行了准确的陈述，主要运用讲述语言，要求语言表述清晰准确。）

二、说学情

由于高一学生处于初中到高中的过渡阶段，身为独生子女的他们较脆弱，对生命认知较肤浅。《我与地坛》反映的又是成年人较为深沉的情感，特别是关于生死的感悟，学生较难理解。另外，由于地坛历史内涵的丰富性与学生人生经历的局限性构成矛盾，学生可能会对地坛为什么能给予作者生命的启示不易理解，由此造成了学习中的难点。

（“说学情”这部分的语言主要运用讲述语言，要求语言表述准确有条理性。）

三、说教学目标和重难点

根据以上对教材和学生情况的分析，依据“知识与能力、过程与方法、情感态度与价值观”三个维度，我将教学目标确立为以下三个方面：

1. 通过对文本内容的解读，学生理解作者残疾后在地坛启示下对生命产生新理解、新感悟的历程。

2. 学生能根据语境揣摩语句的含义，品味本文的语言特色。

3. 通过课文的学习，学生树立正确对待生死、亲情的观念，提高其心理素质，培养其坚忍不拔的意志。

《我与地坛》表现了作者对生命的深刻思考和博大无私的母爱，对高一学生而言，对生命的深度认识和体会母爱的伟大尤其重要，教学重点确立为理解景物描写的作用及对生死的感悟，体会母爱的深沉伟大。难点确立为：理解“我”、地坛、母亲三者的关系。

四、说教法和学法

针对教材特点和学生的知识水平，按照高中生的认知规律，为实现本课的教学目标，突出重点，突破难点，我将根据“教师为主导，学生为主体”的指导思想，采用以下教法：

1. 诵读法：采用多种形式的朗读，品味语言的韵味。

2. 情境教学法：借助多媒体课件辅助教学，营造良好的学习氛围，给学生直观感受以增强教学效果，激发他们的学习兴趣。

学法：

1. 自主学习法：自学课文，对文章内容有自己的见解。

2. 讨论合作法：采用此法来理解文中景物的作用，改变了传统教学以教师为中心的课堂结构，突出学生的主体地位。

（三、四部分主要陈述教学目标、教学重难点、教法、学法，要求语言表述清楚准确、简明扼要，主要运用讲述语言。）

五、说教学过程

（一）导入新课

上课之初我将在黑板上写一个“人”字，让学生来解字。这时我再借助多媒体简单介绍作者，同时这样导入：“史铁生无疑是当代最令人钦佩的作家。21岁就残疾了，一直饱受病痛折磨，但他却用一生诠释了人之为人的意义，组成人一撇一捺的便是地坛和母亲。今天我们就跟随史铁生去解读他的人生感悟。”之所以这样导入是因为瑞士心理学家皮亚杰强调“所有智力方面的工作都要依赖于兴趣”，兴趣对学生学习有促进作用，因此我用史铁生独特的人生经历来引起学生的兴趣。

（二）初步感知

《高中语文课程标准》要求学生能“根据不同的阅读目的，灵活运用精读、略读、浏览、速读等阅读方法，提高阅读效率”，“发展独立阅读的能力。从整体上把握文本内容，理清思路，概括要点，理解文本所表达的思想、观点和感情”。因此，首先我让学生速读第一部分，结合预习概括主要内容。让学生找到三处景物描写并概括特点。齐读作者对生命的理解并谈感受。所谓书读百遍，其义自现，读是学生有效理解课文的方法之一。但由于学生个人经历与人生体验不同，决定了各自对文本的解读、对生命的理解也不会相同。我将尊重每一个学生的个人体验，让其充分发表看法。同时我也了解了学生自学的情况，为后面教学做铺垫。

（三）精读课文

作者为什么要这样写地坛？这需要精读课文。美国心理学家布鲁纳倡导问题教学法，认为这种方法可激发学生的学习欲望，有利于创造性的培养。因此，我将抛出这样一个问题：文中三处景物描写反映出作者怎样的心境？我将采用诵读法和讨论法，借用多媒体创设图像、朗诵情境，让学生在诵读中品味其语言的优美，在讨论中思考，在情境中发挥想象，充分引导其自主、合作、探究的学习。比如文中第一处的景物描写，我先让一个学生读，再让其他学生评点，最后我再点评并范读，引导学生从文本解读来把握感情。比如从琉璃、朱红等意象，想象地坛荒凉之景，感受作者绝望的心境，读出沉重、沧桑之感。让学生回忆《荷塘月色》中怎样写月下荷塘的，来体会此处如何写景。后两处景物描写明显与第一处不同，作者为什么明明说“剩下的就是怎样活的问题了”，却没有给出直接答案，就要让学生精读，从所写景物中得到答案。从剥蚀的琉璃到落日的灿烂，从荒芜到并不衰败，从绝望到坦然。我将引导学生和史铁生一起探讨怎样面对苦难、怎样活的问题。

（四）共同小结

有怎样的心境才会写出怎样的景，怎样的景也会衬托怎样的心境，我将让学生在讨论中总结景物描写的作用，再次品味史铁生的生命感悟。为了加深学生对史铁生的人生认识，我将结合课文的句子和史铁生的相关语句，引导学生理解，比如作者说“死是一个必然会降临的节日”，为什么是节日而不是日子，这里我将插入史铁生的一些经典语录帮助学生理解。并推荐阅读《我与地坛》的剩余部分和史铁生的其他作品，提高学生的语文素养。

整节课我按导入新课、初步感知、精读课文、共同小结四步来完成，采用教师范读、听录音、个别或集体朗读等多种形式，让学生在读中思考。整个教学环节层层递进，逐层深入，符合学生的认知发展规律。

（“说教学过程”这部分涉及的内容比较多，有 4 个教学环节，在语言表述上可以体现变化和多样，主要以讲述语言为主，辅以模拟课堂教学语言、朗读语言，如“导入新课”这一步骤可以运用模拟课堂教学语言来讲导入语，“精读课文”这一步骤可以运用朗读语言对文中第一处的景物描写做示范，对设计的问题可以模拟课堂提问语。）

理科案例

中学数学《中位数和众数》说课稿①

一、说教材

（一）教材的地位和作用

本节课是华师大版七年级数学下册第十章《统计初步认识》中第三节的内容。主要让学生认识数据统计中三个基本统计量，是一堂概念课，也是学生学会分析数据、作出决策的基础。本节课的内容与学生生活密切相关，能直接指导学生的生活实践。

（二）教学的目标和要求

知识目标：理解平均数、众数与中位数的含义，掌握平均数、中位数与众数计算方法，明确平均数、中位数肯定有，众数却不一定有的事实。

能力目标：会计算一组数据的平均数，会确定一组较简单的数据的众数与中位数，培养独立思考、勇于创新、小组协作的能力。

情感目标：体验事物的多面性与学会全面分析问题的必要性，渗透诚实、上进道德观念，培养吃苦创新精神。

（三）教学的重点和难点

教学重点：三个基本统计量的概念以及其计算和确定方法。

教学难点：平均数的计算，中位数众数的确定。

（此部分主要陈述教材的地位和作用、教学目标、教学重难点，要求语言表述清楚准确、简明扼要，主要运用讲述语言。）

二、说教法与学法

本节课使用多媒体教学平台；概念教学中，主要以生活实例为背景，从具体的事实上抽象出三个统计量的概念，通过三个统计量的计算与确定的练习帮助学生理解并巩固概念；在教学活动中主要是以提问题的方式启发学生，以生动有趣的实例吸引与激励学生；在整个过程中采用情境教学法。同时，注重培养学生阅读理解能力与自学协作能力，在教学过程中主要以学生“探究自学”、“小组讨论”、“相互学习”的学习方式进行。

（此部分陈述教法与学法，主要运用讲述语言，要求语言表述准确有条理。）

三、说教学过程

（一）创设情境，激发兴趣

采用“故事法”引入——《从四十名到第十名》。通过这个生动有趣的

① 说课稿出处：http：//www.dakao8.com/shuoke/html/12980852451056.html。

故事使学生充分体验到全面了解并分析数据的必要性。如何能对数据全面了解分析？今天我们将学习从三个不同侧面反映一组数据的三个统计量——平均数、中位数与众数。通过生动的故事，也是集中学生注意力的一种有效方式。

（二）自学辅导，建构新知

提出概念：在学生还沉浸在有趣的故事情节中时，对故事的情节设问：主人公的成绩在哪一档次？中等成绩约是多少？哪一档分数的人最多？学生一一作答。在此基础上，老师把平时生活中的说法（如：中等成绩）规范化并抽象出统计中的基本概念（如：中位数）。这样可以使新的概念建立在学生已有的生活经验上，便于理解和记忆。

辅导：学生以学习小组为单位，结合教材，必须想办法求出故事中的三个统计量，并找出平均数、中位数与众数的计算方法（小组讨论、教师辅导）。因为新教材的编写比较适合学生阅读，这一节内容与学生的实际生活联系较多，学生多有体验，要让学生理解并没有太大的困难。这样也可以充分发挥学生主观性，培养学生的自学能力与小组协作的能力，充分利用“学生资源”，使他们互相帮助，体验在集体中的成长与发展。

巩固整理：本节课的概念是一种动态性、操作性较强的概念，所以学生需要在具体的操作演练中去体验、理解与巩固概念。

（三）探究交流，发展能力

作为这节课的内容，还可以适当加强学生综合能力，特别是阅读图表、分析数据并计算的综合能力。以小组为单位进行，看哪个小组算得又快、方法又巧。利用课文中表二计算：首先，需要学生读懂这些数据的含义；其次，能正确的使用小学里乘法的意义导出“加权平均数”计算方法；最后，这样的数据的中位数确定有一定的技巧，对学生的思维与分析要求较高。这是对学生的一次挑战，利于对学生“思想方法”与“意志品质”的提升。

（四）结束新课，布置作业

学生交流心得，老师相应补充。分析数据：切不可盲目片面，学会全面分析；确定中位数：关键是将数据排序，确定众数，作好频数统计。完成作业本 10.2.1 的内容。

（“说教学过程”这部分涉及 4 个教学环节，主要以讲述语言为主，辅以模拟课堂教学语言，如“创设情境，激发兴趣”这一环节可以运用模拟课堂教学语言来讲导入语，“自学辅导，建构新知”这一环节可以运用模拟课堂提问语。）

（二）说课录像观摩

1. 文科说课录像观摩

2. 理科说课录像观摩

五、实践检测

根据学科专业特点，学生写一篇说课稿，进行说课实践，根据学生说课情况和语言技能进行评价。根据说课语言的要求打分评价。

说课语言技能检测评分表

<table>
<tr><td colspan="2">说课人</td><td>课　题</td><td></td></tr>
<tr><td colspan="2">内　容</td><td>标　准</td><td>得　分</td></tr>
<tr><td rowspan="8">说课语言技能</td><td rowspan="4">讲述语言</td><td>1. 语言表述清晰流畅，普通话标准</td><td rowspan="4">50</td></tr>
<tr><td>2. 语言逻辑严密，有较强的条理性</td></tr>
<tr><td>3. 语言准确，符合现代汉语的语法规范</td></tr>
<tr><td>4. 语言简洁明了，说清要点重点</td></tr>
<tr><td rowspan="2">模拟课堂教学语言</td><td>1. 新颖生动，富有感染力</td><td rowspan="2">30</td></tr>
<tr><td>2. 语言准确，与说课内容相关联</td></tr>
<tr><td rowspan="2">朗读语言</td><td>1. 语言的情感投入，朗读有激情</td><td rowspan="2">20</td></tr>
<tr><td>2. 普通话的感染力，语气、语调的恰当处理</td></tr>
</table>

第五节　常用教育口语训练

训练目标

1. 认识教育口语的含义与特点及运用教育口语的基本要求；

2. 掌握运用几种常用教育口语的基本技能。

训练内容

教育口语主要是指教师在课堂教学中对学生进行思想教育时使用的工作用语。教育语言从其表达方式来看，经常用到的有沟通语、说服语、启迪语、表扬语、鼓动语、批评语等基本技能。从形式上看，包括口头教育语言与书面教育语言两种。口头教育语言，也可称为教育口语。

一、教育口语概述

学校教育是帮助学生健康成长的一种社会活动。它对提高学生认识、培养良好品德情操，树立正确的人生观、价值观，给学生以知识和文化的滋养和培育，对人际关系的调整、智力开发有引导作用，这种引导作用主要依靠教育语言来实现。

（一）教育口语的含义与特点

这里所说的教育口语是指教师在课堂教学中对学生进行思想教育时使用的工作用语。教育语言从形式上看，包括口头教育语言与书面教育语言两种。口头教育语言，也可称为教育口语。从其表达方式来看，经常用到的有沟通语、说服语、启迪语、表扬语、鼓动语、批评语等。

教育口语有以下特点：

1. 针对性

这里有两层含义：一是要防患于未然，针对学生的思想实际，经常进行道德行为规范的教育；二是要正确应对出现的情况，对症下药。当学生犯错误的时候，教师的批评教育一定要得法，切忌简单粗暴，要循循善诱，以情动人，以理服人。

2. 多样性

由于家庭、社会、交友等多方面的原因，学生心理存在一定的差异，就一个学生而言，不同时期也可能心态不同。因此学生的思想、行为方面的问题都是个性的问题，小到上课不注意听讲，大到触犯刑律，其表现形式多种多样。面对此情况，教师要有充分准备，将心比心，用爱心、耐心、责任心去教育感化学生，随时准备处理可能发生的各种情况。

3. 长期性

“十年树木，百年树人”，这便说明了教育的长期性。首先，从学生自身发展的角度来说，学生在不同教育阶段会表现出不同的特点，教育重点也随之转变，因此，教育是一个因学生发展而发展着的动态过程，这就使教育具有了长期性。其次，从变化的学生对象来说，送走了这届学生，又迎来了下一届；这个问题解决了，那个问题又来了。因此，教育不可能一劳永逸，教师要具备良好的素质、较高的耐心，树立“以学生为中心”的敬业精神，为教育事业做出贡献。

（二）运用教育口语的基本要求

教师的教育语言是构成教育环境的一个重要方面，教师在运用教育语言时，绝不能随心所欲，一定要“三思而后行”，因此，在教育过程中，需要遵循以下原则：

1. 民主性原则

第一，师生在教育中地位平等。19 世纪美国哲学家、诗人拉尔夫·沃尔多·埃墨森说过："教育成功的秘密在于尊重学生。"教师在与学生进行思想沟通与交流的过程中遵循平等尊重原则，这种平等和尊重不是教师对学生的恩赐，而是学生应该享有的人格权利。

第二，师生在教育中对话平等，教师不具有话语霸权。教师不是完人圣人，更不是真理的化身，因而在教育活动中，教师并不具有话语"霸权"。在教育活动中，要学会认真倾听学生的心声，把握他们的思想脉络，通过积极引导，帮助学生学会正确评价自我和他人的行为，从而极大地发挥教育的功能，做到以情感人、以理服人。

第三，教育活动是一种互动性的活动，具有生成性特点。在教育活动中，教师与学生是共同成长的，教师必须摒弃传统的教育模式，尊重学生的主体作用，更多地采用教师引导下的师生讨论、对话、谈心等形式，让学生参与到教育过程中来。在师生互动交流中，促进学生自身的感悟，从而使学生的思想、道德和情感不断得到提升。正如苏霍姆林斯基所说："只有能够激发孩子去进行自我教育的教育，才是真正的教育。"

2. 积极情感性原则

《毛诗序》云："情动于中而形于言，"运用教育语言也要如此。在教育活动中，师生双方都是具有情感的人，教师的感情往往决定着教育的效果，还影响着受教育者对教育信息的接受程度；而受教育者的感情，又反过来影响着教育者的感情。所以教师应学会调控自己的情绪和心境，使自己始终精神饱满、情绪乐观而稳定。

第一，教师情感要真诚，以情激情。运用教育语言，教师首先要"动之以情"。这"情"便是指积极情感，包括平等、真诚、信任、爱护和关心等。几乎每一个教师对学生的要求都是出自良好的愿望，但不是每个教师的好心都能被学生理解和接受，这在很大程度上取决教育语言是否带有积极情感。

第二，教师的情感与学生的情感要基本保持一致。当学生情绪低落时，老师的话语要表现得低沉；当学生情绪欢快时，老师的话语要表现得轻快。不管是快乐还是伤悲，教师都要与学生共同分享，而且要在语言上表现出来，这样，学生才能真正体会到老师的关爱。

第三，把握情感的积极方向。如果教师使用带有积极情感的教育口语，教育内容便容易为学生接受，能促使学生向积极的方面发展；反之，则会引发学生的排斥心理，教育的结果就可想而知。

在教育活动中，爱是一种伟大而神奇的力量。教育事业之所以伟大，是因为它渗透着爱的情感。对学生的每一点成绩和进步，教师只有发自内心地喜悦和欣赏，才能说出真诚赞扬的话语；对学生的每一个缺点和错误，教师只有发自内心地关心和痛心，才能有语重心长的教诲。

3. 针对性原则

在教育活动中，只有当教师的教育语言具有针对性时，才能引起受教育者的关注并产生效果。因此，针对性是教育口语运用的首要条件。

第一，因事施言。这就要求教育者明确要解决的问题和要达到的目的，恰当地选择和组织话语。教育语言要有明确的教育指向性，要因事而发，有的放矢，切忌文不对题，或泛泛而谈。

第二，因人施言。这就要求教育者的教育话语要适合教育对象的个性特点、心理发展水平、理解能力和接受水平。

如低年级的学生喜欢听表扬，多使用表扬语能产生良好的积极作用，而高年级的学生独立意识比较强，单纯用说服的方式难以奏效，而采用沟通、启迪的方式则容易为他们所接受。

4. 诱导性原则

诱导性原则，主要是指教师通过启迪、暗示、引导等方式与学生交谈，因势利导，通过老师的教育口语促进学生自我转变。

教育口语要富有诱导性，要做到：

第一，教师要注意引导学生参与问题的分析和解决。让学生积极参与，有利于激发学生的自觉意识。

第二，实施教育过程中，要教给学生思考的方法，如全面、发展的观点，指导学生正确思考。诱导要由浅入深、由表及里、循循善诱，使学生身心俱进，乐意接受。

第三，因势利导，促进思想转化。教育口语不仅要使学生知其然，还要知其所以然，触类旁通，开启思维，找到行为准则，让学生把内在动力化为外显行动。

5. 艺术性原则

教育语言的运用是一门艺术，今天，谈吐自如、出口成章的语言艺术，已成为衡量教育者能力和素质的一个重要标志。所以，在教学过程中，要非常重视语言艺术的运用，艺术性常常体现在能够抓住教育时机、巧设情境上。

6. 新颖性原则

当代学生的信息渠道非常广，青年学生接受新事物的能力也很强，教育者的语言要跟上学生的步伐，不断地更新，少说老话、空话、套话，多说学生乐于接受的新鲜话，甚至偶尔可以使用学生间流行的词和句子，拉近师生的心理差距。

二、沟通语及练习

与学生建立良好的人际关系，是教师首先要养成的教育能力。教师适时与学生进行沟通交流，可以增进彼此之间的了解，可以使教育活动的开展更有效、更有针对性、更能为学生所接受。

（一）沟通语的含义和作用

沟通语就是在师生沟通活动中，为建立起平等的对话关系、创设和谐的教育情境而使用的一种教育语言。其目的是为了消除学生对教师的心理隔阂、取得其心理认同、交换对某些问题的看法，使用沟通语可以帮助教师了解学生的真实想法，促进师生、学生之间的了解。

就学校教育而言，沟通是进行教育的前提和基础，真正的教育需要师生之间有效的沟通。研究表明，在教育工作中有70%的错误是教师不善于沟通造成的。教师空洞的说教、冷漠的态度、轻率的训斥以及谈话时紧张的气氛和不适宜的时间或地点，等等，都是不利于教育谈话的。要消除这些障碍，就必须掌握和运用沟通语。

（二）运用沟通语的要求

“无论我是否同意你的观点，我都将尊重你，给予你说话的权利。”这是每个沟通者都必须遵循的誓言。为有效进行沟通，在沟通过程中，需注意以下几点：

1. 了解和理解教育对象

有效的沟通是建立在沟通双方相互理解和尊重的基础之上，所以在沟通活动中，每一位学生都有权力要求得到教师的理解和尊重。只有了解学生才能知道他们的愿望、要求、个性、情绪，才能对症下药；只有理解学生，才能热爱学生，才会真诚平等地对待学生，才能在师生间搭起情感流通的桥梁，也只有这样教育才能是卓有成效的。

2. 学会倾听，缓和与化解紧张气氛

倾听是一种有效的沟通技巧。美国著名心理学家、咨询专家高顿认为：“如果教师使用某种方式使学生觉得教师理解他并愿意接受他，则不仅会使交流畅通，而且会激发儿童自主解决问题的积极性。”在有教师在的场合，尤其是做错了事，想到事态后果，学生常常会变得紧张拘谨。这些情况都不利于教育谈话的顺利进行，因此，在教育活动中，教师应学会积极倾听这一种有效的沟通技巧。沟通顺利，有利于学生把真实的想法告诉老师，也才能听得进老师的意见。

3. 运用恰当的沟通方式

沟通效果的好坏，与教师运用的沟通方式密切相关。导致沟通难以进行、师生心理不相容的原因可能是话语内容，但也可能是不恰当的沟通方式。比如，直截了当的切入主题往往带有咄咄逼人的意味，会给学生造成很大心理压力，造成“没气生气”、“越听越气”的不良后果，成为阻碍沟通进行的不当方式。

（三）沟通语的类型及案例分析

按沟通的目的可将沟通语分为以下三种类型：

1. 教师引导学生的沟通语

这是师生交往中最常见的一种类型。教师在与学生交谈中了解情况，并准确理解他们的想法，提出教师的建议，引导学生自己找出解决问题的办法。

【文本示例】

妈妈的50块钱①

师：小磊，你这几天好像不高兴？瞧，人都瘦了一圈儿。

（生欲言又止）

师：嗨，有什么。不是有这么一句话嘛，叫做：忧愁有两个人分担就少了一半。说出来，也许会好受一点儿。

生：老师，我偷偷拿了妈妈50块钱，妈妈正到处找。我害怕她知道了会打我，会伤心。你知道，我没有爸爸，妈妈上班又累，身体也不好……

师：你还是个挺会替妈妈着想的孩子嘛！说给老师听听，你为什么要拿妈妈50块钱？

生：我那天看报纸，上面介绍了一个贫困山区的失学儿童，真可怜。

师：你是想捐钱给他，让他读书，是吧？为什么不对妈妈明说呢？

生：我怕她不同意。

师：你们家是比较困难的。不过，你妈妈是一个善良、有同情心的人。上次外省闹水灾，你不是说她还捐了衣物吗？

生：（低头不语，过了一会儿）那我现在该怎么办呢？

师：这样吧……

分析：在上例中，教师及时、深入地了解了学生的基本情况，整个交流过程中教师始终用“心”为之，以一个理解者的角色与学生进行交流，而不是说空话，从而沟通了师生间的感情，解决了学生思想、行为中存在

① 湖南省教育厅组织编：《口语下》，154页，2008。

的问题，为学生的成长提供了指导和帮助。

2. 促进学生理解教师的沟通语

对于师生沟通，有些教师往往将着眼点立足于打开学生的心灵之窗，而自己的内心世界却没有向学生打开，这就造成了沟通的不平等。实际上，在教育过程中，学生的许多问题常常是由于不了解或不理解教师内心的真实想法和感受而造成的。这时，老师就要放下架子，主动打开自己的心灵之门，将自己真实的内心世界、所思所想、经历经验、情绪感受、观点态度等适时适度地、自然真实地与学生沟通，使学生看到具有真实人性的教师，感受到教师对他是信任的，这样才有可能真正理解教师、接受教师传递的教育信息。

【文本示例】

张老师上课连续两次碰上令她不悦的事：黑板擦放在了黑板上头。凭她矮矮的个子，怎么也够不着。板书后不能擦掉，真让她既尴尬又生气。今天，张老师去上课，情况依旧。她微微一笑，对同学们说："在讲课前，我给大家讲一个有关我个人的故事。前天，我碰上了一位大学时的好朋友，她现在和我一样当教师。在大学，我们特别要好，为什么呢？因为我们有个共同的特点——个子矮，并且矮得一样有水平：1.51米。这，你说是'物以类聚'也行，说'同病相怜'也未尝不可。这一次我见了她，第一句话就问：'你工作顺利吗？'她答：'顺利呀！''有人，比如，有学生给你为难吗？'她不解地望着我：'没有呀！'我一下子感到委屈，差点掉下泪来：'可是我的学生老是与我为难，比如有人老是把黑板擦放在高处，我写了字没办法擦……'我满以为我的好朋友会同情我，狠狠地斥责那个与我为难的学生一顿。谁知，她竟反问我说：'这说明什么？说明你和学生们的关系还不融洽。你想想，你真心爱你的学生吗？如果你真心爱他们，他们尽管幼稚，也会尊敬你。哪有与自己所尊敬的老师处处为难的学生呢？'朋友的话一直在我的耳畔回响。仔细想想，我对大家的关心和爱护的确不够，甚至还可能不小心伤害了同学们。比如，我曾经批评个别同学'四肢发达，头脑简单'……这，哪里有一点爱心？"自从张老师说了这番话之后，每次上课，黑板总是被人擦得干干净净，板擦也总是在课桌上放着。①

分析：老师对学生的"为难"没有指责批评，而是坦诚地与学生沟通，

① 罗明东、崔梅、单春樱等主编：《教师口语技能训练教程》，3页，昆明，云南大学出版社，2007。

借介绍与朋友相遇的情况，真诚地检讨了自己对学生不够爱护关心的缺点。情真意切的话语沟通了师生的心灵，增进了学生对自己的理解，化解了师生间的矛盾。教师不是圣人、完人。当教师以平等、平和的心态面对学生时，自然就能够为师生间的沟通和理解提供良好的对话条件。

3. 帮助学生互相理解的沟通语

学生在相处中，总会发生一些矛盾和纠纷，由于经验和经历原因，有的问题他们往往自己不能解决，需要老师从中发挥作用，或安慰调节，或者就事论事处理。在解决问题的过程中，教师就需要采用有效的沟通的方法，引导学生互相了解对方的想法，学会理解他人，从而使问题得到更好的解决。

【文本示例】

一位小学五年级的班主任对教室里总是乱糟糟的深感烦恼。一次，老师看到玩具角里孩子们的水彩笔摆得乱七八糟的，于是就请周世龙同学将玩具放回原处。但周世龙说："那不是我的。"哦，原来他们分得还很清楚，不是自己的，就不管了，可教室既是自己的，也是大家的呀，怎么办呢？又要上绘画课了，我对孩子们说："我要把我们的水彩笔全部扔了。"孩子们瞪大了眼睛，大家纷纷问："为什么？"我说："那不是我的，你们把它们放在教室里挺乱的，所以我要把它们扔了。"我就把发生在周世龙身上的事情讲给他们听，当然我没有说故事的主人公是谁，孩子们纷纷提出："这样不行，我们以后用什么画画呀？""那你们说，怎么办？"我又把雪球扔给了孩子们，孩子们七嘴八舌，都发表自己的意见。最后，大家明白了教室是大家的，教室里的每一件物品都是我们自己的，我们每一个人都有义务使它们保持整洁。周世龙红着脸低下了头，只有我看得最清楚。从那以后，教室玩具角里的任何一件物品都摆放得很整齐，教室的地上有一些小纸屑，孩子们会很主动地将它们送到纸篓里。因为他们知道，教室是我们大家的。我们每一个人都是它的主人。①

分析：我们平时不妨来点激将法，使孩子从多方面多角度思考问题，这比我们单纯的说教效果要好。

（四）训练及检测

1. 学生自测

练习一：

题目：到小学实习的第一节课，班主任领你到班上和同学见面，请你

① 秦海燕主编：《教师口语训练教程》，10页，济南，山东人民出版社，2008。

主要运用沟通语设计一个自我介绍。

【参考答案】本题自由发挥，简单明了地自我介绍以突出自己的特点。

练习二：

题目：你的班主任对工作十分负责，对学生也十分关心，只是脾气急躁了一点。请针对下面两种情况与老师和同学进行沟通：

（1）请用一句话委婉地向班主任表达你的意见；

（2）同学们对班主任有情绪，请你以班长的身份，用一句话劝劝同学们。

【参考答案】××老师，您对我们十分负责，十分关心，我们非常感谢您。如果您脾气再温和点就更好了；同学们，××老师虽然脾气急躁了一点，但他的用心是好的，是对我们负责任，希望大家能理解老师。

练习三：

题目：学校要在“五一”劳动节期间举办一次“心灵阳光工程”的演讲活动，并决定邀请一向热心公益活动的国际著名影星李连杰参加开幕式，假如学校请你来与他沟通，你会使用怎样的沟通语？

【参考答案】您好！我是某中学的学生某某。我知道您是一名热心于公益事业的慈善家，您创办的“壹基金”具有很大的影响力，我们学校将在“五一”期间举办“心灵阳光工程”的演讲活动，特邀请您前来参加开幕式，我相信此次活动有了您的支持，一定会举办得非常成功。

练习四：

题目：简要说明下面材料中的小明错在哪里？假如你是小明，你将怎样与父母沟通？

由于受经济危机的影响，小明的父母双双下岗。又因为他们没有一技之长，所以虽几经努力，但一直没有找到合适的工作。俗话说：屋漏偏逢连阴雨，在此期间小明的奶奶又得了重病，花掉了家中的全部积蓄。新学期开学后，学校要交一笔费用，小明回家要钱，父母虽然答应马上去借，但这时不理智的小明还是把长久以来压抑的愤懑全都爆发出来：“就这么点钱就拿不出来，做你们的儿子真是活受罪，你们为什么不学学别人那些会赚钱的父母……”父亲睁大眼睛看着大吼大叫的小明一言不发，母亲坐在沙发上泪流满面。

【参考答案】作为儿子应该体谅父母的难处，分担父母的痛苦，而不是眼中仅看到别人的父母怎样发达、怎样潇洒，因而抱怨自己的父母不如别人。“爸爸、妈妈，别着急，困难总是暂时的，我相信咱们家的明天会更美好。”

练习五：

题目：如果你是个懂事、会说话的孩子，面对此类问题你将怎样与父亲沟通？

小丽是团支部书记，人长得漂亮，成绩又好，再加上她特有的文艺特长，使得不少男生愿意接近她。近来，她和一个高大帅气的男生走得特别近，引起了爸妈的担心，妈妈曾经旁敲侧击过一次，但没起到什么效果。这天晚上当她正看电视时，爸爸过来和她谈了起来，不知不觉把话题引到她和那男生的交往上，语重心长地暗示她现在只是开花的时候，如果这时结了果，一定又酸又涩……不料小丽却说：“你们那一套，早就过时了，我自己有分寸，您老说，烦不烦?”

【参考答案】爸爸我理解您的良苦用心，放心吧，我会把握好度的。

2. 教师考评

练习一：

题目：说说这个例子中教师的沟通语好在什么地方?

我班有个学生叫张晴，经常看到她落落寡欢，好像有许多心事，我找她多次，她就是不愿开口。有一次，她说：“老师，有些事情我不愿意说，我感激你对我的关怀。但是我不愿意说我的心情。”过了许多时间，她自己找到我说，“老师，我想和你谈谈。你能替我保密吗?”我看着她的眼睛说：“你不相信我吗？你可以不说。”接着她就谈了她的父亲早在几年前，就离开了家庭，妈妈和她两个人生活在一起。今年她妈妈为她找了个继父，可惜他们两个人，经常为她的上学问题发生口角，由于家庭经济困难，继父想让他的孩子上学，母亲为此与他争吵。她为自己的母亲担心，怕她母亲因此失去了丈夫；又为自己担心，怕她自己因此失去了学习的机会。她很害怕，很矛盾，不知道自己该怎么办？她很想告诉老师，又怕老师笑话；很想告诉老师，又怕同学们知道了，不好意思；很想静下心好好学习，可是回到家，一看到母亲的愁容，就什么也看不进去了。

我想了一会，就对她说：“你问你爸爸叫过爸爸吗?”她说：“没有，”我又问：“为什么?”她说：“叫不出口。”就告诉她：“问题实际上出在你身上。你在感情上，不能接纳你爸爸，是你们家庭出现问题的总根源。你要主动关心你爸爸、关心他的工作、关心他的情绪，让他回到家，感受到家庭的温暖，享受到家庭的温馨。你要能做到这些，我想你们家庭的问题就可以解决了。你上学的问题，也就不是什么困难了。”后来，我又在电话中，把情况向她的父母说明，特别是她的爸爸，感受到女儿对他的关心后，十分感动，在电话中表态，困难再大，也要供应女儿上学。现在，孩子没有什么心理负担了，学习成绩也不断提高了。期中考试，她已经跃居班级的第三名了。现在已经成为活泼乐观、奋发向上的好学生。

【参考答案】上文中的老师抓住学生心理，注意倾听，真诚为学生着想，注意拉近和学生的心理距离，从而取得了成功。

练习二：

题目：说说这位老师沟通艺术的高明之处。

远程培训以后的一堂课上，我发现班里有个学生上课发言很积极，是个可爱的男孩，我也对他另眼相看，认为他是个可塑之才。没想到他做的是另外一套。做作业时动作很慢，思想很不集中，回家作业经常不做，即使做了，也做不完整，书写相当潦草……每天不是科任老师就是学生向我告状。于是，我找他谈话，希望他能遵守学校的各项规章制度，以学习为重，按时完成作业，知错就改，争取进步，争取做一个他人喜欢、父母喜欢、老师喜欢的好孩子。他开始是一副爱理不理的样子，后来口头上答应了。可他又一如既往，毫无长进。

为了有针对性地做工作，我再次找他谈话，谈话中：“想改正错误吗？想做一个受他人欢迎的孩子吗，你要怎样做才好呢？”“我今后一定要遵守纪律，团结友爱，认真完成作业……”“那你可要说到做到哟！”“好！”后来，他无论是在纪律上，还是在学习上，都有了明显的进步。当他有一点进步时，我就及时给予表扬、鼓动他。使他处处感到老师在关心他。他也逐渐明白了做人的道理，明确了学习的目的，端正了学习态度。

为了提高他的学习成绩，我特意安排一个责任心强、学习成绩好、乐于助人、耐心细致的女同学跟他同桌。事前，我先跟这个女同学进行了一番谈话：“为了班集体，不要歧视他，要尽你自己最大的努力，耐心地帮助他。”这位同学满口答应，并充分利用课余时间或课堂时间帮助他。有时，这位同学也会产生一些厌烦情绪，说他不太听话，不太乐学……此时，我就跟她说：“要有耐心，慢慢来。”后来，他取得进步时，除了表扬他，我还鼓励他们说，这也离不开同学们的帮助，特别是这位同学的帮助。在同学们的帮助下，他学习上更努力了，纪律上更遵守了，劳动也更积极了，成绩也有了很大的进步。后来，有一次我找他谈话时，他说："老师，某某同学这样关心我，爱护我，帮助我，如果我再不努力，对得起她吗?"我笑着说："你长大了，懂事了，进步了。我真替你高兴。"①

【参考答案】作为一名教师，他尊重每一位学生。以关爱之心来触动他的心弦。"动之以情，晓之于理"，教师通过同学之间的教育、感染，引导同学实现理解和沟通，促进了同学间的情感交流，在转化后进生工作中就能达到事半功倍的效果。

三、说服语及练习

说服教育是教育活动的一种重要形式，是教师通过摆事实讲道理，借助言语、事实和示范，把外在的社会角色规范内化为说服改变对象的道德认知，从而改变其态度或使其行为趋于预期目标行为的活动。

（一）说服语的内涵和作用

20世纪80年代以来，当代中国说服教育方法变化十分迅速，这种方法的演变昭示着人们说服教育观念的变革，根据这种演变，我们认为说服语是指教师在教育活动中，讲述生动的事例，阐明正确的道理，影响、改变学生原来的观念和态度，引导其行为趋向预期目标的语言。

由于今天的说服教育，注重发挥学生在教育活动中的主体作用，注重说服活动中学生对道德的认知和内化，因而它成为对学生进行思想道德教育的重要形式。

（二）运用说服语的要求

说服语发挥教育作用的前提是要学生"服"。这个"服"是口服心服、信服、折服、心悦诚服，要达到这样的境界就必须具备以下条件：

1. 了解理解学生是"说服"的前提

从教育活动中师生双方平等对话关系看，说服不应当是教师的"独白"，而应当是师生互相影响的过程，所以有人认为说服就是协商，目的是要双方达成共识。要使学生为教师的"说"所"服"，在"说"前、"说"中，教师必须了解说服对象的情况和心理，对症下药；也必须设身处地地理解说服对象，了解说服对象的需要和接受理解的方式，主动采取满足其

① 《小学班主任思想教育案例分析》. http://www.ndzx.net/article.asp? id=20050820014。

需要，适应其接受理解特点的说服方式，“投其所好”。

2. 值得信赖的人格是最有效的“说服”手段

教师良好的人格是“最有效的说服手段”。学生对教师的品格、素质和动机是否信赖，决定着说服能否成功。有一种“寻因理论”认为：被说服者总是在寻找说服者的动机，“为什么说服我”、“为什么这样说”，被说服者总是首先从动机上理解说服行为，据此判断说服的真实用意，是善意的还是恶意的，从而决定是服从还是拒绝。在教育实践中，一个学识上为学生所推崇、师德受到学生尊敬、对学生充满爱心的教师，他的说服教育就容易为学生所接受。在说服过程中，教师还必须给予学生“说”的权利和机会，而不是把他当成无知而需要自己灌输的人；能够倾听他们所“说”，而不是把学生当成驯化的对象。

3. 就事论理，以理服人

说服的主要方法是摆事实讲道理，通过就事论理，以理服人。这个“理”可以是道理、事理、思想，也可以是见解、认识。对学生进行说服教育时，应当根据他们的思维特点，摆事实、讲道理，多用比喻、对比的形式。总之，从以情感人入手，实现以理服人。

（三）说服语的类型及案例分析

1. 直接说服。就是说服时正面摆事实讲道理，不绕弯子。

【文本示例】

有一个男学生在左耳朵上戴了一个耳环，不少教师要他把耳环摘下来，但毫无效果。于是，主管学校德育工作的李老师把这个男学生带到办公室，李老师先让他坐下，然后心平气和地和他谈心。李老师问他：“耳环什么时候戴起来的?”不回答。僵住了，怎么办？李老师换了一个问法：“扎耳孔痛吗?”

他终于开口了，说：“痛。”

“痛为什么还要去扎呢?”

“扎了可以戴耳环，戴上耳环很威风。”

问题弄清楚了，戴耳环是为了显威风。

李老师又问：“什么时候戴的?”

“昨天。”

“什么人叫你戴的?”

“一些朋友。”

“同学吗?”

“不是，是校外的一些朋友。”

“他们都戴了吗？”

“是的。他们说，我们一起都这样戴耳环，走出去，别人就害怕，我们就威风。”

看来，这个学生戴耳环，一是为了朋友义气，二是不懂得人的服饰应符合人的社会身份要求。于是，李老师从耳环的历史和个人的社会身份与服饰的关系做疏导工作，说：“古代人为了追求美和出于某种避邪的心理戴耳环。随着文明的进步，人们的审美观也逐渐发生了改变，认为姑娘、妇女戴耳环，可以给人以美感。男子戴耳环，则没有这种美感。某些民族中，至今也有男子戴耳环作为装饰，但那是带有迷信、驱邪等原始文化的痕迹，或者是因为这个民族特有的某种审美情结。所以，其他民族的男性一般不会刻意改变自己的审美心态，标新立异地戴上耳环。”

这时，男学生说：“马拉多纳也戴耳环。”

李老师说：“马拉多纳是戴耳环，他是通过戴耳环来表现作为球星的特别，以招引球迷们的注意。一个唱摇滚歌曲的，再夸张变异的装饰，大众也会认可。但是，如果美国总统克林顿也戴耳环去竞选，那一定会招来非议，损失许多选票，甚至落选。这就是服饰应该符合个人的社会身份、符合社会大众的审美标准。将来如果你是个企业家，也是这种装扮，也许没有人敢与你的企业打交道。因为戴耳环毕竟不是正经生意人的打扮。”

通过谈心，这个男学生终于自己把耳环从耳朵上取了下来，并表示再也不戴了。①

分析：李老师的成功说明，正面说理，首先要把握学生思想问题的关键所在，才能有的放矢。而且，“说理”不能只讲套话、空话，而是要因势利导，用丰富的知识说古论今，旁征博引，才会令人信服。

2. 间接说服。就是说服时，不正面摆事实讲道理，而是言彼意此，将道理寓于其中，让学生自己感悟，或者教师在最后点明。

【文本示例】

新转入某班的王方，作业马虎、潦草。班主任把他叫到办公室，拿出一本字迹工整的作业递给他，说：“你看这位同学的作业写得怎么样？”王方看了一眼，没说什么。班主任又拿出一本字迹潦草、错误较多的作业给

① 陈国安、王海燕、朱全明、郑红勤编：《新编教师口语表达与训练》，上海，华东师范大学出版社，2007。

他。说："你看这本怎么样？"王方又看了一眼，说："跟我差不多。""你再看看两个作业本的名字。"这一回，王方疑惑了："都是李林的？"班主任抓住时机，诚恳地说："差的一本是李林去年的作业，这一本是他今年的作业。"然后，亲切地说："你今年的作业和李林去年的作业差不多，但这不能说明你会永远这样。李林同学经过半年的努力能写出工整漂亮的作业，老师相信你一定会像李林一样，用不了多少时间就能将作业写好。"①

分析：要随机施说，也就是顺应事物发展的客观变化，掌握"机缘"，灵活处理。说服中根据情势的发展，有时顺水推舟，有时顺事说理，有时顺势成趣，自然贴切，易为人所接受。如果对方抵触情绪较强烈，一时难以接受意见，说服者可稍作让步，从长计议，不宜急于求成。说服中不宜正面发生冲突，应当考虑对方的自尊心，说些宽宏、体谅的话，给别人留点面子，避免伤了感情，这样能使对方重视你的意见，转变态度。

（四）训练及检测

1. 学生自测

题目：讨论，说说老师话语的魅力从何体现。

给孩子出道选择题

学生向老师请假去参加表姐的婚礼。老师问道："告诉老师，你去能给表姐帮什么忙？抬东西吗？要不就是管理事情？"看着学生直摇头，老师温和地说："老师知道，去吃你表姐的喜糖是你盼望已久的事情。如果她在节假日结婚，我们不上课，能去当然好。可现在情况不同，明天数学、语文都学新课，连你们活动老师也说，明天活动课上还要搞小制作比赛。你要是不来上学，那损失有多大呀！假如你只是想去凑热闹，那太不划算了；想吃好东西，可以让你爸爸、妈妈给你多捎些回来。"学生站在老师面前，眼睛里有泪珠在滚动。"这样吧，老师已帮你把事情分析了，对你请假的事，老师不说'行'，也不说'不行'。至于怎样办，你今晚可以回家再好好考虑一下。"②

【参考答案】在这个例子中，老师就学生请假进行说服。首先开门见山

① 国家教育委员会师范教育司组编：《教师口语训练手册》，北京，北京师范大学出版社，2008。

② 张玉梅：《给孩子出道选择题》，载《山东教育》，1997（1）。

向学生提问，让学生明白，他去参加婚礼帮不了什么忙；接着对学生想参加婚礼的心情表示完全理解。然后一一细数明天的学习任务。在摆清两方面事实的基础上，老师进一步通过假设分析了请假的后果：学习上有很大的损失，不划算，说明了不同意的道理。至此，事实摆明了，道理也说了，但为了让学生接受说服，老师非常有人情味地用“让爸爸、妈妈捎些好吃的回来”这个主意安慰他。而学生，虽然没有继续坚持要请假，但眼睛里的泪珠表明他还未被说服，这时老师并没有强迫学生接受说服，而是给了学生继续思考、自主选择的权利。

2. 老师考评

题目：分析下面这则材料，看一下这位老师是怎样说服学生的。

有个国文老师对家境阔绰的学生格外垂青，而对寒酸的苏青表现出极不信任，认定他的作文是抄袭的，还讽刺说：“你还能做出这样的文章？哼！”这以后，上国文课成为苏青最反感的事，他经常逃课。另一个老师碰到他了，对他说：“你父母送你到学校来干什么？”苏：“学习。”师：“向谁学习？”苏：老师。师：“你课都不去上，怎么向老师学习？你父亲从家里挑米来交学费，你年年背榜，怎么对得起省吃俭用的父母？”话音刚落，苏青鼻子一酸，眼泪就掉了下来。老师继续说：“你成绩不好，不是因为你不聪明，而是你自己不好好学习。做人要有志气，只要自己争气，别人才能瞧得起你。”老师的话让苏青猛然醒悟，从此一门心思学习。①

【参考答案】老师的说服能有效果，就是用父母的真心付出的爱子情感打动了苏青，所以，以情说服常常可以触及当事者心灵深处，得到认同，最后达到改变的目的。

四、启迪语及练习

（一）启迪语的内涵和作用

启迪语就是教师在教育活动中用来启发学生自我教育的积极性与主动性，引导和促进学生积极主动进行自我教育的语言。其形式多样，包括报告、发言、谈心、讲话等。

启迪语有助于学生开发学生思维，提高学生的语言能力、理解能力，调动其主观能动性。

---

① 张利：《名师最有效的鼓动智慧》，126页，北京，九州出版社，2006。

（二）运用启迪语的要求

启发式的教育思想是我国教育思想中的优秀传统。运用启迪语，是教师通过富有启发性的语言引导学生感悟，把道理说出来的是学生。因此，它具有以下要求：

1. 要符合实际

启迪语要切合学生的思想实际和认识水平，选取学生最易接受的角度和直观形象的事、物，调动学生积极思维。

2. 相信并赞扬学生

在教育活动中，教师必须对学生有信心，要让学生从教师的语言中感受到期望和信赖。赞扬是有指向的启迪，积极评价学生的思想转化能增强学生内心的愉悦情感，从而促进他们去行动。

3. 富有责任感和耐心

任何一件事都不是一蹴而就的，思想的启迪也同样如此。因而教师在启发教育时一定要有责任感和耐心。责任感和耐心是任何职业都需要的，教育是良心工程，这更要求教育工作者具有高度的责任感和耐心。

（三）启迪语的类型及案例分析

在启发教育过程中可以使用的启迪方式有许多种，教师要根据不同的教育对象选择不同的方法。

1. 提问引导法

提问是提出问题启迪学生思维，引导思维的正确方向的口语表达方式。这是启迪语最常使用的形式。提问的方式很多，有诱导式、过渡式、比较式、追踪式等，但在提问过程中要注意，千万不可以把提问变作责问、盘问和逼问。

【文本示例】

两把椅子与一根炉柴

一次校会，邻班同学损坏了我班一把椅子，虽经修理后还能用，但一不小心它就嘎嘎吱吱地“呻吟”。这天全校锯炉柴，操场上摆满了各班的椅子。回到教室总结时，老师发现那把坏椅子不见了，而多了一把新椅子。同学都推说不知道，班长也支吾。老师明白：一定是同学趁机用坏椅子换了邻班的新椅子。老师正在琢磨该怎么教育同学时，一年级的小同学拖着一根炉柴进来了。“老师，这是你们班的炉柴，我们班的同学不小心拖错了，现在给你们送来。”老师心里一动，连忙拉住她问：“你为什么要把炉柴送回来呀?”“因为炉柴是你们班的，我们不能要。”老师故意问：“假如我们班的同学从前故意拖过你们班的炉柴，现在你们发现错拖了我们班的炉柴后，你们还会把炉柴送回来吗?”“那样我们也会把炉柴送回来的。”“为什么呢?”“因为……因为我们应该这样做。”她大声回答。于是我转向我们班的同学：“大家说她回答得好不好?”“好!”教室里响起一片掌声。一些同学此时明白了老师的用意，不自然地低下头。下课后，班长和几位同学一起搬起那把新椅子，向四班教室走去。①

分析：这个例子中的老师，发现问题后没有批评学生，而是在“琢磨该怎么教育同学”，一个“琢磨”就显示出老师的智慧。果然，他借用小同学还炉柴的机会，向她提出了三个启发性的问题，而小同学的回答恰好成了老师教育本班同学的材料。在此基础上，老师反问大同学“她回答得好不好”，不着痕迹地让本班学生在肯定小同学行为的同时否定了自己先前的做法。不用批评的方法，没有长篇大论的说教，就在与小同学的问答中，启迪本班同学用实际行动改正了自己的缺点。如果教师要进行的教育内容对班级同学具有普遍意义，这种启迪引导也可以利用班队活动、采用班集体讨论的形式进行。

2. 类比分析

类比是用举例来说明事物，讲清道理的口语表达方式。分析是在教育口语中通过分清事物的主次、表里、本质与非本质来引导学生对客观事物作出的评价。类比分析可以使抽象变具体，模糊变清晰，还可以比较出两种事物的异同，给学生留下更直观的印象。

【文本示例】

某一年级班主任给学生讲解《小学生守则》第10条：“诚实勇敢，不说谎话，有错就改。”首先解释“诚实”：“诚实”是什么意思呢？心里想的、嘴里说的和行动上做的一个样儿，就叫诚实。比如不骗人家的东西叫诚实；做了错事敢于承认也叫诚实。列宁爷爷小时候到姑妈家玩，不小心把花瓶打碎了，当时列宁没有承认花瓶是他打碎的。好几天，他茶饭不思，心里总觉得对不起姑妈，后来在妈妈的教育下，就主动写信向姑妈承认了错误，所以姑妈说他是个诚实的人。②

分析：教师先用通俗的儿童化口语解释“诚实”的意思，接着列举

① 米子永：《两把椅子与一根炉柴》，载《河北教育》，1997 (1)。

② 湖南省教育厅组织编：《口语下》，2008。

“不骗人、不说谎话”等情况做具体说明，再用列宁小时候勇于承认错误的例子生动形象地表明诚实的小孩应该怎样做。这样，教师通过类比列举的方式将抽象的概念变得具体、鲜明了。

榜样暗示法

和前一种方法相比，榜样暗示法也要通过举例比较进行引导教育。但不同在于，类比分析法所举的例子不一定都是正面的例子，而榜样暗示法所举例子肯定都是正面的。和类比分析法相似，教育者的观点隐含在榜样的言行中。

【文本示例】

那是上个学期周一下午的第一节课，由于学生家长临时来访，耽误了我上课的几分钟时间。当我匆匆来到教室站定时，同学们正准备习惯性地齐声喊：“老师好！”我急忙将右手食指放到嘴角，做了一个制止的动作。此举让全班学生都感到十分惊讶，他们的眼神好像在说：老师为什么要制止我们呢？面对一双双急于寻求答案的眼睛，我灵机一动，心想这不是一次很好的教育机会吗？还可以针对学生、针对实际，来一次现身说法。

于是我提问：“请同学们说一说，老师刚才为什么要制止你们的问好？”经过短暂的平静思考后，立即就有一只只手举了起来。“老师来迟了，不好意思。”“怕我们的声音吵到别人。”“那么，请同学们说一说，在日常生活、学习中，哪些事例说明心里是想到了别人的？”（我顺势引导学生，让学生自己回答。）学生一下子打开了话匣子：“碰掉了同学的文具盒，我立即捡起来并向他道歉。”“有一次我到老师办公室问一道题，看见老师趴在办公桌上休息，我就轻轻退了出来。”“爸爸妈妈上班累了，我就倒杯水给他们喝。”看到一张张真诚的脸，我感到十分欣慰。①

分析：本例中的启迪语是非常成功的，其中值得我们学习的主要有两个方面。首先，言传和身教相结合，给学生以诚信之志。捷克教育家夸美纽斯曾经说过：“教师的职务是用自己的榜样教育学生。”教师的身体力行本身就是一种教育。其次，学习与行动共发展，让学生有锻炼的场所。做人的最起码要求，就是要具备爱心，而爱心的培养，就来源于生活中的点滴。中小学生天生好动，要使他们好动的个性得到很好的发展，朝着正确的方向发展，引导尤为重要。这一节课教师采取了现身说法的教育方式，

① 邹云云：《一个案例的启迪》。

让学生有学习的对象，并适时引导，启发他们从小事做起，从身边做起，也就是让他们在现实生活中形成正确的道德观念。

（四）训练及检测

1. 学生自测

练习一：

题目：如果作为班主任，当你发现班上有些学生上课不听讲，或看课外书，或睡觉，或玩手机，你如何在班会上运用启迪的方法，向学生谈不听讲的危害，让他们愉快地接受你的劝说，及时加以改正？

【参考答案】少壮不努力，老大徒伤悲。

练习二：

题目：分析一下这位老师使用了怎样的启迪语？

上体育课时，小明从小松树上扯下叶子撒在周围同学身上，还用叶子戳人，有同学告到我这里。

我用手指着小松树对周围的同学说，看这棵小松树长得多么可爱、多么漂亮，像我们的小朋友一样可爱。是吗？是的！大家想想，小叶子就是小松树的头发，我们扯它的头发，它会不会疼啊？大家异口同声地说：会。你们用手扯下自己的头发，看疼不疼？只听得“啊哟”声一片。那么，小松树也会感到疼，我们是不是要爱护它呢？要，学生齐声回答。大家看，我们不但要爱护小松树，还要保护环境，你们看这树叶撒了一地，我们要怎么办？话音刚落，大家都争先恐后地捡了起来，小明也主动跟随着捡了起来。①

【参考答案】使用了设问引导法，一步一步，启发诱导学生，通过自我感悟明辨是非，实现自我教育。

练习三：

题目：按要求在后面的横线处写上启迪语。

（1）几个学生为抢看一本连环画而动了手，老师对他们说：________

（2）有一位同学抄了别人的作业，老师对他说：________

（3）学校组织徒步春游，小红怕苦，借口家里有事向老师请假，老师对她说：________

【参考答案】（1）同学们，君子可是动口不动手的哦！你们看一下你们

---

① 徐新伟：《刷新“惩罚”//薪火相传的爱》，153～154页，南京师范大学附属小学（内刊），2005。

要做君子政治家还是小人。(2) 别人的作业就像别人的鞋一样，我们怎么能穿别人的鞋走自己的路呢？(3) 小红，你还记得红军叔叔们吗？红军当年长征可是走了十几万里路，可是你听说过有人害怕苦就不走的吗？

2. 老师考评

练习一：

题目：阅读材料，讨论说说老师启迪语的妙处。

女生把眉毛描得又细又长，把小嘴抹得嫣红嫣红的。老师约她到湖边，和她进行了谈话。“你喜欢这满湖的荷花吗？”

“当然喜欢啰。”

“它们这么美丽，是哪位画家把它们画成这样的吗？”

“不是，是它们自己长成了这样子。”

“对，它们的美丽正因为它们自然天成，没有斧凿之痕，就是说没有任何人为的加工，它就这般美丽。”

“哇！我就是喜欢这个！”她忘情地叫了一句，然后痴痴地注视着千姿百态的荷花，并没有意识到老师与她谈话的动机。于是老师进一步启发道：“如果拿起画笔给那朵荷花再添上几笔，你以为怎么样？”

“完全没有必要”，她毫不犹豫地说。

老师抓住时机，因势利导地说：“是啊，你们儿童，正如这争奇斗艳的荷花，浑身散发出一种自然的、朴素的美。这种美是最高洁的美，什么人工美也比不了。如果硬化妆粉饰，只会破坏了它们的自然美。”

“老师，我上您当了。”还没等老师说完，她便狡黠地叫道。说完扮了个鬼脸，又俯身掬起了一捧清水……①

【参考答案】例中的老师根据教育内容精心选择谈话地点，创设出一个非常合适的教育情景，所以说服教育的痕迹被淡化，学生毫无戒备心理，在老师的引导下，顺利地理解和认同了教师的观点，因而当老师点破说服教育的主题：儿童美在自然时，学生接受老师的教育就水到渠成了。

练习二：

题目：下面这段对话中，教师是怎样运用启迪语形式教育小强的？结合这个例子说说运用这种形式的好处是什么？

① 郭启明、赵林森：《教师语言艺术》（修订本），189～190页，北京，语文出版社，1998。

大雁正好从头顶上飞过

二年级有一位小同学站队时总是拖拖拉拉不想站，他不是在教室里磨蹭，就是跑到一边去玩儿。一天，放学站队的时候，那位小同学在后面磨蹭着玩儿，这时一群大雁从头顶上飞过，老师把那位同学叫过来，拍着他的肩膀说："小强，你看见了吗？这群大雁排队排得多整齐呀，它们一会儿排成个'人'字，一会儿排成个'一'字，没有一个不守纪律的。你知道它们为什么没有一个不排队的吗？"小强说："不知道。"老师接着说"因为那样会脱离集体，会掉队，掉队就会迷失方向、遇到危险。"小强渐渐明白过来，说："老师，我懂了。连大雁都知道排队，我以前还不如大雁呢，我要向大雁学习。"以后这位小同学站队时真的不再磨蹭了。①

【参考答案】老师的启迪语符合小孩子的心理特征，借有组织的高飞大雁在一问一答中使孩子明白了不能逃离群体的道理，孩子愿意接受老师这样的启发式教育。

练习三：

题目：分析下面一则材料，说说这位老师的启迪语有什么作用。

全国各界人士捐钱捐物为贫困山区的孩子献爱心。为了使学生理解"希望工程"的意义，激发学生刻苦学习的精神，老师组织举行了"希望在我心中"主题队会。主题队会结束时，辅导员说：同学们，"希望工程"是对我们贫困山区孩子的关怀，我们中有60名队员被列为救助儿童，对这件事我既高兴又难过：高兴的是有了这些资助，同学们能够安心学习了；难过的是，我在想，为什么我们这里这样贫困，自然环境不好是一个原因，但还有一个重要原因就是文化教育落后。文化教育落后造成各方面的落后，导致贫困。因此我殷切地希望你们要发愤学习，掌握科学知识，将来为摆脱贫做贡献，用实际行动来回报全国人民对贫困地区孩子的关心、爱心。

【参考答案】这个例子中，学生被资助而能继续学习，这是一件高兴的事，为什么辅导员会难过呢？当他把难过的原因之一——文化教育落后导致贫困分析出来后，再要求同学发愤学习，就容易被学生内化为自己的目标。

① 同上书，288页。

五、表扬语及练习

（一）表扬语的内涵和作用

表扬建立理想，惩罚形成伦理。表扬是指在教育活动中，对学生个体或群体所表现出来的良好的思想品质、言语行为给予肯定性的评价。目的是强化被表扬者的良好表现，将这些言语行为巩固起来，也为全体同学树立榜样。

（二）运用表扬语的要求

1. 真实性原则

表扬的真实性体现在两方面：一是表扬时教师的感情要真诚，不勉强做作。一个真正热爱学生的教师，会用欣赏的眼光去看自己的每一个学生，会为学生的每一点进步而欣喜，会发自内心地去赞赏他鼓励他，切忌为表扬而表扬的形式主义。二是表扬的事实要准确，不能夸大其词。表扬的鼓动作用是建立在真实基础上的，如果表扬的事实有出入，就会适得其反，不仅不能鼓动被表扬者和其他同学，还可能使被表扬者受到同学的讥笑、孤立，也会影响教师的威信。所以在进行表扬前，教师一定要对表扬的事实进行核实。

2. 公正性原则

对教师而言，公正是对学生进行评价时应有的基本立场；对学生而言，公正是对老师评价的合理要求。教师运用表扬语的公正性，就是面向全体学生，对他们的成长与进步，一视同仁地给予肯定和鼓励，不能只看到优秀生的优点，却看不到后进生的“亮点”，更切忌想当然，凭主观印象看人，对后进生的优点、进步持怀疑态度，甚至讽刺挖苦。

3. 及时性原则

每个人在取得成绩或做了好事后，都会期待甚至渴望得到他人肯定和认可，因此及时表扬能发挥其最大的功效。在这样的期待心理上，对其行为结果予以及时的表扬，就有助于及时强化其积极进取的愿望。一旦事过境迁再择机表扬，被表扬者往往少了激动，导致良好行为因为得不到及时的强化而消退。而其他同学也不易被感动，对学生的鼓动作用就可能大大削弱。

4. 适度性原则

表扬不足会使学生自卑，教育中要提倡运用表扬。但如糖吃得太多就不甜了一样，一味表扬就会失去鼓动作用，所以，表扬忌“滥”。因为人人都受表扬就等于谁都未受表扬，某个同学事事处处受表扬也就无所谓表扬。实践告诉我们，过多的表扬非但不能激发学生的积极性，反而会将心理尚未成熟的学生诱入自恃过高的幻想，忽视自身的不足，导致听不得批评、心理承受力差等问题的产生。所以有识之士提出要将赏识教育与受挫教育并用。

（三）表扬语的类型及案例分析

1. 当众表扬

当众表扬是指在公开的场合当着众人的面进行的表扬。这是教师运用表扬手段时最常用的形式。一般说来，当众表扬因为受众多、影响大，更能使受表扬的学生产生一种荣誉感，特别当受表扬的是差生时，更能帮助他们找回自尊，树立自信心。当众表扬也能为其他同学树立榜样，鼓动作用能得到充分发挥。

【文本示例 1】

表扬的魅力

任小伟是一个令老师头疼的学生，什么恶作剧都敢做，总爱和老师唱反调，作业从来都不交。为了改变这种状况，老师对他展开了跟踪调查，发现了他无论刮风下雨，他都坚持送邻居家的小妹妹安全回家。老师如获至宝。在一节口语交际课上，老师大力渲染气氛："同学们，你们知道我们每天学习的活雷锋，他现在在哪里吗？现在他回来了，回到了我们的学校，来到了我们的班级。他整天摆出一副对什么事都漠不关心的样子，而事实上却是那么乐于助人，极富爱心和责任感。同学们，猜一猜这个人是谁？"同学们的情绪立刻高涨起来，可猜了半天也没有猜到"任小伟"这个名字。老师故意清了清嗓子，大声说："他——就是我们班的任小伟同学。"谜底一揭晓，同学们都目瞪口呆，在老师告诉大家他的事迹后，教室里才响起一阵热烈的掌声。老师又接着说："下面请同学们做小记者采访一下任小伟同学。不管什么问题，他一定会给你们一个满意的答复。"话音刚落，同学们"呼啦"一下把他围个水泄不通，再看任小伟，像一个获胜的将军一样，神气十足地解答着同学们的一个个问题，很显然，他完全沉浸在幸福之中了。最后老师作了总结："同学们，如果有问题可以直接找任小伟同学谈谈。下面我们一起总结一下，同学们都知道任小伟有不少缺点，但是缺点可以改正啊！一个雷锋式的好少年，他怎么能拒绝进步呢？我相信任小伟同学在以后的学习中，一定会做得很出色，他一定是咱们班里的佼佼者，也是我和同学们的骄傲！"①

---

① 高桂英：《表扬的魅力》，载《山东教育》，2003（24）。

分析：这是一个当众表扬的例子。教师借助于课堂这个公开的场合，对一个平时表现较差的学生进行表扬，并让学生采访他，让他体会到被同学尊重的幸福，唤起了他的自信和自尊，从而促进他的自强。同时，采访这一形式，很巧妙地给同学创造了一个学习机会，也充分发挥了榜样的鼓动作用。

【文本示例2】

一天早操后，教师发现朱绍敏拖着鞋在队伍中别扭地走着。她估计朱绍敏不停下提鞋是为了保持队伍的整齐，觉得这正是集体主义教育的好材料。回到教室后，教师让朱绍敏说明不提鞋的原委，然后表扬说——师：她的思想多好啊！她脑子里想到的是什么？生：是集体！师：对呀！她心里想到的是集体。为了队伍整齐，她硬是拖着鞋子走路；为了集体，她宁可自己走路不方便。她爱护集体的荣誉，让我们用热烈的掌声感谢她……①

分析：这段话，教师表扬朱绍敏“思想好”、“爱集体”、“心灵美”的话语热情感人。其中感叹句的使用充满着赞美之情，不仅使当事人受到了鼓励，全班同学也受到了感染和教育。

2. 个别表扬

个别表扬就是在非正式场合，或与学生个别交谈时，进行的表扬。为了更好地了解学生、帮助学生、与学生沟通，老师常常与学生单独相处，就学生的学习、生活等话题，与学生进行交流。这时从表扬入手，学生就会特别感动，交流沟通也会更加顺畅。

3. 随时夸奖

教师在与学生的频繁接触中，会随时看到学生言行中的闪光之处，这时老师及时表扬他们的点滴进步，能够强化学生的意识，巩固这些好行为，培养学生形成良好的习惯，而不必拘泥于在正式的集体场合表扬。

【文本示例】

我刚接一个新班，班里有一名叫沈勇的同学，是一位全校闻名的“刺头”，为了做好他的转变工作，我多方观察、了解，努力寻找突破口。有了，这孩子乒乓球打得特别好。于是，我找机会邀他打乒乓球，打完球之后我们之间有一次气氛融洽的谈话：“沈勇，我连输三局，好惨哪！看来你

① 国家教育委员会师范教育司组编：《教师口语》（修订本），北京，语文出版社，2001。

这'乒乓大王'真是名不虚传!"

"老师,您就别夸我了,我是挨惯批评的人,听了夸奖受不了。"

"那好。不过我有一个问题想不通,请你帮我想一想。"

"老师,什么问题,我能行吗?"

"我听到有人称你为'双差生',我原来想这个学生可能很笨,可你的'乒乓球技术'让我觉得你一点也不笨,相反你简直聪明过人,伶俐出众,我实在是不懂你怎么会成绩不好。""老师,我……"

沈勇一时语塞。"这样吧,你给我讲一讲你的'乒乓技术'是怎样练出来的?"

我又故意把话题岔开,沈勇详细地介绍了他练球的过程。我接着说:"很好,你爱打球,打得勤,打得多,长年累月从不间断,你的经验可以归纳为四个字——刻苦、勤奋,这就是你成功的秘诀。"沈勇看看我,不做声,但面孔上的自豪还是掩饰不住的。我继续说下去:"是呀,沈勇同学,你如果把这种精神用到学习上,那成绩也会不得了喽!"

沈勇露出了笑容,又经过一番交谈,我与他约定:"以后你帮我学打乒乓球,我帮你学习语文怎么样?"沈勇欣然接受了,最后我追加一句:"三个月后,我可不再认输啦!我要'争翻身,求解放'!"他会心地笑了。此后,沈勇果然不负我的一片苦心,一个阶段下来,他已有显著变化。一学期后,沈勇的学习成绩飞跃,进入班级中上等行列。①

分析:该老师寻找突破点,从学生的优点出发,以夸奖学生作为其进步的动力。

(四)训练及检测

1. 学生自测

练习一:

题目:自由结合两人一组,先想想对方有什么优点,然后夸夸他。

【参考答案】本题自由练习,无固定答案。

练习二:

题目:在学校大门口,班主任遇到班长带领着几个同学,他们是前往一位孤寡老人家打扫卫生的。请你设计:

(1)采用"随时夸奖"的方式,对几位同学进行表扬。

(2)运用公正性的原则,在第二天的班会课上对他们进行当众表扬。

① 吕建国主编:《普通话与教师口语教程》,广州,广东旅游出版社,2003。

【参考答案】(1) 你们表现真不错，大家的爱心值得向全校同学推广。(2) 昨天，老师遇到班长带领着几个同学前往一位孤寡老人家打扫卫生，看着大家热情洋溢地为老人们做一些力所能及的事，老师欣慰极了，我们班同学素质真的不错，希望大家多向这些同学学习。

2. 老师考评

题目：阅读下面材料，帮王老师找一找，他错在哪里？

李红是少先队中队长，不仅学习好，工作也很出色，深得同学、老师信任，并时常受到班主任王老师的表扬。可是不知从什么时候开始，李红的工作变得平平了，人也失去了以往的开朗和干练。王老师想，也许是李红需要鼓励和鞭策了，于是表扬得更勤，规格也更高了。直到有一天，李红跟王老师说："请您不要再当众表扬我了。"王老师感到奇怪："不表扬你，难道你愿意听我批评不成？"李红为难地说："您总表扬我，别的同学都不理我了。"原来，王老师对这个中队长过度赏识，而忽视了其他班干部的作用。有的同学就对李红说："我们干得再好王老师也看不见，以后有什么事你就自己干吧！"也有的同学说李红就会自己逞能。王老师万万也没有想到对李红的表扬却把她孤立了起来，挫伤了更多学生的积极性。①

【参考答案】这个例子提醒我们，表扬是把双刃剑，运用表扬语时切忌因为表扬一个或几个同学，而挫伤了那些未被表扬的同学的积极性。

六、鼓动语及练习

（一）鼓动语的内涵和作用

鼓动语是教师在学生有畏难情绪、信心不足时，帮助他们树立信心，推动他们前进的教育语言，也是在学生取得一定成绩，鼓动他们向更高目标迈进的教育语言。

鼓动语表达了对学生的肯定与鼓动，能帮助激发学生的自信心、上进心。鼓动语着眼于对学生未来言行的期望，但一般不单独使用，而是常常与别的教育语言结合使用，在表扬、批评、启迪后，用鼓动语激发学生的信心，指出努力的方向。

（二）运用鼓动语的要求和特点

在教育实践中，鼓动语常运用在一些比赛活动或集体活动开始前，以此激发活动参与者的信心与热情，也常常运用在集体活动的结束时，如主

① 关颖：《表扬孩子的必要性、科学性、艺术性》，载《少年儿童研究》，2003 (10)。

题班队活动结束时教师的讲话、与学生个别谈话时的结束语等，以此鼓动学生向更高的目标努力。它的特点是：鼓动性强，赞扬性强，刺激性强，效果明显。

（三）鼓动语的类型及案例分析

1. 夸奖式

通过夸奖学生的某方面长处，唤起他们的自信，从而鼓动他们向着某一目标迈进。

【文本示例】

一位男学生因故迟到了，气喘吁吁地走进教室。

生：老师我来晚了。

师：（看到学生满头冒着热气、着急的样子，同情又语调缓和地说）怎么，发生什么事了？你从来没迟到过呀！

生：汽车半路坏了，我跑来的。

师：为了学习，为了班级荣誉，你能跑来上学这很好。下次应早点走，有备无患。

生：请老师放心，我记住了！①

分析：激发刺激的语言，一般富有激情的语词、热烈的语态、激昂慷慨的语调用以感染学生，调动学生的积极性，使学生增强信心。说这样的话，语速宜稍快，重音要明显。

2. 启发式

通过分析，激发学生自我行动的愿望，从而实现目标。

【文本示例】

四块糖果

陶行知在育才小学当校长的时候，有一次看到一个叫王友的同学用泥块砸班上的男同学，当即制止了他，并让他放学时到校长室来一趟。放学后，陶行知来到校长室时，看到王友已经在门口等着了。陶行知掏出一颗糖递给王友说："这是奖给你的，因为你按时到了，而我却迟到了。"接着又掏出一块糖，"这第二块糖果也是奖给你的，因为当我不让你再打人时，你立即就住手了，这说明你很尊重我。"王友更惊异了。陶掏出第三块糖说："我调查过了你打那些男生，因为他们欺负女生，这说明你很正直善

① 娄志校：《教师口语训练》，北京，华语教学出版社，1998。

良！”王友流着眼泪后悔地喊道：“陶……陶校长我错了，我砸的不是坏人，我砸的是自己的同学啊！”陶行知满意地掏出第四块糖说：“为你正确认识错误，我再奖你一块糖果，我的糖果完了，我看我们的谈话也该完了吧！”①

分析：在这个真实的故事中，陶行知先生在与学生谈话前，通过调查了解学生动手的起因，从中看到学生具有正直善良的品行；他从学生按时来到办公室愿意接受教育的行动中，看到了学生愿意改正缺点的良好本质，加以肯定；他不因为学生是犯了错误来接受教育的就歧视他，而是平等对待，以礼相待。他处处发现学生身上的闪光点，所以一再地肯定他的优点，加以表扬，激发出学生改正缺点的自觉要求。

3. 激将式

这是用刺激性的话或反面的话鼓动学生去做原来不愿做或不敢做的事。

【文本示例】

某校三年级（A）班，“做时间的主人”主题班会即将结束。

师：珍惜时间是一个人的美德，懂得珍惜时间的人，生命才有价值。大家都表示要做时间的主人，还订了“惜时公约”。对于公约规定的几条，有没有不赞成的？

生：没有！

师：既然大家一致通过，我们就应该说到做到。现在我们把“时光老人”赠送给我们的礼物——时钟挂在教室后面，让它来监督我们，好吗？

生：（热烈鼓掌）好！

师：同学们注意，（稍停）还有一件重要的事情别忘了，那就是一个月后，我们要进行一次“珍惜时间的小标兵”评比活动。同学们有没有信心当标兵啊？

生：（激动地）有！②

分析：这段话的教育力量，不是来自空洞的理论阐述，而是通过生动的内容、激扬的语调激发学生做“时间的主人”，争当“珍惜时间的小标兵”。教师三句话的末尾都用问号，可以起到很好的鼓动作用。

① 张全喜：《名师批评艺术谈》，载《教学与管理》，2002（8）。

② 秦海燕主编：《教师口语训练教程》，济南，山东人民出版社，2008。

（四）训练及检测

1. 学生自测

练习一：

题目：思考：如果你是小新的朋友，你会怎么鼓动他？

小新是一名初三学生，上学期随爸妈工作的调动，转入了一个新的学校，经过半个学期的刻苦努力，小新终于跻身学校前二十名，于是信心百倍，并决心以此为起点，向重点高中进军。然而在一次奥赛中却发挥失常。不曾想在奥赛结束不久后，市里要举办一次演讲比赛，并且学校只给了他们班一个初赛名额，作为学校演讲兴趣小组组长的小新，本以为参加初赛非自己莫属，结果班主任却没让他参加，而是给了另外一个同学，所以小新现在特讨厌以前曾非常喜欢的班主任，学习也毫无兴趣，他知道这样做不对，但他很困惑，不知该怎么办才好。

【参考答案】（1）你要放平心态，老师对你可能有偏见，但你也不要因此而厌烦老师，进而厌烦学习，学习是为了你自己，你不要因一时的赌气而误了自己的前途。调整好心态，然后再找个合适的机会和老师沟通交流一下，相信你会重拾以前的自信，取得更骄人的成绩。（2）老师这次没让你去参赛，肯定有他的理由，与其心烦如麻影响学习，还不如集中精力来，争取在不久的将来把一个更优秀、更自信的自己展现给大家。

练习二：

题目：2009年春季运动会马上就要到了，毕业班的运动员为了给集体争光，在紧张复习的同时，也在不怕苦不怕累地加紧训练。请你代表全班同学，发一条短信鼓励他们。

【参考答案】心中有梦，就一定会实现。

练习三：

题目：小明在中考前每晚看书看到很晚，吃不好睡不好，心里很是忧虑。如果你是孩子的妈妈，你会怎样鼓励他？

【参考答案】孩子，中考固然重要，但身体是革命的本钱，在这紧要的关头，只有保护好自己的身体，才能有更充沛的时间和精力来迎接中考，你只要合理安排好时间，相信你定会在中考中取得好成绩。爱你的妈妈！

2. 老师考评

练习一：

题目：阅读下面一则材料，说一说这位母亲的话语采用什么方式，有什么作用？

有一个小学生数学考了30分。照常理，妈妈早就一巴掌拍上去了，但这次她却对吓得缩在一旁的孩子说：“才开学这么短时间，你就掌握了30分的知识。”学生看着妈妈，惊呆了。第二次考了50分，虽然较前一次有了进步，但他却觉得惭愧——对不住妈妈。没想到妈妈却对他说：“你一下子就提高了20分，潜力还在后头呢”。第三次，考了60分，妈妈又对他说：“不要小看这60分，这可是从量变到质变，你终于及格了。”第四次学生竟然考了100分。这次轮到妈妈惊呆了，她怎么也没想到，孩子在自己的鼓励下竟发生了这么大的变化。

【参考答案】方式：鼓励。作用：采用鼓励的方式，培养孩子积极进取的信心，让她的孩子一点一点地成长，没有一步登天的要求，而是让孩子自己一点一点有了自己进步的空间。

练习二：

题目：欣赏下面这一则材料，说说“悄悄话”的魔力在哪里？

上早操时，我发现学生队伍不整齐。我走到一个学生旁边，悄悄说：“咱们的队伍不整齐，但老师知道你自己能站好，是不是？”他点了点头。以后，我每天都到一个学生身边，跟他悄悄说上几句话，没过多久，我班的队形就不用操心了。

【参考答案】当学生出现问题时，他们都需要老师的帮助、安慰和鼓励，这时老师的期待给了他们信心，起到了良好的效果。

七、批评语及练习

（一）批评语的内涵和作用

批评是指在教育活动中，对学生群体或个体所表现出来的错误思想和不良行为的否定，以使被批评者改正，也使全体同学受到教育避免再次出现类似的问题。

金无足赤，人无完人。小学生正处于成长时期，他们对一些观点和行为有时还缺乏分辨能力，所以难免会出现这样或那样的问题，这就要求我们的教师能及时发现他们身上的缺点和不足，予以指出，并指出改正的途径，由此提高学生对是非、美丑、善恶的辨别、判断能力，激发学生的上进心，只有这样，学生才有可能健康地成长。

（二）运用批评语的要求

批评作为一种语言艺术，它的效果在很大程度上，不仅取决于教师批评的内容，而且取决于教师批评的方式和批评语言的选择。批评是一种育人手段，运用得当可以促人警醒，反之就会产生副作用。采用批评语对事物加以分析比较、评定是非优劣时，应使话语具有准确性、分寸性、亲切性和鼓动性，所以教师要慎用批评语，运用时应注意以下两条原则。

1. 尊重性原则

中国传统文化宣扬“打是疼骂是爱”，所以父母对子女、老师对学生的教育往往不太尊重孩子。但作为一个新世纪的教师，应当彻底摒弃这种旧的思想。在批评学生时，要注意尊重学生人格。

【文本示例】

有位教师上课时发现一个女生考试时夹带小抄，当该生知道老师注意到她时，慌忙把小抄塞进嘴里。下课后，老师叫她到办公室去一趟，可老师在办公室左等右等却不见她的身影，只好返回去找她，结果，发现她局促不安地站在楼梯口。老师把她叫到一边，问她“为什么不到办公室去”？她对老师说：“怕你当着那么多老师批评我。”望着这位女生涨得通红的面孔，这位老师改变了主意，不再坚持要学生进办公室了。于是，在楼梯口，老师同她进行了交谈，使她认识到了自己的错误，下决心改正。

分析：上面的例子告诉我们，学生是很在意教师批评自己的场合的，因为这关系到他们的自尊。所以当老师批评学生时，能不在教室、办公室这些地点进行批评的就不在，能不当着全体同学和其他教师面进行批评的就尽量选择无其他人在场的场合，能不点名的就不指名道姓。给学生留面子，这也是尊重学生的体现，也能更好地发挥批评的作用。

2. 引导性原则

批评只是一种教育手段，并非教育的目的，运用批评的手段是为了使学生改正缺点和错误，更快地进步，更好地成长。因此，教师在批评时应当具体分析错在哪里，为什么会错，明确指出什么是对的使学生明辨是非、心悦诚服。同时，还需要尽量给学生创造改正缺点和错误的机会。这样学生在经过批评教育后，才有可能认识错误，并在行为上得到纠正。否则，批评就失去了意义。

3. 适当性原则

批评要有效，做到“适当”是关键。这就要求批评者，不仅要选对批评的时机，还要选对批评场合和地点，要做到有节制的客观公正，恰当适度。不小题大做，尽量大事化小。

4. 艺术性原则

批评的方法多样，要讲究艺术，或严厉斥责，或委婉含蓄，或将表扬与批评相结合等。更进一步说，批评语要文明，不讽刺、不挖苦、不伤害学生自尊心。

（三）批评语的类型及案例分析

批评作为一种教育手段，运用的效果如何，很大程度上取决于教师批评的方式和批评语言的选择。俗话有“良药苦口利于病，忠言逆耳利于行”之说，注意和讲究批评方式和批评语言的选择，就是要在这苦口的良药外加上一层糖衣，使学生们愿意吃，就是要让这“忠言”变得顺耳，使学生愿意听。

1. 榜样法

这是一种正面引导的方法，或者通过表扬那些做得好的同学，或者教师自己用行动来示范，为同学提供榜样，从而间接地批评错误的言行，促进他们的自我纠正。

【文本示例】

一次课外活动时，班主任老师正要带领全班学生劳动，可是有三个男孩提出要去打乒乓球，老师本可以当着全班同学的面立即批评他们，但他看到孩子想去打乒乓心切，即使予以批评，孩子一时也接受不了，而且老师自己也正忙于组织劳动。于是他破例同意了三个人的要求。放学后，这位老师带着这三个学生参观了同学们的劳动场地，赞叹地说：“这块地现在变得多干净呀！同学们干得很辛苦，却很快乐。可惜你们没有参加也没有看到。”面对着新开垦的、平整的土地，回味着老师的话语的含义，此时此地，三个“乒乓爱好者”开始领悟到没有参加集体劳动是不应该的。①

分析：这位教师采用明话暗说的方法，从赞叹其他同学入手，暗示了三位乒乓爱好者不应该不顾集体，措辞婉转，语气平缓，但能激起学生的愧疚心理，从而达到教育的目的。

2. 肯定法

这种方法是对所要批评的事实进行分析，挖掘出其中值得肯定之处，激起同学自我批评的心理动机，从而使其获得重塑的内驱力，自觉地认识缺点和错误，进行纠正。

① 湖南省教育厅组织编：《口语下》，2008。

【文本示例】

贪玩的小海是班上特别顽皮的孩子，因为贪玩，学习成绩不好。一天，我找他谈话："小海，你真的什么都很好！你爱劳动，每次教室里的饮用水喝完了，你总是自告奋勇地去门卫处把水给换了，还有你很有爱心，每次同学有困难，你总是热心帮助，你也非常懂礼貌，每次见了老师总会很有礼貌地打招呼……"听着我的赞扬，他羞涩地笑了，那笑容中分明带着自信，带着激动。我随即又接着说："但你有一个缺点，就是学习不够努力，要是你改正了这个毛病，你真的会很出色！老师多么希望你能进步啊！也愿意帮助你，不知你的想法如何？"他主动表态："老师，我一定努力，您看我的行动吧！"①

分析：教师在进行批评之前，用了大段表扬语做铺垫，继而对其进行正面鼓动，综合运用了多种教育口语形式。上例中，教师善于捕捉学生身上的每一个闪光点，通过表扬语对其进行肯定，从而激发了学生的自信心，接着委婉指出其不足之处，在先前表扬的铺垫下，学生能很诚恳地接受批评，再对其进行一番鼓动，促进了学生思想的转变，达到了预期的教育效果。

3. 暗示法

这是一种旁敲侧击的方法，在不伤害当事人自尊和面子的情况下，把批评意见委婉地说出来。因为暗示是在无对抗的条件下互相影响的一种心理行为，不会引起被批评学生的反感和对立，从而能促成接受批评的最佳心理状态。

【文本示例】

有位教师见一位学生不愿做操，赖在教室里不出来，教师对此暂不作正面批评，而是说："你观察过动物起身后的动作吗？猫跳出窝，先把身子弓起来，然后胸腹贴地，它做的是'腹背运动'；鸭出笼，第一件事是张开翅膀猛力地扇，它做的是'扩胸运动'；小鸡出笼，连蹦带跳，一蹿老高，它做的是'跳跃运动'。看来，运动是生命的本能需要。难道我们人没有这个需要吗？我们有的人还不如那些小动物啊！"②

分析：这种委婉的批评，含蓄而不失尖锐，寓说理于情趣之中，比严

① 湖南省教育厅组织编：《口语下》，2008。

② 国家教育委员会师范教育司组编：《教师口语》（修订本），北京，语文出版社，2001。

厉的斥责或命令高明多了。

4. 幽默法

采用幽默的方法进行批评，可以避免直接针对学生错误而产生的负面影响，同时也可以使学生更加乐意接受老师对其错误言行的批评，更好地改正错误。

（四）训练及检测

1. 学生自测

练习一：

题目：假设下面例子中的这位同学是你班上的学生，现在值班老师向你告状，你准备如何对这位同学进行批评教育？

学校为了美化校园，做出规定，摘一朵花罚款1元钱。有位学生摘了一朵花被值班老师发现了。老师叫学生交1元钱罚金。这位学生掏出2元钱交给老师，随手又摘了一朵花，并对老师说："不要找钱了。"老师气得讲不出话来。

【参考答案】同学，你看，我们的校园多么美，这个美丽的校园需要大家的爱护来维持，你想想，人多力量大，你保护，我保护，有那么多人保护它，它有多幸福；但是你想想，如果你摘一朵花，我采一片叶，什么都没有了，我们还保护什么呢？

练习二：

题目：下面例子中，面对学生的正确批评，教师使用批评语，犯了怎样的错误？请你就这个教育情景，设计教师的回答语。

期中考试后，老师把试卷发给学生订正。这时，一位成绩比较差的同学发现老师判错了自己的试卷，就站起来向老师指出。这位老师根本就没有再看一下试卷，反而当着全班同学的面说："你瞧瞧你考的那分数，还有脸提问题！"

【参考答案】错误：没有考虑到学生的尊严，伤害了学生的自尊心。回答语：哦，拿过来给老师看看，看看老师是不是老眼昏花了，给你弄错了。

练习三：

题目：根据学生上课走神的教育情景，设计批评语，最好能采用暗示法。

数学课上，老师发现一位学生走神了，就把粉笔头砸了过去，还批评说："就你那数学成绩，还不认真听！拉了大家的后腿，把全班的脸都丢尽了！"从此，这位学生患上"数学恐惧症"，数学成绩一落千丈。

【参考答案】暂时停课几分钟，教育全班学生，鲁迅说，他之所以成功是因为他用了别人喝咖啡的时间来写作。他忙，他没有时间，但是他愿意挤，我们现在有时间，不用挤，为什么还不认真呢？

练习四：

题目：模拟师生交谈（想想老师会怎么说，学生又会怎么说）。

场景：老师正在上课，一位学生迟到了，他喊"报告"，打断了老师的授课。于是有一段老师与学生的交谈。

目的：引导学生认识错误。

【参考答案】师：虽然你迟到了，但是你很礼貌，如果你下一次早一些，大家就不用向你行"注目礼"了。

2. 老师考评

练习一：

题目：阅读下面的材料，说一说，这位老师的批评有什么艺术？

一次晚自习，有学生心不在焉，东张西望，看到邻桌同学有本封面精美的书时，便调过头去问："你这本书在哪里买的？我也想买一本。"这话给正好走到他身边的老师听到了，老师轻轻地对他说："我劝你最好别去买了，因为看这种书，调皮的同学会借口跟你搭腔，影响学习了。"①

【参考答案】这位老师没有点明这位同学在讲话，而是借用"搭腔"的说法提醒他，并指出了晚自习时随便说话的害处，影响自己和别人的学习。学生听到老师的这段话，自然能明白意思，但由于老师没有直接点名批评，给他留了面子，所以他也就会改正东张西望的毛病，集中注意力读书了。

练习二：

题目：有一位同学期中考试六门功课中有三门不及格，班主任找他谈话，下面是两种谈话内容。你认为哪一种谈话内容能收到较好的效果，请说明理由。

(1)"期中考六门功课，你竟有三门不及格！上课开小差，作业不肯

① 程培元：《教师口语教程》，北京，高等教育出版社，2004。

交，我看你根本不是读书的料。如果期末仍然考不好，那你就干脆不要再读下去了！”

(2) “这次你三门功课没有考好，真出乎我的意料。有人说你天资不好，我认为并非如此。恰恰相反，你反应很快，就是舍不得用功。一次考试失败了并不可怕，可怕的是无动于衷、自甘落后。我相信你一定能吸取这次的经验教训，发挥你的聪明才智，在期末考试时打个翻身仗，让事实证明你是好样的！”

【参考答案】第二种佳。原因：教师采用赞扬的方式批评，鼓动学生努力。先肯定他的长处，再指出他的不足，学生在心理上更容易接受。

八、暗示语及练习

（一）暗示语的内涵和作用

暗示语，指教师用含蓄、间接的方法给学生以启示，为激发其潜力或达到教育目的而使用的教育口语。

（二）运用暗示语的特点和要求

1. 暗示语内容含蓄委婉。它要求教育者不直接说出某事物，而只说出与它有关系的另一事物，让听者通过联想去理解其真正含义。

2. 通俗易懂，能诱发学生联想。暗示的思维基础是联想，通过语义的联系去理解事物。能否为学生理解是运用暗示语的前提条件，教师运用暗示语要旨隐意明、通俗易懂，易引发学生思考。

3. 受时、地影响较大。暗示语只能在一定情境中产生和发挥作用，因此，抓准时机、找准场合十分必要。

4. 暗示语有一定的局限性，因此，在教育过程中要考虑是否适合。

（三）暗示语的类型及案例分析

从暗示信号发出的方式来看，有以下两种：

1. 直接暗示

把一事物的意义直接提供于人，使人迅速而无意识地受到暗示。直接暗示常用直陈式的说明，如有个别学生早读迟到，老师说：“明日早读进行纪律检查，各小组评比。”这种启发自觉性和集体荣誉感的暗示比直接批评效果更好。

【文本示例1】

班上最近新装了一个餐巾纸盒。早饭后班上的学生都主动去那里拉一张餐巾纸擦嘴，并把用过的纸放入垃圾桶里。不一会儿，垃圾桶里就装满了纸。我灵机一动，想抓住这个机会提高幼儿解决生活实际问题的能力。于是，我边将废纸倒出去边说："这些纸可真占地方。唉，看起来同学们吃一顿饭我就要倒两次呢！"听了我的话，学生们开始你一言我一语地"献计献策"："蔡老师，我也会倒，以后我帮您倒吧。""如果拿一个沉一点的东西压在上面，就能多放一些了。""把纸攥成小团就不占地方了"……在尝试了各种方法以后，大家一致认为"把纸攥成小团"的方法最为可行。就这样，我们班的又一个常规要求在孩子们的共识中诞生了。

分析：年幼的小孩子具有无限的潜力，关键看教师是否能开发它。蔡老师根据小孩子热爱老师、不想让老师多受累等心理活动，用一声叹息和一句轻轻的怨言暗示孩子"还有没有其他办法使这些纸少占点儿地方"，启发孩子自己想办法解决生活里的问题，从而收到了很好的教育效果。

【文本示例 2】

有位高中数学老师在课上讲评期中考试的试卷，即将结束时，一个女生走到前边，说："老师，这道题您判错了，我有小数点，但您给我扣了0.5分。"老师清楚地记得，这道题全班没有一个同学做对，而且看到这个小数点的颜色和前后数字符号的颜色有别，很显然是后来加上去的。这位老师略加思索，把试卷的分数改成了100分，最后在这个小数点上重重地画了一个红圈。此后，老师再也没提过这件事，好像什么都没有发生。但是，这位女生的数学成绩却出奇地好起来，各方面进步也令人惊讶，好像变了一个人。20年后，这位早已有了成就的学生见到了自己的老师，激动地说："那时我拼命用功读书，后来是玩命发奋工作。因为从那件事后，我觉得除此之外，我没有别的办法面对老师的眼睛了。"①

分析：一个圆圈，在学生的情感世界里引爆的冲击波，竟延续了几十年。这位老师是可敬的，由于他成功地保护了学生的自尊心，又巧妙地传递了教育的信号，这件事也就成为学生奋发向上的转折点。反之，如果这位老师当时没有这种发自内心地对学生成长的关爱，其结果很可能是另外一种情景。

2. 间接暗示

把一事物的意义间接地借其他事物或行为提供给人，使人迅速而下

① 李海涛：《教师口才基础》，成都，巴蜀书社，2009。

意识地加以接受。比如老师用自己的言行对学生施加影响就是一种间接暗示，常借用故事、寓言、笑话、赠言（格言、名言、警句）等给学生以暗示。

（1）故事暗示。即讲述一个真实的或虚拟的，有连贯情节又具有感染力的故事来暗示。运用故事暗示，选择的故事要寓意明了、有针对性，能引起被暗示者的联想，要把握好暗示的时机才能较好地达到暗示的目的。

【文本示例】

有位生物教师在帮助一个因受到学校纪律处分而萎靡不振的学生时，语重心长地说了这样一段话："海参遇到污染和不良环境，难免要把毒素吸到内脏去。海参吸入毒素，一经发作，身躯就会发生强烈的收缩，甚至把中毒的内脏全部或部分排出体外。还有的海参为了排出毒素，把身体裂开，排出内脏，待游到适宜于生存的环境时，再重新长好，继续生活下去。一个人有了缺点、错误，就要学习海参的精神。"

分析：这位老师用海参为了排毒不惜排出内脏的故事，暗示一个人有了缺点、错误并不可怕，可怕的是失去面对错误的勇气和改变缺点的决心。这样不显山露水，既保护了学生的人格尊严，也启发学生进行积极的自我反思。

（2）笑话暗示。即用引人发笑的故事暗示，在笑声中使被批评者摆脱难堪保持自尊，愉快地接受批评。选择暗示的笑话要有教育意义，既是非分明又充满善意。由于暗示的对象是学生，因此笑话的选择更要有分寸感，不要选讽刺敌对性的笑话。

【文本示例】

有位老师发现教室地面很脏，脱口而出："同学们，我们班真是物产丰富啊！五彩斑斓的纸屑满地面，还有瓜子壳点缀其间。我们生产了这么多垃圾，总得想办法出口啊！"学生们受到启发，马上动手把教室打扫得干干净净。

（3）寓言暗示。寓言往往隐含着劝谕或讽刺，用暗示法给人以启迪和教育。暗示教育所选用的寓言往往只叙述故事，寓意留给听者体味。运用时注意寓言特点，寓言的故事情节是虚构的，其表达方式多样，有鲜明的哲理性和讽刺性。

（4）赠言暗示。针对学生存在的问题，选择能启发暗示的名言、格言、警句等进行暗示。运用赠言暗示要注意时机的选择，适应对方的认识能力，赠言要简洁，语言富有哲理性，能引发学生思考。

（三）训练及检测

1. 学生自测

练习一：

题目：分组讨论，欣赏这位老师暗示语的成功之处。

班级因排队脚步太响受到批评。第二天早操时，老师特意穿了高跟鞋，和孩子们一起上楼，脚步踩得悄无声息。回到教室，老师笑着问："刚才谁和老师走在一起了?"好几个同学急地叫起来，"老师，我经过你身边的"。"那你听见老师的脚步声了吗?""没有。""可是老师今天穿了高跟鞋走路应该很响才是呢!""老师你是特地走得很轻的。"有学生说。"是啊，如果我们每个人都走得很响的话，你们想一下是怎样的情景呢?"大家便七嘴八舌地说道："像打雷一样；会有很多灰尘，吸进去会生病，楼梯可能会塌……"看到学生们明白了，老师又笑着说："谁有信心和老师来挑战，看每天上下楼梯是老师的脚步轻还是你的轻?""我"、"我"、"我"……每个小孩子都举起了手。①

【参考答案】针对同学们走路步子重的现象，老师暗中用行动为同学树立榜样，也为后面的启迪做好了铺垫。在教育活动中，老师首先引导学生注意她穿的是高跟鞋也可以走得轻的事实，然后让学生说走路响的害处，最后用比赛的方式激发大家都来轻走。

练习二：

题目：请说说这位老师做得好的地方在哪里?

中学抄袭作业的问题令很多老师感到头痛。一位老师对学生说："天公造物真是无比奇妙，即使是同一种、同一类的物也会千差万别。人们不是说，天底下绝对没有完全相同的两片叶子吗?可这一次我们班却出现了一个奇怪的现象，批改作业时我发现不少人的面孔一模一样，比如这个嘴角往下歪，那个嘴角也往下歪，孪生姐妹也没像到这个程度呀。请你们帮助我解答解答这个问题。"学生先是表情有些惘然，接着笑着大声说："抄。"

【参考答案】示例中，教师将斥责的含义寓于幽默话语中，顺向暗示部分学生作业有抄袭现象，既达到了批评教育目的，又维护了学生的自尊心。

① 赵亚丽：《巧用修辞法，育人于无痕》，载《班主任之友》，2009（8）。

2. 老师考评

题目：讨论下面这位老师最后取得成功的原因是什么？

王老师发现小明每天早上上早自习听听力的时候，总是跟同桌在窃窃私语，他总是想找机会和小明谈谈。

一天正在上政治课，王老师偷偷地从教室的窗户里看到小明又在跟前面的同学眉飞色舞地聊着，下课后便把他给叫了出来，语重心长地问他，为什么上课说话。可小明就是一言不发，看到这种情形，王老师又想了一个办法，给他调了座位，让他单人单座。但效果还是不明显，而且他学习的积极性明显下降了，经过一段时间的观察，王老师发现，其实小明具有一定的管理能力，愿意参加班级事物的决策，又很讲义气，威信很高，便抓住这一点跟他长谈了一次，主要围绕班级的管理，小明很感兴趣提出了很多意见，王老师也乘机指出了他的缺点，并且委任他为纪律班长。

后来，小明的表现变好了，上课能有意识地控制自己不说与课堂无关的话，并协助班级干部管理班级的纪律，这让王老师感到很欣慰。

【参考答案】首先，王老师留心观察，发现了小明的长处，采用了表扬鼓动的方法，并委任小明为纪律班长，让其在其位谋其职。其次，王老师具有耐心，愿意不厌其烦地对小明进行教育，方式得当。

九、教育口语的综合运用

教育语言的综合运用，就是为避免教育活动中教育形式的单一枯燥，整合各种教育语言的优势，针对特定的教育对象，根据特定的教育内容，结合具体的教育环境，将两种以上形式教育语言的组合运用，以便开展教育活动。

（一）教育语言综合运用的形式

教育语言的综合运用，按照谈话对象分为个别谈话与集体谈话两种形式。

1. 个别谈话中教育语言的综合运用

个别谈话是指教师与学生一对一的谈话形式。个别谈话的特点：一是针对性，能够针对某一个学生的情况，有的放矢地进行教育；二是交流性，当学生遇到困难、有了困惑时，而教师还了解不太清楚、需要询问时，采用个别谈话的方式，能够为谈话营造亲切宽松的气氛，既利于老师了解情况，也便于学生向老师吐露心声；三是私密性，因为没有第三方在场，对自尊性比较强的学生，或一贯表现较好的学生进行批评教育时，能够保护学生的自尊，有利于学生接受老师的批评教育。

根据以上所述，要开展好个别谈话需要做到：第一，有的放矢，不泛泛而谈。第二，善于沟通，注意倾听。第三，选择安静无人的场合，不随便外传谈话内容。

【文本示例】

卢易是我们班里最顽皮的孩子，初一开学不到一个月，各种毛病就暴露无遗：逃课上网；即使人在课堂，桌上经常是光板儿，甚至有时整天书包都不打开；每本教科书都是新的，连个道道都没有画过，笔记本更是空无一字；课堂上还常搞恶作剧，趁同桌站起来回答问题把椅子撤掉，害得同桌差点坐到地上，引得同学们哄堂大笑，搅得课堂乱七八糟。各科老师都视他为害群之马。我开始也十分气愤，屡次声色俱厉地批评他，变相地罚他打水、擦黑板、值日、“蹲听儿”，还让他在全班同学面前检讨过，但效果都微乎其微。为此，我伤透了脑筋。

一天，放学后，我见卢易和几个学校有名的“混头”学生在校园闲逛，便喊住了他。他很抵触地问我：“我今天又没有犯错误，您找我干吗?”

我没生气，笑了笑说：“只有犯错误了，我才可以找你吗？老师想和你唠唠嗑儿，不行啊?”（沟通语）

他无可奈何、恋恋不舍地从人群中分离出来，跟我走进办公室。

“卢易呀，其实老师今天找你，是想向你道歉的。”（沟通语）

“啊，老师你说什么?”他十分不解。

“真的。老师以前对你太过严厉了，只知道批评你、罚你，许多地方都做错了，所以我真诚地向你说声对不起，希望得到你的谅解，可以吗?”（沟通语）

他愣了，随即胡乱地点点头说：“可以，没关系的。”我又接着说：“老师还想和你交个朋友，行吗?”（沟通语）

他更奇怪了，问我：“可以是可以，就是我总给你找麻烦，给班级丢脸，你不讨厌我吗?”

（从沟通着手，几个诚恳、和蔼的问语消除了紧张情绪，创设了和谐平等的对话氛围。）

“当然不，你是我的学生，有很多优秀的地方。比如值日认真，你值日的时候黑板擦得干干净净；集体荣誉感也非常强，校运会的时候，你摔倒了，腿上有伤还坚持跑完3000米，大家都记得呢；还有你爱打抱不平，帮助个子小的同学……”（评价语，抓住学生平日的闪光点加以肯定，给予表扬。）

最后，他轻松地笑了，并且第一次向我保证他要努力地改正缺点，争取做个好学生。

可好了没几天，他在课堂上又惹事了。生物老师要做演示实验，拿来一玻璃缸鱼，结果他把玻璃缸打碎了，鱼全死了。我把他找来，开门见山地问：

“今天是怎么回事呀，老毛病又犯了？”（沟通语）

他却不以为然地说：

“老师，我这几天表现挺好的，不就打碎一个鱼缸么，又不是故意的。再说，老毛病还不得一点一点地改呀！”

无奈的我想了好半天，给他讲了一个故事：

一个小偷想改掉偷东西的恶习，于是他向邻居保证说：“以前，我每天偷一只鸡；今年每月偷一只鸡；明年每两个月偷一只鸡。如此慢慢下去，我偷东西的毛病就改掉了。”你说这个人是真的想改掉恶习吗？（启迪语，通过类比举例的方法进行启迪，未使用批评语而达到批评的效果。）

“不是的。”他的表情告诉我：他已明白了我的用意。

我继续追问：“那么，他怎样做才算改了呢？”（启迪语）

“他应该努力控制自己，一只不偷才行。”

“那你呢？”（连续使用启迪语，启发引导学生认识自己的错误。）

他不好意思地说：“对不起，老师，我一定改。不过老师，我别的地方都可以改，能不能在课堂上和学习上少要求我一点呀？”

“不行！学生的主要任务就是学习和上课，这两样不改，怎么行？不过，你学习上可以循序渐进，慢慢来。（启迪语，指出学生努力的方向。）加油，老师相信你。（鼓动语）”

我重重地在他的肩膀上拍了拍，他也重重地点了点头。

“好啦，自己去找生物老师道歉，能做到吗？”（启迪语）

“老师放心，我一定诚心诚意地完成任务！”

还没有等我说“这不是任务”，他已经向生物办公室跑去了。望着他的身影，我笑了。教育者要尊重学生的人格和尊严。①

2. 集体谈话中教育语言的综合运用

集体谈话是指教师在公开场合，与全体同学之间的教育谈话，常常是在班队活动过程中进行的。

① 湖南省教育厅组织编：《口语下》，2008。

集体谈话的特点：一是具有代表性，集体谈话的内容所涉及的是这个集体中具有代表性的人或事。二是具有公众性，集体谈话面对的是全体同学，教育的面广，尤其利于加强班集体的建设。三是具有公开性，教育谈话内容为全体同学所知晓。

【文本示例】

一年级班务会。内容：近期常规检查，教师逐一提出迟到、早退、课堂秩序、做操纪律、佩戴红领巾、卫生习惯、值日生责任、作业等常规检查内容，发动学生开展批评与自我批评，逐一检查各项常规执行情况。最后教师小结："今天，我们对许多规定都做了检查，我们在不迟到、不早退、天天佩戴红领巾、按时交作业方面做得很好，应当表扬你们，在你们评比表的这些栏目上，全都贴上一面小红旗。但是，还有一些同学上课爱做小动作，回答问题时，一边站起来举手一边嚷嚷：'我来！我来！'积极回答问题是热爱学习的表现，当然很好；可是你嚷嚷、他叫唤，整个教室就变成'菜市场'了，乱糟糟的还怎么能上课呢？以后大家都应当记住：举手不出声。谁做得好，老师就请谁回答问题……"①

分析：这段不完整的谈话记录已经较清楚地体现了班务会谈话的各项特点和要求。谈话包括表扬和批评两个方面。话语活泼，生动形象，符合一年级小学生的接受特点。表扬语倾注了热情，批评语指出不良现象，重在说服和诱导。表达技能方面主要运用了鼓动、分析、比喻等。

（二）教育口语综合运用中应遵循的基本原则

教育语言综合运用的意义在于，一方面避免了教育活动中教育形式的单一枯燥，另一方面又能将各种教育语言的优势进行整合，产生一加一大于二的教育效果。教育口语综合运用中应遵循以下基本原则：

第一，灵活性原则。教育语言的综合运用是一种艺术。教育的对象学生是一个个独特复杂的生命体，只有具有针对性的个性化的教育才能有效果。教育活动又是一个生成性的互动过程，在这个过程中，教育对象的心理、态度、认识常常会发生变化，所以教师必须针对教育对象的变化，灵活地调整自己的教育方式。可见，灵活地运用各种教育语言，才能使教育活动最大限度地发挥作用。

第二，肯定评价为主原则。任何一个教育活动都要为实现每一位学生

① 国家教育委员会师范教育司组编：《教师口语》（修订本），北京，语文出版社，2001。

的发展与成长而开展。教育实践证明，给予肯定性评价对学生树立自尊与自信，促进他们的健康成长意义重大，所以在教育活动中，要尽量发掘学生的优点，给予表扬和鼓励。要慎用批评语，特别是在运用批评语时，要结合运用启迪语加以引导，还应运用鼓动语进行鼓动。

（三）教育口语综合运用案例分析

【文本示例】

开学第一天，周老师在分发新课本时注意到有几本书因为包装捆绑过紧，被勒出了深深的印迹。他知道这几本书如果不加以处理就分发，肯定会出现问题。于是他进行了下面的教育谈话。周老师对同学们说："老师这里有几本书因为包装运输的原因，留下一些印痕。（沟通语，交代情况，解释原因）这几本书该发给谁？（启迪语，把问题交给学生，让他们设身处地地去思考解决的办法，为后面的教育奠定了基础）"教室里窃窃私语，周老师请几个同学发言。有的说，按顺序发，轮到谁，就是谁；有的说根据成绩，分给成绩差的同学；甚至有同学说抓阄……（启迪时很有耐心，让大家充分表达自己的想法，即使这些想法不可取，也没有批评，创造了一个畅所欲言、民主平等的讨论环境）终于有个同学发言了："老师，发给我一本吧。"（终于有人愿意要有印迹的书了，给问题的解决带来了契机）周老师立刻追问："你为什么愿意要有印迹的书呢？"（没有简单表扬，把书发给他，而是抓住契机，引导他说出理由。这样，就把一次可能被有些老师仅仅处理成解决书发给谁的活动，引导到通过这件事教育学生提高认识的教育活动）"因为总得有人得到的，不如我要了吧！"周老师立即表扬："让我们为这种为他人着想、宁愿自己吃亏的精神鼓掌！"（表扬语。在表扬语中点明了这位同学"为他人着想，宁愿自己吃亏的精神"值得肯定，以此教育学生，为他们树立榜样）顿时，全班响起了一阵热烈的掌声（教师的表扬得到了同学的认同）。"还有哪些同学愿意得到一本？"（启迪语。进一步引导，发挥榜样的鼓动作用）一些手举起来，也有一些同学犹豫着。周老师有意在教室巡视了一遍，故意在一些目光不够坚定的同学面前停一下（用动作来鼓励）。最后，全班同学的手都举了起来。"老师由衷的高兴（表扬语。表扬全体同学，利用班级的舆论导向），但究竟这几本书该发给谁？我们还是没有一个明确的标准。这样，我们来一次演讲比赛，看谁能把自己要得到书的理由说得充分、说得有力，谁就能得到一本（巧妙地运用演讲竞赛的形式，激发学生的好胜心，创设学生自我教育的情景。深入一层启迪，要让同学不仅知道怎样做是对的，还要知道为什么这样做是对的）。

大家做评判员，谁说得好，就给他掌声！”（不失时机地进行鼓动）一阵七嘴八舌的议论后，有的同学开始发言了：“我们生活在一个集体当中，应当互相帮助，互相关心，宁可自己吃亏，不贪图小便宜，如果人人都争要好的，那书就发不下去了。”顿时教室里一片掌声（同学们的认同，形成了一种积极的舆论导向）。有同学登台了：“鸟美在羽毛，人美在心灵。书籍的好坏重要的不是它的外表，而在于它的内容。所以我愿意要一本。”又是一阵雷鸣般的掌声。“只要我细心爱护，小心修整，书可能比别人的还要漂亮！”“孔融让梨的故事大家都听说过吧！古人尚能如此，何况我们新时代的学生！”“古人说，一屋不扫，何以扫天下？这点小事都处理不好，我们怎么担当起未来赋予我们的重任？”一阵又一阵掌声，把教室的气氛推向了高潮（学生的演讲，陈述了种种理由，形成了正确的舆论导向，说者和听者思想都得到了净化，这是同学互相进行说服教育。把朴素的行动上升为正确的认识，不但知事，还要明理）。周老师把每一种新颖的观点都归纳概括出来，写在黑板上（无言的肯定，也是表扬），并且适时补充诱导，结果好几个同学的演讲精辟深入。周老师再一次“穷追不舍”：“我们集体生活中，还有哪些地方需要有这种‘吃亏’精神？”（拓展性启迪，由此及彼，学以致用，让学生用新的认识指导自己今后的日常行为）于是同学们又讨论开了：捡起不是自己扔的纸屑，分发东西不挑不选，劳动不拈轻怕重，肯干脏活累活……最后，大家评选出演讲的前三名，他们自豪地拿到了有印迹的书，周老师号召全班同学向他们学习（鼓动语）。最后，所有的课本都被愉快地分发下去了。①

分析：这个示例中的问题或类似的问题，可能是许多老师都碰到过的，如果按习惯的做法，随机发下去，看似公平，实则未能帮助学生从认识上解决问题。例子中的老师善于捕捉教育契机，进行了集体谈话。教师运用沟通、启迪、表扬、鼓动等教育语言，充分发挥了榜样和舆论的作用，把思想教育变成了学生内在的需求，进行“肯吃亏”思想的教育和渗透，从学生的思想观念上着手解决问题，还采用了讨论、演说、竞赛等丰富的教育手段，充分发挥了学生的主观能动性，让学生自己教育自己。

（四）训练及检测

随堂进行

① 傅道春：《新课程中教师行为的变化》，205～207页，北京，首都师范大学出版社，2001。

附　录

附录一　普通话水平测试样题

第一套

一、读单音节字词（100个音节，共10分，限时3.5分钟）

贼　列　枕　次　聋　饼　日　谨　裙　绢
值　冯　炯　咸　呆　卤　僧　扭　肾　抓
盆　战　耳　基　丑　凝　免　外　穷　陋
春　昂　喘　滨　娘　方　购　仍　睡　跟
环　浮　擦　快　滑　渺　疆　台　醒　秘
坑　善　允　逛　甩　照　拔　叠　翁　床
舜　肿　俗　腭　牌　骚　雪　批　洒　锌
瑞　锅　垒　休　谈　目　犬　榻　窝　举
纵　黑　瘸　掏　挪　惹　贝　哑　奏　席
掐　榆　餐　字　考　编　滚　叼　法　破

二、读多音节词语（100个音节，共20分，限时2.5分钟）

倘使　苍翠　强求　蒙古包　从而　粉末儿　旋转
情怀　合同　财产　手脚　灭亡　起飞　跨越
挂念　佛经　高傲　柴火　亏损　犯罪　决议
耽误　增加　作用　难怪　少女　个体　上下
危害　荒谬　斥责　撇开　砂轮儿　原料　东欧
侵略　大多数　思想　本子　状况　柔软　训练
药品　政党　蒜瓣儿　定律　英雄　人均　没谱

三、朗读短文（400个音节，共30分，限时4分钟）

（略）

四、说话（共40分，限时3分钟）

第二套

一、读单音节字词（100 个音节，共 10 分，限时 3.5 分钟）

订 峦 坏 砂 日 颀 网 昧 尼 炕
鸣 莫 拐 运 牌 葬 封 表 曹 轰
钙 丝 妙 恩 惨 忧 痕 藻 活 缺
架 全 铸 词 稳 雄 准 儿 坑 睡
棕 踩 擦 份 两 肺 甜 撞 梯 列
穷 鸟 捐 牙 氮 洁 洼 抿 僵 特
取 锐 滚 蹿 北 凝 秀 迟 靶 欧
谏 起 训 登 惹 剖 崽 搏 婶 弧
闪 瓜 瘾 笆 昂 郭 许 僧 利 柴
考 速 童 堆 嗓 吹 雪 栓 透 坪

二、读多音节词语（100 个音节，共 20 分，限时 2.5 分钟）

反省 贴切 那么 荒谬 大战 抓阄儿 处于
公司 未曾 宣传 盗贼 苍白 随后 挨个儿
富翁 方法论 产品 下午 窘迫 虐待 然而
连累 人群 外地 口腔 笑话儿 成本 细菌
决议 少女 琵琶 骄傲 爽快 营养 关卡
贵宾 门铃儿 财政 佛典 探讨 柔软 生长
年轻 亏损 合作社 原料 挪用 自始 至终

三、朗读短文（400 个音节，共 30 分，限时 4 分钟）

（略）

四、说话（共 40 分，限时 3 分钟）

附录二 普通话水平测试用朗读作品 60 篇[①]

作品 1 号——《白杨礼赞》

那是力争上游的一种树，笔直的干，笔直的枝。它的干呢，通常是丈把高，像是加以人工似的，一丈以内，绝无旁枝；它所有的桠枝呢，一律

① 最新的普通话测试朗读作品请见《普通话水平测试实施纲要（2021 年版）》。

向上，而且紧紧靠拢，也像是加以人工似的，成为一束，绝无横斜逸出；它的宽大的叶子也是片片向上，几乎没有斜生的，更不用说倒垂了；它的皮，光滑而有银色的晕圈，微微泛出淡青色。这是虽在北方的风雪的压迫下却保持着倔强挺立的一种树！哪怕只有碗来粗细罢，它却努力向上发展，高到丈许，两丈，参天耸立，不折不挠，对抗着西北风。

这就是白杨树，西北极普通的一种树，然而决不是平凡的树！

它没有婆娑的姿态，没有屈曲盘旋的虬枝，也许你要说它不美丽，——如果美是专指“婆娑”或“横斜逸出”之类而言，那么白杨树算不得树中的好女子；但是它却是伟岸，正直，朴质，严肃，也不缺乏温和，更不用提它的坚强不屈与挺拔，它是树中的伟丈夫！当你在积雪初融的高原上走过，看见平坦的大地上傲然挺立这么一株或一排白杨树，难道你就只觉得树只是树，难道你就不想到它的朴质，严肃，坚强不屈，至少也象征了北方的农民；难道你竟一点儿也不联想到，在敌后的广大土//地上，到处有坚强不屈，就像这白杨树一样傲然挺立的守卫他们家乡的哨兵！难道你又不更远一点想到这样枝枝叶叶靠紧团结，力求上进的白杨树，宛然象征了今天在华北平原纵横决荡用血写出新中国历史的那种精神和意志。

节选自茅盾《白杨礼赞》

Zuòpǐn 1 Hào

Nà shì lì zhēng shàng yóu de yī zhǒng shù，bǐ zhí de gān，bǐ zhí de zhī。tā de gān ne，tōng cháng shì zhàng bǎ gāo，xiàng shì jiā yǐ rén gōng sì de，de，yī zhàng yǐnèi，juéwú píngzhī；tā suǒyǒu de yāzhī ne，yīlǜ xiàngshàng，érqiě jǐnjǐn kàolǒng，yě xiàngshì jiāyǐ réngōng shìde，chéngwéi yī shù，juéwú héng xié yì chū；tā de kuāndà de yèzi yě shì piànpiàn xiàngshàng，jīhū méi · yǒu xié shēng de，gèng bùyòng shuō dǎochuí le；tā de pí，guānghuá ér yǒu yínsè de yùnquān，wēiwēi fànchū dànqīngsè. Zhè shì suī zài běifāng de fēngxuě de yāpò xià què bǎochízhe jué jiàng tǐnglì de yī zhǒng shù！Nǎpà zhǐyǒu wǎn lái cūxì bà，tā què nǔlì xiàngshàng fāzhǎn，gāo dào zhàng xǔ，liǎng zhàng，cāntiān sǒnglì，bùzhé—bùnáo，duì kàngzhe xīběifēng.

Zhè jiùshì báiyángshù，xīběi jí pǔtōng de yī zhǒng shù，rán'ér jué bù shì píngfán de shù！

Tā méi · yǒu pósuō de zītài，méi · yǒu qūqū pánxuán de qiúzhī，yěxǔ nǐyào shuō tā bù měilì，——Rúguǒ měi shì zhuān zhǐ“pósuō ”huò "héng xié yì chū" zhīlèi ér yán, nàme, báiyángshù suàn·bù·dé shù zhōng de hǎo nǚzǐ; dànshì tā què shì wěi'àn, zhèngzhí, pǔzhì, yánsù, yě bù quēfá wēnhé, gèng bùyòng tí tā de jiānqiáng bùqū yǔ tǐngbá, tā shì shù zhōng de wěizhàngfu! Dāng nǐ zài jīxuě chū róng de gāoyuán·shàng zǒuguò, kàn·jiàn píngtǎn de dàdì·shàng àorán tǐnglì zhème yī zhū huò yī pái báiyángshù, nándào nǐ jiù zhǐ jué·dé shù zhǐshì shù, nán dào nǐ jiù bù xiǎngdào tā de pǔzhì, yánsù, jiānqiáng bùqū, zhìshǎo yě xiàngzhēngle běifāng de nóngmín; nándào nǐ jìng yīdiǎn yě bù liánxiǎng dào, zài díhòu de guǎngdà tǔ//dì·shàng, dàochù yǒu jiānqiáng bùqū, jiù xiàng zhè báiyángshù yīyàng àorán tǐnglì de shǒuwèi tāmen jiāxiāng de shàobīng! Nándào nǐ yòu bù gèng yuǎn yīdiǎnr xiǎng dào zhèyàng zhīzhī—yèyè kàojǐn tuánjié, lìqiú shàngjìn de báiyángshù, wǎnrán xiàngzhēngle jīntiān zài Huáběi Píngyuán zònghéng juédàng yòng xuè xiěchū xīn zhōngguó lìshǐ de nà zhǒng jīngshén hé yìzhì.

Jiéxuǎn zì Máo Dùn《Báiyáng Lǐ Zàn》

作品2号——《差别》

两个同龄的年轻人同时受雇于一家店铺，并且拿同样的薪水。

可是一段时间后，叫阿诺德的那个小伙子青云直上，而那个叫布鲁诺的小伙子却仍在原地踏步。布鲁诺很不满意老板的不公正待遇。终于有一天他到老板那儿发牢骚了。老板一边耐心地听着他的抱怨，一边在心里盘算着怎样向他解释清楚他和阿诺德之间的差别。

"布鲁诺先生，"老板开口说话了，"您现，在到集市上去一下，看看今天早上有什么卖的。"

布鲁诺从集市上回来向老板汇报说，今早集市上只有一个农民拉了一车土豆在卖。

"有多少？"老板问。

布鲁诺赶快戴上帽子又跑到集上，然后回来告诉老板一共四十袋土豆。

"价格是多少？"

布鲁诺又第三次跑到集上问来了价格。

"好吧，"老板对他说，"现在请您坐到这把椅子上一句话也不要说，看看阿诺德怎么说。"

阿诺德很快就从集市上回来了。向老板汇报说到现在为止只有一个农民在卖土豆，一共四十口袋，价格是多少多少；土豆质量很不错，他带回来一个让老板看看。这个农民一个钟头以后还会弄来几箱西红柿，据他看价格非常公道。昨天他们铺子的西红柿卖得很快，库存已经不//多了。他想这么便宜的西红柿，老板肯定会要进一些的，所以他不仅带回了一个西红柿做样品，而且把那个农民也带来了，他现在正在外面等回话呢。

此时老板转向了布鲁诺，说："现在您肯定知道为什么阿诺德的薪水比您高了吧！"

——节选自张健鹏、胡足青主编《故事时代》中《差别》

Zuòpǐn 2 Hào

Liǎng gè tónglíng de niánqīngrén tóngshí shòugù yú yī jiā diànpù, bìngqiě ná tóngyàng de xīn • shuǐ.

Kěshì yī duàn shíjiān hòu，jiào Anuòdé de nàge xiǎohuǒzi qīngyún zhíshàng，ér nàgè jiào Bùlǔnuò de xiǎohuǒzi què réng zài yuándì tàbù. Bùlǔnuò hěn bù mǎnyì lǎobǎn de bù gōngzhèng dàiyù. Zhōng yú yǒu yī tiān tā dào lǎobǎn nàr fā láo • sāo le. Lǎobǎn yībiān naìxīn dì tīngzhe tā de bào • yuàn，yībiān zài xīn • lǐ pánsuanzhe zěnyàng xiàng tā jiěshì qīngchu tā hé Anuòdé zhījiān de chābié.

"Bùlǔnuò xiānsheng，" Lǎo bǎn kāikǒu shuōhuà le，"Nín xiànzài dào jíshì • shàng qù yīxià，kànkan jīntiān zǎoshang yǒu shénme mài de. "

Bùlǔnuò cóng jí shì • shàng huí • lái xiàng lǎobǎn huìbào shuō, jīnzǎo jíshì • shàng zhǐyǒu yī gè nóngmín lāle yī chē tǔdòu zài mài.

"yǒu duō • shǎo " Lǎo bǎn wèn.

Bùlǔnuò gǎnkuài dài • shàng màozǐ yòu pǎodào jí • shàng，rán hòu huí • lái gàosu lǎobǎn yīgòng sìshí dài tǔdòu.

"Jià gé shì duō • shǎo"

Bùlǔnuò yòu dì—sān cì pǎodào jí • shàng wènláile jiàgé.

"Hǎo bā，" Lǎo bǎn duì tā shuō， "Xiànzài qǐng nín zuòdàozhè bǎ yǐzi • shàng yī jù huà yě bùyào shuō，kànkan Anuòdé zěnme shuō."

Anuòdé hěn kuài jiù cóng jí shì • shàng huí • lái le. Xiàng lǎobǎn huìbào shuō dào xiànzài wéizhǐ zhǐyǒu yī gè nóngmín zài mài tǔdòu, yīgòng sìshí kǒudai ，jià gé shì duō • shǎo duō • shǎo；tǔdòu zhìliàng hěn bùcuò，tā dài huí • lái yī gè ràng lǎobǎn kànkàn. Zhège nóngmín yī gè zhōngtóu yǐhòu hái huì nònglái jǐ xiāng xīhóngshì，jù tā kàn jiàgé fēi cháng gōngdào. Zuótiān tāmén pùzi de xīhóngshì mài de hěn kuài，kù cún yǐ • jīng bù //duō le. Tā xiǎng zhème piányi de xīhóngshì lǎobǎn kěndìng huì yào jìn yīxiē de, suǒyǐ tā bùjǐn dàihuíle yī gè xīhóngshì zuò yàngpǐn, érqiě bǎ nàgè nóng mín yě dài • lái le, tā xiànzài zhèngzài wài • miàn děng huí huà ne.

Cǐshí lǎobǎn zhuǎnxiàngle Bùlǔnuò, shuō: "Xiànzài nín kěndìng zhī • dào wèishénme Anuòdé de xīn • shuǐ bǐ nín gāo le ba"

Jié xuǎn zì Zhāng Jiànpéng 、Hú Zúqīng zhǔ biān《Gùshì Shídài》zhōng《Chābié》

作品 3 号——《丑石》

我常常遗憾我家门前的那块丑石：它黑黝黝地卧在那里，牛似的模样；谁也不知道是什么时候留在这里的，谁也不去理会它。只是麦收时节，门前摊了麦子，奶奶总是说：这块丑石，多占地面呀，抽空把它搬走吧。

它不像汉白玉那样的细腻，可以刻字雕花，也不像大青石那样的光滑，可以供来浣纱捶布。它静静地卧在那里，院边的槐阴没有庇覆它，花儿也不再在它身边生长。荒草便繁衍出来，枝蔓上下，慢慢地，它竟锈上了绿苔、黑斑。我们这些做孩子的，也讨厌起它来，曾合伙要搬走它，但力气又不足；虽时时咒骂它，嫌弃它，也无可奈何，只好任它留在那里了。

终有一日，村子里来了一个天文学家。他在我家门前路过，突然发现了这块石头，眼光立即就拉直了。他再没有离开，就住了下来；以后又来了好些人，都说这是一块陨石，从天上落下来已经有二三百年了，是一件了不起的东西。不久便来了车，小心翼翼地将它运走了。

这使我们都很惊奇！这又怪又丑的石头，原来是天上的啊！它补过天，在天上发过热、闪过光，我们的先祖或许仰望过它，它给了他们光明、向往、憧憬；而它落下来了，在污土里，荒草里，一躺就//是几百年了！

我感到自己的无知，也感到了丑石的伟大，我甚至怨恨它这么多年竟会默默地忍受着这一切！而我又立即深深地感到它那种不屈于误解、寂寞的生存的伟大。

——节选自贾平凹《丑石》

Zuòpǐn 3 Hào

Wǒ chángcháng yíhàn wǒ jiā mén qián nà kuài chǒu shí: Tā hēiyǒuyǒu de wò zài nà • lǐ, niú shìde múyàng; shéi yě bù zhī • dào shì shénme shíhou liú zài zhè • lǐ de, shéi yě bù qù lǐhuì tā. Zhǐ shì màishōu shíjié ，mén qián tānle màizǐ，nǎinai zǒngshì shuō：Zhè kuài chǒu shí，duō zhàn dìmiàn ya，chōukòng bǎ tā bānzǒu ba.

Tā bù xiàng hànbáiyù nàyàng de xìnì，kěyǐ kèzì diāohuā，yě bù xiàng dà qīngshí nàyàng de guānghuá，kě yǐ gōng lái huànshā chuíbù. Tā jìngjìng de wò zài nà・lǐ，yuàn biān de huáiyīn méi・yǒu bìfù tā，huā'ér yě bùzài zài tā shēnbiān shēngzhǎng. Huāngcǎo biàn fányǎn chū・lái，zhīwàn shàngxià，mànmàn de，tā jìng xiùshàngle lǜtái、hēibān. Wǒmen zhèxiē zuò háizǐ de，yě tǎoyàn・qǐ tā・lái，céng héhuǒ yào bānzǒu tā，dàn lìqi yòu bùzú；suī shíshí zhòumà tā，xiánqì tā，yě wúkě一nài hé，zhǐ hǎo rèn tā liú zài nà・lǐ le.

Zhōng yǒu yī rì，cūn zǐ・lǐ láile yī gè tiānwénxuéjiā. Tā zài wǒ jiā mén qián lùguò，tūrán fāxiànle zhè kuài shítóu，yǎnguāng lìjí jiù lāzhí le. Tā zài méi・yǒu líkāi，jiù zhùle xià・lái；yǐ hòu yòu láile hǎoxiē rén，dōu shuō zhè shì yī kuài yǔnshí，cóng tiān・shàng luò xià・lái yǐ・jīng yǒu èr一sān bǎi nián le，shì yī jiàn liǎo・bùqǐ de dōngxi. Bùjiǔ biàn láile chē，xiǎoxīn一yìyì de jiāng tā yùnzǒu le.

Zhè shǐ wǒmen dōu hěn jīngqí，zhè yòu guài yòu chǒu de shítou，yuánlái shì tiān・shàng de a! Tā bǔguo tiān，zài tiān・shàng fāguo rè、shǎnguo

guāng，wǒmen de xiānzǔ huòxǔ yǎngwàngguo tā，tā gěile tāmen guāngmíng、xiàngwǎng、chōngjǐng；ér tā luò xià・lái le，zài wū tǔ・lǐ，huāngcǎo・lǐ，yī tǎng jiù//shì jǐbǎi nián le!

Wǒ gǎndào zìjǐ de wúzhī，yě gǎndàole chǒu shí de wěidà，wǒ shènzhì yuànhèn tā zhème duō nián jìng huì mòmò de rěnshòu zhe zhè yīqiē! Er wǒ yòu lìjí shēnshēn de gǎndào tā nà zhǒng bùqū yú wùjiě、jìmò de shēngcún de wěidà .

Jiéxuǎn zì Jiǎ Píng Wā《Chǒu Shí》

作品4号——《达瑞的故事》

在达瑞八岁的时候，有一天他想去看电影。因为没有钱，他想是向爸妈要钱，还是自己挣钱。最后他选择了后者。他自己调制了一种汽水，向过路的行人出售。可那时正是寒冷的冬天，没有人买，只有两个人例外——他的爸爸和妈妈。

他偶然有一个和非常成功的商人谈话的机会。当他对商人讲述了自己的“破产史”后，商人给了他两个重要的建议：一是尝试为别人解决一个难题；二是把精力集中在你知道的、你会的和你拥有的东西上。

这两个建议很关键。因为对于一个八岁的孩子而言，他不会做的事情很多。于是他穿过大街小巷，不停地思考：人们会有什么难题，他又如何利用这个机会？

一天，吃早饭时父亲让达瑞去取报纸。美国的送报员总是把报纸从花园篱笆的一个特制的管子里塞进来。假如你想穿着睡衣舒舒服服地吃早饭和看报纸，就必须离开温暖的房间，冒着寒风，到花园去取。虽然路短，但十分麻烦。

当达瑞为父亲取报纸的时候，一个主意诞生了。当天他就按响邻居的门铃，对他们说，每个月只需付给他一美元，他就每天早上把报纸塞到他们的房门底下。大多数人都同意了，很快他有//了七十多个顾客。一个月后，当他拿到自己赚的钱时，觉得自己简直是飞上了天。

很快他又有了新的机会，他让他的顾客每天把垃圾袋放在门前，然后由他早上运到垃圾桶里，每个月加一美元。之后他还想出了许多孩子赚钱的办法，并把它集结成书，书名为《儿童挣钱的二百五十个主意》。为此，达瑞十二岁时就成了畅销书作家，十五岁有了自己的谈话节目，十七岁就拥有了几百万美元。

——节选自［德］博多·舍费尔《达瑞的故事》，刘志明译

ZuòPǐn 4 Hào

Zài Dá ruì bā suì de shí hou，yǒu yī tiān tā xiǎng qù kàn diànyǐng. Yīn・wèi méi・yǒu qián，tā xiǎng shì xiàng bà mā yào qián，háishì zìjǐ zhèngqián. Zuìhòu tā xuǎnzéle hòuzhě. Tā zìjǐ diáozhìle yī zhǒng qìshuǐr，xiàng guòlù de xíngrén chūshòu. Kě nàshí zhèngshì hánlěng de dōngtiān，méi・yǒu rén mǎi，zhǐyǒu liǎng gè rén lìwài——tā de bàba hé māma.

Tā ǒurán yǒu yī gè hé fēicháng chénggōng de shāngrén tánhuà de jī・huì. Dāng tā duì shāngrén jiǎngshùle zìjǐ de “pòchǎnshǐ” hòu，shāngrén gěile tā liǎng gè zhòngyào de jiànyì：yī shì chángshì wéi bié・rén jiějué yī gè nántí；èr shì bǎ jīnglì jízhōng zài nǐ zhī・dào de、nǐ huì de hé nǐ yōngyǒu de dōngxi・shang.

Zhè liǎng gè jiànyì hěn guānjiàn. Yīn・wèi duìyú yī gè bā suì de háizi ér yán，tā bù huì zuò de shìqing hěn duō. Yú shì tā chuānguò dàjiē xiǎoxiàng，bùtíng de sīkǎo：rén men huì yǒu shénme nántí，tā yòu rúhé lìyòng zhège jī · huì?

Yī tiān，chī zǎofàn shí fù · qīn ràng Dáruì qù qǔ bàozhǐ. Měiguó de sòngbàoyuán zǒngshì bǎ bàozhǐ cóng huāyuán líba de yī gè tèzhì de guǎnzi · lǐ sāi jìn · lái. Jiǎrú nǐ xiǎng chuānzhe shuìyī shūshū—fúfú de chī zǎofàn hé kàn bàozhǐ，jiù bìxū líkāi wēnnuǎn de fángjiān，màozhe hánfēng，dào huāyuán qù qǔ. Suīrán lù duǎn，dàn shífēn máfan.

Dāng Dáruì wèi fù · qīn qǔ bàozhǐ de shíhou，yī gè zhǔyi dànshēng le. Dàngtiān tā jiù ànxiǎng lín · jū de ménlíng，duì tāmen shuō，měi gè yuè zhǐ xū fùgěi tā yī měiyuán，tā jiù měitiān zǎoshang bǎ bàozhǐ sāidào tāmen de fángmén dǐ · xià. Dàduōshù rén dōu tóngyì le，hěn kuài tā yǒu //le qīshí duō gè gùkè. Yī gè yuè hòu，dāng tā nádào zìjǐ zhuàn de qián shí，jué · dé zìjǐ jiǎnzhí shì fēi · shàngle tiān.

Hěn kuài tā yòu yǒule xīn de jī · huì，tā ràng tā de gùkè měitiān bǎ lājīdài fàngzài mén qián，ránhòu yóu tā zǎoshàng yùndào lājītǒng · lǐ，měi gè yuè jiā yī měiyuán. Zhīhòu tā hái xiǎngchūle xǔduō háizi zuànqián de bànfǎ，bìng bǎ tā jíjié chéng shū，shūmíng wéi《értóng Zhèngqián de èrbǎi Wǔshí gè Zhǔyi》. Wèicǐ，Daruì shí'èr suì shí jiù chéngle chàngxiāoshū zuòjiā，shíwǔ suì yǒule zìjǐ de tánhuà jiémù，shíqī suì jiù yōngyǒule jǐ bǎiwàn měiyuán.

Jiéxuǎn zì [Dé] Bóduō Shěfèi'ěr《Dáruì de Gùshì》，Liú Zhìmíng yì

作品5号——《第一场雪》

这是入冬以来，胶东半岛上第一场雪。

雪纷纷扬扬，下得很大。开始还伴着一阵儿小雨，不久就只见大片大片的雪花，从彤云密布的天空中飘落下来。地面上一会儿就白了。冬天的山村，到了夜里就万籁俱寂，只听得雪花簌簌地不断往下落，树木的枯枝被雪压断了，偶尔咯吱一声响。

大雪整整下了一夜。今天早晨，天放晴了，太阳出来了。推开门一看，嗬！好大的雪啊！山川、河流、树木、房屋，全都罩上了一层厚厚的雪，万里江山，变成了粉妆玉砌的世界。落光了叶子的柳树上挂满了毛茸茸亮晶晶的银条儿；而那些冬夏常青的松树和柏树上，则挂满了蓬松松沉甸甸的雪球儿。一阵风吹来，树枝轻轻地摇晃，美丽的银条儿和雪球儿簌簌地落下来，玉屑似的雪末儿随风飘扬，映着清晨的阳光，显出一道道五光十色的彩虹。

大街上的积雪足有一尺多深，人踩上去，脚底下发出咯吱咯吱的响声。一群群孩子在雪地里堆雪人，掷雪球儿。那欢乐的叫喊声，把树枝上的雪都震落下来了。

俗话说，"瑞雪兆丰年"。这个话有充分的科学根据，并不是一句迷信的成语。寒冬大雪，可以冻死一部分越冬的害虫；融化了的水渗进土层深处，又能供应 // 庄稼生长的需要。我相信这一场十分及时的大雪，一定会促进明年春季作物，尤其是小麦的丰收。有经验的老农把雪比做是"麦子的棉被"。冬天"棉被"盖得越厚，明春麦子就长得越好，所以又有这样一句谚语："冬天麦盖三层被，来年枕着馒头睡。"

我想，这就是人们为什么把及时的大雪称为"瑞雪"的道理吧。

——节选自峻青《第一场雪》

ZuòPǐn 5 Hào

Zhè shì rùdōng yǐlái，Jiāodōng Bàndǎo • shàng dì—yī cháng xuě.

Xuě fēnfēn—yángyáng，xià de hěn dà. Kāishǐ hái bànzhe yīzhènr xiǎoyǔ，bùjiǔ jiù zhǐ jiàn dàpiàn dàpiàn de xuěhuā，cóng tóngyún—mìbù de tiānkōng zhōng piāoluò xià • lái. Dìmiàn • shàng yīhuìr jiù bái le. Dōngtiān de shāncūn，dàole yè • lǐ jiù wànlài—jùjì，zhī tīng de xuěhuā sùsù de bùduàn wǎngxià luò，shùmù de kūzhī bèi xuě yāduàn le，ǒuěr gēzhī yī shēng xiǎng.

Dàxuě zhěngzhěng xiàle yīyè. Jīntiān zǎo • chén，tiān fàngqíng le，tài • yáng chū • lái le. Tuīkāi mén yī kàn，hè! Hǎo dà de xuě yā! Shān chuān、héliú、shùmù、fángwū，quán dōu zhào • shàngle yī céng hòuhòu de xuě，wànlǐ jiāngshān，biànchéngle fěnzhuāng—yùqì de shìjiè. Luòguāngle yèzi de liǔshù • shàng guàmǎnle máorōngrōng liàngjīngjīng de yíntiáor；ér nàxiē dōng—xià chángqīng de sōngshù hé bǎishù • shàng，zé guàmǎnle péngsōngsōng chén diàn diàn de xuěqiúr. Yī zhèn fēng chuīlái，shùzhī qīngqīng de yáo • huàng，měilì de yíntiáor hé xuěqiúr sùsù de luò xià • lái，yùxiè shìde xuěmòr suí fēng piāoyáng，yìngzhe qīngchén de yángguāng，xiǎnchū yī dàodào wǔguāng—shísè de cǎihóng.

Dàjiē • shàng de jīxuě zú yǒu yī chǐ duō shēn，rén cǎi shàng • qù，jiǎo dǐ • xià fāchū gēzhī gēzhī de xiǎngshēng. Yī qúnqún háizi zài xuědì

• lǐ duī xuěrén，zhì xuěqiú. Nà huānlè de jiàohǎnshēng，bǎ shùzhī • shàng de xuě dōu zhènluò xià • lái le.

Súhuà shuō，“Ruìxuě zhào fēngnián ”. Zhège huà yǒu chōngfèn de kēxué gēnjù，bìng bù shì yī jù míxìn de chéngyǔ. Hándōng dàxuě，kěyǐ dòngsǐ yī bùfen yuèdōng de hàichóng；rónghuàle de shuǐ shènjìn tǔcéng shēnchǔ，yòu néng gōngyīng //zhuāngjia shēngzhǎng de xūyào. Wǒ xiāngxìn zhè yī cháng shífēn jíshí de dàxuě，yīdìng huì cùjìn míngnián chūnjì zuòwù，yóuqí shì xiǎomài de fēngshōu. Yǒu jīngyàn de lǎonóng bǎ xuě bǐzuò shì “màizǐ de miánbèi ”. Dōngtiān “miánbèi ” gài de yuè hòu，míngchūn màizi jiù zhǎngde yuè hǎo，suǒyǐ yòu yǒu zhèyàng yī jù yànyǔ ：“Dōngtiān mài gài sān céng bèi，láinián zhěnzhe mántou shuì”.

Wǒ xiǎng，zhè jiùshì rénmen wèishénme bǎ jíshí de dàxuě chēngwéi “ruìxuě” de dào • lǐ ba.

Jiéxuǎn zì Jùn Qīng《Dì—yī Cháng Xuě》

作品 6 号——《读书人是幸福》

我常想读书人是世间幸福人，因为他除了拥有现实的世界之外，还拥有另一个更为浩瀚也更为丰富的世界。现实的世界是人人都有的，而后一个世界却为读书人所独有。由此我想，那些失去或不能阅读的人是多么的不幸，他们的丧失是不可补偿的。世间有诸多的不平等，财富的不平等，权力的不平等，而阅读能力的拥有或丧失却体现为精神的不平等。

一个人的一生，只能经历自己拥有的那一份欣悦，那一份苦难，也许再加上他亲自闻知的那一些关于自身以外的经历和经验。然而，人们通过阅读，却能进入不同时空的诸多他人的世界。这样，具有阅读能力的人，无形间获得了超越有限生命的无限可能性。阅读不仅使他多识了草木虫鱼之名，而且可以上溯远古下及未来，饱览存在的与非存在的奇风异俗。

更为重要的是，读书加惠于人们的不仅是知识的增广，而且还在于精神的感化与陶冶。人们从读书学做人，从那些往哲先贤以及当代才俊的著述中学得他们的人格。人们从《论语》中学得智慧的思考，从《史记》中学得严肃的历史精神，从《正气歌》中学得人格的刚烈，从马克思学得人世 // 的激情，从鲁迅学得批判精神，从托尔斯泰学得道德的执着。歌德的诗句刻写着睿智的人生，拜伦的诗句呼唤着奋斗的热情。一个读书人，一个有机会拥有超乎个人生命体验的幸运人。

节选自谢冕《读书人是幸福人》

Zuòpǐn 6 Hào

Wǒ cháng xiǎng dúshūrén shì shìjiān xìngfú rén, yīn • wéi tā chúle yōngyǒu xiànshí de shìjiè zhīwài, hái yōngyǒu lìng yī gè gèng wéi hàohàn yě gèng wéi fēngfù de shìjiè. Xiànshí de shìjiè shì rénrén dōu yǒu de, ér hòu yī gè shìjiè què wéi dúshūrén suǒ dúyǒu. Yóu cǐ wǒ xiǎng , nàxiē shīqù huò bù néng yuèdú de rén shì duōme de bùxìng, tāmen de sàngshī shì bùkě bǔcháng de. Shìjiān yǒu zhūduō de bù píngděng, cáifù de bù píngděng, quán lì de bù píngděng, ér yuèdú nénglì de yōngyǒu huò sàngshī què tǐxiàn wéi jīngshén de bù píngděng.

Yī gè rén de yīshēng, zhǐnéng jīnglì zìjǐ yōngyǒu de nà yī fèn xīnyuè, nà yī fèn kǔnán, yěxǔ zài jiā • shàng tā qīnzì wén zhī de nà yīxiē guānyú zìshēn yǐwài de jīnglì hé jīngyàn. Rán'ér, rénmen tōngguò yuèdú, què néng jìnrù bùtóng shíkōng de zhūduō tārén de shìjiè. Zhè yàng, jùyǒu yuèdú nénglì de rén, wúxíng jiān huòdéle chāoyuè yǒuxiàn shēngmìng de wú xiàn kěnéngxìng. Yuèdú bùjǐn shǐ tā duō shíle cǎo—mù—chóng—yú zhī míng, érqiě kěyǐ shàngsù yuǎngǔ xià jí wèilái, bǎo lǎn cúnzài de yǔ fēicúnzài de qīfēng—yìsú.

Gèng wéi zhòngyào de shì, dúshū jiāhuì yú rénmen de bùjǐn shì zhīshi de zēngguǎng, érqiě hái zàiyú jīngshén de gǎnhuà yǔ táoyě. Rénmen cóng dúshū xué zuò rén, cóng nàxiē wǎngzhé xiānxián yǐjí dāngdài cáijùn de zhùshù zhōng xuédé tāmen de réngé. Rénmen cóng 《Lúnyǔ》 zhōng xuédé zhìhuì de sīkǎo, cóng 《Shǐjì》 zhōng xuédé yánsù de lìshǐ jīngshen, cóng 《Zhèngqìgē》 zhōng xuédé réngé de gāngliè, cóng Mǎkèsī xuédé rénshì//de jīqíng, cóng Lǔ Xùn xuédé pīpàn jīngshén, cóng Tuō'ěrsītài xuédé dàodé de zhízhuó. Gēdé de shījù kèxiězhe ruìzhì de rén shēng, Bàilún de shījù hūhuànzhe fèndòu de rèqíng. Yī gè dúshūrén, yī gè yǒu jī • huì yōngyǒu chāohū gèrén shēngmìng tǐyàn de xìngyùn rén.

Jiéxuǎn zì Xiè Miǎn《Dúshūrén Shì Xìngfú Rén》

作品 7 号——《二十美金的价值》

一天，爸爸下班回到家已经很晚了，他很累也有点儿烦，他发现五岁的儿子靠在门旁正等着他。

“爸，我可以问您一个问题吗？”

“什么问题？”“爸，您一小时可以赚多少钱？”“这与你无关，你为什么问这个问题？”父亲生气地说。

“我只是想知道，你、请告诉我，您一小时赚多少钱？”小孩儿哀求道。“假如你一定要知道的话，我一小时赚二十美金。”

“哦，”小孩儿低下了头，接着又说，“爸，可以借我十美金吗？”父亲发怒了：“如果你只是要借钱分工负责去买毫无意义的玩具的话，给我回到你的房间睡觉去。好好想想为什么你会那么自私。我每天辛苦工作，没时间和你玩儿小孩子的游戏。”

小孩儿默默地回到自己的房间关上门。

父亲坐下来还在生气。后来，他平静下来了。心想他可能对孩子太凶了——或许孩子真的很想买什么东西，再说他平时很少要过钱。

父亲走进孩子的房间：“你睡了吗？”“爸，还没有，我还醒着。”孩子回答。

“我刚才可能对你太凶了，”父亲说，“我不应该发那么大的火儿——这是你要的十美金。”“爸，谢谢您。”孩子高兴地从枕头下拿出一些被弄皱的钞票，慢慢地数着。

“为什么你已经有钱了还要？”父亲不解地问。

“因为原来不够，但现在凑够了。”孩子回答：“爸我现在有 // 二十美金了，我可以向您买一个小时的时间吗？明天请早一点儿回家——我想和您一起吃晚餐。”

——节选自唐继柳编译《二十美金的价值》

Zuòpǐn 7 Hào

Yī tiān, bàba xiàbān huídào jiā yǐ · jīng hěn wǎn le，tā hěn lèi yě yǒu diǎnr fán，tā fāxiàn wǔ suì de érzi kào zài mén páng zhèng děngzhe tā.

“Bà，wǒ kěyǐ wèn nín yī gè wèntí ma?”

“Shénme wèntí?”“Bà，nín yī xiǎoshí kěyǐ zhuàn duō · shǎo qián?” “Zhè yǔ nǐ wúguān，nǐ wèishénme wèn zhège wèntí?” Fù · qīn shēngqì de shuō.

“Wǒ zhǐshì xiǎng zhī · dào，qǐng gàosù wǒ，nín yī xiǎoshí zhuàn duō · shǎo qián?” Xiǎoháir āiqiú dào “Jiǎrú nǐ yīdìng yào zhī · dào de huà，wǒ yī xiǎoshí zhuàn èrshí měijīn.”

“ò,” Xiǎoháir dīxiàle tóu, jiēzhe yòu shuō, “Bà, kěyǐ jiè wǒ shí měijīn ma?” Fù · qīn fānù le: “Rúguǒ nǐ zhǐshì yào jiè qián qù mǎi háowú yìyì de wánjù de huà, gěi wǒ huídào nǐ de fángjiān shuìjiào · qù. Hǎohǎo xiǎngxiang wèishénme nǐ huì nàme zìsī. Wǒ měitiān xīnkǔ gōngzuò, méi shíjiān hé nǐ wánr xiǎoháizi de yóuxì.”

Xiǎoháir mòmò de huídào zìjǐ de fángjiān guān · shàng mén.

Fù · qīn zuò xià · lái hái shēngqì. Hòulái, tā píngjìng xià · lái le. Xīnxiǎng tā kěnéng duì háizi tài xiōng le——huòxǔ háizi zhēnde hěn xiǎng mǎi shénme dōngxi, zài shuō tā píngshí hěn shǎo yàoguò qián.

Fù · qīn zǒujìn háizi de fángjiān: “Nǐ shuìle ma?” “Bà, hái méi · yǒu, wǒ hái xǐngzhe.” Háizi huídá.

“Wǒ gāngcái kěnéng duì nǐ tài xiōng le,” Fù · qīn shuō, “Wǒ bù yīnggāi fā nàme dà de huǒr——zhè shì nǐ yào de shí měijīn.” “Bà, xièxie nín.” Háizǐ gāo xìng de cóng zhěntou · xià náchū yīxiē bèi nòngzhòu de chāopiào, mànmàn de shǔzhe.

“Wèishénme nǐ yǐ · jīng yǒu qián le hái yào?” Fù · qīn bùjiě de wèn.

“Yīn · wèi yuánlái bùgòu, dàn xiànzài còugòu le.” Háizi huí dá: “Bà, wǒ xiànzài yǒu//èrshí měijīn le, wǒ kěyǐ xiàng nín mǎi yī gè xiǎoshí de shíjiān ma? Míngtiān qǐng zǎo yīdiǎnr huíjiā——wǒ xiǎng hé nín yīqǐ chī wǎncān.”

Jiéxuǎn zì Táng Jìliǔ biānyì《Ershí Měijīn de Jiàzhí》

作品 8 号——《繁星》

我爱月夜，但我也爱星天。从前在家乡七八月的夜晚在庭院里纳凉的时候，我最爱看天上密密麻麻的繁星。望着星天，我就会忘记一切，仿佛回到了母亲的怀里似的。

三年前在南京我住的地方有一道后门，每晚我打开后门，便看见一个静寂的夜。下面是一片菜园，上面是星群密布的蓝天。星光在我们的肉眼里虽然微小，然而它使我们觉得光明无处不在。那时候我正在读一些天文学的书，也认得一些星星，好像它们就是我的朋友，它们常常在和我谈话一样。

如今在海上，每晚和繁星相对，我把它们认得很熟了。我躺在舱面上，仰望天空。深蓝色的天空里悬着无数半明半昧的星。船在动，星也在动，它们是这样低，真是摇摇欲坠呢！渐渐地我的眼睛模糊了，我好像看见无数萤火虫在我的周围飞舞。海上的夜是柔和的，是静寂的，是梦幻的。我望着许多认识的星，我仿佛看见它们在对我眨眼，我仿佛听见它们在小声说话。这时我忘记了一切。在星的怀抱中我微笑着，我沉睡着。我觉得自己是一个小孩子，现在睡在母亲的怀里了。

有一夜，那个在哥伦波上船的英国人指给我看天上的巨人。他用手指着：// 那四颗明亮的星是头，下面的几颗是身子，这几颗是手，那几颗是腿和脚，还有三颗星算是腰带。经他这一番指点，我果然看清楚了那个天上的巨人。看，那个巨人还在跑呢！

节选自巴金《繁星》

Zuòpǐn 8 Hào

Wǒ ài yuèyè, dàn wǒ yě ài xīngtiān. Cóngqián zài jiāxiāng qī—bāyuè de yèwǎn zài tíngyuàn • lǐ nàliáng de shíhou, wǒ zuì ài kàn tiān • shàng mìmì—mámá de fánxīng. Wàngzhe xīngtiān, Wǒ jiù huì wàngjì yīqiē, fǎngfú huídàole mǔ • qīn de huái • lǐ shìde.

Sān nián qián zài Nánjīng wǒ zhù de dìfang yǒu yī dào hòumén, měi wǎn wǒ dǎkāi hòumén, biàn kàn • jiàn yī gè jìngjì de yè. Xià • miàn shì yī piàn càiyuán, shàng • miàn shì xīngqún mìbù de lántiān. Xīngguāng zài wǒmen de ròuyǎn • lǐ suīrán wēixiǎo, rán'ér tā shǐ wǒmen jué • dé guāngmíng wúchǔ—bù zài. Nà shíhou wǒ zhèngzài dú yīxiē tiānwénxué de shū, yě rènde yīxiē xīngxing, hǎoxiàng tāmen jiùshì wǒ de péngyou, tāmén chángcháng zài hé wǒ tánhuà yīyàng.

Rújīn zài hǎi • shàng, měi wǎn hé fánxīng xiāngduì, wǒ bǎ tāmen rèndé hěn shú le. Wǒ tǎng zài cāngmiàn • shàng, yǎngwàng tiānkōng. Shēnlánsè de tiānkōng • lǐ xuánzhe wúshù bànmíng—bànmèi de xīng. Chuán zài dòng, xīng yě zài dòng, tāmen shì zhèyàng dī, zhēn shì yáoyáo—yù zhuì ne! Jiànjiàn de wǒ de yǎnjīng móhu le, wǒ hǎoxiàng kàn • jiàn wúshù yínghuǒchóng zài wǒ de zhōuwéi fēiwǔ. Hǎi • shàng de yè shì róuhé de, shì jìngjì de, shì mènghuàn de. Wǒ wàngzhe xǔduō rènshí de xīng, wǒ fǎngfú kàn • jiàn tāmen zài duì wǒ zhǎyǎn, wǒ fǎngfú tīng • jiàn tāmen zài xiǎoshēng shuōhuà. Zhèshí wǒ wàngjìle yīqiē. Zài xīng de huáibào zhōng wǒ wēixiàozhe, wǒ chénshuìzhe. Wǒ jué • dé zìjǐ shì yī gè xiǎoháizǐ, xiànzài shuì zài mǔ • qīn de huái • lǐ le.

Yǒu yī yè, nàge zài Gēlúnbō shàng chuán de Yīngguórén zhǐ gěi wǒ kàn · tiān shàng de jùrén. Tā yòng shǒu zhǐzhe：//Nà sì kē míngliàng de xīng shì tóu，xià · miàn de jǐ kē shì shēnzi，zhè jǐ kē shì shǒu，nà jǐ kē shì tuǐ hé jiǎo，háiyǒu sān kē xīng suàn shì yāodài. Jīng tā zhè yīfān zhǐdiǎn，wǒ guǒrán kàn qīngchule nàgè tiān · shàng de jùrén. Kàn，nàge jùrén hái zài pǎo ne!

Jiéxuǎn zì Bā Jīn《Fánxīng》

作品9号——《风筝畅想曲》

假日到河滩上转转，看见许多孩子在放风筝。一根根长长的引线，一头系在天上，一头系在地上，孩子同风筝都在天与地之间悠荡，连心也被悠荡得恍恍惚惚了，好像又回到了童年。

儿时的放风筝，大多是自己的长辈或家人编扎的，几根削得很薄的篾，用细纱线扎成各种鸟兽的造型，糊上雪白的纸片，再用彩笔勾勒出面孔与翅膀的图案。通常扎得最多的是“老雕”“美人儿”“花蝴蝶”等。

我们家前院就有位叔叔，擅扎风筝，远近闻名。他扎得风筝不只体形好看，色彩艳丽，放飞得高远，还在风筝上绷一叶用蒲苇削成的膜片，经风一吹，发出“嗡嗡”的声响，仿佛是风筝的歌唱，在蓝天下播扬，给开阔的天地增添了无尽的韵味，给驰荡的童心带来几分疯狂。

我们那条胡同的左邻右舍的孩子们放的风筝几乎都是叔叔编扎的。他的风筝不卖钱，谁上门去要，就给谁，他乐意自己贴钱买材料。

后来，这位叔叔去了海外，放风筝也渐与孩子们远离了。不过年年叔叔给家乡写信，总不忘提起儿时的放风筝。香港回归之后，他的家信中说到，他这只被故乡放飞到海外的风筝，尽管飘荡游弋，经沐风雨，可那线头儿一直在故乡和//亲人手中牵着，如今飘得太累了，也该要回归到家乡和亲人身边来了。

是的。我想，不光是叔叔，我们每个人都是风筝，在妈妈手中牵着，从小放到大，再从家乡放到祖国最需要的地方去啊！

——节选自李恒瑞《风筝畅想曲》

Zuòpǐn 9 Hào

Jiàrì dào hétān · shàng zhuànzhuan，kàn · jiàn xǔduō háizi zài fàng fēngzheng. Yīgēngēn chángcháng de yǐnxiàn，yītóur jì zài tiān · shàng，yī tóur jì zài dì · shàng，hái zǐ tóng fēngzheng dōu zài tiān yǔ dì zhījiān yōudàng，lián xīn yě bèi yōudàng de huǎnghuǎng—hūhū le，hǎoxiàng yòu huídào le tóngnián.

Ershífàng de fēngzheng，dàduō shì zìjǐ de zhǎngbèi huò jiārén biānzā de，jǐ gēn xiāo de hěn báo de miè，yòng xì shāxiàn zāchéng gè zhǒng niǎo shòu de zàoxíng，hú • shàng xuěbái de zhǐpiàn，zài yòng cǎibǐ gōulè chū miànkǒng yǔ chìbǎng de tú'àn. Tōngcháng zā de zuì duō de shì"lǎodiāo"、"měirénr"、"huā húdié" děng.

Wǒmen jiā qiányuàn jiù yǒu wèi shūshu，shàn zā fēngzheng，yuǎn — jìn wénmíng. Tā zā de fēngzheng bùzhǐ tǐxíng hǎokàn，sècǎi yànlì，fàngfēi de gāo yuǎn，hái zài fēngzheng • shàng bēng yī yè yòng púwěi xiāochéng de mópiàn，jīng fēng yī chuī，fāchū "wēngwēng" de shēngxiǎng，fǎngfú shì fēngzheng de gēchàng，zài lántiān • xià bō yáng，gěi kāikuò de tiāndì zēngtiānle wújìn de yùnwèi，gěi chídàng de tóngxīn dàilái jǐ fēn fēngkuáng.

Wǒmen nà tiáo hútòngr de zuǒlín — yòushè de háizimen fàng de fēngzheng jīhū dōu shì shūshu biānzā de. Tā de fēngzheng bù mài qián，shuí shàngmén qù yào，jiù gěi shuí，tā lèyì zìjǐ tiē qián mǎi cáiliào.

Hòulái，zhèwèi shūshu qùle hǎiwài，fàng fēngzheng yě jiàn yǔ háizi men yuǎnlí le. Bùguò niánnián shūshu gěi jiāxiāng xiěxìn，zǒng bù wàng tíqǐ érshí de fàng fēngzheng. Xiānggǎng huíguī zhīhòu，tā zài jiāxìn zhōng shuōdào，tā zhè zhī bèi gùxiāng fàngfēi dào hǎiwài de fēngzheng，jǐnguǎn piāodàng yóuyì，jīng mù fēngyǔ，kě nà xiàntóur yīzhí zài gùxiāng hé//qīnrén shǒu zhōng qiānzhe，rújīn piāo de tài lèi le，yě gāi yào huíguī dào jiāxiāng hé qīnrén shēnbiān lái le.

Shìde. Wǒ xiǎng，bùguāng shì shūshu，wǒmen měi gè rén dōu shì fēngzheng，zài māma shǒu zhōng qiānzhe，cóngxiǎo fàngdào dà，zài cóng jiāxiāng fàngdào zǔguó zuì xūyào de dìfang qù a!

Jiéxuǎn zì Lǐ Héngruì《Fēngzheng Chàngxiǎngqǔ》

作品 10 号——《父亲的爱》

爸不懂得怎样表达爱，使我们一家人融洽相处的是我妈。他只是每天上班下班，而妈则把我们做过的错事开列清单，然后由他来责骂我们。

有一次我偷了一块糖果，他要我把它送回去，告诉卖糖的说是我偷来的，说我愿意替他拆箱卸货作为赔偿。但妈妈却明白我只是个孩子。

我在运动场打秋千跌断了腿，在前往医院的途中一直抱着我的，是我妈。爸把汽车停在急诊室门口，他们叫他驶开，说那空位是留给紧急车辆停放的。爸听了便叫嚷道："你以为这是什么车？旅游车？"

在我生日会上，爸总是显得有些不大相称。他只是忙于吹气球，布置餐桌，做杂务。把插着蜡烛的蛋糕推过来让我吹的，是我妈。

我翻阅照相册时，人们总是问："你爸爸是什么样子的？"天晓得！他老是忙着替别人拍照。妈和我笑容可掬地一起拍的照片，多得不可胜数。

我记得妈有一次教我骑自行车。我叫他别放手，但他却说是应该放手的时候了。我摔倒之后，妈跑过来扶我，爸却挥手要她走开。我当时生气极了，决心要给他点儿颜色看。于是我马上爬上自行车，而且自己骑给他看。他只是微笑。

我念大学时，所有的家信都是妈写的。他//除了寄支票外，还寄过一封短柬给我，说因为我不在草坪上踢足球了，所以他的草坪长得很美。

每次我打电话回家，他似乎都想跟我说话，但结果总是说："我叫你妈来接。"

我结婚时，掉眼泪的是我妈。他只是大声擤了一下鼻子，便走出房间。

我从小到大都听他说："你到哪里去？什么时候回家？汽车有没有汽油？不，不准去。"爸完全不知道怎样表达爱。除非……

会不会是他已经表达了，而我却未能察觉？

节选自［美］艾尔玛 邦贝克《父亲的爱》

Zuòpǐn 10 Hào

Bà bù dǒng · dé zěnyàng biǎodá ài，shǐ wǒmen yī jiā rén róngqià xiāngchǔ de shì wǒ mā. Tā zhǐshì měi tiān shàngbān xiàbān，ér mā zé bǎ wǒmen zuòguò de cuòshì kāiliè qīngdān，ránhòu yóu tā lái zémà wǒmen.

Yǒu yī cì wǒ tōule yī kuài tángguǒ，tā yào wǒ bǎ tā sòng huí · qù，gàosù mài táng de shuō shì wǒ tōu · lái de，shuō wǒ yuàn · yì tì tā chāi xiāng xiè huò zuòwéi péi cháng. Dàn māma què míngbai wǒ zhǐshì gè háizi.

Wǒ zài yùndòngchǎng dǎ qiūqiān diēduànle tuǐ，zài qiánwǎng yīyuàn túzhōng yīzhí bàozhe wǒ de，shì wǒ mā. Bà bǎ qìchē tíng zài jízhěnshì ménkǒu，tāmen jiào tā shǐkāi，shuō nà kōngwèi shì liúgěi jǐnjí chēliàng tíngfàng de. Bà tīngle biàn jiàorǎng dào："Nǐ yǐwéi zhè shì shénme chē? Lǚyóuchē?"

Zài wǒ shēngri huì · shàng，bà zǒngshì xiǎn · dé yǒuxiē bùdà xiāngchèn. Tā zhǐshì máng yú chuī qìqiú，bùzhì cānzhuō，zuò záwù. Bǎ chāzhe làzhú de dàngāo tuī guò · lái ràng wǒ chuī de，shì wǒ mā.

Wǒ fānyuè zhàoxiàngcè shí，rénmen zǒngshì wèn："Nǐ bàba shì shénme yàngzi de?" Tiān xiǎo · dé! Tā lǎoshì mángzhe tì bié · rén pāi zhào. Mā hé wǒ xiàoróng—kějū de yīqǐ pāi de zhàopiàn，duō de bùkě—shèngshù.

Wǒ jì · dé mā yǒu yī cì jiào tā jiāo wǒ qí zìxíngchē. Wǒ jiào tā bié fàngshǒu，dàn tā què shuō shì yīnggāi fàngshǒu de shíhou le. Wǒ shuāidǎo zhīhòu，mā pǎo guò · lái fú wǒ，bà què huīshǒu yào tā zǒukāi. Wǒ dāngshí shēngqì jí le，juéxīn yào gěi tā diǎnr yánsè kàn. Yúshì wǒ mǎshàng pá · shàng zìxíngchē，érqiě zìjǐ qí gěi tā kàn. Ta zhǐshì wēixiào.

Wǒ niàn dàxué shí，suǒyǒu de jiāxìn dōu shì mā xiě de. Tā //chúle jì zhīpiào wài，hái jìguò yī fēng duǎn jiǎn gěi wǒ，shuō yīn · wéi wǒ bù zài cǎopíng · shàng tī zúqiú le，suǒyǐ tā de cǎopíng zhǎng de hěnměi.

Měi cì wǒ dǎ diànhuà huíjiā，tā sìhū dōu xiǎng gēn wǒ shuōhuà，dàn jiéguǒ zǒngshì shuō："Wǒ jiào nǐ mā lái jiē."

Wǒ jiéhūn shí，diào yǎnlèi de shì wǒ mā. Tā zhǐshì dàshēng xǐngle yīxià bízǐ，biàn zǒuchū fángjiān.

Wǒ cóng xiǎo dào dà dōu tīng tā shuō："Nǐ dào nǎ · lǐ qù? Shénme shíhou huíjiā? Qìchē yǒu méi · yǒu qìyóu? Bù，bù zhǔn qù." Bà wánquán bù zhī · dào zěnyàng biǎodá ài. Chú fēi……

Huì bù huì shì tā yǐ · jīng biǎodá le，ér wǒ què wèi néng chájué?

Jiéxuǎn zì［měi］Aì'ěrmǎ Bāngbèikè《Fù · qīn de Ai》

作品 11 号——《国家荣誉感》

一个大问题一直盘踞在我脑袋里：

世界杯怎么会有如此巨大的吸引力？除去足球本身的魅力之外，还有什么超乎其上而更伟大的东西？

近来观看世界杯，忽然从中得到了答案：是由于一种无上崇高的精神情感——国家荣誉感！

地球上的人都会有国家的概念，但未必时时都有国家的感情。往往人到异国，思念家乡，心怀故国，这国家概念就变得有血有肉，爱国之情来得非常具体。而现代社会，科技昌达，信息快捷，事事上网，世界真是太小太小，国家的界限似乎也不那么清晰了。再说足球正在快速世界化，平日里各国球员频繁转会，往来随意，致使越来越多的国家联赛都具有国际的因素。球员们不论国籍，只效力于自己的俱乐部，他们比赛时的激情中完全没有爱国主义的因子。

然而，到了世界杯大赛，天下大变。各国球员都回国效力，穿上与光荣的国旗同样色彩的服装。在每一场比赛前，还高唱国歌以宣誓对自己祖国的挚爱与忠诚。一种血缘情感开始在全身的血管里燃烧起来，而且立刻热血沸腾。

在历史时代，国家间经常发生对抗，好男儿戎装卫国。国家的荣誉往往需要以自己的生命去 // 换取。但在和平时代，唯有这种国家之间大规模对抗性的大赛，才可以唤起那种遥远而神圣的情感，那就是：为祖国而战！

节选自冯骥才《国家荣誉感》

Zuòpǐn 11 Hào

Yī gè dà wèntí yīzhí pánjù zài wǒ nǎodai • lǐ：

Shìjièbēi zěnme huì yǒu rúcǐ jùdà de xīyǐnlì? Chúqù zúqiú běnshēn de mèilì zhīwài，hái yǒu shénme chāohūqíshàng ér gèng wěidà de dōngxi?

Jìnlái guānkàn shìjièbēi，hūrán cóngzhōng dédàole dá'àn：Shì yóuyú yī zhǒng wúshàng chónggāo de jīngshén qínggǎn —— guójiā róngyùgǎn!

Dìqiú • shàng de rén dōu huì yǒu guójiā de gàiniàn dàn wèibì shíshí huì yǒu guójiā de gǎnqíng. Wǎngwǎng rén dào yìguó，sīniàn jiāxiāng，xīn huái gùguó，zhè guójiā gàiniàn jiù biànde yǒu xiě yǒu ròu，àiguó zhī qíng lái de fēicháng jùtǐ. Er xiàndài shèhuì，kējì chāngdá，xìnxī kuàijié，shìshì shàngwǎng，shìjiè zhēn shi tài xiǎo tài xiǎo，guójiā de jièxiàn sìhū yě bù nàme qīngxī le. Zàishuō zúqiú zhèngzài kuàisù shìjièhuà，píngrì • lǐ gè guó qiúyuán pínfán zhuǎn huì，wǎnglái suíyì，zhìshǐ yuèláiyuèduō de guójiā liánsài dōu jùyǒu guójì de yīnsù. Qiúyuánmen bùlùn guójí，zhī xiàolì yú zìjǐ de jùlèbù，tāmen bǐsài shí de jīqíng zhōng wánquán méi • yǒu àiguózhǔyì de yīnzǐ.

Rán'ér，dàole shìjièbēi dàsài，tiānxià dàbiàn. Gè guó qiúyuán dōu huíguó xiàolì，chuān • shàng yǔ guāngróng de guóqí tóngyàng sècǎi de fúzhuāng. Zài měi yī chǎng bǐsài qián, hái gāochàng guógē yǐ xuānshì duì zìjǐ zǔguó de zhì'ài yǔ zhōngchéng. Yī zhǒng xuèyuán qínggǎn kāishǐ zài quánshēn de xuèguǎn • lǐ ránshāo qǐ • lái, érqiě lìkè rèxuè fèiténg.

Zài lìshǐ shídài, guójiā jiān jīngcháng fāshēng duìkàng, hǎo nán'ér róngzhuāng wèiguó. Guójiā de róngyù wǎngwǎng xūyào yǐ zìjǐ de shēngmìng qù //huàn qǔ. Dàn zài hépíng shídài, wéiyǒu zhè zhǒng guójiā zhījiān dàguīmó duìkàngxìng de dàsài, cái kěyǐ huànqǐ nà zhǒng yáoyuǎn ér shénshèng de qínggǎn, nà jiùshì: Wéi zǔguó ér zhàn!

Jiéxuǎn zì Féng Jìcái《Guójiā Róngyùgǎn》

作品 12 号——《海滨仲夏夜》

夕阳落山不久，西方的天空，还燃烧着一片橘红色的晚霞。大海，也被这霞光染成了红色，而且比天空的景色更要壮观。因为它是活动的，每当一排排波浪涌起的时候，那映照在浪峰上的霞光，又红又亮，简直就像一片片霍霍燃烧着的火焰，闪烁着，消失了。而后面的一排，又闪烁着，滚动着，涌了过来。

天空的霞光渐渐地淡下去了，深红的颜色变成了绯红，绯红又变成浅红。最后，当这一切红光都消失了的时候，那突然显得高而远了的天空，则呈现出一片肃穆的神色。最早出现的启明星，在这蓝色的天幕上闪烁起来了。它是那么大，那么亮，整个广漠的天幕上只有它在那里放射着令人注目的光辉，活像一盏悬挂在高空的明灯。

夜色加浓，苍空中的“明灯”越来越多了。而城市各处的真的灯火也次第亮了起来，尤其是围绕在海港周围山坡上的那一片灯光，从半空倒映在乌蓝的海面上，随着波浪，晃动着，闪烁着，像一串流动着的珍珠，和那一片片密布在苍穹里的星斗互相辉映，煞是好看。

在这幽美的夜色中，我踏着软绵绵的沙滩，沿着海边，慢慢地向前走去。海水，轻轻地抚摸着细软的沙滩，发出温柔的 // 刷刷声。晚来的海风，清新而又凉爽。我的心里，有着说不出的兴奋和愉快。

夜风轻飘飘地吹拂着，空气中飘荡着一种大海和田禾相混合的香味儿，柔软的沙滩上还残留着白天太阳炙晒的余温。那些在各个工作岗位上劳动了一天的人们，三三两两地来到这软绵绵的沙滩上，他们浴着凉爽的海风，望着那缀满了星星的夜空，尽情地说笑，尽情地休憩。

选自峻青《海滨仲夏夜》

Zuòpǐn 12 Hào

Xīyáng luòshān bùjiǔ, xīfāng de tiānkōng, hái ránshāozhe yī piàn júhóngsè de wǎnxiá. Dàhǎi, yě bèi zhè xiáguāng rǎnchéngle hóngsè, érqiě bǐ tiānkōng de jǐngsè gèng yào zhuàngguān. Yīn • wéi tā shì huó • dòng de, měidāng yīpáipái bōlàng yǒngqǐ de shíhou, nà yìngzhào zài làngfēng • shàng de xiáguāng, yòu hóng yòu liàng, jiǎnzhí jiù xiàng yīpiànpiàn huòhuò ránshāozhe de huǒyàn, shǎnshuò zhe, xiāoshī le. Er hòu • miàn de yī pái, yòu shǎnshuòzhe, gǔndòngzhe, yǒngle guò • lái.

Tiānkōng de xiáguāng jiànjiàn de dàn xià • qù le, shēnhóng de yánsè biànchéngle fēihóng, fēihóng yòu biànwéi qiǎnhóng. Zuìhòu, dāng zhè yīqiē hóngguāng dōu xiāoshīle de shíhou, nà tūrán xiǎn • dé gāo ér yuǎn le de tiānkōng, zé chéngxiàn chū yī piàn sùmù de shénsè. Zuì zǎo chūxiàn de qǐmíngxīng, zài zhè lánsè de tiānmù • shàng shǎnshuò qǐ • lái le. Tā shì nàme dà, nàme liàng, zhěng gè guǎngmò de tiānmù • shàng zhǐyǒu tā zài nà • lǐ fàngshèzhe lìng rén zhùmù de guānghuī, huóxiàng yī zhǎn xuánguà zài gāokōng de míngdēng.

Yèsè jiā nóng, cāngkōng zhōng de “míngdēng” yuèláiyuè duō le. Er chéngshì gè chǔ de zhēn de dēnghuǒ yě cìdì liàngle qǐ • lái, yóuqí shì wéirào zài hǎigǎng zhōuwéi shānpō • shàng de nà yī piàn dēngguāng, cóng bànkōng dǎoyìng zài wūlán de hǎimiàn • shàng, suízhe bōlàng, huàngdòngzhe, shǎnshuòzhe, xiàng yī chuàn liúdòngzhe de zhēnzhū, hé nà yīpiànpiàn mìbù zài cāngqióng • lǐ de xīngdǒu hùxiāng huīyìng, shà shì hǎokàn.

Zài zhè yōuměi de yèsè zhōng, wǒ tàzhe ruǎnmiánmián de shātān, yánzhe hǎibiān, mànmàn de xiàngqián zǒu • qù. Hǎishuǐ, qīngqīng de fǔmōzhe xìruǎn de shātān, fāchū wēnróu de//shuāshuā shēng. Wǎnlái de hǎifēng, qīngxīn ér yòu liángshuǎng. Wǒ de xīn • lǐ, yǒuzhe shuō • bùchū de xīngfèn hé yúkuài.

Yèfēng qīngpiāopiāo de chuīfúzhe, kōngqì zhōng piāodàngzhe yī zhǒng dàhǎi hé tiánhé xiāng hùnhé de xiāngwèir, róuruǎn de shātān • shàng hái cánliúzhe bái • tiān tài • yáng zhìshai de yúwēn. Nàxiē zài gè gè gōngzuò gǎngwèi • shàng láodòngle yī tiān de rénmen, sānsān—liǎngliǎng de láidào zhè ruǎnmiánmián de shātān • shàng, tāmen yù zhe liángshuǎng de hǎifēng，wàngzhe nà zhuìmǎnle xīngxing de yèkōng，jìnqíng de shuōxiào，jìnqíng de xiūqì.

Jiéxuǎn zì Jùn Qīng《Hǎibīn Zhòngxià Yè》

作品13号——《海洋与生命》

生命在海洋里诞生绝不是偶然的，海洋的物理和化学性质，使它成为孕育原始生命的摇篮。

我们知道，水是生物的重要组成部分，许多动物组织的含水量在百分之八十以上，而一些海洋生物的含水量高达百分之九十五。水是新陈代谢的重要媒介，没有它，体内的一系列生理和生物化学反应就无法进行，生命也就停止。因此，在短时期内动物缺水要比缺少食物更加危险。水对今天的生命是如此重要，它对脆弱的原始生命，更是举足轻重了。生命在海洋里诞生，就不会有缺水之忧。

水是一种良好的溶剂。海洋中含有许多生命所必需的无机盐，如氯化钠、氯化钾、碳酸盐、磷酸盐，还有溶解氧，原始生命可以毫不费力地从中吸取它所需要的元素。

水具有很高的热容量，加之海洋浩大，任凭夏季烈日曝晒，冬季寒风扫荡，它的温度变化却比较小。因此，巨大的海洋就像是天然的“温箱”。是孕育原始生命的温床。

阳光虽然为生命所必需，但是阳光中的紫外线却有扼杀原始生命的危险。水能有效地吸收紫外线，因而又为原始生命提供了天然的“屏障”。

这一切都是原始生命得以产生和发展的必要条件。//

节选自童裳亮《海洋与生命》

Zuòpǐn 13 Hào

Shēngmìng zài hǎiyáng・lǐ dànshēng jué bù shì ǒurán de，hǎiyáng de wùlǐ hé huàxué xìngzhì，shǐ tā chéngwéi yùnyù yuánshǐ shēngmìng de yáolán.

Wǒmen zhī・dào，shuǐ shì shēngwù de zhòngyào zǔchéng bùfen，xǔduō dòngwù zǔzhī de hánshuǐliàng zài bǎ fēn zhī bāshí yǐshàng，ér yīxiē hǎiyáng shēngwù de hánshuǐliàng gāodá bǎ fēn zhī jiǔshíwǔ. Shuǐ shì xīnchén-dàixiè de zhòngyào méijiè，méi・yǒu tā，tǐnèi de yīxìliè shēnglǐ hé shēngwù huàxué fǎnyìng jiù wúfǎ jìnxíng. Shēngmìng yě jiù tíngzhǐ. Yīncǐ，zài duǎn shíqī nèi dòngwù quē shuǐ yào bǐ quēshǎo shíwù gèngjiā wēixiǎn. Shuǐ duì jīntiān de shēngmìng shì rúcǐ zhòngyào, tā duì cuìruò de yuánshǐ shēngmìng, gèng shì jǔzú — qīngzhòng le. Shēngmìng zài hǎiyáng · lǐ dànshēng, jiù bù huì yǒu quē shuǐ zhī yōu.

Shuǐ shì yī zhǒng liánghǎo de róngjì. Hǎiyáng zhōng hányǒu xǔduō shēngmìng suǒ bìxū de wújīyán, rú lǜhuànà、lǜhuàjiǎ、tànsuānyán、línsuānyán, háiyǒu róngjiěyǎng. Yuánshǐ shēngmìng kěyǐ háobù fèilì de cóngzhōng xīqǔ tā suǒ xūyào de yuánsù.

Shuǐ jùyǒu hěn gāo de rè róngliàng, jiāzhī hǎiyáng hàodà, rènpíng xiàjì lièrì pùshài, dōngjì hánfēng sǎodàng, tā de wēndù biànhuà què bǐjiào xiǎo. Yīncǐ, jùdà de hǎiyáng jiù xiàng shì tiānrán de "wēn xiāng", shì yùnyù yuánshǐ shēngmìng de wēnchuáng.

Yángguāng suīrán wéi shēngmìng suǒ bìxū, dànshì yángguāng zhōng de zǐwàixiàn què yǒu èshā yuánshǐ shēngmìng de wēixiǎn. Shuǐ néng yǒuxiào xīshōu zǐwàixiàn. Yīn′ér yòu wèi yuánshǐ shēngmìng tígōngle tiānrán de "píngzhàng".

Zhè yīqiē dōu shì yuánshǐ shēngmìng déyǐ chǎnshēng hé fāzhǎn de bìyào tiáojiàn. //

Jiéxuǎn zì TóngChángliàng《Hǎiyáng yǔ Shēngmìng》

作品 14 号——《和时间赛跑》

读小学的时候，我的外祖母去世了。外祖母生前最疼爱我，我无法排除自己的忧伤，每天在学校的操场上一圈儿又一圈儿地跑着，跑得累倒在地上，扑在草坪上痛哭。

那哀痛的日子，断断续续地持续了很久，爸爸妈妈也不知道如何安慰我。他们知道与其骗我说外祖母睡着了，还不如对我说实话：外祖母永远不会回来了。

"什么是永远不会回来呢？"我问着。

"所有时间里的事物，都永远不会回来。你的昨天过去，它就永远变成昨天，你不能再回到昨天。爸爸以前也和你一样小，现在也不能回到你这么小的童年了；有一天你会长大，你会像外祖母一样老；有一天你度过了你的时间，就永远不会回来了。"爸爸说。

爸爸等于给我一个谜语，这谜语比课本上的"日历挂在墙壁，一天撕去一页，使我心里着急"和"一寸光阴一寸金，寸金难买寸光阴"还让我感到可怕；也比作文本上的"光阴似箭，日月如梭"更让我觉得有一种说不出的滋味。

时间过得那么飞快，使我的小心眼儿里不只是着急，而是悲伤。有一天我放学回家，看到太阳快落山了，就下决心说："我要比太阳更快地回家。"我狂奔回去，站在庭院前喘气的时候，看到太阳//还露着半边脸，我高兴地跳跃起来，那一天我跑赢了太阳。以后我就时常做那样的游戏，有时和太阳赛跑，有时和西北风比快，有时一个暑假才能做完的作业，我十天就做完了；那时我三年级，常常把哥哥五年级的作业拿来做。每一次比赛胜过时间，我就快乐得不知道怎么形容

如果将来我有什么要教给我的孩子，我会告诉他：假若你一直和时间比赛，你就可以成功！

节选自（台湾）林清玄《和时间赛跑》

Zuòpǐn 14 Hào

Dú xiǎoxué de shíhou, wǒ de wàizǔmǔ qùshì le. Wàizǔmǔ shēngqián zuì téng'ài wǒ, wǒ wúfǎ páichú zìjǐ de yōushāng, měi tiān zài xuéxiào de cāochǎng・shàng yīquānr yòu yī quānr de pǎozhe, pǎo de lèidǎo zài dì・shàng, pūzài cǎopíng・shàng tòngkū.

Nà āitòng de rìzǐ, duànduàn—xùxù de chíxùle hěn jiǔ, bàba māma yě bù zhī・dào rúhé ānwèi wǒ. Tāmen zhī・dào yǔqí piàn wǒ shuō wàizǔmǔ shuìzháole, hái bùrú duì wǒ shuō shíhuà: Wàizǔmǔ yǒng yuǎn bù huì huí・lái le.

"Shénme shì yǒngyuǎn bù huì huí・lái ne?" wǒ wènzhe.

"Suǒyǒu shíjiān・lǐ de shìwù, dōu yǒngyuǎn bù huì huí・lái. Nǐ de zuótiān guò・qù, tā jiù yǒngyuǎn biàn chéng zuótiān, nǐ bùnéng zài huídào zuótiān. Bàba yǐqián yě hé nǐ yīyàng xiǎo, xiànzài yě bùnéng huídào nǐ zhème xiǎo de tóngnián le; yǒu yī tiān nǐ huì zhǎngdà, nǐ huì xiàng wàizǔmǔ yīyàng lǎo; yǒu yī tiān nǐ dùguole nǐ de shíjiān, jiù yǒngyuǎn bù huì huí・lái le." Bàba shuō.

Bàba děngyú gěi wǒ yī gè míyǔ, zhè míyǔ bǐ kèběn・shàng de "Rìlì guà zài qiángbì, yī tiān sī・qù yī yè, shǐ wǒ xīn・lǐ zháojí" hé "Yīcùn guāngyīn yī cùn jīn, cùn jīn nán mǎi cùn guāngyīn" hái ràng wǒ gǎndào kěpà; yě bǐ zuòwénběn・shàng de "Guāngyīn sì jiàn, rìyuè rú suō" gèng ràng wǒ jué・dé yǒu yī zhǒng shuō・bùchū de zīwèi.

Shíjiān guò de nàme fēikuài, shǐ wǒ de xiǎo xīnyǎnr・lǐ bù zhǐshì zháojí, háiyǒu bēishāng. Yǒu yī tiān wǒ fàngxué huíjiā, kàndào tài · yáng kuài luòshān le, jiù xià juéxīn shuō: "Wǒ yào bǐ tài · yáng gèng kuài de huíjiā." Wǒ kuángbēn huíqù, zhànzài tíngyuàn qián chuǎnqì de shíhou, kàndào tài · yáng //hái lòuzhe bànbiān liǎn, wǒ gāoxìng de tiàoyuè qǐ · lái, nà yī tiān wǒ pǎoyíngle tài · yáng. Yǐhòu wǒ jiù shícháng zuò nàyàng de yóuxì, yǒushí hé tài · yáng sàipǎo, yǒu shí hé xīběifēng bǐ kuài, yǒushí yī gè shǔjià cái néng zuòwán de zuòyè, wǒ shí tiān jiù zuòwánle; nà shí wǒ sān niánjí, chángcháng bǎ gēge wǔ niánjí de zuòyè ná · lái zuò. Měi yī cì bǐsài shèngguo shíjiān, wǒ jiù kuàilè de bù zhī · dào zěnme xíngróng.

Rúguǒ jiānglái wǒ yǒu shénme yào jiàogěi wǒ de háizi, wǒ huì gàosù tā: jiǎruò nǐ yīzhí hé shíjiān bǐsài, nǐ jiù kěyǐ chénggōng!

Jiéxuǎn zì (Táiwān) Lín Qīngxuán《Hé Shíjiān Sàipǎo》

作品 15 号——《胡适的白话电报》

三十年代初，胡适在北京大学任教授。讲课时他常常对白话文大加称赞，引起一些只喜欢文言文而不喜欢白话文的学生的不满。

一次，胡适正讲得得意的时候，一位姓魏的学生突然站了起来，生气地问："胡先生，难道说白话文就毫无缺点吗?"胡适微笑着回答说："没有。"那位学生更加激动了："肯定有！白话文废话太多，打电报用字多，花钱多。"胡适的目光顿时变亮了。轻声地解释说："不一定吧！前几天有位朋友给我打来电报，请我去政府部门工作，我决定不去，就回电拒绝了。复电是用白话写的，看来也很省字。请同学们根据我这个意思，用文言文写一个回电，看看究竟是白话文省字，还是文言文省字?"胡教授刚说完，同学们立刻认真地写了起来。

十五分钟过去，胡适让同学举手，报告用字的数目，然后挑了一份用字最少的文言电报稿，电文是这样写的：

"才疏学浅，恐难胜任，不堪从命。"白话文的意思是：学问不深，恐怕很难担任这个工作，不能服从安排。

胡适说，这份写得确实不错，仅用了十二个字。但我的白话电报却只用了五个字："干不了，谢谢！"

胡适又解释说："干不了"就有才疏学浅、恐难胜任的意思；"谢谢"既//对朋友的介绍表示感谢，又有拒绝的意思。所以，废话多不多，并不看它是文言文还是白话文，只要注意选用字词，白话文是可以比文言文更省字的。

节选自陈灼主编《实用汉语中级教程》（上）中《胡适的白话电报》

Zuòpǐn 15 Hào

Sānshí niándài chū，Hú Shì zài Běijīng Dàxué rèn jiàoshòu. Jiǎngkè shí tā chángcháng duì báihuàwén dàjiā chēngzàn，yǐnqǐ yīxiē zhī xǐhuan wényánwén ér bù xǐhuan báihuàwén de xuésheng de bùmǎn.

Yī cì，Hú Shì zhèng jiǎng de déyì de shíhou，yī wèi xìng wèi de xuésheng tūrán zhànle qǐ · lái，shēngqì de wèn："Hú xiānsheng，nándào shuō báihuàwén jiù háowú quēdiǎn ma?" Hú Shì wēixiàozhe huídá shuō："méi · yǒu." Nà wèi xuésheng gèngjiā jīdòng le："Kěndìng yǒu! Báihuàwén fèihuà tài duō，dǎ diànbào yòng zì duō，huāqián duō." Hú Shì de mùguāng dùnshí biànliàng le. Qīngshēng de jiěshì shuō： "Bù yīdìng bā! Qián jǐ tiān yǒu wèi péngyou gěi wǒ dǎ · lái diànbào，qǐng wǒ qù zhèngfǔ bùmén gōngzuò，wǒ juédìng bù qù，jiù huídiàn jùjué le. Fùdiàn shì yòng báihuà xiě de，kànlái yě hěn shěng zì. Qǐng tóngxuémen gēnjù wǒ zhège yìsi，yòng wényánwén xiě yī gè huídiàn，kànkan jiūjìng shì báihuàwén shěng zì，hái shì wényánwén shěng zì?" Hú jiàoshòu gāng shuōwán，tóngxuémen lìkè rènzhēn de xiěle qǐ · lái.

Shíwǔ fēnzhōng guò · qù，Hú Shì ràng tóngxué jǔshǒu，bàogào yòng zì de shùmù，ránhòu tiāole yī fèn yòng zì zuì shǎo de wényán diànbàogǎo，diànwén shì zhèyàng xiě de：

" Cáishū — xuéqiǎn，kǒng nán shèngrèn，bùkān cóngmìng." Báihuàwén de yìsi shì：Xuéwen bù shēn，kǒngpà hěn nán dānrèn zhège gōng zuò，bùnéng fúcóng ānpái.

Hú Shì shuō，zhè fèn xiě de quèshí bùcuò，jǐn yòngle shí′èr gè zì. Dàn wǒ de báihuà diànbào què zhǐ yòngle wǔ gè zì：

"Gàn · bù liǎo，xièxie!"

Hú shì yòu jiěshì shuō："Gàn · bù liǎo" jiù yǒu cáishū — xuéqiǎn、kǒng nán shèngrèn de yìsi； "Xièxie " jì //duì péngyou de jièshào biǎoshì gǎnxiè，yòu yǒu jùjué de yìsi. Suǒyǐ，fèi huà duō · bù duō，bìng bù kàn tā shì wényánwén hái shì báihuàwén，zhǐyào zhùyì xuǎnyòng zìcí，báihuàwén shì kěyǐ bǐ wényánwén gèng shěng zì de.

Jiéxuǎn zì Chén Zhuó Zhǔbiān《Shíyòng Hànyǔ Zhōngjí Jiàochéng》(shàng) zhōng《Hú Shì de Báihuà Diànbào》

作品 16 号——《火光》

很久以前，在一个漆黑的秋天的夜晚，我泛舟在西伯利亚一条阴森森的河上。船到一个转弯处，只见前面黑黢黢的山峰下面一星火光蓦地一闪。

火光又明又亮，好像就在眼前……

"好啦，谢天谢地！"我高兴地说，"马上就到过夜的地方啦！"

船夫扭头朝身后的火光望了一眼，又不以为然地划起浆来。

"远着呢！"

我不相信他的话，因为火光冲破朦胧的夜色，明明在那儿闪烁。不过船夫是对的，事实上，火光的确还远着呢。

这些黑夜的火光的特点是：驱散黑暗，闪闪发亮，近在眼前，令人神往。乍一看，再划几下就到了……其实却还远着呢！……

我们在漆黑如墨的河上又划了很久。一个个峡谷和悬崖，迎面驶来，又向后移去，仿佛消失在茫茫的远方，而火光却依然停在前头，闪闪发亮，令人神往——依然是这么近，又依然是那么远……

现在，无论是这条被悬崖峭壁的阴影笼罩的漆黑的河流，还是那一星明亮的火光，都经常浮现在我的脑际，在这以前和在这以后，曾有许多火光，似乎近在咫尺，不止使我一人心驰神往。可是生活之河却仍然在那阴森森的两岸之间流着，而火光也依旧非常遥远。因此，必须加劲划浆……

然而，火光啊……毕竟……毕竟就 // 在前头！……

节选自（俄）柯罗连科《火光》，张铁夫译

Zuòpǐn 16 Hào

Hěn jiǔ yǐqián，zài yī gè qīhēi de qiūtiān de yèwǎn，wǒ fàn zhōu zài Xībólìyà yī tiáo yīnsēnsēn de hé・shàng. Chuán dào yī gè zhuǎnwān chǔ，zhǐ jiàn qián・miàn hēiqūqū de shānfēng xià・miàn，yī xīng huǒguāng mòdì yī shǎn.

Huǒ guāng yòu míng yòu liàng，hǎoxiàng jiù zài yǎnqián……

"Hǎo la，xiètiān—xièdì!" Wǒ gāoxìng de shuō，"Mǎshàng jiù dào guòyè de dìfang la!"

Chuánfū niǔtóu cháo shēnhòu de huǒguāng wàng le yī yǎn，yòu bùyǐwéirán de huá・qǐ jiǎng・lái.

"Yuǎnzhe ne!"

Wǒ bù xiāngxìn tā de huà，yīn·wèi huǒguāng chōngpò ménglóng de yèsè，míngmíng zài nàr shǎnshuò. Bùguò chuánfū shì duì de，shìshí·shàng，huǒguāng díquè hái yuǎnzhe ne.

Zhèxiē hēiyè de huǒguāng de tèdiǎn shì：Qū sàn hēi'àn，shǎnshǎn fāliàng，jìn zài yǎnqián，lìngrén shénwǎng. Zhà yī kàn，zài huá jǐ xià jiù dào le……Qíshí què hái yuǎnzhe ne！……

Wǒmen zài qīhēi rú mò de hé·shàng yòu huále hěn jiǔ. Yīgègè xiágǔ hé xuányá，yíngmiàn shǐ·lái，yòu xiàng hòu yí·qù，fǎng fú xiāoshī zài mángmáng de yuǎnfāng，ér huǒguāng què yīrán tíng zài qiántou，shǎnshǎn fāliàng，lìngrénshénwǎng——yīrán shì zhème jìn，yòu yīrán shì nàme yuǎn……

Xiànzài，wúlùn shì zhè tiáo bèi xuányá qiàobì de yīnyǐng lǒngzhào de qīhēi de héliú，háishì nà yī xīng míngliàng de huǒguāng，dōu jīngcháng fúxiàn zài wǒ de nǎojì zài zhè yǐqián hé zài zhè yǐhòu，céng yǒu xǔduō huǒguāng，sìhū jìn zài zhǐchǐ，bùzhǐ shǐ wǒ yī rén xīnchí—shénwǎng。Kěshì shēnghuó zhī hé què réngrán zài nà yīnsēnsēn de liǎng 'àn zhījiān liúzhe，ér huǒguāng yě yījiù fēicháng yáoyuǎn. Yīncǐ，bìxū jiājìn huá jiǎng……

Rán'ér，huǒguāng a……bìjìng……bìjìng jiù//zài qiántou！……

Jiéxuǎn zì［E］Kēluóliánkē《Huǒguāng》，Zhāng Tiěfū yì

作品 17 号——《济南的冬天》

对于一个在北平住惯的人，像我，冬天要是不刮风，便觉得是奇迹；济南的冬天是没有风声的。对于一个刚由伦敦回来的人，像我，冬天要能看得见日光，便觉得是怪事；济南的冬天是响晴的。自然，在热带的地方，日光是永远那么毒，响亮的天气，反有点儿叫人害怕。可是，在北方的冬天，而能有温晴的天气，济南真得算个宝地。

设若单单是有阳光，那有算不了出奇。请闭上眼睛想：一个老城，有山有水，全在天底下晒着阳光，暖和安适地睡着，只等春风来把它们唤醒，这是不是理想的境界？小山把济南围了个圈儿，只有北边缺着点口儿。这一圈小山在冬天特别可爱，好像是把济南放在一个小摇篮里，它们安静不动地低声地说："你们放心吧，这儿准保暖和。"真的，济南的人们在冬天是面上含笑的。他们一看那些小山，心中便觉得有了着落，有了依靠。他们由天上看到山上，便不知不觉地想起：明天也许就是春天了吧？这样的温暖，今天夜里山草也许就绿起来了吧？就是这点儿幻想不能一时实现，他们也并不着急，因为这样慈善的冬天，干什么还希望别的呢！

最妙的是下点小雪呀。看吧，山上的矮松越发的青黑，树尖儿上顶//着一髻儿白花，好像日本看护妇。山尖儿全白了，给蓝天镶上一道银边。山坡上，有的地方雪厚点儿，有的地方草色还露着；这样，一道儿白，一道儿暗黄，给山们穿上一件带水纹儿的花衣；看着看着，这件花衣好像被风儿吹动，叫你希望看见一点儿更美的山的肌肤。等到快日落的时候，微黄的阳光斜射在山腰上，那点儿薄雪好像忽然害羞，微微露出点儿粉色。就是下小雪吧，济南是受不住大雪的，那些小山太秀气。

节选自老舍《济南的冬天》

Zuòpǐn 17 Hào

Duìyú yī gè zài Běipíng zhùguàn de rén，xiàng wǒ，dōngtiān yàoshì bù guāfēng，biàn jué · dé shì qíjì；jǐnán de dōngtiān shì méi · yǒu fēngshēngde. Duìyú yī gè gāng yóu Lúndūn huí · lái de rén，xiàng wǒ，dōngtiān yào néng kàn de jiàn rìguāng，biàn jué · dé shì guàishì；Jǐnán de dōngtiān shì xiǎngqíng de. Zìrán，zài rèdài de dìfang，rìguāng yǒngyuǎn shì nàme dú，xiǎngliàng de tiānqì，fǎn yǒudiǎnr jiào rén hàipà. Kěshì，zài běifāng de dōngtiān，ér néng yǒu wēnqíng de tiānqì，Jǐnán zhēn děi suàn gè bǎodì.

Shèruò dāndān shì yǒu yángguāng，nà yǒu suàn · bùliǎo chūqí. Qǐng bì · shàng yǎnjing xiǎng：Yī gè lǎochéng，yǒu shān yǒu shuǐ，quán zài tiān dǐ · xià shaizhe yángguāng，nuǎnhuo ānshì de shuìzhe，zhǐ děng chūnfēng lái bǎ tāmen huànxǐng，zhè shì · bùshì lǐxiǎng de jìngjiè? Xiǎoshān zhěng bǎ Jǐnán wéile gè quānr，zhǐyǒu běi · biān quēzhe diǎnr kǒur. Zhè yī quān xiǎoshān zài dōngtiān tèbié kě'ài，hǎoxiàng shì bǎ Jǐnán fàng zài yī gè xiǎo yáolán · lǐ，tāmen ānjìng bù dòng de dīshēng de shuō：“Nǐmen fàngxīn ba，zhèr zhǔnbǎo nuǎnhuo.” zhēn de Jǐnán de rénmen zài dōngtiān shì miàn · shàng hánxiào de. Tā men yī kàn nàxiē xiǎoshān，xīnzhōng biàn jué · dé yǒule zhuóluò，yǒule yīkào. Tā men yóu tiān · shàng kàndào shān · shàng，biàn bùzhī—bùjué de xiǎngqǐ：“Míngtiān yěxǔ jiùshì chūntiān le ba? Zhèyàng de wēnnuǎn，jīntiān yè · lǐ shāncǎo yěxǔ jiù lǜqǐ · lái le ba?” Jiùshì zhè diǎnr huànxiǎng bùnéng yīshí shíxiàn，tāmen yě bìng bù zháojí，yīn・wèi zhè yàng císhàn de dōngtiān，gànshénme hái xīwàng biéde ne!

Zuì miào de shì xià diǎnr xiǎoxuě ya. Kàn ba，shān・shàng de ǎisōng yuèfā de qīnghēi shùjiānr・shàng dǐng//zhe yī jìr báihuā，hǎoxiàng Rìběn kānhùfù. Shānjiānr quán bái le，gěi lántiān xiāng・shàng yī dào yínbiānr. Shānpō・shàng，yǒude dìfang xuě hòu diǎnr yǒude dìfang cǎosè hái lòuzhe；zhèyàng，yī dàor bái，yī dàor ànhuáng，gěi shānmen chuān・shàng yī jiàn dài shuǐwénr de huāyī；kànzhe kànzhe，zhè jiàn huāyī hǎoxiàng bèi fēng'ér chuīdòng，jiào nǐ xīwàng kàn・jiàn yīdiǎnr gèng měi de shān de jīfū. Děngdào kuài rìluò de shíhou，wēihuáng de yángguāng xié shè zài shānyāo・shàng，nà diǎnr báo xuě hǎoxiàng hūrán hàixiū，wēiwēi lòuchū diǎnr fěnsè. Jiùshì xià xiǎoxuě ba，Jǐnán shì shòu・bùzhù dàxuě de，nàxiē xiǎoshān tài xiùqì.

Jiéxuǎn zì Lǎo Shě《Jǐnán de Dōngtiān》

作品 18 号——《家乡的桥》

纯朴的家乡村边有一条河，曲曲弯弯，河中架一弯石桥，弓样的小桥横跨两岸。

每天，不管是鸡鸣晓月，日丽中天，还是月华泻地，小桥都印下串串足迹，洒落串串汗珠。那是乡亲为了追求多棱的希望，兑现美好的遐想。弯弯小桥，不时荡过轻吟低唱，不时露出舒心的笑容。

因而，我稚小的心灵，曾将心声献给小桥：你是一弯银色的新月，给人间普照光辉；你是一把闪亮的镰刀，割刈着欢笑的花果；你是一根晃悠悠的扁担，挑起了彩色的明天！哦，小桥走进我的梦中。

我在飘泊他乡的岁月，心中总涌动着故乡的河水，梦中总看到弓样的小桥。当我访南疆探北国，眼帘闯进座座雄伟的长桥时，我的梦变得丰满了，增添了赤橙黄绿青蓝紫。

三十多年过去，我带着满头霜花回到故乡，第一紧要的便是去看望小桥。

啊！小桥呢？它躲起来了？河中一道长虹，浴着朝霞熠熠闪光。哦，雄浑的大桥敞开胸怀，汽车的呼啸、摩托的笛音、自行车的叮铃，合奏着进行交响乐；南来的钢筋、花布，北往的柑橙、家禽，绘出交流欢悦图……

啊！蜕变的桥，传递了家乡进步的消息，透露了家乡富裕的声音。时代的春风，美好的追求，我蓦地记起儿时唱//给小桥的歌，哦，明艳艳的太阳照耀了，芳香甜蜜的花果捧来了，五彩斑斓的岁月拉开了！

我心中涌动的河水，激荡起甜美的浪花。我仰望一碧蓝天，心底轻声呼喊：家乡的桥啊，我梦中的桥！

节选自郑莹《家乡的桥》

Zuòpǐn 18 Hào

Chúnpǔ de jiāxiāng cūnbiān yǒu yī tiáo hé，qūqū—wānwān，hé zhōng jià yī wān shíqiáo，gōng yàng de xiǎoqiáo héngkuà liǎng'àn.

Měi tiān，bùguǎn shì jī míng xiǎo yuè，rì lì zhōng tiān，háishì yuè huá xiè dì，xiǎoqiáo dōu yìnxià chuànchuàn zújì，sǎluò chuànchuàn hànzhū. Nà shì xiāngqīn wèile zhuīqiú duōléng de xīwàng，duìxiàn měihǎo de xiáxiǎng. Wānwān xiǎoqiáo，bùshí dàngguo qīng yín—dīchàng，bùshí lùchū shūxīn de xiàoróng.

Yīn′ ér，wǒ zhìxiǎo de xīnlíng，céng jiāng xīnshēng xiàngěi xiǎoqiáo：Nǐ shì yī wān yínsè de xīnyuè，gěi rénjiān pǔzhào guāng huī；nǐ shì ，yī，bǎ shǎnliàng de liándāo，gēyìzhe huānxiào de huāguǒ；nǐ shì yī gēn huàngyōuyōu de biǎndan，tiǎoqǐle cǎisè de míngtiān！O，xiǎoqiáo zǒujìn wǒ de mèng zhōng.

Wǒ zài piāobó tāxiāng de suìyuè，xīnzhōng zǒng yǒngdòngzhe gùxiāng de héshuǐ，mèngzhōng zǒng kàndào gōng yàng de xiǎoqiáo. Dāng wǒ fǎng nánjiāng tàn běiguó，yǎnlián chuǎngjìn zuòzuò xióng wěi de chángqiáo shí，wǒ de mèng biàn dé fēngmǎn le，zēngtiānle chì—chéng—huáng—lǜ—qīng—lán—zǐ.

Sānshí duō nián guò • qù，wǒ dàizhe mǎntóu shuānghuā huídào gùxiāng，dì—yī jǐnyào de biànshì qù kànwàng xiǎoqiáo.

A！Xiǎo qiáo ne？tā duǒ qǐ • lái le？Hé zhōng yī dào chánghóng，yù zhe zhāoxiá yìyì shǎnguāng. O，xiónghún de dàqiáo chǎngkāi xiōnghuái，qìchē de hūxiào，mótuō de díyīn，zìxíngchē de dīnglíng，hézòuzhe jìnxíng jiāoxiǎngyuè；nán lái de gāngjīn、huā bù，běi wǎng de gānchéng，jiāqín，huìchū jiāoliú huānyuètú……

A！Tuìbiàn de qiáo，chuándìle jiāxiāng jìnbù de xiāoxi，tòulùle jiāxiāng fùyù de shēngyīn. Shídài de chūnfēng，měihǎo de zhuīqiú，wǒ mòdì jìqǐ érshí chàng //gěi xiǎoqiáo de gē，ò，míngyànyàn de tài · yáng zhàoyào le，fāngxiāng tiánmì de huāguǒ pěnglái le，wǔcǎi bānlán de suì yuè lākāi le！

Wǒ xīnzhōng yǒngdòng de héshuǐ，jīdàng qǐ tiánměi de lànghuā. Wǒ yǎngwàng yī bì lántiān，xīndǐ qīngshēng hūhǎn：Jiāxiāng de qiáo a，wǒ mèng zhōng de qiáo！

Jiéxuǎn zì Zhèng Yíng《Jiāxiāng de Qiáo》

作品 19 号——《坚守你的高贵》

三百多年前，建筑设计师莱伊恩受命设计了英国温泽市政府大厅。他运用工程力学的知识，依据自己多年的实践，巧妙地设计了只用一根柱子支撑的大厅天花板。一年以后，市政府权威人士进行工程验收时，却说只用一根柱子支撑天花板太危险，要求莱伊恩再多加几根柱子。

莱伊恩自信只要一根坚固的柱子足以保证大厅安全，他的“固执”惹恼了市政官员，险些被送上法庭。他非常苦恼：坚持自己原先的主张吧，市政官员肯定会另找人修改设计；不坚持吧，又有悖自己为人的准则。矛盾了很长一段时间，莱伊恩终于想出了一条妙计，他在大厅里增加了四根柱子，不过这些柱子并未与天花板接触，只不过是装装样子。

三百多年过去了，这个秘密始终没有被人发现。直到前两年，市政府准备修缮大厅的天花板，才发现莱伊恩当年的“弄虚作假”。消息传出后，世界各国的建筑专家和游客云集，当地政府对此也不加掩饰，在新世纪到来之际，特意将大厅作为一个旅游景点对外开放，旨在引导人们崇尚和相信科学。

作为一名建筑师，莱伊恩并不是最出色的。但作为一个人，他无疑非常伟大。这种//伟大表现在他始终恪守着自己的原则，给高贵的心灵一个美丽的住所，哪怕是遭遇到最大的阻力，也要想办法抵达胜利。

节选自游宇明《坚守你的高贵》

Zuòpǐn 19 Hào

Sānbǎi duō nián qián，jiànzhù shèjìshī Láiyī′ēn shòumìng shèjìle Yīngguó Wēnzé shìzhèngfǔ dàtīng. Tā yùnyòng gōngchéng lìxué de zhīshi，yījù zìjǐ duōnián de shíjiàn，qiǎomiào de shèjìle zhī yòng yī gēn zhùzi zhīchēng de dàtīng tiānhuābǎn. Yī nián yǐhòu，shìzhèngfǔ quánwēi rénshì jìnxíng gōngchéng yànshōu shí，què shuō zhǐ yòng yī gēn zhùzi zhīchēng tiānhuābǎn tài wēixiǎn, yāoqiú Láiyī'ēn zài duō jiā jǐ gēn zhùzǐ.

Láiyī'ēn zìxìn zhǐyào yī gēn jiāngù de zhùzǐ zúyǐ bǎozhèng dàtīng ānquán, tā de "gùzhi" rěnǎole shìzhèng guānyuán, xiǎnxiē bèi sòng • shàng fǎtíng. Tā fēicháng kǔnǎo; jiānchí zìjǐ yuánxiān de zhǔzhāng ba, shìzhèng guānyuán kěndìng huì lìng zhǎo rén xiūgǎi shèjì; bù jiānchí ba, yòu yǒu bèi zìjǐ wèirén de zhǔnzé. Máodùnle hěn cháng yīduàn shíjiān, Láiyī'ēn zhōngyú xiǎngchūle yī tiáo miàojì, tā zài dàtīng • lǐ zēngjiāle sì gēn zhùzi, bùguò zhèxiē zhùzi bìng wèi yǔ tiānhuābǎn jiēchù, zhǐ • bùguò shì zhuāngzhuang yàngzǐ.

Sānbǎi duō nián guò • qù le, zhège mìmì shǐzhōng méi • yǒu bèi rén fāxiàn. Zhídào qián liǎng nián, shìzhèngfǔ zhǔnbèi xiūshàn dàtīng de tiānhuābǎn, cái fāxiàn Láiyī'ēn dàngnián de "nòngxū—zuòjiǎ". Xiāoxi chuánchū hòu, shìjiè gè guó de jiànzhù zhuānjiā hé yóukè yúnjí, dāngdì zhèngfǔ duìcǐ yě bù jiā yǎnshì, zài xīn shìjì dàolái zhī jì, tèyì jiāng dàtīng zuòwéi yī gè lǚyóu jǐngdiǎn duìwài kāifàng, zhǐ zài yǐndǎo rénmen chóngshàng hé xiāngxìn kēxué.

Zuòwéi yī míng jiànzhùshī, Láiyī'ēn bìng bù shì zuì chūsè de. Dàn zuòwéi yī gè rén, tā wúyí fēicháng wěidà. Zhè zhǒng //wěidà biǎoxiàn zài tā shǐzhōng kèshǒuzhe zìjǐ de yuánzé, gěi gāoguì de xīnlíng yī gè měilì de zhùsuǒ, nǎpà shì zāoyù dào zuì dà de zǔlì, yě yào xiǎng bànfǎ dǐdá shènglì.

Jiéxuǎn zì Yóu Yǔmíng《Jiānshǒu Nǐ de Gāoguì》

作品 20 号——《金子》

自从传言有人在萨文河畔散步时无意发现了金子后，这里便常有来自四面八方的淘金者。他们都想成为富翁，于是寻遍了整个河床，还在河床上挖出很多大坑，希望借助它们找到更多的金子。的确，有一些人找到了，但另外一些人因为一无所得而只好扫兴归去。

也有不甘心落空的，便驻扎在这里，继续寻找。彼得弗雷特就是其中一员。他在河床附近买了一块没人要的土地，一个人默默地工作。他为了找金子，已把所有的钱都押在这块土地上。他埋头苦干了几个月，直到土地全变成了坑坑洼洼，他失望了——他翻遍了整块土地，但连一丁点儿金子都没看见。

六个月后，他连买面包的钱都没有了。于是他准备离开这儿到别处去谋生。

就在他即将离去的前一个晚上，天下起了倾盆大雨，并且一下就是三天三夜。雨终于停了，彼得走出小木屋，发现眼前的土地看上去好像和以前不一样：坑坑洼洼已被大水冲刷平整，松软的土地上长出一层绿茸茸的小草。

"这里没找到金子，"彼得忽有所悟地说，"但这土地很肥沃，我可以用来种花，并且拿到镇上去卖给那些富人，他们一定会买些花装扮他们华丽的客厅。如果真是这样的话，那么我一定会赚许多钱。有朝一日我也会成为富人……"

于是他留了下来。彼得花了不少精力培育花苗，不久田地里长满了美丽鲜艳的各色鲜花。

五年以后，彼得终于实现了他的梦想——成了一个富翁。"我是唯一的一个找到真金的人！"他时常不无骄傲地告诉别人，"别人在这儿找不到金子后便远远地离开，而我的'金子'是在这块土地里，只有诚实的人用勤劳才能采集到。"

节选自陶猛译《金子》

Zuòpǐn 20 Hào

Zìcóng chuányán yǒu rén zài Sàwén hépàn sànbù shí wúyì fāxiànle jīnzi hòu，zhè • lǐ biàn cháng yǒu láizì simian—bāfāng de táojīnzhě. Tāmen dōu xiǎng chéngwéi fùwēng，yúshì xúnbiànle zhěnggè héchuáng，hái zài héchuáng • shàng wāchū hěnduō dàkēng，xīwàng jièzhù tāmen zhǎodào gèng duō de jīnzi. Díquè，yǒu yīxiē rén zhǎodào le，dàn lìngwài yīxiē rén yīn • wèi yīwú—suǒdé ér zhǐhǎo sǎoxìng guīqù.

Yě yǒu bù gānxīn luòkōng de，biàn zhùzhā zài zhè • lǐ，jìxù xúnzhǎo. Bǐdé Fúléitè jiùshì qízhōng yī yuán。Tā zài héchuáng fùjìn mǎile yī kuài méi rén yào de tǔdì，yī gè rén mòmò de gōngzuò. Tā wèile zhǎo jīnzi，yǐ bǎ suǒyǒu de qián dōu yā zài zhè kuài tǔdì • shàng. Tā máitóu—kǔgànle jǐ gè yuè，zhídào tǔdì quán biànchéngle kēngkēng—wāwā，tā shīwàng le —— tā fānbiànle zhěngkuài tǔdì，dàn lián yī dīngdiǎnr jīnzǐ dōu méi kàn • jiàn.

Liù gè yuè hòu，tā lián mǎi miànbāo de qián dōu méi • yǒu le. Yúshì tā zhǔnbèi líkāi zhèr dào biéchù qù móushēng.

Jiù zài tā jíjiāng líqù de qián yī gè wǎnshang，tiān xiàqǐle qīngpén —dàyǔ，bìngqiě yīxià jiùshì sān tiān sān yè. Yǔ zhōngyú tíng le，Bǐdé zǒuchū xiǎo mùwū，fāxiàn yǎnqián de tǔdì kàn shàng・qù hǎoxiàng hé yǐqián bù yīyàng，kēngkeng—wāwā yǐ bèi dàshuǐ chōngshuā píngzhěng，sōngruǎn de tǔdì・shàng zhǎngchū yī céng lǜróngróng de xiǎocǎo.

“Zhè・lǐ méi zhǎodào jīnzi,” Bǐdé hū yǒu suǒ wù de shuō，“Dàn zhè tǔdì hěn féiwò wǒ kěyǐ yònglái zhǒng huā，bìngqiě nádào zhèn・shàng qù màigěi nàxiē fùrén，tāmen yīdìng huì mǎi xiē huā zhuāngbàn tāmen huálì de kè//tīng. Rúguǒ zhēn shì zhèyàng de huà，nàme wǒ yīdìng huì zhuàn xǔduō qián，yǒuzhāo—yīrì wǒ yě huì chéngwéi fùrén……”

Yúshì tā liú le xià・lái. Bǐdé huā le bù shǎo jīnglì péi yù huāmiáo，bùjiǔ tiándì・lǐ zhǎngmǎnle měilì jiāoyàn de gè sè xiānhuā.

Wǔ nián yǐhòu，Bǐdé zhōngyú shíxiànle tā de mèngxiǎng——chéngle yī gè fùwēng. “Wǒ shì wéiyī de yī gè zhǎodào zhēnjīn de rén!” Tā shícháng bùwú jiāo'ào de gàosù bié・rén，“Bié・rén zài zhèr zhǎo・bùdào jīnzi hòu biàn yuǎnyuǎn de líkāi，ér wǒ de ‘jīnzi’shì zài zhè kuài tǔdì・lǐ，zhǐyǒu chéng・shí de rén yòng qínláo cáinéng cǎijí dào.”

Jiéxuǎn zì Táo Měng yì《Jīnzi》

作品 21 号——《捐诚》

我在加拿大学习期间遇到过两次募捐，那情景至今使我难以忘怀。

一天，我在渥太华的街上被两个男孩子拦住去路。他们十来岁，穿得整整齐齐，每人头上戴着个做工精巧、色彩鲜艳的纸帽，上面写着“为帮助患小儿麻痹的伙伴募捐。”其中的一个，不由分说就坐在小凳上给我擦起皮鞋来，另一个则彬彬有礼地发问：“小姐，您是哪国人？喜欢渥太华吗？”“小姐，在你们国家有没有小孩儿患小儿麻痹？谁给他们医疗费？”一连串的问题，使我这个有生以来头一次在众目睽睽之下让别人擦鞋的异乡人，从近乎狼狈的窘态中解脱出来。我们像朋友一样聊起天儿来……

几个月之后，也是在街上。一些十字路口处或车站坐着几位老人。他们满头银发，身穿各种老式军装，上面布满了大大小小形形色色的徽章、奖章，每人手捧一大束鲜花，有水仙、石竹、玫瑰及叫不出名字的，一色雪白。匆匆过往的行人纷纷止步，把钱投进这些老人身旁的白色木箱内，然后向他们微微鞠躬，从他们手中接过一朵花。我看了一会儿，有人投一两元，有人投几百元，还有人掏出支票填好后投进木箱。那些老军人毫不注意人们捐多少钱，一直不//停地向人们低声道谢。同行的朋友告诉我，这是为纪念二次大战中参战的勇士，募捐救济残废军人和烈士遗孀，每年一次；认捐的人可谓踊跃，而且秩序井然，气氛庄严。有些地方，人们还耐心地排着队。我想，这是因为他们都知道：正是这些老人们的流血牺牲换来了包括他们信仰自由在内的许许多多。

我两次把那微不足道的一点儿钱捧给他们，只想对他们说声“谢谢”。

节选自青白《捐诚》

Zuòpǐn 21 Hào

Wǒ zài jiānádà xué xí qījiān yùdàoguo liǎng cì mùjuān, nà qíngjǐng zhìjīn shǐ wǒ nányǐ—wànghuái.

Yī tiān, wǒ zài Wòtàihuá de jiē • shàng bèi liǎng gè nánháizi lánzhù qùlù. Tāmen shí lái suì, chuān de zhěngzhěng—qíqí, měi rén tóu • shàng dàizhe gè zuògōng jīngqiǎo、sècǎi xiānyàn de zhǐmào, shàng • miàn xiězhe “Wéi bāngzhù huàn xiǎo′ér mábì de huǒbàn mùjuān”. Qízhōng de yī gè, bùyóu—fēnshuō jiù zuò zài xiǎodèng • shàng gěi wǒ cā • qǐ píxié • lái, lìng yī gè zé bīnbīn—yǒulǐ de fāwèn: “Xiǎo • jiě, nín shì nǎ guó rén? Xǐhuan Wòtàihuá ma?” “Xiǎo • jiě, zài nǐmen guójiā yǒu méi • yǒu xiǎoháir huàn xiǎo′ér mábì? Shéi gěi tāmen yīliáofèi?” Yīliánchuàn de wèntí, shǐ wǒ zhège yǒushēng — yǐlái tóu yī cì zài zhòngmù—kuíkuí zhīxià ràng bié • rén cā xié de yìxiāngrén, cóng jìnhū lángbèi de jiǒngtài zhōng jiětuō chū • lái. Wǒmen xiàng péngyou yīyàng liáo • qǐ tiānr • lái……

Jǐ gè yuè zhīhòu, yě shì zài jiē • shàng. Yīxiē shízì lùkǒuchù huò chēzhàn zuòzhe jǐ wèi lǎorén. Tāmen mǎntóu yínfà, shēn chuān gè zhǒng lǎoshì jūnzhuāng, shàng • miàn bùmǎnle dàdà — xiǎoxiǎo xíngxíng—sèsè de huīzhāng、jiǎngzhāng, měi rén shǒu pěng yī dà shù xiānhuā. Yǒu shuǐxiān、shízhú、méi • guī jí jiào • bùchū míngzi de, yīsè xuěbái. Cōngcōng guòwǎng de xíngrén fēnfēn zhǐbù, bǎ qián tóujìn zhèxiē lǎorén shēnpáng de báisè mùxiāng nèi, ránhòu xiàng tāmen wēiwēi jūgōng, cóng tāmen shǒu zhōng jiēguo yī duǒ huā. Wǒ kànle yīhuìr, yǒu rén tóu yī— liǎng yuán, yǒu rén tóu jǐbǎi yuán, hái yǒu rén tāochū zhīpiào tiánhǎo hòu tóujìn mùxiāng. Nàxiē lǎojūnrén háobù zhùyì rénmen juān duō • shǎo qián, yīzhí bù//tíng de xiàng rénmen dīshēng dàoxiè. Tóngxíng de péngyou gàosu wǒ, zhè shì wéi jìniàn Er Cì Dàzhàn zhōng cānzhàn de yǒngshì, mùjuān jiùjì cánfèi jūnrén hé lièshì yíshuāng, měinián yī cì; rèn juān de rén kěwèi yǒngyuè, érqiě zhìxù jǐngrán, qì · fēn zhuāngyán. Yǒuxiē dìfang, rénmen hái nàixīn de páizhe duì. Wǒ xiǎng, zhè shì yīn · wèi tāmen dōu zhī · dào: Zhèng shì zhèxiē lǎorénmen de liúxuè xīshēng huànláile bāokuò tāmen xìnyǎng zìyóu zài nèi de xǔxǔ—duōduō.

Wǒ liǎng cì bǎ nà wēibùzúdào de yīdiǎnr qián pěnggěi tāmen, zhī xiǎng duì tāmen shuō shēng "xièxie".

Jiéxuǎn zì Qīng Bái《Juān Chéng》

作品 22 号——《可爱的小鸟》

没有一片绿叶，没有一缕炊烟，没有一粒泥土，没有一丝花香，只有水的世界，云的海洋。

一阵台风袭过，一只孤单的小鸟无家可归，落到被卷到洋里的木板上，乘流而下，姗姗而来，近了，近了！……

忽然，小鸟张开翅膀，在人们头顶盘旋了几圈儿，"噗啦"一声落到了船上。许是累了？还是发现了"新大陆"？水手撵它它不走，抓它，它乖乖地落在掌心。可爱的小鸟和善良的水手结成了朋友。

瞧，它多美丽，娇巧的小嘴，啄理着绿色的羽毛，鸭子样的扁脚，呈现出春草的鹅黄。水手们把它带到舱里，给它"搭铺"，让它在船上安家落户，每天，把分到的一塑料筒淡水匀给它喝，把从祖国带来的鲜美的鱼肉分给它吃，天长日久，小鸟和水手的感情日趋笃厚。清晨，当第一束阳光射进舷窗时，它便敞开美丽的歌喉，唱啊唱，嘤嘤有韵，宛如春水淙淙。人类给它以生命，它毫不悭吝地把自己的艺术青春奉献给了哺育它的人。可能都是这样？艺术家们的青春只会献给尊敬他们的人。

小鸟给远航生活蒙上了一层浪漫色调。返航时，人们爱不释手，恋恋不舍地想把它带到异乡。可小鸟憔悴了，给水，不喝！喂肉，不吃！油亮的羽毛失去了光泽。是啊，我 // 们有自己的祖国，小鸟也有它的归宿，人和动物都是一样啊，哪儿也不如故乡好！

慈爱的水手们决定放开它，让它回到大海的摇篮去，回到蓝色的故乡去。离别前，这个大自然的朋友与水手们留影纪念。它站在许多人的头上，肩上，掌上，胳膊上，与喂养过它的人们，一起融进那蓝色的画面……

节选自王文杰《可爱的小鸟》

Zuòpǐn 22 Hào

Méi • yǒu yī piàn lǜyè，méi • yǒu yī lǚ chuīyān，méi • yǒu yī lì nítǔ，méi • yǒu yī sī huāxiāng，zhǐyǒu shuǐ de shìjiè，yún de hǎiyáng.

Yī zhèn táifēng xíguò，yī zhī gūdān de xiǎoniǎo wújiā—kěguī，luòdào bèi juàndào yáng • lǐ de mùbǎn • shàng，chéng liú ér xià shānshān ér lái，jìn le，jìn le……

Hūrán，xiǎoniǎo zhāngkāi chìbǎng，zài rénmen tóudǐng pánxuánle jǐ quānr，“pūlā” yī shēng luòdàole chuán • shàng. Xǔ shì lèi le? Háishì fāxiànle“xīn dàlù”? Shuǐshǒu niǎn tā tā bù zǒu，zhuā tā，tā guāiguāi de luò zài zhǎngxīn. Kě′ài de xiǎoniǎo hé shànliáng de shuǐshǒu jiéchéngle péngyou.

Qiáo，tā duō měilì，jiāoqiǎo de xiǎozuǐ，zhuólǐzhe lǜsè de yǔmáo，yāzi yàng de biǎnjiǎo，chéngxiàn chū chūncǎo de éhuáng. Shuǐshǒumen bǎ tā dàidào cāng • lǐ，gěi tā “dā pù”，ràng tā zài chuán • shàng ānjiā—luòhù，měi tiān bǎ fēndào de yī sùliàotǒng dànshuǐ yúngěi tā hē，bǎ cóng zǔguó dài • lái de xiānměi de yúròu fēngěi tā chī，tiāncháng—rìjiǔ，xiǎoniǎo hé shuǐshǒu de gǎnqíng rìqū dǔhòu. Qīngchén，dāng dì—yī shù yángguāng shèjìn xiánchuāng shí，tā biàn chǎngkāi měilì de gēhóu，chàng a chàng，yīngyīng—yǒuyùn，wǎnrú chūnshuǐ cóngcóng. Rénlèi gěi tā yǐ shēngmìng，tā háobù qiānlìn de bǎ zìjǐ de yìshù qīngchūn fèngxiàn gěile bǔyù tā de rén. Kěnéng dōu shì zhèyàng? Yìshùjiāmen de qīngchūn zhǐ huì xiàngěi zūnjìng tāmen de rén.

Xiǎoniǎo gěi yuǎnháng shēnghuó méng • shàngle yī céng làngmàn sèdiào，Fǎnháng shí，rénmen àibùshìshǒu，liànliàn—bùshě de xiǎng bǎ tā dàidào yìxiāng. Kě xiǎoniǎo qiáocuì le，gěi shuǐ，bù hē! Wèi ròu，bù chī! Yóuliàng de yǔmáo shīqùle guāngzé. Shì a，wǒ//men yǒu zìjǐ de zǔguó，xiǎoniǎo yě yǒu tā de guīsù，rén hé dòngwù dōu shì yīyàng a，nǎr yě bùrú gùxiāng hǎo!

Cí'ài de shuǐshǒumen juédìng fàngkāi tā，ràng tā huídào dàhǎi de yáolán • qù huídào lánsè de gùxiāng • qù. Líbié qián，zhège dàzìrán de péngyou yǔ shuǐshǒumen liúyǐng jìniàn. Tā zhàn zài xǔduō rén de tóu • shàng，jiān • shàng，zhǎng • shàng，gēbo • shàng，yǔ wèiyǎngguo tā de rénmen，yīqǐ róngjìn nà lánsè de huàmiàn……

Jiéxuǎn zì Wáng Wénjié《Kě'ài de Xiǎoniǎo》

作品 23 号——《课不能停》

纽约的冬天常有大风雪，扑面的雪花不但令人难以睁开眼睛，甚至呼吸都会吸入冰冷的雪花。有时前一天晚上还是一片晴朗，第二天拉开窗帘，却已经积雪盈尺，连门都推不开了。

遇到这样的情况，公司、商店常会停止上班，学校也通过广播，宣布停课。但令人不解的是，惟有公立小学，仍然开放。只见黄色的校车，艰难地在路边接孩子，老师则一大早就口中喷着热气，铲去车子前后的积雪，小心翼翼地开车去学校。

据统计，十年来纽约的公立小学只因为超级暴风雪停过七次课。这是多么令人惊讶的事。犯得着在大人都无须上班的时候让孩子去学校吗？小学的老师也太倒霉了吧？

于是，每逢大雪而小学不停课时，都有家长打电话去骂。妙的是，每个打电话的人，反应全一样——先是怒气冲冲地责问，然后满口道歉，最后笑容满面地挂上电话。原因是，学校告诉家长：

在纽约有许多百万富翁，但也有不少贫困的家庭。后者白天开不起暖气，供不起午餐，孩子的营养全靠学校里免费的中饭，甚至可以多拿些回家当晚餐。学校停课一天，穷孩子就受一天冻，挨一天饿，所以老师们宁愿自己苦一点儿，也不能停课。//

或许有家长会说：何不让富裕的孩子在家里，让贫穷的孩子去学校享受暖气和营养午餐呢？

学校的答复是：我们不愿让那些穷苦的孩子感到他们是在接受救济，因为施舍的最高原则是保持受施者的尊严。

节选自（台湾）刘墉《课不能停》

Zuòpǐn 23 Hào

Niǔyuē de dōngtiān cháng yǒu dà fēngxuě, pūmiàn de xuěhuā bùdàn lìng rén nányǐ zhēngkāi yǎnjing, shènzhì hūxī dōu huì xīrù bīnglěng de xuěhuā. Yǒushí qián yī tiān wǎnshang háishì yī piàn qínglǎng, dì-èr tiān lākāi chuānglián, què yǐ · jīng jīxuě yíng chǐ, lián mén dōu tuī · bùkāi le.

Yùdào zhèyàng de qíngkuàng, gōngsī、shāngdiàn cháng huì tíngzhǐ shàngbān，xuéxiào yě tōngguò guǎngbō xuān bù tīng kè. Dàn lìng rén bùjiě de shì，wéi yǒu gōnglì xiǎoxué，réngrán kāifàng. Zhǐ jiàn huángsè de xiàochē，jiānnán de zài lùbiān jiē háizi，lǎoshī zé yīdàzǎo jiù kǒuzhōng pēnzhe rèqì，chǎnqù chēzi qiánhòu de jīxuě，xiǎoxīn－yìyì de kāichē qù xuéxiào.

Jù tǒngjì，shí nián lái Niǔyuē de gōnglì xiǎoxué zhī yīn・wèi chāojí bàofēngxuě tíngguo qī cì kè. Zhè shì duōme lìng rén jīngyà de shì. Fànde zháo zài dàrén dōu wúxū shàngbān de shíhou ràng háizi qù xuéxiào ma? Xiǎoxué de lǎoshī yě tài dǎoméile ba?

Yúshì，měiféng dàxuě ér xiǎoxué bù tíngkè shí，dōu yǒu jiāzhǎng dǎ diànhuà qù mà. Miào de shì，měi gè dǎ diànhuà de rén，fǎnyìng quán yī yàng——xiān shì nùqì－chōngchōng de zéwèn，ránhòu mǎnkǒu dàoqiàn，zuìhòu xiàoróng mǎnmiàn de guà・shàng diànhuà. Yuányīn shì，xuéxiào gàosu jiāzhǎng：

Zài Niǔyuē yǒu xǔduō bǎiwàn fùwēng，dàn yě yǒu bùshǎo pínkùn de jiātíng. Hòuzhě bái・tiān kāi・bùqǐ nuǎnqì，gōng・bùqǐ wǔcān，háizi de yíngyǎng quán kào xuéxiào・lǐ miǎnfèi de zhōngfàn shènzhì kěyǐ duō nà xiē huíjiā dàng wǎncān，xuéxiào tíngkè yī tiān qióng háizi jiù shòu yī tiān dòng，āi yī tiān è，suǒyǐ lǎoshīmen nìngyuàn zìjǐ kǔ yīdiǎnr，yě bù néng tíngkè. //

Huòxǔ yǒu jiāzhǎng huì shuō：Hé bù ràng fùyù de háizi zài jiā・lǐ，ràng pínqióng de háizi qù xuéxiào xiǎngshòu nuǎnqì hé yíngyǎng wǔcān ne?

Xuéxiào de dá・fù shì：Wǒmen bùyuàn ràng nàxiē qióngkǔ de háizi gǎndào tāmen shì zài jiēshòu jiùjì，yīn・wèi shīshě de zuìgāo yuánzé shì bǎochí shòushīzhě de zūnyán.

Jiéxuǎn zì（Táiwān）Liú Yōng《Kè Bùnéng Tíng》

作品24号——《莲花和樱花》

十年，在历史上不过是一瞬间。只要稍加注意，人们就会发现：在这一瞬间里，各种事物都悄悄经历了自己的千变万化。

这次重新访日，我处处感到亲切和熟悉，也在许多方面发觉了日本的变化。就拿奈良的一个角落来说吧，我重游了为之感受很深的唐招提寺，在寺内各处匆匆走了一遍，庭院依旧，但意想不到还看到了一些新的东西。

其中之一，就是近几年从中国移植来的“友谊之莲”。

在存放鉴真遗像的那个院子里，几株中国莲昂然挺立，翠绿的宽大荷叶正迎风而舞，显得十分愉快。开花的季节已过，荷花朵朵已变为莲蓬累累。莲子的颜色正在由青转紫，看来已经成熟了。

我禁不住想：“因”已转化为“果”。

中国的莲花开在日本，日本的樱花开在中国，这不是偶然。我希望这样一种盛况延续不衰。可能有人不欣赏花，但决不会有人欣赏落在自己面前的炮弹。

在这些日子里，我看到了不少多年不见的老朋友，又结识了一些新朋友。大家喜欢涉及的话题之一，就是古长安和古奈良。那还用得着问吗，朋友们缅怀过去，正是瞩望未来。瞩目于未来的人们必将获得未来。

我不例外，也希望一个美好的未来。

为 //了中日人民之间的友谊，我将不浪费今后生命的每一瞬间。

节选自严文井《莲花和樱花》

Zuòpǐn 24 Hào

Shí nián, zài lìshǐ · shàng bùguò shì yī shùnjiān. Zhǐyào shāo jiā zhùyì, rénmen jiù huì fāxiàn: Zài zhè yī shùnjiān · lǐ, gè zhǒng shìwù dōu qiāoqiāo jīnglìle zìjǐ de qiānbiàn—wànhuà.

Zhè cì chóngxīn fǎng Rì, wǒ chùchù gǎndào qīnqiè hé shú · xī, yě zài xǔduō fāngmiàn fājuéle Rìběn de biànhuà. Jiù ná Nàiliáng de yī gè jiǎoluò lái shuō ba, wǒ chóngyóule wéi zhī gǎnshòu hěn shēn de Táng Zhāotísì, zài sìnèi gè chù cōngcōng zǒule yī biàn, tíngyuàn yījiù, dàn yìxiǎngbùdào hái kàndàole yīxiē xīn de dōngxi. Qízhōng zhīyī, jiùshì jìn jǐ nián cóng Zhōngguó yízhí lái de “yǒuyì zhī lián”.

Zài cúnfàng Jiànzhēn yíxiàng de nàge yuànzi · lǐ, jǐ zhū Zhōngguó lián ángrán tǐnglì, cuìlǜ de kuāndà héyè zhèng yíngfēng ér wǔ, xiǎn · dé shífēn yúkuài. Kāihuā de jìjié yǐ guò, héhuā duǒduǒ yǐ biàn wéi liánpéng lèilèi. Liánzǐ de yánsè zhèngzài yóu qīng zhuǎn zǐ, kàn · lái yǐ · jīng chéngshú le.

Wǒ jīn · bùzhù xiǎng: “Yīn” yǐ zhuǎnhuà wéi “guǒ”.

Zhōngguó de liánhuā kāi zài Rìběn, Rìběn de yīnghuā kāi zài Zhōngguó, zhè bù shì ǒurán. Wǒ xīwàng zhèyàng yī zhǒng shèngkuàng yánxù bù shuāi. Kěnéng yǒu rén bù xīnshǎng huā, dàn jué bùhuì yǒu rén xīnshǎng luò zài zìjǐ miànqián de pàodàn.

Zài zhèxiē rìzi · lǐ, wǒ kàndàole bùshǎo duō nián bù jiàn de lǎopéngyou, yòu jiéshíle yīxiē xīn péngyou. Dàjiā xǐhuān shèjí de huàtí zhīyī, jiùshì gǔ Cháng'ān hé gǔ Nàiliáng. Nà hái yòngdezháo wèn ma, péngyoumen miǎnhuái guòqù, zhèngshì zhǔwàng wèilái. Zhǔmù yú wèilái de rénmen bìjiāng huòdé wèilái.

Wǒ bù lìwài, yě xīwàng yī gè měihǎo de wèilái.

Wèi//le Zhōng－Rì rénmín zhījiān de yǒuyì, wǒ jiāng bù làngfèi jīnhòu shēngmìng de měi yī shùnjiān.

Jiéxuǎn zì Yán Wénjǐng《Liánhuā hé Yīnghuā》

作品 25 号——《绿》

梅雨潭闪闪的绿色招引着我们，我们开始追捉她那离合的神光了。揪着草，攀着乱石，小心探身下去，又鞠躬过了一个石穹门，便到了汪汪一碧的潭边了。

瀑布在襟袖之间，但是我的心中已没有瀑布了。我的心随潭水的绿而摇荡。那醉人的绿呀！仿佛一张极大极大的荷叶铺着，满是奇异的绿呀。我想张开两臂抱住她，但这是怎样一个妄想啊。

站在水边，望到那面，居然觉着有些远呢！这平铺着、厚积着的绿，着实可爱。她松松地皱缬着，像少妇拖着的裙幅；她滑滑的明亮着，像涂了“明油”一般，有鸡蛋清那样软，那样嫩；她又不杂些尘滓，宛然一块温润的碧玉，只清清的一色——但你却看不透她！

我曾见过北京什刹海拂地的绿杨，脱不了鹅黄的底子，似乎太淡了。我又曾见过杭州虎跑寺近旁高峻而深密的“绿壁”，丛叠着无穷的碧草与绿叶的，那又似乎太浓了。其余呢，西湖的波太明了，秦淮河的也太暗了。可爱的，我将什么来比拟你呢？我怎么比拟得出呢？大约潭是很深的，故能蕴蓄着这样奇异的绿；仿佛蔚蓝的天融了一块在里面似的，这才这般的鲜润啊。

那醉人的绿呀！我若能裁你以为带，我将赠给那轻盈的 // 舞女，她必能临风飘举了。我若能挹你以为眼，我将赠给那善歌的盲妹，她必明眸善睐了。我舍不得你，我怎舍得你呢？我用手拍着你，抚摩着你，如同一个十二三岁的小姑娘。我又掬你入口，便是吻着她了。我送你一个名字，我从此叫你“女儿绿”，好吗？

第二次到仙岩的时候，我不禁惊诧于梅雨潭的绿了。

节选自朱自清《绿》

Zuòpǐn 25 Hào

Méiyǔtán shǎnshǎn de lùsè zhāoyǐnzhe wǒmen, wǒmen kāishǐ zhuīzhuō tā nà líhé de shénguāng le. Jiūzhe cǎo, pānzhe luànshí, xiǎo • xīn tànshēn xià • qù, yòu jūgōng guòle yī gè shíqióngmén, biàn dàole wāngwāng yī bì de tán biān le.

Pùbù zài jīnxiù zhījiān dànshì wǒ de xīnzhōng yī méi • yǒu pùbù le. Wǒ de xīn suí tánshuǐ de lù ér yáodàng. Nà zuìrén de lù ya! Fǎngfú yī zhāng jí dà jí dà de héyè pùzhe, mǎnshì qíyì de lù ya. Wǒ xiǎng zhāngkāi liǎngbì bàozhù tā, dàn zhè shì zěnyàng yī gè wàngxiǎng ā.

Zhàn zài shuǐbiān, wàngdào nà • miàn, jūrán juézhe yǒu xiē yuǎn ne! Zhè píngpūzhe、hòujīzhe de lù, zhuóshí kě'ài. Tā sōngsōng de zhòuxiézhe, xiàng shàofù tuōzhe de qúnfú; tā huáhuá de míngliàngzhe, xiàng túle "míngyóu" yībān, yǒu jīdànqīng nàyàng ruǎn, nàyàng nèn; tā yòu bù zá xiē chénzǐ, wǎnrán yī kuài wēnrùn de bìyù, zhǐ qīngqīng de yī sè——dàn nǐ què kàn • bùtòu tā!

Wǒ céng jiànguo Běijīng Shíchàhǎi fúdì de lùyáng, tuō • bùliǎo éhuáng de dǐzi, sìhū tài dàn le. Wǒ yòu céng jiànguo Hángzhōu Hǔpáosì jìnpáng gāojùn ér shēnmì de "lùbì", cóngdiézhe wúqióng de bìcǎo yǔ lùyè de, nà yòu sìhū tài nóng le. Qíyú ne, Xīhú de bō tài míng le, Qínhuái Hé de yě tài àn le. Kě'ài de, wǒ jiāng shénme lái bǐnǐ nǐ ne? Wǒ zěnme bǐnǐ de chū ne? Dàyuē tán shì hěn shēn de gù néng yùnxùzhe zhèyàng qíyì de lù; fǎngfú wèilán de tiān róngle yī kuài zài lǐ • miàn shìde, zhè cái zhèbān de xiānrùn a.

Nà zuìrén de lù ya! Wǒ ruò néng cái nǐ yǐ wéi dài, wǒ jiāng zènggěi nà qīngyíng de// wǔnǚ tā bìnéng línfēng piāojǔ le. Wǒ ruò néng yì nǐ yǐ wéi yǎn, wǒ jiāng zènggěi nà shàn gē de mángmèi, tā bì míngmóu—shànlài le. Wǒ shě • bù • dé nǐ; wǒ zěn shě • dé nǐ ne? Wǒ yòng shǒu pāizhe nǐ, fǔmózhe nǐ, rútóng yī gè shí'èr—sān suì de xiǎogūniang. Wǒ yòu jū nǐ rùkǒu, biànshì wěnzhe tā le. Wǒ sòng nǐ yī gè míngzi, wǒ cóngcǐ jiào nǐ "nǚ'érlù", hǎo ma?

Dì—èr cì dào Xiānyán de shíhou, wǒ bùjīn jīngchà yú Méiyǔtán de lù le.

Jiéxuǎn zì Zhū Zìqīng《Lù》

作品26号——《落花生》

我们家的后园有半亩空地，母亲说："让它荒着怪可惜的，你们那么爱吃花生，就开辟出来种花生吧。"我们姐弟几个都很高兴，买种，翻地，播种，浇水，没过几个月，居然收获了。

母亲说："今晚我们过一个收获节，请你们父亲也来尝尝我们的新花生，好不好？"我们都说好。母亲把花生做成了好几样食品，还吩咐就在后园的茅亭里过这个节。

晚上天色不太好，可是父亲也来了，实在很难得。

父亲说："你们爱吃花生吗？"

我们争着答应："爱！"

"谁能把花生的好处说出来？"

姐姐说："花生的味美。"

哥哥说："花生可以榨油。"

我说："花生的价钱便宜，谁都可以买来吃，都喜欢吃。这就是它的好处。"

父亲说："花生的好处很多，有一样最可贵：它的果实埋在地里，不像桃子、石榴、苹果那样，把鲜红嫩绿的果实高高地挂在枝头上，使人一见就生爱慕之心。你们看它矮矮地长在地上，等到成熟了，也不能立刻分辨出来它有没有果实，必须挖出来才知道。"

我们都说是，母亲也点点头。

父亲接下去说："所以你们要像花生，它虽然不好看，可是很有用，不是外表好看而没有实用的东西。"

我说："那么，人要做有用的人，不要做只讲体面，而对别人没有好处的人了。"//

父亲说："对。这是我对你们的希望。"

我们谈到夜深才散。花生做的食品都吃完了，父亲的话却深深地印在我的心上。

节选自许地山《落花生》

Zuòpǐn 26 Hào

Wǒmen jiā de hòuyuán yǒu bàn mǔ kōngdì，mǔ · qīn shuō："Ràng tā huāngzhe guài kěxī de，nǐmen nàme ài chī huāshēng，jiù kāipì chū · lái zhòng huāshēng bā." Wǒmen jiě—dì jǐ gè dōu hěn gāoxìng，mǎizhǒng， fāndì，bōzhòng，jiāoshuǐ，méi guò jǐ gè yuè，jūrán shōuhuò le.

Mǔ・qīn shuō："Jīnwǎn wǒmen guò yī gè shōuhuòjié，qǐng nǐmen fù・qīn yě lái chángchang wǒmen de xīn huāshēng，hǎo・bù hǎo?" Wǒmen dōu shuō hǎo. Mǔ・qīn bǎ huāshēng zuòchéngle hǎo jǐ yàng shípǐn，hái fēnfù jiù zài hòuyuán de máotíng・lǐ guò zhège jié.

Wǎnshang tiānsè bù tài hǎo，kěshì fù・qīn yě lái le，shízài hěn nándé.

Fù・qīn shuō："Nǐmen ài chī huāshēng ma?"

Wǒmen zhēngzhe dāying："Ai!"

"Shéi néng de bǎ huāshēng de hǎo・chù shuō chū・lái?"

Jiějie shuō："Huāshēng de wèir měi."

Gēge shuō："Huāshēng kěyǐ zhàyóu."

Wǒ shuō："Huāshēng de jià・qián piányi，shéi dōu kěyǐ mǎi・lái chī，dōu xǐhuan chī. Zhè jiùshì tā de hǎo・chù."

Fù・qīn shuō："Huāshēng de hǎo・chù hěn duō，yǒu yī yàng zuì kěguì，Tā de guǒshí mái zài dì・lǐ，bù xiàng táozi、shíliu、píngguǒ nàyàng，bǎ xiānhóng nènlǜ de guǒshí gāogāo de guà zài zhītóu・shàng，shǐ rén yī jiàn jiù shēng àimù zhī xīn. Nǐmen kàn tā ǎi'ǎi de zhǎng zài dì・shàng，děngdào chéngshú le，yě bùnéng lìkè fēnbiàn chū・lái tā yǒu méi・yǒu guǒshí，bìxū wā chū・lái cái zhī・dào."

Wǒmen dōu shuō shì，mǔ・qīn yě diǎndiǎn tóu.

Fù・qīn jiē xià・qù shuō："Suǒyǐ nǐmen yào xiàng huāshēng，tā suīrán bù hǎokàn，kěshì hěn yǒuyòng，bù shì wàibiǎo hǎokàn ér méi・yǒu shíyòng de dōngxi."

Wǒ shuō："Nàme，rén yào zuò yǒuyòng de rén，bùyào zuò zhǐ jiǎng tǐ・miàn，ér duì bié・rén méi・yǒu hǎo・chù de rén le." //

Fù・qīn shuō："Duì. Zhè shì wǒ duì nǐmen de xīwàng."

Wǒmen tándào yè shēn cái sàn. Huāshēng zuò de shípǐn dōu chīwán le，fù・qīn de huà què shēnshēn de yìn zài wǒ de xīn・shàng.

Jiéxuǎn zì Xǔ Dìshān《Luòhuāshēng》

作品 27 号——《麻雀》

我打猎归来，沿着花园的林阴路走着。狗跑在我前边。

突然，狗放慢脚步，蹑足潜行，好像嗅到了前边有什么野物。

我顺着林阴路望去，看见了一只嘴边还带黄色、头上生着柔毛的小麻雀。风猛烈地吹打着林阴路上的白桦树，麻雀从巢里跌落下来，呆呆地伏在地上，孤立无援地张开两只羽毛还未丰满的小翅膀。

我的狗慢慢向它靠近。忽然，从附近一棵树上飞下一只黑胸脯的老麻雀，像一颗石子似的落到狗的跟前。老麻雀全身倒竖着羽毛，惊恐万状，发出绝望、凄惨的叫声，接着向露出牙齿、大张着的狗嘴扑去。

老麻雀是猛扑下来救护幼雀的。它用身体掩护着自己的幼儿……但它整个小小的身体因恐怖而战栗着，它小小的声音也变得粗暴嘶哑，它在牺牲自己！

在它看来，狗该是多么庞大的怪物啊！然而，它还是不能站在自己高高的、安全的树枝上……一种比它的理智更强烈的力量，使它从那儿扑下身来。

我的狗站住了，向后退了退……看来，它也感到了这种力量。

我赶紧唤住惊慌失措的狗，然后我怀着崇敬的心情，走开了。

是啊，请不要见笑。我崇敬那只小小的、英勇的鸟儿，我崇敬它那种爱的冲动和力量。

爱，我想，比//死和死的恐惧更强大。只有依靠它，依靠这种爱，生命才能维持下去，发展下去。

节选自［俄］屠格涅夫《麻雀》，巴金译

Zuòpǐn 27 Hào

Wǒ dǎliè guīlái, yánzhe huāyuán de línyīnlù zǒuzhe. Gǒu pǎo zài wǒ qián • biān.

Tūrán，gǒu fàngmàn jiǎobù，nièzú—qiánxíng，hǎoxiàng xiùdàole qián • biān yǒu shénme yěwù.

Wǒ shùnzhe línyīnlù wàng • qù，kàn • jiànle yī zhī zuǐ biān hái dài huángsè、tóu • shàng shēngzhe róumáo de xiǎo máquè. Fēng měngliè de chuīdǎzhe línyīnlù • shàng de báihuàshù，máquè cóng cháo • lǐ diēluò xià • lái，dāidāi de fú zài dì • shàng，gūlì wúyuán de zhāngkāi liǎng zhī yǔmáo hái wèi fēngmǎn de xiǎo chìbǎng.

Wǒ de gǒu mànmàn xiàng tā kàojìn. Hūrán，cóng fùjìn yī kē shù • shàng fēi • xià yī zhī hēi xiōngpú de lǎo máquè，xiàng yī kē shízǐ shìde luòdào gǒu de gēn • qián. Lǎo máquè quánshēn dǎoshùzhe yǔmáo，jīngkǒng — wànzhuàng，fāchū juéwàng、qīcǎn de jiàoshēng，jiēzhe xiàng lòuchū yáchǐ、dà zhāngzhe de gǒuzuǐ pū · qù.

Lǎo máquè shì měng pū xià · lái jiùhù yòuquè de. Tā yòng shēntǐ yǎnhùzhe zìji de yòu'ér……Dàn tā zhěnggè xiǎoxiǎo de shēntǐ yīn kǒngbù ér zhànlìzhe, tā xiǎoxiǎo de shēngyīn yě biànde cūbào sīyǎ, tā zài xīshēng zìjǐ!

Zài tā kànlái, gǒu gāi shì gè duōme pángdà de guàiwu a! Rán'ér, tā háishì bùnéng zhàn zài zìjǐ gāogāo de、ānquán de shùzhī · shàng……Yī zhǒng bǐ tā de lǐzhì gèng qiángliè de lì · liàng, shǐ tā cóng nàr pū · xià shēn · lái.

Wǒ de gǒu zhànzhù le, xiàng hòu tuìle tuì……kànlái, tā yě gǎndàole zhè zhǒng lì · liàng.

Wǒ gǎnjǐn huànzhù jīnghuāng—shīcuò de gǒu, ránhòu wǒ huáizhe chóngjìng de xīnqíng, zǒukāi le.

Shì a, qǐng bùyào jiànxiào. Wǒ chóngjìng nà zhī xiǎoxiǎo de、yīngyǒng de niǎor, wǒ chóngjìng tā nà zhǒng ài de chōngdòng hé lì · liàng.

Ai, Wǒ xiǎng, bǐ//sǐ hé sǐ de kǒngjù gèng qiángdà. Zhǐyǒu yīkào tā, yīkào zhè zhǒng ài, shēngmìng cái néng wéichí xià · qù, fāzhǎn xià · qù.

Jiéxuǎn zì [E] Túgénièfū《Máquè》Bā Jīn yì

作品 28 号——《迷途笛音》

那年我六岁。离我家仅一箭之遥的小山坡旁，有一个早已被废弃的采石场，双亲从来不准我去那儿，其实那儿风景十分迷人。

一个夏季的下午，我随着一群小伙伴偷偷上那儿去了。就在我们穿越了一条孤寂的小路后，他们却把我一个人留在原地，然后奔向“更危险的地带”了。

等他们走后，我惊慌失措地发现，再也找不到要回家的那条孤寂的小道了。像只无头的苍蝇，我到处乱钻，衣裤上挂满了芒刺。太阳已经落山，而此时此刻，家里一定开始吃晚餐了，双亲正盼着我回家……想着想着，我不由得背靠着一棵树，伤心地呜呜大哭起来……

突然，不远处传来了声声柳笛。我像找到了救星，急忙循声走去。一条小道边的树桩上坐着一位吹笛人，手里还正削着什么。走近细看，他不就是被大家称为“乡巴佬儿”的卡廷吗？

“你好，小家伙儿，”卡廷说，“看天气多美，你是出来散步的吧？”

我怯生生地点点头，答道：“我要回家了。”

“请耐心等上几分钟，”卡廷说，“瞧，我正在削一支柳笛，差不多就要做好了，完工后就送给你吧！”

卡廷边削边不时把尚未成形的柳笛放在嘴里试吹一下。没过多久，一支柳笛便递到我手中。我俩在一阵阵清脆悦耳的笛音//中，踏上了归途……

当时，我心中只充满感激，而今天，当我自己也成了祖父时，却突然领悟到他用心之良苦！那天当他听到我的哭声时，便判定我一定迷了路，但他并不想在孩子面前扮演“救星”的角色，于是吹响柳笛以便让我能发现他，并跟着他走出困境！卡廷先生以乡下人的纯朴，保护了一个小男孩强烈的自尊。

节选自唐若水译《迷途笛音》

Zuòpǐn 28 Hào

Nànián wǒ liù suì. Lí wǒ jiā jǐn yī jiàn zhī yáo de xiǎo shānpō páng, yǒu yī gè zǎo yǐ bèi fèiqì de cǎishíchǎng, shuāngqīn cónglái bùzhǔn wǒ qù nàr, qíshí nàr fēngjǐng shífēn mírén.

Yī gè xiàjì de xiàwǔ, wǒ suízhe yī qún xiǎohuǒbànr tōutōu shàng nàr qù le. Jiù zài wǒmen chuānyuèle yī tiáo gūjì de xiǎolù hòu, tāmen què bǎ wǒ yī gè rén liú zài yuán dì, ránhòu bēnxiàng “gèng wēixiǎn de dìdài” le.

Děng tāmen zǒuhòu, wǒ jīnghuāng-shīcuò de fāxiàn, zài yě zhǎo ·bùdào yào huíjiā de nà tiáo gūjì de xiǎodào le. Xiàng zhī wú tóu de cāngying, wǒ dàochù luàn zuàn, yīkù·shàng guàmǎnle mángcì. Tài·yáng yǐ·jīng luò shān, ér cǐshí cǐkè, jiā·lǐ yīdìng kāishǐ chī wǎncān le, shuāngqīn zhèng pànzhe wǒ huíjiā…… Xiǎngzhe xiǎngzhe, wǒ bùyóudé bèi kàozhe yī kē shù, shāngxīn de wūwū dàkū qǐ·lái……

Tūrán, bù yuǎnchù chuán·láile shēngshēng liǔdí. Wǒ xiàng zhǎodàole jiùxīng, jímáng xúnshēng zǒuqù. Yī tiáo xiǎodào biān de shùzhuāng·shàng zuòzhe yī wèi chuīdí rén, shǒu·lǐ hái zhèng xiāozhe shénme. Zǒujìn xì kàn, tā bù jiùshì bèi dàjiā chēng wéi “xiāngbalǎor” de Kǎtíng ma?

“Nǐ hǎo, xiǎojiāhuor,” Kǎtíng shuō, “kàn tiānqì duō měi, nǐ shì chū · lái sànbù de ba?”

Wǒ qièshēngshēng de diǎndiǎn tóu, dádào:“Wǒ yào huíjiā le.”

“Qǐng nàixīn děng · shàng jǐ fēnzhōng,” Kǎtíng shuō, “Qiáo, wǒ zhèngzài xiāo yī zhī liǔdí, chà · bùduō jiù yào zuòhǎo le, wángōng hòu jiù sònggěi nǐ ba!”

Kǎtíng biān xiāo biān bùshí bǎ shàng wèi chéngxíng de liǔdí fàng zài zuǐ · lǐ shìchuī yīxià. Méi guò duōjiǔ, yī zhī liǔdí biàn dìdào wǒ shǒu zhōng. Wǒ liǎ zài yī zhènzhèn qīngcuì yuè´ěr de díyīn//zhōng, tà · shàng le guītú……

Dāngshí, wǒ xīnzhōng zhǐ chōngmǎn gǎn · jī, ér jīntiān, dāng wǒ zìjǐ yě chéngle zǔfù shí, què tūrán lǐngwù dào tā yòngxīn zhī liángkǔ! Nà tiān dāng tā tīngdào wǒ de kūshēng shí, biàn pàndìng wǒ yīdìng míle lù, dàn tā bìng bù xiǎng zài háizi miànqián bànyǎn “jiùxīng” de juésè, yúshì chuīxiǎng liǔdí yǐbiàn ràng wǒ néng fāxiàn tā, bìng gēnzhe tā zǒuchū kùnjìng! Jiù zhèyàng Kǎtíng xiānsheng yǐ xiāngxiàrén de chúnpǔ, bǎohùle yī gè xiǎonánháir qiángliè de zìzūn.

Jiéxuǎn zì Táng Ruòshuǐ yì《Mítú Díyīn》

作品 29 号——《莫高窟》

在浩瀚无垠的沙漠里，有一片美丽的绿洲，绿洲里藏着一颗闪光的珍珠。这颗珍珠就是敦煌莫高窟。它坐落在我国甘肃省敦煌市三危山和鸣沙山的怀抱中。

鸣沙山东麓是平均高度为十七米的崖壁。在一千六百多米长的崖壁上，凿有大小洞窟七百余个，形成了规模宏伟的石窟群。其中四百九十二个洞窟中，共有彩色塑像两千一百余尊，各种壁画共四万五千多平方米。莫高窟是我国古代无数艺术匠师留给人类的珍贵文化遗产。

莫高窟的彩塑，每一尊都是一件精美的艺术品。最大的有九层楼那么高，最小的还不如一个手掌大。这些彩塑个性鲜明，神态各异。有慈眉善目的菩萨，有威风凛凛的天王，还有强壮勇猛的力士……

莫高窟壁画的内容丰富多彩，有的是描绘古代劳动人民打猎、捕鱼、耕田、收割的情景，有的是描绘人们奏乐、舞蹈、演杂技的场面，还有的是描绘大自然的美丽风光。其中最引人注目的是飞天。壁画上的飞天，有的臂挎花篮，采摘鲜花；有的反弹琵琶，轻拨银弦；有的倒悬身子，自天而降；有的彩带飘拂，漫天遨游；有的舒展着双臂，翩翩起舞。看着这些精美动人的壁画，就像走进了//灿烂辉煌的艺术殿堂。

莫高窟里还有一个面积不大的洞窟——藏经洞。洞里曾藏有我国古代的各种经卷、文书、帛画、刺绣、铜像等共六万多件。由于清朝政府腐败无能，大量珍贵的文物被外国强盗掠走。仅存的部分经卷，现在陈列于北京故宫等处。

莫高窟是举世闻名的艺术宝库。这里的每一尊彩塑、每一幅壁画、每一件文物，都是中国古代人民智慧的结晶。

节选自小学《语文》第六册中《莫高窟》

Zuòpǐn 29 Hào

Zài hàohàn wúyín de shāmò・lǐ，yǒu yī piàn měilì de lùzhōu，lùzhōu・lǐ cángzhe yī kē shǎnguāng de zhēnzhū. Zhè kē zhēnzhū jiùshì Dūnhuáng Mògāokū. Tā zuòluò zài wǒguó Gānsù Shěng Dūnhuáng Shì Sānwēi Shān hé Míngshā Shān de huáibào zhōng.

Míngshā Shān dōnglù shì píngjūn gāodù wéi shíqī mǐ de yábì. Zài yīqiān liùbǎi duō mǐ cháng de yábì・shàng，záo yǒu dàxiǎo dòngkū qībǎi yú gè，xíngchéngle guīmó hóngwěi de shíkūqún. Qízhōng sìbǎi jiǔshí'èr gè dòngkū zhōng，gòng yǒu cǎisè sùxiàng liǎngqiān yībǎi yú zūn，gè zhǒng bìhuà gòng sìwàn wǔqiān duō píngfāngmǐ. Mògāokū shì wǒguó gǔdài wúshù yìshù jiàngshī liúgěi rénlèi de zhēnguì wénhuà yíchǎn.

Mògāokū de cǎisù，měi yī zūn dōu shì yī jiàn jīngměi de yìshùpǐn. Zuì dà de yǒu jiǔ céng lóu nàme gāo，zuì xiǎo de hái bùrú yī gè shǒuzhǎng dà. Zhèxiē cǎisù gèxìng xiānmíng，shéntài－gèyì. Yǒu címéi－shànmù de pú・sà，yǒu wēifēng－lǐnlǐn de tiānwáng，háiyǒu qiángzhuàng yǒngměng de lìshì……

Mògāokū bìhuà de nèiróng fēngfù－duōcǎi，yǒude shì miáohuì gǔdài láodòng rénmín dǎliè、bǔyú、gēngtián、shōugē de qíngjǐng，yǒude shì miáohuì rénmen zòuyuè、wǔdǎo、yǎn zájì de chǎngmiàn，hái yǒude shì miáohuì dàzìrán de měilì fēngguāng. Qízhōng zuì yǐnrén－zhùmù de shì fēitiān. Bìhuà・shàng de fēitiān，yǒude bì kuà huālán，cǎizhāi xiānhuā；yǒude fǎn tán pí・pá，qīng bō yínxián；yǒude dǎo xuán shēnzi，zì tiān ér jiàng；yǒude cǎidài piāofú，màntiān áo yóu；yǒude shūzhǎnzhe shuāngbì，piānpiān－qǐwǔ. Kànzhe zhèxiē jīngměi dòngrén de bìhuà, jiù xiàng zǒujìnle//cànlàn huīhuáng de yìshù diàntáng.

Mògāokū · lǐ háiyǒu yī gè miànjī bù dà de dòngkū——cángjīngdòng. Dòng · lǐ céng cángyǒu wǒguó gǔdài de gè zhǒng jīngjuàn、wénshū、bóhuà、cìxiù、tóngxiàng děng gòng liùwàn duō jiàn. Yóuyú Qīngcháo zhèngfǔ fǔbài wúnéng, dàliàng zhēnguì de wénwù bèi wàiguó qiángdào lüèzǒu. Jǐncún de bùfēn jīngjuàn, xiànzài chénliè yú Běijīng Gùgōng děng chǔ.

Mògāokū shì jǔshì-wénmíng de yìshù bǎokù. Zhè · lǐ de měi yī zūn cǎisù、měi yī fú bìhuà、měi yī jiàn wénwù, dōu shì Zhōngguó gǔdài rénmín zhìhuì de jiéjīng.

Jiéxuǎn zì Xiǎoxué《Yǔwén》dì-liù cè zhōng《Mògāokū》

作品 30 号——《牡丹的拒绝》

其实你在很久以前并不喜欢牡丹，因为它总被人作为富贵膜拜。后来你目睹了一次牡丹的落花，你相信所有的人都会为之感动：一阵清风徐来，娇艳鲜嫩的盛期牡丹忽然整朵整朵地坠落，铺撒一地绚丽的花瓣。那花瓣落地时依然鲜艳夺目，如同一只奉上祭坛的大鸟脱落的羽毛，低吟着壮烈的悲歌离去。

牡丹没有花谢花败之时，要么烁于枝头，要么归于泥土，它跨越萎顿和衰老，由青春而死亡，由美丽而消遁。它虽美却不吝惜生命，即使告别也要展示给人最后一次的惊心动魄。

所以在这阴冷的四月里，奇迹不会发生。任凭游人扫兴和诅咒，牡丹依然安之若素。它不苟且、不俯就、不妥协、不媚俗，甘愿自己冷落自己。它遵循自己的花期自己的规律，它有权利为自己选择每年一度的盛大节日。它为什么不拒绝寒冷？

天南海北的看花人依然络绎不绝地涌入洛阳城。人们不会因牡丹的拒绝而拒绝它的美。如果它再被贬谪十次，也许它就会繁衍出十个洛阳牡丹城。

于是你在无言的遗憾中感悟到，富贵与高贵只是一字之差。同人一样，花儿也是有灵性的，更有品位之高低。品位这东西为气为魂为 // 筋骨为神韵，只可意会。你叹服牡丹卓而不群之姿，方知品位是多么容易被世人忽略或是漠视的美。

节选自张抗抗《牡丹的拒绝》

Zuòpǐn 30 Hào

Qíshí nǐ zài hěn jiǔ yǐqián bìng bù xǐhuan mǔ·dān. Yīn·wèi tā zǒng bèi rén zuòwéi fùguì móbài. Hòulái nǐ mùdǔle yī cì mǔ·dān de luòhuā，nǐ xiāngxìn suǒyǒu de rén dōu huì wéi zhī gǎndòng：Yī zhèn qīngfēng xúlái，jiāoyàn xiānnèn de shèngqī mǔ·dān hūrán zhěng duǒ zhěng duǒ de zhuìluò，pùsǎ yīdì xuànlì de huābàn. Nà huābàn luòdì shí yīrán xiānyàn duómù，rútóng yī zhī fèng·shàng jìtán de dàniǎo tuōluò de yǔmáo，dīyínzhe zhuàngliè de bēigē líqù.

Mǔ·dān méi·yǒu huāxiè—huābài zhī shí，yàome shuòyú zhītóu，yàome guīyú nítǔ，tā kuàyuè wěidùn hé shuāilǎo，yóu qīngchūn ér sǐwáng，yóu měilì ér xiāodùn. Tā suī měi què bù lìnxī shēngmìng，jíshǐ gàobié yě yào zhǎnshì gěi rén zuìhòu yī cì de jīngxīn—dòngpò.

Suǒyǐ zài zhè yīnlěng de sìyuè·lǐ，qíjì bù huì fāshēng. Rènpíng yóurén sǎoxīng hé zǔzhòu，mǔ·dān yīrán ānzhī—ruòsù. Tā bù gǒuqiě、bù fǔjiù、bù tuǒxié、bù mèisú，gānyuàn zìjǐ lěngluò zìjǐ. Tā zūnxún zìjǐ de huāqī zìjǐ de guīlǜ，tā yǒu quánlì wèi zìjǐ xuǎnzé měinián yī dù de shèngdà jiérì. Tā wèishénme bù jùjué hánlěng?

Tiānnán—hǎiběi de kàn huā rén，yīrán luòyì—bùjué de yǒngrù Luòyáng Chéng. Rénmen bù huì yīn mǔ·dān de jùjué ér jùjué tā de měi. Rúguǒ tā zài bèi biǎnzhé shí cì，yěxǔ tā jiùhuì fányǎn chū shí gè Luòyáng mǔ·dān chéng.

Yúshì nǐ zài wúyán de yíhàn zhōng gǎnwù dào，fùguì yǔ gāoguì zhǐshì yī zì zhī chā. Tóng rén yīyàng，huā'ér yě shì yǒu língxìng de、gèng yǒu pǐnwèi zhī gāodī. Pǐnwèi zhè dōngxi wéi qì wéi hún wéi//jīngǔ wéi shényùn zhī kě yìhuì. Nǐ tànfú mǔ·dān zhuó'ěr—bùqún zhī zī，fāng zhī pǐnwèi shì duōme róng·yì bèi shìrén hūlüè huò mòshì de měi.

Jiéxuǎn zì Zhāng Kàngkàng《Mǔ·dān de Jùjué》

作品31号——《“能吞能吐”的森林》

森林涵养水源，保持水土，防止水旱灾害的作用非常大。据专家测算，一片十万亩面积的森林，相当于一个两百万立方米的水库，这正如农谚所说的：“山上多栽树，等于修水库。雨多它能吞，雨少它能吐。”

说起森林的功劳，那还多得很。它除了为人类提供木材及许多种生产、生活的原料之外，在维护生态环境方面也是功劳卓著。它用另一种“能吞能吐”的特殊功能孕育了人类。因为地球在形成之初，大气中的二氧化碳含量很高，氧气很少，气温也高，生物是难以生存的。大约在四亿年之前，陆地才产生了森林。森林慢慢将大气中的二氧化碳吸收，同时吐出新鲜氧气，调节气温：这才具备了人类生存的条件，地球上才最终有了人类。

森林，是地球生态系统的主体，是大自然的总调度室，是地球的绿色之肺。森林维护地球生态环境的这种“能吞能吐”的特殊功能是其他任何物体都不能取代的。然而，由于地球上的燃烧物增多，二氧化碳的排放量急剧增加，使得地球生态环境急剧恶化，主要表现为全球气候变暖，水分蒸发加快，改变了气流的循环，使气候变化加剧，从而引发热浪、飓风、暴雨、洪涝及干旱。

为了//使地球的这个“能吞能吐”的绿色之肺恢复健壮，以改善生态环境，抑制全球变暖，减少水旱等自然灾害，我们应该大力造林、护林，使每一座荒山都绿起来。

节选自《中考语文课外阅读试题精选》中《“能吞能吐”的森林》

Zuòpǐn 31 Hào

Sēnlín hányǎng shuǐyuán, bǎochí shuǐtǔ, fángzhǐ shuǐhàn zāihài de zuòyòng fēicháng dà. Jù zhuānjiā cèsuàn, yī piàn shíwàn mǔ miànjī de sēnlín, xiāngdāngyú yī gè liǎngbǎi wàn lìfāngmǐ de shuǐkù, zhè zhèng rú nóngyàn suǒ shuō de:“Shān · shàng duō zāi shù, děngyú xiū shuǐkù. Yǔ duō tā néng tūn, yǔ shǎo tā néng tǔ.”

Shuōqǐ sēnlín de gōng · láo, nà hái duō de hěn. Tā chúle wèi rénlèi tígōng mùcái jí xǔduō zhǒng shēngchǎn、shēnghuó de yuánliào zhīwài, zài wéihù shēngtài huánjìng fāngmiàn yě shì gōng · láo zhuózhù, tā yòng lìng yī zhǒng“néngtūn—néngtǔ”de tèshū gōngnéng yùnyùle rénlèi. Yīn · wèi dìqiú zài xíngchéng zhīchū, dàqì zhōng de èryǎnghuàtàn hánliàng hěn gāo, yǎngqì hěn shǎo, qìwēn yě gāo, shēngwù shì nányǐ shēngcún de. Dàyuē zài sìyì nián zhīqián, lùdì cái chǎnshēngle sēnlín. Sēnlín mànmàn jiāng dàqì zhōng de èryǎnghuàtàn xīshōu, tóngshí tǔ · chū xīn · xiān yǎngqì, tiáojié qìwēn: Zhè cái jùbèile rénlèi shēngcún de tiáojiàn, dìqiú · shàng cái zuìzhōng yǒule rénlèi.

Sēnlín, shì dìqiú shēngtài xìtǒng de zhǔtǐ, shì dàzìrán de zǒng diàodùshì, shì dìqiú de lǜsè zhī fèi. Sēnlín wéihù dìqiú shēngtài huánjìng de zhè zhǒng “néngtūn—néngtǔ” de tèshū gōngnéng shì qítā rènhé wùtǐ dōu bùnéng qǔdài de. Rán'ér, yóuyú dìqiú · shàng de ránshāowù zēngduō, èryǎnghuàtàn de páifàngliàng jíjù zēngjiā, shǐ · dé dìqiú shēngtài huánjìng jíjù èhuà, zhǔyào biǎoxiàn wéi quánqiú qìhòu biàn nuǎn, shuǐfèn zhēngfā jiākuài, gǎibiànle qìliú de xúnhuán, shǐ qìhòu biànhuà jiājù, cóng'ér yǐnfā rèlàng、jùfēng、bàoyǔ、hónglào jí gànhàn.

Wèile//shǐ dìqiú de zhègè “néngtūn—néngtǔ” de lǜsè zhī fèi huīfù jiànzhuàng, yǐ gǎishàn shēngtài huánjìng, yìzhì quánqiú biàn nuǎn, jiǎnshǎo shuǐhàn děng zìrán zāihài, wǒmen yīnggāi dàlì zàolín、hùlín, shǐ měi yī zuò huāngshān dōu lǜqǐ · lái.

Jiéxuǎn zì《Zhōngkǎo Yǔwén Kèwài Yuèdú Shìtí Jīngxuǎn》zhōng《“Néngtūn—Néngtǔ” de Sēnlín》

作品32号——《朋友和其他》

朋友即将远行。

暮春时节，又邀了几位朋友在家小聚。虽然都是极熟的朋友，却是终年难得一见，偶尔电话里相遇，也无非是几句寻常话。一锅小米稀饭，一碟大头菜，一盘自家酿制的泡菜，一只巷口买回的烤鸭，简简单单，不像请客，倒像家人团聚。

其实，友情也好，爱情也好，久而久之都会转化为亲情。

说也奇怪，和新朋友会谈文学、谈哲学、谈人生道理等等，和老朋友却只话家常，柴米油盐，细细碎碎，种种琐事。很多时候，心灵的契合已经不需要太多的言语来表达。

朋友新烫了个头，不敢回家见母亲，恐怕惊骇了老人家，却欢天喜地来见我们，老朋友颇能以一种趣味性的眼光欣赏这个改变。

年少的时候，我们差不多都在为别人而活，为苦口婆心的父母活，为循循善诱的师长活，为许多观念、许多传统的约束力而活。年岁逐增，渐渐挣脱外在的限制与束缚，开始懂得为自己活，照自己的方式做一些自己喜欢的事，不在乎别人的批评意见，不在乎别人的诋毁流言，只在乎那一份随心所欲的舒坦自然。偶尔，也能够纵容自己放浪一下，并且有一种恶作剧的窃喜。

就让生命顺其自然，水到渠成吧，犹如窗前的 // 乌桕，自生自落之间，自有一份圆融丰满的喜悦。春雨轻轻落着，没有诗，没有酒，有的只是一份相知相属的自在自得。

夜色在笑语中渐渐沉落，朋友起身告辞，没有挽留，没有送别，甚至也没有问归期。

已经过了大喜大悲的岁月，已经过了伤感流泪的年华，知道了聚散原来是这样的自然和顺理成章，懂得这点，便懂得珍惜每一次相聚的温馨，离别便也欢喜。

节选自（台湾）杏林子《朋友和其他》

Zuòpǐn 32 Hào

Péngyou jíjiāng yuǎnxíng.

Mùchūn shíjié，yòu yāole jǐ wèi péngyou zài jiā xiǎojù. Suīrán dōu shì jí shú de péngyou，què shì zhōngnián nándé yī jiàn，ǒuěr diànhuà・lǐ xiāngyù，yě wúfēi shì jǐ jù xúnchánghuà. Yī guō xiǎomǐ xīfàn，yī dié dàtóucài，yī pán zìjiā niàngzhì de pàocài，yī zhī xiàngkǒu mǎihuí de kǎoyā，jiǎnjiǎn—dāndān，bù xiàng qǐngkè，dǎo xiàng jiārén tuánjù.

Qíshí，yǒuqíng yě hǎo，àiqíng yě hǎo，jiǔérjiǔzhī dōu huì zhuǎnhuà wéi qīnqíng.

Shuō yě qíguài，hé xīn péngyou huì tán wénxué、tán zhéxué、tán rénshēng dào・lǐ děngděng，hé lǎo péngyou què zhǐ huà jiācháng，chái—mǐ—yóu—yán，xìxì—suìsuì，zhǒngzhǒng suǒshì. Hěn duō shíhou，xīnlíng de qìhé yǐ・jīng bù xūyào tài duō de yán yǔ lái biǎodá.

Péngyou xīn tàngle gè tóu，bùgǎn huíjiā jiàn mǔ・qīn，kǒngpà jīnghàile lǎo・rén・jiā，què huāntiān—xǐdì lái jiàn wǒmen，lǎo péngyou pō néng yǐ yī zhǒng qùwèixìng de yǎnguāng xīnshǎng zhège gǎibiàn.

Niánshǎo de shíhou，wǒmen chà・bùduō dōu zài wèi bié・rén ér huó，wèi kǔkǒu—póxīn de fùmǔ huó，wèi xúnxún—shànyòu de shīzhǎng huó，wèi xǔduō guānniàn、xǔduō chuántǒng de yuēshùlì ér huó. Niánsuì zhú zēng，jiànjiàn zhèngtuō wàizài de xiànzhì yǔ shùfù，kāishǐ dǒng・dé wèi zìjǐ huó，zhào zìjǐ de fāngshì zuò yīxiē zìjǐ xǐhuan de shì，bù zàihu bié・rén de pīpíng yì・jiàn，bù zàihu bié・rén de dǐhuǐ liúyán，zhī zàihu nà yī fēn suíxīn—suǒyù de shūtan zìrán. Ou′ěr，yě nénggòu zòngróng zìjǐ fànglàng yīxià，bìngqiě yǒu yī zhǒng èzuòjù de qièxǐ.

Jiù ràng shēngmìng shùn qí zìrán，shuǐdào—qúchéng ba，yóurú

chuāng qián de//wūjiù，zìshēng－zìluò zhījiān，zì yǒu yī fèn yuánróng fēngmǎn de xǐyuè. Chūnyǔ qīngqīng luòzhe，méi • yǒu shī，méi • yǒu jiǔ，yǒude zhǐshì yī fèn xiāng zhī xiāng zhǔ de zìzài zìdé.

Yèsè zài xiàoyǔ zhōng jiànjiàn chénluò，péngyou qǐshēn gàocí，méi • yǒu wǎnliú，méi • yǒu sòngbié，shènzhì yě méi • yǒu wèn guīqī.

Yǐ • jīng guòle dàxǐ－dàbēi de suìyuè，yǐ • jīng guòle shānggǎn liúlèi de niánhuá，zhī • dàole jù－sàn yuánlái shì zhèyàng de zìrán hé shùnlǐ－chéngzhāng，dǒng • dé zhè diǎn，biàn dǒngdé zhēnxī měi yī cì xiāngjù de wēnxīn，líbié biàn yě huānxǐ.

Jiéxuǎn zì（Táiwān）Xìng Línzǐ《Péngyou hé Qítā》

作品 33 号——《散步》

我们在田野散步：我，我的母亲，我的妻子和儿子。

母亲本不愿出来的。她老了，身体不好，走远一点儿就觉得很累。我说，正因为如此，才应该多走走。母亲信服地点点头，便去拿外套。她现在很听我的话，就像我小时候很听她的话一样。

这南方初春的田野，大块小块的新绿随意地铺着，有的浓，有的淡，树上的嫩芽也密了，田里的冬水也咕咕地起着水泡。这一切都使人想着一样东西——生命。

我和母亲走在前面，我的妻子和儿子走在后面。小家伙突然叫起来：“前面是妈妈和儿子，后面也是妈妈和儿子。”我们都笑了。

后来发生了分歧：母亲要走大路，大路平顺；我的儿子要走小路，小路有意思。不过，一切都取决于我。我的母亲老了，她早已习惯听从她强壮的儿子；我的儿子还小，他还习惯听从他高大的父亲；妻子呢，在外面，她总是听我的。一霎时我感到了责任的重大。我想找一个两全的办法，找不出；我想拆散一家人，分成两路，各得其所，终不愿意。我决定委屈儿子，因为我伴同他的时日还长。我说：“走大路。”

但是母亲摸摸孙儿的小脑瓜，变了主意：“还是走小路吧。”她的眼随小路望去：那里有金色的菜花，两行整齐的桑树，// 尽头一口水波粼粼的鱼塘。“我走不过去的地方，你就背着我。”母亲对我说。

这样，我们在阳光下，向着那菜花、桑树和鱼塘走去。到了一处，我蹲下来，背起了母亲；妻子也蹲下来，背起了儿子。我和妻子都是慢慢地，稳稳地，走得很仔细，好像我背上的同她背上的加起来，就是整个世界。

节选自莫怀戚《散步》

Zuòpǐn 33 Hào

Wǒmen zài tiányě sànbù：Wǒ，wǒ de mǔ・qīn，wǒ de qī・zǐ hé érzi.

Mǔ・qīn běn bùyuàn chū・lái de. Tā lǎo le，shēntǐ bù hǎo，zǒu yuǎn yīdiǎnr jiù jué・dé hěn lèi. Wǒ shuō，zhèng yīn・wèi rúcǐ，cái yīnggāi duō zǒuzou. Mǔ・qīn xìnfú de diǎndiǎn tóu，biàn qù ná wàitào. Tā xiànzài hěn tīng wǒ de huà，jiù xiàng wǒ xiǎoshíhou hěn tīng tā de huà yīyàng.

Zhè nánfāng chūchūn de tiányě，dàkuài xiǎokuài de xīnlǜ suíyì de pūzhe，yǒude nóng，yǒude dàn，shù・shàng de nènyá yě mì le，tián・lǐ de dōngshuǐ yě gūgū de qǐzhe shuǐpào. Zhè yīqiē dōu shǐ rén xiǎngzhe yī yàng dōngxi——shēngmìng.

Wǒ hé mǔ・qīn zǒu zài qián・miàn，wǒ de qī・zǐ hé érzi zǒu zài hòu・miàn. Xiǎojiāhuo tūrán jiào qǐ・lái：“qián・miàn shì māma hé érzi，hòu・miàn yě shì māma hé érzi.” Wǒmen dōu xiào le.

Hòulái fāshēngle fēnqí：Mǔ・qīn yào zǒu dàlù，dàlù píngshùn；Wǒ de érzǐ yào zǒu xiǎolù，xiǎolù yǒu yìsi. Bùguò，yīqiè dōu qǔjuéyú wǒ. Wǒ de mǔ・qīn lǎo le，tā zǎoyǐ xíguàn tīngcóng tā qiángzhuàng de érzǐ；Wǒ de érzǐ hái xiǎo，tā hái xíguàn tīngcóng tā gāodà de fù・qīn；qī・zǐ ne，zài wài・miàn，tā zǒngshì tīng wǒ de. Yīshàshí wǒ gǎndàole zérèn de zhòngdà. Wǒ xiǎng zhǎoyī gè liǎngquán de bànfǎ，zhǎo bù chū；wǒ xiǎng chāisàn yī jiā rén，fēnchéng liǎng lù，gèdé — qísuǒ，zhōng bù yuàn・yì. Wǒ juédìng wěiqū érzǐ，yīn・wèi wǒ bàntóng tā de shírì hái cháng. Wǒ shuō：“Zǒu dàlù.”

Dànshì mǔ・qīn mōmo sūn'ér de xiǎo nǎoguā，biànle zhǔyi：“háishì zǒu xiǎolù ba.” Tā de yǎn suí xiǎolù wàng・qù：Nà・lǐ yǒu jīnsè de càihuā，liǎng háng zhěngqí de sāngshù，//jìntóu yī kǒu shuǐbō línlín de yútáng. “Wǒ zǒu bù guò・qù de dìfang，nǐ jiù bèizhe wǒ.” Mǔ・qīn duì wǒ shuō.

Zhèyàng，wǒmen zài yángguāng・xià，xiàngzhe nà càihuā、sāngshù hé yútáng zǒu・qù. Dàole yī chù，wǒ dūn xià・lái，bēi qǐle mǔ・qīn，qī・zǐ yě dūn xià・lái，bèiqǐle érzi. Wǒ hé qī・zǐ dōu shì mànmàn de，wěnwěn de，zǒu de hěn zǐxì，hǎoxiàng wǒ bèi・shàng de tóng tā bèi · shàng de jiā qǐ · lái，jiùshì zhěnggè shìjiè.

Jiéxuǎn zì Mò Huáiqī《Sànbù》

作品34号——《神秘的“无底洞”》

地球上是否真的存在“无底洞”？按说地球是圆的，由地壳、地幔和地核三层组成，真正的“无底洞”是不应存在的，我们所看到的各种山洞、裂口、裂缝，甚至火山口也都只是地壳浅部的一种现象。然而中国一些古籍却多次提到海外有个深奥莫测的无底洞。事实上地球上确实有这样一个“无底洞”。

它位于希腊亚各斯古城的海滨。由于濒临大海，大涨潮时，汹涌的海水便会排山倒海般地涌入洞中，形成一股湍湍的急流。据测，每天流入洞内的海水量达三万多吨。奇怪的是，如此大量的海水灌入洞中，却从来没有把洞灌满。曾有人怀疑，这个“无底洞”，会不会就像石灰岩地区的漏斗、竖井、落水洞一类的地形。然而从二十世纪三十年代以来，人们就做了多种努力企图寻找它的出口，却都是枉费心机。

为了揭开这个秘密，一九五八年美国地理学会派出一支考察队，他们把一种经久不变的带色染料溶解在海水中，观察染料是如何随着海水一起沉下去。接着又察看了附近海面以及岛上的各条河、湖，满怀希望地寻找这种带颜色的水，结果令人失望。难道是海水量太大把有色水稀释得太淡，以致无法发现？//

至今谁也不知道为什么这里的海水会没完没了地“漏”下去，这个“无底洞”的出口又在哪里，每天大量的海水究竟都流到哪里去了

节选自罗伯特 罗威尔《神秘的“无底洞”》

Zuòpǐn 34 Hào

Dìqiú · shàng shìfǒu zhēn de cúnzài “wúdǐdòng”? Àn shuō dìqiú shì yuán de，yóu dìqiào、dìmàn hé dìhé sān céng zǔchéng，zhēnzhèng de “wúdǐdòng” shì bù yīng cúnzài de，wǒmen suǒ kàndào de gè zhǒng shāndòng、lièkǒu、lièfèng，shènzhì huǒshānkǒu yě dōu zhǐshì dìqiào qiǎnbù de yī zhǒng xiànxiàng. Rán′ér zhōngguó yīxiē gǔjí què duō cì tídào hǎiwài yǒu gè shēn′ào—mòcè de wúdǐdòng. Shìshí · shàng dìqiú · shàng quèshí yǒu zhèyàng yī gè “wúdǐdòng”.

Tā wèiyú Xīlà Yàgèsī gǔchéng de hǎibīn. Yóuyú bīnlín dàhǎi，dà zhǎngcháo shí，xiōngyǒng de hǎishuǐ biàn huì páishān—dǎohǎi bān de yǒngrù dòng zhōng，xíngchéng yī gǔ tuāntuān de jíliú. Jù cè，měi tiān liúrù dòng nèi de hǎishuǐliàng dá sānwàn duō dūn. Qíguài de shì，rúcǐ dàliàng de hǎishuǐ guànrù dòng zhōng，què cónglái méi・yǒu bǎ dòng guànmǎn. Céng yǒu rén huáiyí，zhège “wúdǐdòng”，huì・bùhuì jiù xiàng shíhuīyán dìqū de lòudǒu、shùjǐng、luòshuǐdòng yīlèi de dìxíng. Rán'ér cóng èrshí shìjì sānshí niándài yǐlái，rénmen jiù zuòle duō zhǒng nǔlì qǐtú xúnzhǎo tā de chūkǒu，què dōu shì wǎngfèi—xīnjī.

Wèile jiēkāi zhège mìmì，yī jiǔ wǔ bā nián Měiguó Dìlǐ Xuéhuì pàichū yī zhī kǎochádùi，tāmen bǎ yī zhǒng jīngjiǔ—bùbiàn de dài sè rǎnliào róngjiě zài hǎishuǐ zhōng，guānchá rǎnliào shì rúhé suízhe hǎishuǐ yīqǐ chén xià・qù. Jiēzhe yòu chákànle fùjìn hǎimiàn yǐjí dǎo・shàng de gè tiáo hé、hú，mǎnhuái xīwàng de xúnzhǎo zhè zhǒng dài yánsè de shuǐ，jiéguǒ lìng rén shīwàng. Nándào s hì hǎishuǐliàng tài dà bǎ yǒusèshuǐ xīshì de tài dàn，yǐ zhì wúfǎ fāxiàn？//

Zhìjīn shéi yě bù zhī・dào wèishénme zhè・lǐ de hǎishuǐ méiwán—méiliǎo de “lòu” xià・qù，zhège “wúdǐdòng” de chūkǒu yòu zài nǎ・lǐ，měi tiān dàliàng de hǎishuǐ jiūjìng dōu liúdào nǎ・lǐ qù le?

Jiéxuǎn zì Luóbótè Luówēi'ěr《Shénmì de “Wúdǐdòng”》

作品 35 号——《世间最美的坟墓》

我在俄国见到的景物再没有比托尔斯泰墓更宏伟、更感人的。

完全按照托尔斯泰的愿望，他的坟墓成了世间最美的，给人印象最深刻的坟墓。它只是树林中的一个小小的长方形土丘，上面开满鲜花——没有十字架，没有墓碑，没有墓志铭，连托尔斯泰这个名字也没有。

这位比谁都感到受自己的声名所累的伟人，却像偶尔被发现的流浪汉，不为人知的士兵，不留名姓地被人埋葬了。谁都可以踏进他最后的安息地，围在四周稀疏的木栅栏是不关闭的——保护列夫 托尔斯泰得以安息的没有任何别的东西，惟有人们的敬意；而通常，人们却总是怀着好奇，去破坏伟人墓地的宁静。

这里，逼人的朴素禁锢住任何一种观赏的闲情，并且不容许你大声说话。风儿俯临，在这座无名者之墓的树木之间飒飒响着，和暖的阳光在坟头嬉戏；冬天，白雪温柔地覆盖这片幽暗的圭土地。无论你在夏天或冬天经过这儿，你都想像不到，这个小小的、隆起的长方体里安放着一位当代最伟大的人物。

然而，恰恰是这座不留姓名的坟墓，比所有挖空心思用大理石和奢华装饰建造的坟墓更扣人心弦。在今天这个特殊的日子//里，到他的安息地来的成百上千人中间，没有一个有勇气，哪怕仅仅从这幽暗的土丘上摘下一朵花留作纪念。人们重新感到，世界上再没有比托尔斯泰最后留下的、这座纪念碑式的朴素坟墓，更打动人心的了。

节选自［奥］茨威格《世间最美的坟墓》，张厚仁译

Zuòpǐn 35 Hào

Wǒ zài Éguó jiàndào de jǐngwù zài méi · yǒu bǐ Tuō'ěrsītài mù gèng hóngwěi、gèng gǎnrén de.

Wánquán ànzhào Tuō'ěrsītài de yuànwàng，tā de fénmù chéngle shìjiān zuì měi de，gěi rén yìnxiàng zuì shēnkè de fénmù. Tā zhǐshì shùlín zhōng de yī gè xiǎoxiǎo chángfāngxíng tǔqiū，shàng · miàn kāimǎn xiānhuā——méi · yǒu shízìjià，méi · yǒu mùbēi，méi · yǒu mùzhìmíng，lián Tuō'ěrsītài zhège míng zi yě méi · yǒu.

Zhè wèi bǐ shéi dōu gǎndào shòu zìjǐ de shēngmíng suǒ lěi de wěirén，jiù xiàng ǒu'ěr bèi fāxiàn de liúlànghàn，bù wéi rén zhī de shìbīng，bù liú míng xìng de bèi rén máizàng le. Shéi dōu kěyǐ tàjìn tā zuìhòu de ānxīdì，wéi zài sìzhōu xīshū de mù zhàlan shì bù guānbì de——bǎohù Lièfū Tuō'ěrsītài déyǐ ānxī de méi · yǒu rènhé biéde dōngxi，wéiyǒu rénmen de jìngyì；ér tōngcháng，rénmen què zǒngshì huáizhe hàoqí，qù pòhuài wěirén mùdì de níngjìng.

Zhè · lǐ，bīrén de pǔsù jìngù zhù rènhé yī zhǒng guānshǎng de xiánqíng，bìngqiě bù róngxǔ nǐ dàshēng shuōhuà. Fēng'ér fǔ lín，zài zhè zuò wúmíngzhě zhī mù de shùmù zhījiān sàsà xiǎngzhe，hénuǎn de yángguāng zài féntóur xīxì；dōngtiān，báixuě wēnróu de fùgài zhè piàn yōu'àn de guītǔdì. Wúlùn nǐ zài xiàtiān huò dōngtiān jīngguò zhèr，nǐ dōu xiǎngxiàng bù dào，zhège xiǎoxiǎo de、lóngqǐ de chángfāngtǐ · lǐ ānfàngzhe yī wèi dāngdài zuì wěidà de rénwù.

Rán'ér，qiàqià shì zhè zuò bù liú xìngmíng de fénmù，bǐ suǒyǒu wākōng xīnsi yòng dàlǐshí hé shēhuá zhuāngshì jiànzào de fénmù gèng kòurénxīnxián. Zài jīntiān zhège tèshū de rìzi//· lǐ，dào tā de ānxīdì lái de chéng bǎi shàng qiān rén zhōngjiān，méi · yǒu yī gè yǒu yǒngqì，nǎpà jǐnjǐn cóng zhè yōu'àn de tǔqiū · shàng zhāixià yī duǒ huā liúzuò jìniàn. Rénmen chóngxīn gǎndào, shìjiè · shàng zài méi · yǒu bǐ Tuō′ěrsītài zuìhòu liúxià de、zhè zuò jìniànbēi shì de pǔsù fénmù, gèng dǎdòng rénxīn de le.

Jiéxuǎn zì [Ao] Cíwēigé《Shìjiān Zuì Měi de Fénmù》, Zhāng Hòurén yì

作品 36 号——《苏州园林》

我国的建筑，从古代的宫殿到近代的一般住房，绝大部分是对称的，左边怎么样，右边怎么样。苏州园林可绝不讲究对称，好像故意避免似的。东边有了一个亭子或者一道回廊，西边决不会来一个同样的亭子或者一道同样的回廊。这是为什么？我想，用图画来比方，对称的建筑是图案画，不是美术画，而园林是美术画，美术画要求自然之趣，是不讲究对称的。

苏州园林里都有假山和池沼。

假山的堆叠，可以说是一项艺术而不仅是技术。或者是重峦叠嶂，或者是几座小山配合着竹子花木，全在乎设计者和匠师们生平多阅历，胸中有丘壑，才能使游览者攀登的时候忘却苏州城市，只觉得身在山间。

至于池沼，大多引用活水。有些园林池沼宽敞，就把池沼作为全园的中心，其他景物配合着布置。水面假如成河道模样，往往安排桥梁。假如安排两座以上的桥梁，那就一座一个样，决不雷同。

池沼或河道的边沿很少砌齐整的石岸，总是高低屈曲任其自然。还在那儿布置几块玲珑的石头，或者种些花草。这也是为了取得从各个角度看都成一幅画的效果。池沼里养着金鱼或各色鲤鱼，夏秋季节荷花或睡莲开//放，游览者看“鱼戏莲叶间”，又是入画的一景。

节选自叶圣陶《苏州园林》

Zuòpǐn 36 Hào

Wǒguó de jiànzhù, cóng gǔdài de gōngdiàn dào jìndài de yībān zhùfáng, jué dà bùfen shì duìchèn de, zuǒ · biān zěnmeyàng, yòu · biān zěnmeyàng. Sūzhōu yuánlín kě juébù jiǎng · jiū duìchèn, hǎoxiàng gùyì bìmiǎn shìde. Dōng · biān yǒule yī gè tíngzi huòzhě yī dào huíláng, xī · biān juébù huì lái yī gè tóngyàng de tíngzi huòzhě yī dào tóngyàng de huíláng. Zhè shì wèishénme? Wǒ xiǎng, yòng túhuà lái bǐfang, duìchèn de jiànzhù shì tú′ànhuà, bù shì měishùhuà, ér yuánlín shì měishùhuà, měishùhuà yāoqiú zìrán zhī qù, shì bù jiǎng · jiū duìchèn de.

Sūzhōu yuánlín · lǐ dōu yǒu jiǎshān hé chízhǎo.

Jiǎshān de duīdié，kěyǐ shuō shì yī xiàng yìshù ér bùjǐn shì jìshù. Huòzhě shì chóngluán－diézhàng，huòzhě shì jǐ zuò xiǎoshān pèihézhe zhúzi huāmù，quán zàihu shèjìzhě hé jiàngshīmen shēngpíng duō yuèlì，xiōng zhōng yǒu qiūhè，cái néng shǐ yóulǎnzhě pāndēng de shíhou wàngquè Sūzhōu chéngshì，zhǐ juéde shen zài shān jiān.

Zhìyú chízhǎo，dàduō yǐnyòng huóshuǐ. Yǒuxiē yuánlín chízhǎo kuān · chǎng，jiù bǎ chízhǎo zuòwéi quán yuán de zhōngxīn，qítā jǐngwù pèihézhe bùzhì. Shuǐmiàn jiǎrú chéng hédào múyàng，wǎngwǎng ānpái qiáoliáng. Jiǎrú ānpái liǎng zuò yǐshàng de qiáoliáng，nà jiù yī zuò yī gè yàng，jué bù léitóng.

Chízhǎo huò hédào de biānyán hěn shǎo qì qízhěng de shí′àn，zǒngshì gāodī qūqū rèn qí zìrán. Hái zài nàr bùzhì jǐ kuài línglóng de shítou，huòzhě zhòng xiē huācǎo. Zhè yě shì wèile qǔdé cóng gègè jiǎodù kàn dōu chéng yī fú huà de xiàoguǒ. Chízhǎo · lǐ yǎngzhe jīnyú huò gè sè lǐyú，xià－qiū jìjié héhuā huò shuìlián kāi//fang，yóulǎnzhě kàn“yú xì lián yè jiān”，yòu shì rù huà de yī jǐng.

Jiéxuǎn zì Yè Shèngtáo《Sūzhōu Yuánlín》

作品 37 号——《态度创造快乐》

一位访美中国女作家，在纽约遇到一位卖花的老太太。老太太穿着破旧，身体虚弱，但脸上的神情却是那样祥和兴奋。女作家挑了一朵花说：“看起来，你很高兴。”老太太面带微笑地说：“是的，一切都这么美好，我为什么不高兴呢?”“对烦恼，你倒真能看得开。”女作家又说了一句。没料到，老太太的回答更令女作家大吃一惊：“耶稣在星期五被钉上十字架时，是全世界最糟糕的一天，可三天后就是复活节。所以，当我遇到不幸时，就会等待三天，这样一切就恢复正常了。”

“等待三天”，多么富于哲理的话语，多么乐观的生活方式。它把烦恼和痛苦抛下，全力去收获快乐。

沈从文在“文革”期间，陷入了非人的境地。可他毫不在意，他在咸宁时给他的表侄、画家黄永玉写信说：“这里的荷花真好，你若来……”身陷苦难却仍为荷花的盛开欣喜赞叹不已，这是一种趋于澄明的境界，一种旷达洒脱的胸襟，一种面临磨难坦荡从容的气度，一种对生活童子般的热爱和对美好事物无限向往的生命情感。

由此可见，影响一个人快乐的，有时并不是困境及磨难，而是一个人的心态。如果把自己浸泡在积极、乐观、向上的心态中，快乐必然会 // 占据你的每一天。

节选自《态度创造快乐》

Zuòpǐn 37 Hào

Yī wèi fǎng Měi Zhōngguó nǚzuòjiā，zài Niǔyuē yùdào yī wèi mài huā de lǎotàitai. Lǎotàitai chuānzhuó pòjiù，shēntǐ xūruò，dàn liǎn · shàng de shénqíng què shì nàyàng xiánghé xīngfèn. Nǚzuòjiā tiāole yī duǒ huā shuō：“Kàn qǐ · lái，nǐ hěn gāoxìng.” Lǎotàitai miàn dài wēixiào de shuō：“Shìde，yīqiè dōu zhème měihǎo，wǒ wèishénme bù gāoxìng ne?” “Duì fánnǎo，nǐ dào zhēn néng kàndekāi.” Nǚzuòjiā yòu shuōle yī jù. Méi liàodào，lǎotàitai de huídá gèng lìng nǚzuòjiā dàchī—yījīng：“Yēsū zài xīngqīwǔ bèi dìng · shàng shízìjià shí，shì quán shìjiè zuì zāogāo de yī tiān，kě sān tiān hòu jiùshì Fùhuójié. Suǒyǐ，dāng wǒ yùdào bùxìng shí，jiù huì děngdài sān tiān，zhèyàng yīqiè jiù huīfù zhèngcháng le.”

“Děngdài sān tiān”，duōme fùyú zhélǐ de huàyǔ，duōme lèguān de shēnghuó fāngshì. Tā bǎ fánnǎo hé tòngkǔ pāo · xià，quánlì qù shōuhuò kuàilè.

Shěn Cóngwén zài “wén—gé” qījiān，xiànrùle fēirén de jìngdì. Kě tā háobù zàiyì，tā zài Xiánníng shí gěi tā de biǎozhí、huàjiā Huáng Yǒngyù xiěxìn shuō：“Zhè · lǐ de héhuā zhēn hǎo，nǐ ruò lái……” Shěn xiàn kǔnán què réng wèi hèhuā de shèngkāi xīnxǐ zàntàn bùyǐ，zhè shì yī zhǒng qūyú chéngmíng de jìngjiè，yī zhǒng kuàngdá sǎ · tuō de xiōngjīn，yī zhǒng miànlín mónán tǎndàng cóngróng de qìdù，yī zhǒng duì shēnghuó tóngzǐ bān de rè'ài hé duì měihǎo shìwù wúxiàn xiàngwǎng de shēngmìng qínggǎn.

Yóucǐ—kějiàn，yǐngxiǎng yī gè rén kuàilè de，yǒushí bìng bù shì kùnjìng jí mónàn，ér shì yī gè rén de xīntài. Rúguǒ bǎ zìjǐ jìn pào zài jījí、lèguān、xiàngshàng de xīntài zhōng，kuàilè bìrán huì//zhànjù nǐ de měi yī tiān.

Jiéxuǎn zì《Tài · dù Chuàngzào Kuàilè》

作品38号——《泰山极顶》

泰山极顶看日出，历来被描绘成十分壮观的奇景。有人说：登泰山而看不到日出，就像一出大戏没有戏眼，味儿终究有点寡淡。

我去爬山那天，正赶上个难得的好天，万里长空，云彩丝儿都不见。素常，烟雾腾腾的山头，显得眉目分明。同伴们都欣喜地说："明天早晨准可以看见日出了。"我也是抱着这种想头，爬上山去。

一路从山脚往上爬，细看山景，我觉得挂在眼前的不是五岳独尊的泰山，却像一幅规模惊人的青绿山水画，从下面倒展开来。在画卷中最先露出的是山根底那座明朝建筑岱宗坊，慢慢地便现出王母池、斗母宫、经石峪。山是一层比一层深，一叠比一叠奇，层层叠叠，不知还会有多深多奇，万山丛中，时而点染着极其工细的人物。王母池旁的吕祖殿里有不少尊明塑，塑着吕洞宾等一些人，姿态神情是那样有生气，你看了，不禁会脱口赞叹说："活啦。"

画卷继续展开，绿阴森森的柏洞露面不太久，便来到对松山。两面奇峰对峙着，满山峰都是奇形怪状的老松，年纪怕都有上千岁了，颜色竟那么浓，浓得好像要流下来似的。来到这儿，你不妨权当一次画里的写意人物，坐在路旁的对松亭里，看看山色，听听流// 水和松涛。

一时间，我又觉得自己不仅是在看画卷，却又像是在零零乱乱翻着一卷历史稿本。

节选自杨朔《泰山极顶》

Zuòpǐn 38 Hào

Tài Shān jí dǐng kàn rìchū, lìlái bèi miáohuì chéng shífēn zhuàngguān de qíjǐng. Yǒu rén shuō: Dēng Tài Shān ér kàn · bùdào rìchū, jiù xiàng yī chū dàxì méi · yǒu xìyǎn, wèir zhōngjiū yǒu diǎnr guǎdàn.

Wǒ qù páshān nà tiān, zhèng gǎn · shàng gè nándé de hǎotiān, wànlǐ chángkōng, yúncaisīr dōu bù jiàn. Sùcháng yānwù téngténg de shāntóu, xiǎn · dé méi · mù fēnmíng. Tóngbànmen dōu xīnxǐ de shuō: "Míngtiān zǎo · chén zhǔn kěyǐ kàn · jiàn rìchū le." Wǒ yě shì bàozhe zhè zhǒng xiǎngtou, pá · shàng shān · qù.

Yīlù cóng shānjiǎo wǎngshàng pá, xì kàn shānjǐng, wǒ jué · dé guà zài yǎnqián de bù shì Wǔ Yuè dú zūn de Tài Shān, què xiàng yī fú guīmó jīngrén de qīnglǜ shānshuǐhuà, cóng xià · miàn dào zhǎn kāi · lái. Zài huàjuàn zhōng zuì xiān lòuchū de shì shāngēnr dǐ nà zuò Míngcháo jiànzhù Dàizōngfāng, mànmàn de biàn xiànchū Wángmǔchí、Dòumǔgōng、Jīngshíyù. Shān shì yī céng bǐ yī céng shēn, yī dié bǐ yī dié qí, céngcéng-diédié, bù zhī hái huì yǒu duō shēn duō qí. Wàn shān cóng zhōng, shí'ér diǎnrǎnzhe jíqí gōngxì de rénwù. Wángmǔchí páng de Lǚzǔdiàn · lǐ yǒu bùshǎo zūn míngsù, sùzhe Lǚ Dòngbīn děng yīxiē rén, zītài shénqíng shì nàyàng yǒu shēngqì, nǐ kàn le, bùjīn huì tuōkǒu zàntàn shuō: "Huó la"

Huàjuàn jìxù zhǎnkāi, lǜyīn sēnsēn de Bǎidòng lòumiàn bù tài jiǔ, biàn láidào Duìsōngshān. Liǎngmiàn qífēng duìzhìzhe, mǎn shānfēng dōu shì qíxíng-guàizhuàng de lǎosōng, niánjì pà dōu yǒu shàng qiān suì le, yánsè jìng nàme nóng, nóng dé hǎoxiàng yào liú xià · lái shìde. Láidào zhèr, nǐ bùfáng quándāng yī cì huà · lǐ de xiěyì rénwù, zuò zài lùpáng de Duìsōngtíng · lǐ, kànkan shānsè, tīngting liú//shuǐ hé sōngtāo.

Yī shíjiān, wǒ yòu jué · dé zìjǐ bùjǐn shì zài kàn huàjuàn, què yòu xiàng shì zài língling-luànluàn fānzhe yī juàn lìshǐ gǎoběn.

Jiéxuǎn zì Yáng Shuò《Tài Shān Jí Dǐng》

作品 39 号——《陶行知的"四块糖果"》

育才小学校长陶行知在校园看到学生王友用泥块砸自己班上的同学，陶行知当即喝止了他，并令他放学后到校长室去。无疑，陶行知是要好好教育这个"顽皮"的学生。那么他是如何教育的呢？

放学后，陶行知来到校长室，王友已经等在门口准备挨训了。可一见面，陶行知却掏出一块糖果送给王友，并说："这是奖给你的，因为你按时来到这里，而我却迟到了。"王友惊疑地接过糖果。

随后，陶行知又掏出一块糖果放到他手里，说："这第二块糖果也是奖给你的，因为当我不让你再打人时，你立即就住手了，这说明你很尊重我，我应该奖你。"王友更惊疑了，他眼睛睁得大大的。

陶行知又掏出第三块糖果塞到王友手里，说："我调查过了，你用泥块砸那些男生，是因为他们不守游戏规则，欺负女生；你砸他们，说明你很正直善良，且有批评不良行为的勇气，应该奖励你啊！"王友感动极了，他流着眼泪后悔地喊道："陶……陶校长你打我两下吧！我砸的不是坏人，而是自己的同学啊……”

陶行知满意地笑了，他随即掏出第四块糖果递给王友，说：“为你正确地认识错误，我再奖给你一块糖果，只可惜我只有这一块糖果了。我的糖果 // 没有了，我看我们的谈话也该结束了吧！”说完，就走出了校长室。

节选自《教师博览 百期精华》中《陶行知的“四块糖果”》

Zuòpǐn 39 Hào

Yùcái Xiǎoxué xiàozhǎng Táo Xíngzhī zài xiàoyuán kàndào xuéshēng Wáng Yǒu yòng níkuài zá zìjǐ bān · shàng de tóngxué，Táo Xíngzhī dāngjí hèzhǐle tā，bìng lìng tā fàngxué shí dào xiàozhǎngshì qù. Wúyí，Táo Xíngzhī shì yào hǎohǎo jiàoyù zhège “wánpí” de xuésheng. Nàme tā shì rúhé jiàoyù de ne?

Fàngxué hòu，Táo Xíngzhī láidào xiàozhǎngshì，Wáng Yǒu yǐ · jīng děng zài ménkǒu zhǔnbèi āi xùn le. Kě yī jiànmiàn，Táo Xíngzhī què tāochū yī kuài tángguǒ sònggěi Wáng Yǒu，bìng shuō：“Zhè shì jiǎnggěi nǐ de，yīn · wèi nǐ ànshí láidào zhè · lǐ，ér wǒ què chídào le.” Wáng Yǒu jīngyí de jiē guo tángguǒ.

Suíhòu，Táo Xíngzhī yòu tāochū yī kuài tángguǒ fàngdào tā shǒu · lǐ，shuō：“Zhè dì-èr kuài tángguǒ yě shì jiǎnggěi nǐ de，yīn · wèi dāng wǒ bùràng nǐ zài dǎrén shí，nǐ lìjí jiù zhùshǒu le，zhè shuōmíng nǐ hěn zūnzhòng wǒ，wǒ yīnggāi jiǎng nǐ.” Wáng Yǒu gèng jīngyí le，tā yǎnjing zhēng de dàdà de.

Táo Xíngzhī yòu tāochū dì-sān kuài tángguǒ sāidào Wáng Yǒu shǒu · lǐ，shuō：“Wǒ diàocháguo le，nǐ yòng níkuài zá nàxiē nánshēng，shì yīn · wèi tāmen bù shǒu yóuxì guīzé，qīfu nǚshēng；nǐ zá tāmen，shuōmíng nǐ hěn zhèngzhí shànliáng，qiě yǒu pīpíng bùliáng xíngwéi de yǒngqì，yīnggāi jiǎnglì nǐ a!” Wáng Yǒu gǎndòng jí le，tā liúzhe yǎnlèi hòuhuǐ dì hǎndào：“Táo……Táo xiàozhǎng，nǐ dǎ wǒ liǎng xià ba! Wǒ zá de bù shì huàirén，ér shì zìjǐ de tóngxué a……”

Táo Xíngzhī mǎnyì de xiào le，tā suíjí tāochū dì-sì kuài tángguǒ dìgěi Wáng Yǒu，shuō：“Wéi nǐ zhèngquè dì rènshi cuò · wù，wǒ zài jiǎnggěi nǐ yī kuài tángguǒ，zhǐ kěxī wǒ zhǐyǒu zhè yī kuài tángguǒ le. Wǒ de tángguǒ//méi · yǒu le，wǒ kàn wǒmen de tánhuà yě gāi jiéshù le ba!” Shuōwán，jiù zǒuchūle xiàozhǎngshì.

Jiéxuǎn zì《Jiàoshī Bólǎn · Bǎiqī Jīnghuá》zhōng《Táo Xíngzhī de “Sì Kuài Tángguǒ”》

作品 40 号——《提醒幸福》

享受幸福是需要学习的，当它即将来临的时刻需要提醒。人可以自然而然地学会感官的享乐，却无法天生地掌握幸福的韵律。灵魂的快意同器官的舒适像一对孪生兄弟，时而相傍相依，时而南辕北辙。

幸福是一种心灵的震颤。它像会倾听音乐的耳朵一样，需要不断地训练。

简而言之，幸福就是没有痛苦的时刻。它出现的频率并不像我们想像的那样少。人们常常只是在幸福的金马车已经驶过去很远时，才拣起地上的金鬃毛说，原来我见过它。

人们喜爱回味幸福的标本，却忽略它披着露水散发清香的时刻。那时候我们往往步履匆匆，瞻前顾后不知在忙着什么。

世上有预报台风的，有预报蝗灾的，有预报瘟疫的，有预报地震的。没有人预报幸福。

其实幸福和世界万物一样，有它的征兆。

幸福常常是朦胧的，很有节制地向我们喷洒甘霖。你不要总希望轰轰烈烈的幸福，它多半只是悄悄地扑面而来。你也不要企图把水龙头拧得更大，那样它会很快地流失。你需要静静地以平和之心，体验它的真谛。

幸福绝大多数是朴素的。它不会像信号弹似的，在很高的天际闪烁红色的光芒。它披着本色的外衣，亲 // 切温暖地包裹起我们。

幸福不喜欢喧嚣浮华，它常常在暗淡中降临。贫困中相濡以沫的一块糕饼，患难中心心相印的一个眼神，父亲一次粗糙的抚摸，女友一张温馨的字条……这都是千金难买的幸福啊。像一粒粒缀在旧绸子上的红宝石，在凄凉中愈发熠熠夺目。

节选自毕淑敏《提醒幸福》

Zuòpǐn 40 Hào

Xiǎngshòu xìngfú shì xūyào xuéxí de, dāng tā jíjiāng láilín de shíkè xūyào tíxǐng. Rén kěyǐ zìrán'érrán de xuéhuì gǎnguān de xiǎnglè, què wúfǎ tiānshēng de zhǎngwò xìngfú de yùnlǜ. Línghún de kuàiyì tóng qìguān de shūshì xiàng yī duì luánshēng xiōngdì, shí'ér xiāngbàng—xiāngyī, shí'ér nányuán—běizhé.

Xìngfú shì yī zhǒng xīnlíng de zhènchàn. Tā xiàng huì qīngtīng yīnyuè de ěrduo yīyàng，xūyào bùduàn de xùnliàn.

Jiǎn'éryánzhī，xìngfú jiùshì méi • yǒu tòngkǔ de shíkè. Tā chūxiàn de pínlǜ bìng bù xiàng wǒmen xiǎngxiàng de nàyàng shǎo. Rénmen chángcháng zhǐshì zài xìngfú de jīn mǎchē yǐ • jīng shǐ guò • qù hěn yuǎn shí，cái jiǎnqǐ dì • shàng de jīn zōngmáo shuō，yuánlái wǒ jiànguò tā.

Rénmen xǐ'ài huíwèi xìngfú de biāoběn，què hūlüè tā pīzhe lù • shuǐ sànfā qīngxiāng de shíkè. Nà shíhou wǒmen wǎngwǎng bùlǚ cōngcōng，zhānqián—gùhòu bù zhī zài mángzhe shénme.

Shì • shàng yǒu yù • bào táifēng de，yǒu yùbào huángzāi de，yǒu yùbào wēnyì de，yǒu yùbào dìzhèn de. Méi • yǒu rén yùbào xìngfú.

Qíshí xìngfú hé shìjiè wànwù yīyàng，yǒu tā de zhēngzhào.

Xìngfú chángcháng shì ménglóng de，hěn yǒu jiézhì de xiàng wǒmen pēnsǎ gānlín. Nǐ bùyào zǒng xīwàng hōnghōng—lièliè de xìngfú，tā duōbàn zhǐshì qiāoqiāo de pūmiàn ér lái. Nǐ yě bùyào qǐtú bǎ shuǐlóngtóu nǐng dé gèng dà，nàyàng tā huì hěn kuài de liúshī. Nǐ xūyào jìngjìng de yǐ pínghé zhī xīn，tǐyàn tā de zhēn dì.

Xìngfú jué dà duōshù shì pǔsù de. Tā bù huì xiàng xìnhàodàn shìde，zài hěn gāo de tiānjì shǎnshuò hóngsè de guāngmáng. Tā pīzhe běnsè de wàiyī，qīn//qiè wēnnuǎn de bāoguǒqǐ wǒmen.

Xìng fú bù xǐhuan xuānxiāo fúhuá，tā chángcháng zài àndàn zhōng jiànglín. Pínkùn zhōng xiāngrúyǐmò de yī kuài gāobǐng，huànnàn zhōng xīnxīn—xiāngyìn de yī gè yǎnshén，fù • qīn yī cì cūcāo de fǔmō，nǚyǒu yī zhāng wēnxīn de zìtiáo……Zhè dōu shì qiānjīn nán mǎi de xìngfú a. Xiàng yī lìlì zhuì zài jiù chóuzǐ • shàng de hóngbǎoshí，zài qīliáng zhōng yùfā yìyì duómù.

Jiéxuǎn zì Bì Shūmǐn《Tíxǐng Xìngfú》

作品41号——《天才的造就》

在里约热内卢的一个贫民窟里，有一个男孩子，他非常喜欢足球，可是又买不起，于是就踢塑料盒，踢汽水瓶，踢从垃圾箱里拣来的椰子壳。他在胡同里踢，在能找到的任何一片空地上踢。

有一天，当他在一处干涸的水塘里猛踢一个猪膀胱时，被一位足球教练看见了。他发现这个男孩儿踢得很像是那么回事，就主动提出要送给他一个足球。小男孩儿得到足球后踢得更卖劲了。不久，他就能准确地把球踢进远处随意摆放的一个水桶里。

圣诞节到了，孩子的妈妈说："我们没有钱买圣诞礼物送给我们的恩人，就让我们为他祈祷吧。"

小男孩儿跟随妈妈祈祷完毕，向妈妈要了一把铲子便跑了出去。他来到一座别墅前的花园里，开始挖坑。

就在他快要挖好坑的时候，从别墅里走出一个人来，问小孩儿在干什么，孩子抬起满是汗珠的脸蛋儿，说："教练，圣诞节到了，我没有礼物送给您，我愿给您的圣诞树挖一个树坑。"

教练把小男孩儿从树坑里拉上来，说，我今天得到了世界上最好的礼物。明天你就到我的训练场去吧。

三年后，这位十七岁的男孩儿在第六届足球锦标赛上独进二十一球，为巴西第一次捧回了金杯。一个原来不 // 为世人所知的名字——贝利，随之传遍世界。

节选自刘燕敏《天才的造就》

Zuòpǐn 41 Hào

Zài Lǐyuērènèilú de yī gè pínmínkū • lǐ, yǒu yī gè nánháizi, tā fēicháng xǐhuan zúqiú, kěshì yòu mǎi • bùqǐ, yúshì jiù tī sùliàohé, tī qìshuǐpíng, tī cóng lājīxiāng • lǐ jiǎnlái de yēzikér. Tā zài hútòng • lǐ tī, zài néng zhǎodào de rènhé yī piàn kōngdì • shàng tī.

Yǒu yī tiān, dāng tā zài yī chù gānhé de shuǐtáng • lǐ měng tī yī gè zhū pángguāng shí, bèi yī wèi zúqiú jiàoliàn kàn • jiàn le. Tā fāxiàn zhège nánháir tī de hěn xiàng shì nàme huí shì, jiù zhǔdòng tíchū sònggěi tā yī gè zúqiú. Xiǎonánháir dédào zúqiú hòu tī de gèng màijìnr le. Bùjiǔ, tā jiù néng zhǔnquè de bǎ qiú tījìn yuǎnchù suíyì bǎifàng de yī gè shuǐtǒng • lǐ.

Shèngdànjié dào le, háizi de māma shuō: "Wǒmen méi • yǒu qián mǎi shèngdàn lǐwù sònggěi wǒmen de ēnrén, jiù ràng wǒmen wéi tā qídǎo ba."

Xiǎonánháir gēnsuí māma qídǎo wánbì, xiàng māma yàole yī bǎ chǎnzi biàn pǎole chū • qù. Tā láidào yī zuò biéshù qián de huāyuán • lǐ, kāishǐ wā kēng.

Jiù zài tā kuài yào wāhǎo kēng de shíhou, cóng biéshù • lǐ zǒuchū yī gè rén · lái，wèn xiǎoháir zài gàn shénme，háizi táiqǐ mǎn shì hànzhū de liǎndànr，shuō："Jiàoliàn，Shèngdànjié dào le，wǒ méi · yǒu lǐwù sònggěi nín，wǒ yuàn gěi nín de shèngdànshù wā yī gè shùkēng.

Jiàoliàn bǎ xiǎonánháir cóng shùkēng · lǐ lā shàng · lái，shuō，wǒ jīntiān dédàole shìjiè · shàng zuìhǎo de lǐwù. Míngtiān nǐ jiù dào wǒ de xùnliànchǎng qù ba.

Sān nián hòu，zhè wèi shíqī suì de nánháir zài dì－liù jiè zúqiú jǐnbiāosài · shàng dú jìn èrshíyī qiú，wèi Bāxī dì－yī cì pěnghuíle jīnbēi. Yī gè yuánlái bù//wéi shìrén suǒ zhī de míngzi——Bèilì，suí zhī chuánbiàn shìjiè.

Jiéxuǎn zì Liú Yànmǐn《Tiāncái de Zàojiù》

作品42号——《我的母亲独一无二》

记得我十三岁时，和母亲住在法国东南部的耐斯城。母亲没有丈夫，也没有亲戚，够清苦的，但她经常能拿出令人吃惊的东西，摆在我面前。她从来不吃肉，一再说自己是素食者。然而有一天，我发现母亲正仔细地用一小块碎面包擦那给我煎牛排用的油锅。我明白了她称自己为素食者的真正原因。

我十六岁时，母亲成了耐斯市美蒙旅馆的女经理。这时，她更忙碌了。一天，她瘫在椅子上，脸色苍白，嘴唇发灰。马上找来医生，做出诊断：她摄取了过多的胰岛素。直到这时我才知道母亲多年一直对我隐瞒的疾痛——糖尿病。

她的头歪向枕头一边，痛苦地用手抓挠胸口。床架上方，则挂着一枚我一九三二年赢得耐斯市少年乒乓球冠军的银质奖章。

啊，是对我的美好前途的憧憬支撑着她活下去，为了给她那荒唐的梦至少加一点真实的色彩，我只能继续努力，与时间竞争，直至一九三八年我被征入空军。巴黎很快失陷，我辗转调到英国皇家空军。刚到英国就接到了母亲的来信。这些信是由在瑞士的一个朋友秘密地转到伦敦，送到我手中的。

现在我要回家了，胸前佩带着醒目的绿黑两色的解放十字绶//带，上面挂着五六枚我终身难忘的勋章，肩上还佩带着军官肩章。到达旅馆时，没有一个人跟我打招呼。原来，我母亲在三年半以前就已经离开人间了。

在她死前的几天中，她写了近二百五十封信，把这些信交给她在瑞士的朋友，请这个朋友定时寄给我。就这样，在母亲死后的三年半的时间里，我一直从她身上吸取着力量和勇气——这使我能够继续战斗到胜利那一天。

节选自［法］罗曼 加里《我的母亲独一无二》

Zuòpǐn 42 Hào

Jì · dé wǒ shísān suì shí，hé mǔ · qīn zhù zài Fǎguó dōngnánbù de Nàisī Chéng. Mǔ · qīn méi · yǒu zhàngfu，yě méi · yǒu qīnqi，gòu qīngkǔ de，dàn tā jīngcháng néng ná · chū lìng rén chījīng de dōngxi bǎi zài wǒ miànqián. Tā cónglái bù chīròu ，yīzài shuō zìjǐ shì sùshízhě. Rán'ér yǒu yī tiān，wǒ fāxiàn mǔ · qīn zhèng zǐxì de yòng yī xiǎo kuài suì miànbāo cā nà gěi wǒ jiān niúpái yòng de yóuguō. Wǒ míngbaile tā chēng zìjǐ wéi sùshízhě de zhēnzhèng yuányīn.

Wǒ shíliù suì shí，mǔ · qīn chéngle Nàisī Shì Měiméng lǚguǎn de nǚ jīnglǐ. Zhèshí，tā gèng mánglù le. Yī tiān，tā tān zài yǐzi · shàng，liǎnsè cāngbái，zuǐchún fā huī. Mǎshàng zhǎolái yīshēng，zuò · chū zhěnduàn：Tā shèqǔle guòduō de yídǎosù. Zhídào zhèshí wǒ cái zhī · dào mǔ · qīn duōnián yīzhí duì wǒ yǐnmán de jítòng——tángniàobìng.

Tā de tóu wāixiàng zhěntou yībiān，tòngkǔ de yòng shǒu zhuānao xiōngkǒu. Chuángjià shàngfāng ，zé guàzhe yī méi wǒ yī jiǔ sān èr nián yíngdé Nàisī Shì shàonián pīngpāngqiú guànjūn de yínzhì jiǎngzhāng.

À，shì duì wǒ de měihǎo qiántú de chōngjǐng zhīchēngzhe tā huó xià · qù，wèile gěi tā nà huāng · táng de mèng zhìshǎo jiā yīdiǎnr zhēnshí de sècǎi ，wǒ zhǐnéng jìxù nǔlì，yǔ shíjiān jìngzhēng ，zhízhì yī jiǔ sān bā nián wǒ bèi zhēng rù kōngjūn. Bālí hěn kuài shīxiàn ，wǒ zhǎnzhuǎn diàodào Yīngguó Huángjiā Kōngjūn. Gāng dào Yīngguó jiù jiēdàole mǔ · qīn de láixìn. Zhèxiē xìn shì yóu zài Ruìshì de yī gè péngyou mìmì de zhuǎndào Lúndūn，sòngdào wǒ shǒuzhōng de.

Xiànzài wǒ yào huíjiā le，xiōngqián pèidàizhe xǐngmù de lǜ—hēi liǎng sè de jiěfàng shízì shòu//dài，shàng · miàn guàzhe wǔ—liù méi wǒ zhōngshēn nánwàng de xūnzhāng，jiān · shàng hái pèidàizhe jūnguān jiānzhāng. Dàodá lǚguǎn shí，méi · yǒu yī gè rén gēn wǒ dǎ zhāohu. Yuánlái，wǒ mǔ · qīn zài sān nián bàn yǐqián jiù yǐ · jīng líkāi rénjiān le.

Zài tā sǐ qián de jǐ tiān zhōng，tā xiěle jìn èrbǎi wǔshí fēng xìn，bǎ zhèxiē xìn jiāogěi tā zài Ruìshì de péngyou，qǐng zhège péngyou dìngshí jì gěi wǒ. Jiù zhèyàng, zài mǔ·qīn sǐ hòu de sān nián bàn de shíjiān·lǐ, wǒ yīzhí cóng tā shēn·shàng xīqǔzhe lì·liàng hé yǒngqì——zhè shǐ wǒ nénggòu jìxù zhàndòu dào shènglì nà yī tiān.

Jiéxuǎn zì [Fǎ] Luómàn Jiālǐ《Wǒ de Mǔ·qīn Dúyīwǔ'èr》

作品43号——《我的信念》

生活对于任何人都非易事，我们必须有坚韧不拔的精神。最要紧的，还是我们自己要有信心。我们必须相信，我们对每一件事情都具有天赋的才能，并且，无论付出任何代价，都要把这件事完成。当事情结束的时候，你要能问心无愧地说："我已经尽我所能了。"

有一年的春天，我因病被迫在家里休息数周。我注视着我的女儿们所养的蚕正在结茧，这使我很感兴趣。望着这些蚕执著地、勤奋地工作，我感到我和它们非常相似。像它们一样，我总是耐心地把自己的努力集中在一个目标上。我之所以如此，或许是因为有某种力量在鞭策着我——正如蚕被鞭策着去结茧一般。

近五十年来，我致力于科学研究，而研究，就是对真理的探讨。我有许多美好快乐的记忆。少女时期我在巴黎大学，孤独地过着求学的岁月；在后来献身科学的整个时期，我丈夫和我专心致志，像在梦幻中一般，坐在简陋的书房里艰辛地研究，后来我们就在那里发现了镭。

我永远追求安静的工作和简单的家庭生活。为了实现这个理想，我竭力保持宁静的环境，以免受人事的干扰和盛名的拖累。

我深信，在科学方面我们有对事业而不是//对财富的兴趣。我的惟一奢望是在一个自由国家中，以一个自由学者的身份从事研究工作。

我一直沉醉于世界的优美之中，我所热爱的科学也不断增加它崭新的远景。我认定科学本身就具有伟大的美。

节选自[波兰]玛丽·居里《我的信念》，剑捷译

Zuòpǐn 43 Hào

Shēnghuó duìyú rènhé rén dōu fēi yì shì, wǒmen bìxū yǒu jiānrèn-bùbá de jīngshén. Zuì yàojǐn de, háishì wǒmen zìjǐ yào yǒu xìnxīn. Wǒmen bìxū xiāngxìn, wǒmen duì měi yī jiàn shìqing dōu jùyǒu tiānfù de cáinéng, bìngqiě, wúlùn fùchū rènhé dàijià, dōu yào bǎ zhè jiàn shì wánchéng. Dāng shìqing jiéshù de shíhou, nǐ yào néng wènxīn-wúkuì de shuō: "Wǒ yǐ·jīng jìn wǒ suǒ néng le."

Yǒu yī nián de chūntiān, wǒ yīn bìng bèipò zài jiā · lǐ xiūxi shù zhōu. Wǒ zhùshìzhe wǒ de nǚ'érmen suǒ yǎng de cán zhèngzài jié jiǎn, zhè shǐ wǒ hěn gǎn xìngqù. Wàngzhe zhèxiē cán zhízhuó de、qínfèn de gōngzuò, wǒ gǎndào wǒ hé tāmen fēicháng xiāngsì. Xiàng tāmen yīyàng, wǒ zǒngshì nài xīn de bǎ zìjǐ de nǔlì jízhōng zài yī gè mùbiāo · shàng. Wǒ zhīsuǒyǐ rúcǐ, huòxǔ shì yīn · wèi yǒu mǒu zhǒng lì · liàng zài biāncèzhe wǒ——zhèng rú cán bèi biāncèzhe qù jié jiǎn yībān.

Jìn wǔshí nián lái, wǒ zhìlìyú kēxué yánjiū, ér yánjiū, jiùshì duì zhēnlǐ de tàntǎo. Wǒ yǒu xǔduō měihǎo kuàilè de jìyì. Shàonǚ shíqī wǒ zài Bālí Dàxué, gūdú de guòzhe qiúxué de suìyuè; zài hòulái xiànshēn kēxué de zhěnggè shíqī, wǒ zhàngfu hé wǒ zhuānxīn—zhìzhì, xiàng zài mènghuàn zhōng yībān, zuò zài jiǎnlòu de shūfáng · lǐ jiānxīn de yánjiū, hòulái wǒmen jiù zài nà · lǐ fāxiàn le léi.

Wǒ yǒngyuǎn zhuīqiú ānjìng de gōngzuò hé jiǎndān de jiātíng shēnghuó. Wèile shíxiàn zhège lǐxiǎng, wǒ jiélì bǎochí níngjìng de huánjìng, yǐmiǎn shòu rénshì de gānrǎo hé shèngmíng de tuōlěi.

Wǒ shēnxìn, zài kēxué fāngmiàn wǒmen yǒu duì shìyè ér bù shì//duì cáifù de xìngqù. Wǒ de wéiyī shēwàng shì zài yī gè zìyóu guójiā zhōng, yǐ yī gè zìyóu xuézhě de shēn · fèn cóngshì yánjiū gōngzuò.

Wǒ yīzhí chénzuì yú shìjiè de yōuměi zhīzhōng, wǒ suǒ rè'ài de kēxué yě bùduàn zēngjiā tā zhǎnxīn de yuǎnjǐng. Wǒ rèndìng kēxué běnshēn jiù jùyǒu wěidà de měi.

Jiéxuǎn zì [Bōlán] Mǎlì Jūlǐ《Wǒ de Xìnniàn》, Jiàn Jié yì

作品 44 号——《我为什么当教师》

我为什么非要教书不可？是因为我喜欢当教师的时间安排表和生活节奏。七、八、九三个月给我提供了进行回顾、研究、写作的良机，并将三者有机融合，而善于回顾、研究和总结正是优秀教师素质中不可缺少的成分。

干这行给了我多种多样的“甘泉”去品尝，找优秀的书籍去研读，到“象牙塔”和实际世界里去发现。教学工作给我提供了继续学习的时间保证，以及多种途径、机遇和挑战。

然而，我爱这一行的真正原因，是爱我的学生。学生们在我的眼前成长、变化。当教师意味着亲历“创造”过程的发生——恰似亲手赋予一团泥土以生命，没有什么比目睹它开始呼吸更激动人心的了。

权利我也有了：我有权利去启发诱导，去激发智慧的火花，去问费心思考的问题，去赞扬回答的尝试，去推荐书籍，去指点迷津。还有什么别的权利能与之相比呢？

而且，教书还给我金钱和权利之外的东西，那就是爱心。不仅有对学生的爱，对书籍的爱，对知识的爱，还有教师才能感受到的对“特别”学生的爱。这些学生，有如冥顽不灵的泥块，由于接受了老师的炽爱才勃发了生机。

所以，我爱教书，还因为，在那些勃发生机的“特//别”学生身上，我有时发现自己和他们呼吸相通，忧乐与共。

节选自［美］彼得 基 贝得勒《我为什么当教师》

Zuòpǐn 44 Hào

Wǒ wèishénme fēi yào jiāoshū bùkě? Shì yīn • wèi wǒ xǐhuan dāng jiàoshī de shíjiān ānpáibiǎo hé shēnghuó jiézòu. Qī、bā、jiǔ sān gè yuè gěi wǒ tígōngle jìnxíng huígù、yánjiū、xiězuò de liángjī，bìng jiāng sānzhě yǒujī rónghé，ér shànyú huígù、yánjiū hé zǒngjié zhèngshì yōuxiù jiàoshī sùzhì zhōng bùkě quēshǎo de chéng • fèn.

Gàn zhè háng gěile wǒ duōzhǒng－duōyàng de “gānquán” qù pǐncháng，zhǎo yōuxiù de shūjí qù yándú，dào “xiàngyátǎ” hé shíjì shìjiè • lǐ qù fāxiàn. Jiàoxué gōngzuò gěi wǒ tígōngle jìxù xuéxí de shíjiān bǎozhèng，yǐjí duōzhǒng tújìng、jīyù hé tiǎozhàn.

Rán′ér，wǒ ài zhè yī háng de zhēnzhèng yuányīn，shì ài wǒ de xuésheng. Xuéshengmen zài wǒ de yǎnqián chéngzhǎng、biànhuà. Dāng jiàoshī yìwèizhe qīnlì “chuàngzào” guòchéng de fāshēng——qiàsì qīnshǒu fùyǔ yī tuán nítǔ yǐ shēngmìng，méi • yǒu shénme bǐ mùdǔ tā kāishǐ hūxī gèng jīdòng rénxīn de le.

Quánlì wǒ yě yǒu le：Wǒ yǒu quánlì qù qǐfā yòudǎo，qù jīfā zhìhuì de huǒhuā，qù wèn fèixīn sīkǎo de wèntí，qù zànyáng huídá de chángshì，qù tuījiàn shūjí，qù zhǐdiǎn míjīn. Háiyǒu shénme biéde quánlì néng yǔ zhī xiāng bǐ ne?

Erqiě，jiāoshū hái gěi wǒ jīnqián hé quánlì zhīwài de dōngxi，nà jiùshì àixīn. Bùjǐn yǒu duì xuésheng de ài，duì shūjí de ài，duì zhīshi de ài，háiyǒu jiàoshī cái néng gǎnshòudào de duì “tèbié” xuésheng de ài.

Zhèxiē xuésheng, yǒurú míngwán—bùlíng de níkuài, yóu yú jiēshòule lǎoshī de chì'ài cái bófāle shēngjī.

Suǒyǐ, wǒ ài jiāoshū, hái yīn · wèi, zài nàxiē bófā shēngjī de "tè//bié" xuésheng shēn · shàng, wǒ yǒushí fāxiàn zìjǐ hé tāmen hūxī xiāngtōng, yōulè yǔ gòng.

Jiéxuǎn zì [Měi] Bǐdé Jī Bèidélè《Wǒ Wèishénme Dāng Jiàoshī》

作品 45 号——《西部文化和西部开发》

中国西部我们通常是指黄河与秦岭相连一线以西，包括西北和西南的十二个省、市、自治区。这块广袤的土地面积为五百四十六万平方公里，占国土总面积的百分之五十七；人口二点八亿，占全国总人口的百分之二十三。

西部是华夏文明的源头。华夏祖先的脚步是顺着水边走的：长江上游出土过元谋人牙齿化石，距今约一百七十万年；黄河中游出土过蓝田人头盖骨，距今约七十万年。这两处古人类都比距今约五十万年的北京猿人资格更老。

西部地区是华夏文明的重要发源地，秦皇汉武以后，东西方文化在这里交汇融合，从而有了丝绸之路的驼铃声声，佛院深寺的暮鼓晨钟。敦煌莫高窟是世界文化史上的一个奇迹，它在继承汉晋艺术传统的基础上，形成了自己兼收并蓄的恢宏气度，展现出精美绝伦的艺术形式和博大精深的文化内涵。秦始皇兵马俑、西夏王陵、楼兰古国、布达拉宫、三星堆、大足石刻等历史文化遗产，同样为世界所瞩目，成为中华文化重要的象征。

西部地区又是少数民族及其文化的集萃地，几乎包括了我国所有的少数民族。在一些偏远的少数民族地区，仍保留//了一些久远时代的艺术品种，成为珍贵的"活化石"，如纳西古乐、戏曲、剪纸、刺绣、岩画等民间艺术和宗教艺术。特色鲜明、丰富多彩，犹如一个巨大的民族民间文化艺术宝库。

我们要充分重视和利用这些得天独厚的资源优势，建立良好的民族民间文化生态环境，为西部大开发做出贡献。

节选自《中考语文课外阅读试题精选》中《西部文化和西部开发》

Zuòpǐn 45 Hào

Zhōngguó xībù wǒmen tōngcháng shì zhǐ Huánghé yǔ Qín Lǐng xiānglián yī xiàn yǐxī, bāokuò xīběi hé xīnán de shí'èr gè shěng、shì、 zìzhìqū. Zhè kuài guǎngmào de tǔdì miànjī wéi wǔbǎi sìshíliù wàn píngfāng gōnglǐ，zhàn guótǔ zǒng miànjī de bǎi fēn zhī wǔshíqī；rénkǒu èr diǎn bā yì，zhàn quánguó zǒng rénkǒu de bǎi fēn zhī èrshísān.

Xībù shì Huáxià wénmíng de yuántóu. Huáxià zǔxiān de jiǎobù shì shùnzhe shuǐbiān zǒu de；Cháng Jiāng shàngyóu chūtǔguo Yuánmóurén yáchǐ huàshí，jù jīn yuē yībǎi qīshí wàn nián；Huáng Hé zhōngyóu chūtǔguo Lántiánrén tóugàigǔ，jù jīn yuē qīshí wàn nián. Zhè liǎng chù gǔ rénlèi dōu bǐ jù jīn yuē wǔshí wàn nián de Běijīng yuánrén zī · gé gèng lǎo.

Xībù dìqū shì Huá Xià wénmíng de zhòngyào fāyuándì. Qínhuáng Hànwǔ yǐhòu，dōng—xīfāng wénhuà zài zhè · lǐ jiāohuì rónghé，cóng'ér yǒule sīchóu zhī lù de tuólíng shēngshēng，fó yuàn shēn sì de mùgǔ—chénzhōng. Dūnhuáng Mògāokū shì shìjiè wénhuàshǐ · shàng de yī gè qíjì，tā zài jìchéng Hàn Jìn yìshù chuántǒng de jīchǔ · shàng，xíngchéngle zìjǐ jiānshōu—bìngxù de huīhóng qìdù，zhǎnxiànchū jīngměi — juélún de yìshù xíngshì hé bódà jīngshēn de wénhuà nèihán. Qínshǐhuáng Bīngmǎyǒng、Xīxià wánglíng、Lóulán gǔguó、Bùdálāgōng、Sānxīngduī、Dàzú shíkè děng lìshǐ wénhuà yíchǎn，tóngyàng wéi shìjiè suǒ zhǔmù，chéngwéi zhōnghuá wénhuà zhòngyào de xiàngzhēng.

Xībù dìqū yòu shì shǎoshù mínzú jíqí wénhuà de jícuìdì，jīhū bāokuòle wǒguó suǒyǒu de shǎoshù mínzú. Zài yīxiē piānyuǎn de shǎoshù mínzú dìqū，réng bǎoliú//le yīxiē jiǔyuǎn shídài de yìshù pǐnzhǒng，chéngwéi zhēnguì de “huó huàshí”，rú Nàxī gǔyuè、xìqǔ、jiǎnzhǐ、cìxiù、yánhuà děng mínjiān yìshù hé zōngjiào yìshù. Tèsè xiānmíng、fēngfù—duōcǎi，yóurú yī gè jùdà de mínzú mínjiān wénhuà yìshù bǎokù.

Wǒmen yào chōngfèn zhòngshì hé lìyòng zhèxiē détiān—dúhòu de zīyuán yōushì，jiànlì liánghǎo de mínzú mínjiān wénhuà shēngtài huánjìng，wèi xībù dà kāifā zuòchū gòngxiàn.

Jiéxuǎn zì《Zhōngkǎo Yǔwén Kèwài Yuèdú Shìtí Jīngxuǎn》zhōng《Xībù Wénhuà hé Xībù Kāifā》

作品 46 号——《喜悦》

高兴，这是一种具体的被看得到摸得着的事物所唤起的情绪。它是心理的，更是生理的。它容易来也容易去，谁也不应该对它视而不见失之交臂，谁也不应该总是做那些使自己不高兴也使旁人不高兴的事。让我们说一件最容易做也最令人高兴的事吧，尊重你自己，也尊重别人，这是每一个人的权利，我还要说这是每一个人的义务。

快乐，它是一种富有概括性的生存状态、工作状态。它几乎是先验的，它来自生命本身的活力，来自宇宙、地球和人间的吸引，它是世界的丰富、绚丽、阔大、悠久的体现。快乐还是一种力量，是埋在地下的根脉。消灭一个人的快乐比挖掘掉一棵大树的根要难得多。

欢欣，这是一种青春的、诗意的情感。它来自面向着未来伸开双臂奔跑的冲力，它来自一种轻松而又神秘、朦胧而又隐秘的激动，它是激情即将到来的预兆，它又是大雨过后的比下雨还要美妙得多也久远得多的回味……

喜悦，它是一种带有形而上色彩的修养和境界。与其说它是一种情绪，不如说它是一种智慧、一种超拔、一种悲天悯人的宽容和理解，一种饱经沧桑的充实和自信，一种光明的理性，一种坚定//的成熟，一种战胜了烦恼和庸俗的清明澄澈。它是一潭清水，它是一抹朝霞，它是无边的平原，它是沉默的地平线。多一点儿、再多一点儿喜悦吧，它是翅膀，也是归巢。它是一杯美酒，也是一朵永远开不败的莲花。

节选自王蒙《喜悦》

Zuòpǐn 46 Hào

Gāoxìng，zhè shì yī zhǒng jùtǐ de bèi kàndedào mōdezháo de shìwù suǒ huànqǐ de qíng • xù. Tā shì xīnlǐ de，gèng shì shēnglǐ de. Tā róng • yì lái yě róng • yì qù，shéi yě bù yīnggāi duì tā shì'érbùjiàn shīzhījiāobì，shéi yě bù yīnggāi zǒngshì zuò nàxiē shǐ zìjǐ bù gāoxìng yě shǐ pángrén bù gāoxìng de shì. Ràng wǒmen shuō yī jiàn zuì róng • yì zuò yě zuì lìng rén gāoxìng de shì ba，zūnzhòng nǐ zìjǐ，yě zūnzhòng bié • rén，zhè shì měi yī gè rén de quánlì，wǒ háiyào shuō zhè shì měi yī gè rén de yìwù.

Kuàilè，tā shì yī zhǒng fùyǒu gàikuòxìng de shēngcún zhuàngtài、gōngzuò zhuàngtài. Tā jīhū shì xiānyàn de，tā láizì shēngmìng běnshēn de huólì，láizì yǔzhòu、dìqiú hé rénjiān de xīyǐn，tā shì shìjiè de fēngfù、xuànlì、kuòdà、yōujiǔ de tǐxiàn. Kuàilè háishì yī zhǒng lì · liàng，shì mái zài dìxià de gēnmài. Xiāomiè yī gè rén de kuàilè bǐ wājué diào yī kē dàshù de gēn yào nán de duō.

Huānxīn，zhè shì yī zhǒng qīngchūn de、shīyì de qínggǎn. Tā láizì miànxiàngzhe wèilái shēnkāi shuāngbì bēnpǎo de chōnglì，tā láizì yī zhǒng qīngsōng ér yòu shénmì、ménglóng ér yòu yǐnmì de jīdòng，tā shì jīqíng jíjiāng dàolái de yùzhào，tā yòu shì dàyǔ gòuhòu de bǐ xiàyǔ háiyào měimiào de duō yě jiǔyuǎn dé duō de huíwèi……

Xǐyuè，tā shì yī zhǒng dàiyǒu xíng ér shàng sècǎi de xiūyǎng hé jìngjiè. Yǔqí shuō tā shì yī zhǒng qíng · xù，bùrú shuō tā shì yī zhǒng zhìhuì、yī zhǒng chāobá、yī zhǒng bēitiān—mǐnrén de kuānróng hé lǐjiě，yī zhǒng bǎojīng—cāngsāng de chōngshí hé zìxìn，yī zhǒng guāngmíng de lǐxìng，yī zhǒng jiāndìng//de chéngshú，yī zhǒng zhànshèngle fánnǎo hé yōngsú de qīngmíng chéngchè. Tā shì yī tán qīngshuǐ，tā shì yī mò zhāoxiá，tā shì wúbiān de píngyuán，tā shì chénmò de dìpíngxiàn. Duō yīdiǎnr，zài duō yīdiǎnr xǐyuè ba，tā shì chìbǎng，yě shì guīcháo. Tā shì yī bēi měijiǔ，yě shì yī duǒ yǒngyuǎn kāi bù bài de liánhuā.

Jiéxuǎn zì Wáng Méng《Xǐyuè》

作品47号——《香港：最贵的一棵树》

在湾仔，香港最热闹的地方，有一棵榕树，它是最贵的一棵树，不光在香港，在全世界，都是最贵的。

树，活的树，又不卖何言其贵？只因它老，它粗，是香港百年沧桑的活见证，香港人不忍看着它被砍伐，或者被移走，便跟要占用这片山坡的建筑者谈条件：可以在这儿建大楼盖商厦，但一不准砍树，二不准挪树，必须把它原地精心养起来，成为香港闹市中的一景。太古大厦的建设者最后签了合同，占用这个大山坡建豪华商厦的先决条件是同意保护这棵老树。

树长在半山坡上，计划将树下面的成千上万吨山石全部掏空取走，腾出地方来盖楼，把树架在大楼上面，仿佛它原本是长在楼顶上似的。建设者就地造了一个直径十八米、深十米的大花盆，先固定好这棵老树，再在大花盆底下盖楼。光这一项就花了两千三百八十九万港币，堪称是最昂贵的保护措施了。

太古大厦落成之后，人们可以乘滚动扶梯一次到位，来到太古大厦的顶层，出后门，那儿是一片自然景色。一棵大树出现在人们面前，树干有一米半粗，树冠直径足有二十多米，独木成林，非常壮观，形成一座以它为中心的小公园，取名叫"榕圃"。树前面 // 插着铜牌，说明原由。此情此景，如不看铜牌的说明，绝对想不到巨树根底下还有一座宏伟的现代大楼。

节选自舒乙《香港：最贵的一棵树》

Zuòpǐn 47 Hào

Zài Wānzǎi，Xiānggǎng zuì rènao de dìfang，yǒu yī kē róngshù，tā shì zuì guì de yī kē shù bùguāng zài Xiānggǎng，zài quánshìjiè，dōu shì zuì guì de.

Shù，huó de shù，yòu bù mài hé yán qí guì? Zhǐyīn tā lǎo，tā cū，shì Xiānggǎng bǎinián cāngsāng de huó jiànzhèng，Xiānggǎngrén bùrěn kànzhe tā bèi kǎnfá，huòzhě bèi yízǒu，biàn gēn yào zhànyòng zhè piàn shānpō de jiànzhùzhě tán tiáojiàn：Kěyǐ zài zhèr jiàn dàlóu gài shāngshà，dàn yī bùzhǔn kǎn shù，èr bùzhǔn nuó shù，bìxū bǎ tā yuándì jīngxīn yǎng qǐ·lái，chéngwéi Xiānggǎng nàoshì zhōng de yī jǐng. Tàigǔ Dàshà de jiànshèzhě zuìhòu qiānle hétong，zhànyòng zhège dà shānpō jiàn háohuá shāngshà de xiānjué tiáojiàn shì tóngyì bǎohù zhè kē lǎoshù.

Shù zhǎng zài bànshānpō·shàng，jìhuà jiāng shù xià·miàn de chéngqiān－shàngwàn dūn shānshí quánbù tāokōng qǔzǒu，téngchū dìfang·lái gài lóu，bǎ shù jià zài dàlóu shàng·miàn，fǎngfú tā yuánběn shì zhǎng zài lóudǐng·shàng shìde.

Jiànshèzhě jiùdì zàole yī gè zhíjìng shíbā mǐ、shēn shí mǐ de dà huāpén，xiān gùdìng hǎo zhè kē lǎoshù，zài zài dà huāpén dǐ·xià gài lóu. Guāng zhè yī shǒu jiù huāle liǎngqiān sānbǎi bāshíjiǔ wàn gǎngbì，kānchēng shì zuì ángguì de bǎohù cuòshī le.

Tàigǔ Dàshà luòchéng zhīhòu，rénmen kěyǐ chéng gǔndòng fútī yī cì dàowèi，láidào Tàigǔ Dàshà de dǐngcéng，chū hòumén，nàr shì yī piàn zìrán jǐngsè. Yī kē dàshù chūxiàn zài rénmen miànqián，shùgàn yǒu yī mǐ bàn cū，shūguān zhíjìng zú yǒu èrshí duō mǐ，dúmù－chénglín，fēicháng zhuàngguān，xíngchéng yī zuò yǐ tā wéi zhōngxīn de xiǎo gōngyuán，qǔ míng jiào "róngpǔ". Shù qián · miàn//chāzhe tóngpái，shuōmíng yuányóu. Cǐqíng cǐjǐng，rú bù kàn tóngpái de shuōmíng，juéduì xiǎng · bùdào jùshùgēn dǐ · xià háiyǒu yī zuò hóngwěi de xiàndài dàlóu.

Jiéxuǎn zì Shū Yǐ《Xiānggǎng：Zuì guì de Yī kē Shù》

作品48号——《鸟的天堂》

我们的船渐渐地逼近榕树了：我有机会看清它的真面目：是一棵大树，有数不清的丫枝，枝上又生根，有许多根一直垂到地上，伸进泥土里。一部分树枝垂到水面，从远处看，就像一棵大树斜躺在水面上一样。

现在正是枝繁叶茂的时节。这棵榕树好像在把它的全部生命力展示给我们看。那么多的绿叶，一簇堆在另一簇的上面，不留一点儿缝隙。翠绿的颜色明亮地在我们的眼前闪耀，似乎每一片树叶上都有一个新的生命在颤动，这美丽的南国的树！

船在树下泊了片刻，岸上很湿，我们没有上去。朋友说这里是"鸟的天堂"，有许多鸟在这棵树上做窝，农民不许人去捉它们。我仿佛听见几只鸟扑翅的声音，但是等到我的眼睛注意地看那里时，我却看不见一只鸟的影子，只有无数的树根立在地上，像许多根木桩。地是湿的，大概涨潮时河水常常冲上岸去。"鸟的天堂"里没有一只鸟，我这样想到。船开了，一个朋友拨着船，缓缓地流到河中间去。

第二天，我们划着船到一个朋友的家乡去，就是那个有山有塔的地方。从学校出发，我们又经过那"鸟的天堂"。

这一次是在早晨，阳光照在水面上，也照在树梢上。一切都//显得非常光明。我们的船也在树下泊了片刻。

起初四周围非常清静。后来忽然起了一声鸟叫。我们把手一拍，便看见一只大鸟飞了起来，接着又看见第二只，第三只。我们继续拍掌，很快地这个树林就变得很热闹了。到处都是鸟声，到处都是鸟影。大的，小的，花的，黑的，有的站在枝上叫，有的飞起来，在扑翅膀。

节选自巴金《小鸟的天堂》

Zuòpǐn 48 Hào

Wǒmen de chuán jiànjiàn de bījìn róngshù le. Wǒ yǒu jī · huì kànqīng tā de zhēn miànmù：Shì yī kē dàshù，yǒu shǔ · bùqīng de yāzhī，zhī · shàng yòu shēnggēn，yǒu xǔduō gēn yīzhí chuídào dì ·

shàng, shēnjìn nítǔ • lǐ. Yī bùfēn shùzhī chuídào shuǐmiàn, cóng yuǎnchǔ kàn, jiù xiàng yī kē dàshù xié tǎng zài shuǐmiàn • shàng yīyàng.

Xiànzài zhèngshì zhīfán—yèmào de shíjié. Zhè kē róngshù hǎoxiàng zài bǎ tā de quánbù shēngmìnglì zhǎnshì gěi wǒmen kàn. Nàme duō de lǜ yè, yī cù duī zài lìng yī cù de shàng • miàn, bù liú yīdiǎnr fèngxì. Cuìlǜ de yánsè míngliàng de zài wǒmen de yǎnqián shǎnyào, sìhū měi yī piàn shùyè • shàng dōu yǒu yī gè xīn de shēngmìng zài chàndòng, zhè měilì de nánguó de shù!

Chuán zài shù • xià bóle piànkè, àn • shàng hěn shī, wǒmen méi • yǒu shàng • qù. Péngyou shuō zhèlǐ shì "niǎo de tiāntáng", yǒu xǔduō niǎo zài zhè kē shù • shàng zuò wō, nóngmín bùxǔ rén qù zhuō tāmen. Wǒ fǎngfú tīng • jiàn jǐ zhī niǎo pū chì de shēngyīn, dànshì děngdào wǒ de yǎnjing zhùyì de kàn nà • lǐ shí, wǒ què kàn • bùjiàn yī zhī niǎo de yǐngzi. Zhǐyǒu wúshù de shùgēn lì zài dì • shàng, xiàng xǔduō gēn mùzhuāng. Dì shì shī de, dàgài zhǎngcháo shí héshuǐ chángcháng chōng • shàng àn • qù. "Niǎo de tiāntáng" • lǐ méi • yǒu yī zhī niǎo, wǒ zhèyàng xiǎngdào. Chuán kāi le, yī gè péngyou bōzhe chuán, huǎnhuǎn de liúdào hé zhōngjiān qù.

Dì—èr tiān, wǒmen huázhe chuán dào yī gè péngyou de jiāxiāng qù, jiùshì nàgè yǒu shān yǒu tǎ de dìfang. Cóng xuéxiào chūfā, wǒmen yòu jīngguò nà "niǎo de tiāntáng".

Zhè yī cì shì zài zǎo • chén, yángguāng zhào zài shuǐmiàn • shàng, yě zhào zài shùshāo • shàng. Yīqiē dōu//xiǎn • dé fēicháng guāngmíng. Wǒmen de chuán yě zài shù • xià bóle piànkè.

Qǐchū sì zhōuwéi fēicháng qīngjìng. Hòulái hūrán qǐle yī shēng niǎojiào. Wǒmen bǎ shǒu yī pāi, biàn kàn • jiàn yī zhī dàniǎo fēile qǐ • lái, jiēzhe yòu kàn • jiàn dì — èr zhī, dì — sān zhī. Wǒmen jìxù pāizhǎng, hěn kuài de zhège shùlín jiù biàn de hěn rènao le. Dàochùdōu shì niǎo shēng, dào chùdōu shì niǎo yǐng. Dà de, xiǎo de, huā de, hēi de, yǒude zhàn zài zhī • shàng jiào, yǒude fēi qǐ • lái, zài pū chìbǎng.

Jiéxuǎn zì Bā Jīn《Xiǎoniǎo de Tiāntáng》

作品 49 号——《野草》

有这样一个故事。

有人问：世界上什么东西的气力最大？回答纷纭得很，有的说"象"，有的说"狮"，有人开玩笑似的说：是"金刚"，金刚有多少气力，当然大家全不知道。

结果，这一切答案完全不对，世界上气力最大的，是植物的种子。一粒种子所可以显现出来的力，简直是超越一切。

人的头盖骨，结合得非常致密与坚固，生理学家和解剖学者用尽了一切的方法，要把它完整地分出来，都没有这种力气。后来忽然有人发明了一个方法，就是把一些植物的种子放在要剖析的头盖骨里，给它以温度与湿度，使它发芽。一发芽，这些种子便以可怕的力量，将一切机械力所不能分开的骨骼，完整地分开了。植物种子的力量之大，如此如此。

这，也许特殊了一点儿，常人不容易理解。那么，你看见过笋的成长吗？你看见过被压在瓦砾和石块下面的一棵小草的生长吗？它为着向往阳光，为着达成它的生之意志，不管上面的石块如何重，石与石之间如何狭，它必定要曲曲折折地，但是顽强不屈地透到地面上来。它的根往土壤钻，它的芽往地面挺，这是一种不可抗拒的力，阻止它的石块，结果也被它掀翻，一粒种子的力量之大，// 如此如此。

没有一个人将小草叫做"大力士"，但是它的力量之大，的确是世界无比。这种力是一般人看不见的生命力。只要生命存在，这种力就要显现。上面的石块，丝毫不足以阻挡。因为它是一种"长期抗战"的力；有弹性，能屈能伸的力；有韧性，不达目的不止的力。

节选自夏衍《野草》

Zuòpǐn 49 Hào

Yǒu zhèyàng yī gè gùshì.

Yǒu rén wèn：Shìjiè · shàng shénme dōngxi de qìlì zuì dà? Huídá fēnyún de hěn，yǒude shuō "xiàng"，yǒude shuō "shī"，yǒu rén kāi wánxiào shìde shuō：shì "Jīngāng"，Jīngāng yǒu duō · shǎo qìlì，dāngrán dàjiā quán bù zhī · dào.

Jiéguǒ，zhè yīqiè dá'àn wánquán bù duì，shìjiè · shàng qìlì zuì dà de，shì zhíwù de zhǒngzi. Yī lì zhǒngzi suǒ kěyǐ xiǎnxiàn chū · lái de lì，jiǎnzhí shì chāoyuè yīqiē.

Rén de tóugàigǔ, jiéhé de fēicháng zhìmì yǔ jiāngù, shēnglǐxuéjiā hé jiěpōuxuézhě yòngjìnle yīqiè de fāngfǎ, yào bǎ tā wánzhěng de fēn chū • lái, dōu méi • yǒu zhè zhǒng lìqì. Hòulái hūrán yǒu rén fāmíngle yī gè fāngfǎ, jiùshì bǎ yīxiē zhíwù de zhǒngzi fàng zài yào pōuxī de tóugàigǔ • lǐ, gěi tā yǐ wēndù yǔ shīdù, shǐ tā fāyá. Yī fāyá, zhèxiē zhǒngzi biàn yǐ kěpà de lì • liàng, jiāng yīqiè jīxièlì suǒ bùnéng fēnkāi de gǔgé, wánzhěng de fēnkāi le. Zhíwù zhǒngzi de lìliàng zhī dà, rúcǐ rúcǐ.

Zhè, yěxǔ tèshūle yīdiǎnr chángrén bù róng • yì lǐjiě. Nàme, nǐ kàn • jiànguo sǔn de chéngzhǎng ma? Nǐ kàn • jiànguo bèi yā zài wǎlì hé shíkuài xià • miàn de yī kē xiǎocǎo de shēngzhǎng ma? Tā wèizhe xiàngwǎng yángguāng, wèizhe dáchéng tā de shēng zhī yìzhì, bùguǎn shàng • miàn de shíkuài rúhé zhòng, shí yǔ shí zhījiān rúhé xiá, tā bìdìng yào qūqū—zhézhé de, dànshì wánqiáng—bùqū de tòudào dìmiàn shàng • lái. Tā de gēn wǎng tǔrǎng zuān, tā de yáwàng dìmiàn tǐng, zhèshì yī zhǒng bùkě kàngjù de lì, zǔzhǐ tā de shíkuài, jiéguǒ yě bèi tā xiānfān, yī lì zhǒngzǐ de lì • liàng zhī dà, //rúcǐ rúcǐ.

Méi • yǒu yī gè rén jiāng xiǎo cǎo jiàozuò "dàlìshì", dànshì tā de lì • liàng zhī dà, díquè shì shìjiè wúbǐ. Zhè zhǒng lì shì yībān rén kàn • bùjiàn de shēngmìnglì. Zhǐyào shēngmìng cúnzài, zhè zhǒng lì jiù yào xiǎnxiàn. Shàng • miàn de shíkuài, sīháo bù zúyǐ zǔdǎng. Yīn • wèi tā shì yī zhǒng "chángqī kàngzhàn" de lì; yǒu tánxìng, néngqū—néngshēn de lì; yǒu rènxìng, bù dá mùdì bù zhǐ de lì.

Jiéxuǎn zì Xià Yǎn《Yěcǎo》

作品 50 号——《一分钟》

著名教育家班杰明曾经接到一个青年人的求救电话，并与那个向往成功、渴望指点的青年人约好了见面的时间和地点。

待那个青年如约而至时，班杰明的房门敞开着，眼前的景象却令青年人颇感意外——班杰明的房间里乱七八糟、狼藉一片。

没等青年人开口，班杰明就招呼道："你看我这房间，太不整洁了，请你在门外等候一分钟，我收拾一下，你再进来吧。"一边说着，班杰明就轻轻地关上了房门。

不到一分钟的时间，班杰明就又打开了房门并热情地把青年人让进客厅。这时，青年人的眼前展现出另一番景象——房间内的一切已变得井然有序，而且有两杯刚刚倒好的红酒，在淡淡的香水气息里还漾着微波。

可是，没等青年人把满腹的有关人生和事业的疑难问题向班杰明讲出来，班杰明就非常客气地说道："干杯。你可以走了。"

青年人手持酒杯一下子愣住了，既尴尬又非常遗憾地说："可是，我……我还没向您请教呢……"

"这些……难道还不够吗"班杰明一边微笑着，一边扫视着自己的房间，轻言细语地说，"你进来又有一分钟了。"

"一分钟……一分钟……"青年人若有所思地说："我懂了，您让我明白了一分钟的时间可以做许 // 多事情，可以改变许多事情的深刻道理。"

班杰明舒心地笑了。青年人把杯里的红酒一饮而尽，向班杰明连连道谢后，开心地走了。

其实，只要把握好生命的每一分钟，也就把握了理想的人生。

节选自纪广洋《一分钟》

Zuòpǐn 50 Hào

Zhùmíng jiàoyùjiā Bānjiémíng céngjīng jiēdào yī gè qīngniánrén de qiújiù diànhuà，bìng yǔ nàge xiàngwǎng chénggōng、kě wàng zhǐdiǎn de qīngniánrén yuēhǎole jiànmiàn de shíjiān hé dìdiǎn.

Dài nàge qīngniánrén rúyuē érzhì shí，Bānjiémíng de fángmén chǎngkāizhe，yǎnqián de jǐngxiàng lìng qīngniánrén pō gǎn yìwài——Bānjiémíng de fángjiān • lǐ luànqībāzāo、lángjí yī piàn.

Méi děng qīngniánrén kāikǒu，Bānjiémíng jiù zhāohu dào："Nǐ kàn wǒ zhè fángjiān，tài bù zhěngjié le，qǐng nǐ zài ménwài děnghòu yī fēnzhōng，wǒ shōushi yīxià，nǐ zài jìn • lái ba." Yībiān shuōzhe，Bānjiémíng jiù qīngqīng de guān • shàngle fángmén.

Bù dào yī fēnzhōng de shíjiān，Bānjiémíng jiù yòu dǎkāile fángmén bìng rèqíng de bǎ qīngniánrén ràngjìn kètīng. Zhèshí，qīngniánrén de yǎnqián zhǎnxiàn chū lìng yī fān jǐngxiàng——fángjiān nèi de yīqièyǐ biàn • dé jǐngrán－yǒuxù，érqiě yǒu liǎng bēi gānggāng dàohǎo de hóngjiǔ，zài dàndàn de xiāngshuǐ qìxī • lǐ hái yàngzhe wēibō.

Kěshì，méi děng qīngniánrén bǎ mǎnfù de yǒuguān rénshēng hé shìyè de yínán wèntí xiàng Bānjiémíng jiǎng chū • lái，Bānjiémíng jiù fēicháng kèqi dì shuōdào："Gānbēi. Nǐ kěyǐ zǒu le."

Qīngniánrén shǒu chí jiǔbēi yīxiàzi lèngzhù le, jì gāngà yòu fēicháng yíhàn de shuō: "Kěshì, wǒ…… wǒ hái méi xiàng nín qǐngjiào ne……"

"Zhèxiē……nándào hái bùgòu ma?" Bānjiémíng yībiān wēixiàozhe, yībiān sǎoshìzhe zìjǐ de fángjiān, qīngyán-xìyǔ de shuō, "Nǐ jìn · lái yòu yǒu yī fēnzhōng le."

"Yī fēnzhōng…… yī fēnzhōng……" Qīngniánrén ruòyǒusuǒsī de shuō: "wǒ dǒng le, nín ràng wǒ míngbaile yī fēnzhōng de shíjiān kěyǐ zuò xǔ//duō shìqíng, kěyǐ gǎibiàn xǔduō shìqing de shēnkè dào · lǐ."

Bānjiémíng shūxīn de xiào le. Qīngniánrén bǎ bēi · lǐ de hóngjiǔ yīyǐn'érjìn, xiàng Bānjiémíng liánlián dàoxiè hòu, kāixīn de zǒu le.

Qíshí, zhǐyào bǎwò hǎo shēngmìng de měi yī fēnzhōng, yě jiù bǎwòle lǐxiǎng de rénshēng.

Jiéxuǎn zì Jì Guǎngyáng《Yī Fēnzhōng》

作品 51 号——《一个美丽的故事》

有个塌鼻子的小男孩儿，因为两岁时得过脑炎，智力受损，学习起来很吃力。打个比方，别人写作文能写二三百字，他却只能写三五行。但即便这样的作文，他同样能写得很动人。

那是一次作文课，题目是《愿望》。他极其认真地想了半天，然后极认真地写，那作文极短。只有三句话：我有两个愿望，第一个是，妈妈天天笑眯眯地看着我说："你真聪明，"第二个是，老师天天笑眯眯地看着我说："你一点儿也不笨。"

于是，就是这篇作文，深深地打动了他的老师，那位妈妈式的老师不仅给了他最高分，在班上带感情地朗读了这篇作文，还一笔一画地批道：你很聪明，你的作文写得非常感人，请放心，妈妈肯定会格外喜欢你的，老师肯定会格外喜欢你的，大家肯定会格外喜欢你的。

捧着作文本，他笑了，蹦蹦跳跳地回家了，像只喜鹊。但他并没有把作文本拿给妈妈看，他是在等待，等待着一个美好的时刻。

那个时刻终于到了，是妈妈的生日——一个阳光灿烂的星期天：那天，他起得特别早，把作文本装在一个亲手做的美丽的大信封里，等着妈妈醒来。妈妈刚刚睁眼醒来，他就笑眯眯地走到妈妈跟前说："妈妈，今天是您的生日，我要//送给您一件礼物。"

果然，看着这篇作文，妈妈甜甜地涌出了两行热泪，一把搂住小男孩儿，搂得很紧很紧。

是的，智力可以受损，但爱永远不会。

节选自张玉庭《一个美丽的故事》

Zuòpǐn 51 Hào

Yǒu gè tā bízi de xiǎonánháir，yīn • wèi liǎng suì shí déguo nǎoyán，zhìlì shòu sǔn，xuéxí qǐ • lái hěn chīlì. Dǎ gè bǐfang，bié • rén xiě zuòwén néng xiě èr—sān bǎi zì，tā què zhǐnéng xiě sān—wǔ háng. Dàn jíbiàn zhèyàng de zuòwén，tā tóngyàng néng xiě de dòngrén.

Nà shì yī cì zuòwénkè，tímù shì《Yuànwàng》. Tā jíqí rènzhēn de xiǎngle bàntiān，ránhòu jí rènzhēn de xiě，nà zuòwén jí duǎn. Zhǐyǒu sān jù huà：Wǒ yǒu liǎng gè yuànwàng，dì—yī gè shì，māma tiāntiān xiàomīmī de kànzhe wǒ shuō：“Nǐ zhēn cōng • míng,” dì—èr gè shì，lǎoshī tiāntiān xiàomīmī de kànzhe wǒ shuō：“Nǐ yīdiǎnr yě bù bèn.”

Yúshì，jiùshì zhè piān zuòwén，shēnshēn de dǎdòngle tā de lǎoshī，nà wèi māma shì de lǎoshī bùjǐn gěile tā zuì gāo fēn，zài bān • shàng dài gǎnqíng de lǎngdúle zhè piān zuòwén，hái yībǐ—yīhuà de pīdào：Nǐ hěn cōng • míng，nǐ de zuòwén xiě de fēicháng gǎnrén，qǐng fàngxīn，māma kěndìng huì géwài xǐhuan nǐ de，lǎoshī kěndìng huì géwài xǐhuan nǐ de，dàjiā kěndìng huì géwài xǐhuan nǐ de.

Pěngzhe zuòwénběn，tā xiào le，bèngbèng—tiàotiào de huí jiā le，xiàng zhī xǐ • què. Dàn tā bìng méi • yǒu bǎ zuòwénběn nágěi māma kàn，tā shì zài děngdài，děngdàizhe yī gè měihǎo de shíkè.

Nàge shíkè zhōngyú dào le，shì māma de shēng • rì——yī gè yángguāng cànlàn de xīngqītiān：Nà tiān，tā qǐ dé tèbié zǎo，bǎ zuòwénběn zhuāng zài yī gè qīnshǒu zuò de měilì de dà xìnfēng • lǐ，děngzhe māma xǐng • lái. Mā ma gānggāng zhēng yǎn xǐng • lái，tā jiù xiàomīmī de zǒudào māma gēn • qián shuō：“māma，jīntiān shì nín de shēng • rì，wǒ yào//sònggěi nín yī jiàn lǐwù.”

Guǒrán，kànzhe zhè piān zuòwén，māma tiántián de yǒngchūle liǎng háng rèlèi，yī bǎ lǒuzhù xiǎonánháir，lǒudé hěn jǐn hěn jǐn.

Shìde，zhìlì kěyǐ shòu sǔn，dàn ài yǒngyuǎn bù huì.

Jiéxuǎn zì Zhāng Yùtíng《Yī gè Měilì de Gùshì》

作品 52 号——《永远的记忆》

小学的时候，有一次我们去海边远足，妈妈没有做便饭，给了我十块钱买午餐。好像走了很久，很久，终于到海边了，大家坐下来便吃饭，荒凉的海边没有商店，我一个人跑到防风林外面去，级任老师要大家把吃剩的饭菜分给我一点儿。有两三个男生留下一点儿给我，还有一个女生，她的米饭拌了酱油，很香。我吃完的时候，她笑眯眯地看着我，短头发，脸圆圆的。

她的名字叫翁香玉。

每天放学的时候，她走的是经过我们家的一条小路，带着一位比她小的男孩儿，可能是弟弟。小路边是一条清澈见底的小溪，两旁竹阴覆盖，我总是远远地跟在她后面，夏日的午后特别炎，热，走到半，路她会停下来，拿手帕在溪水里浸湿，为小男孩儿擦脸。我也在后面停下来，把肮脏的手帕弄湿了擦脸，再一路远远跟着她回家。

后来我们家搬到镇上去了，过几年我也上了中学。有一天放学回家，在火车上，看见斜对面一位短头发、圆圆脸的女孩儿，一身素净的白衣黑裙。我想她一定不认识我了。火车很快到站了，我随着人群挤向门口，她也走近了，叫我的名字。这是她第一次和我说话。

她笑眯眯的，和我一起走过月台。以后就没有再见过 // 她了。

这篇文章收在我出版的《少年心事》这本书里。

书出版后半年，有一天我忽然收到出版社转来的一封信，信封上是陌生的字迹，但清楚地写着我的本名。

信里面说她看到了这篇文章心里非常激动，没想到在离开家乡，漂泊异地这么久之后，会看见自己仍然在一个人的记忆里，她自己也深深记得这其中的每一幕，只是没想到越过 遥远的时空，竟然另一个人也深深记得。

节选自苦伶《永远的记忆》

Zuòpǐn 52 Hào

Xiǎoxué de shíhou, yǒu yī cì wǒmen qù hǎibiān yuǎnzú, māma méi · yǒu zuò biànfàn, gěile wǒ shí kuài qián mǎi wǔcān. Hǎoxiàng zǒule hěn jiǔ, hěn jiǔ, zhōngyú dào hǎibiān le, dàjiā zuò xià · lái biàn chīfàn, Huāngliáng de hǎibiān méi · yǒu shāngdiàn, wǒ yī gè rén pǎodào fángfēnglín wài · miàn qù, jírèn lǎoshī yào dàjiā bǎ chīshèng de fàncài fēngěi wǒ yīdiǎnr. Yǒu liǎng-sān gè nánshēng liú · xià yīdiǎnr gěi wǒ, hái yǒu yī gè nǚshēng, tā de mǐfàn bànle jiàngyóu, hěn xiāng.

Wǒ chīwán de shíhou，tā xiàomīmī de kànzhe wǒ，duǎn tóufa，liǎn yuányuán de.

Tā de míngzi jiào Wēng Xiāngyù.

Měi tiān fàngxué de shíhou，tā zǒu de shì jīngguò wǒmen jiā de yī tiáo xiǎolù，dàizhe yī wèi bǐ tā xiǎo de nánháir，kěnéng shì dìdi. Xiǎolù biān shì yī tiáo qīngchè jiàn dǐ de xiǎoxī，liǎngpáng zhúyīn fùgài，wǒ zǒngshì yuǎnyuǎn de gēn zài hòu・miàn. Xiàrì de wǔhòu tèbié yánrè，zǒudào bànlù tā huì tíng xià・lái，ná shǒupà zài xīshuǐ・lǐ jìnshī，wèi xiǎonánháir cā liǎn. Wǒ yě zài hòu・miàn tíng xià・lái，bǎ āngzāng de shǒupà nòngshīle cā liǎn，zài yīlù yuǎnyuǎn gēnzhe tā huíjiā.

Hòulái wǒmen jiā bāndào zhèn・shàng qù le，guò jǐ nián wǒ yě shàngle zhōngxué. Yǒu yī tiān fàngxué huíjiā，zài huǒchē・shàng，kàn・jiàn xiéduìmiàn yī wèi duǎn tóufa、yuányuán liǎn de nǚháir，yī shēn sùjing de bái yī hēi qún. Wǒ xiǎng tā yīdìng bù rènshi wǒ le. Huǒchē hěn kuài dào zhàn le，wǒ suízhe rénqún jǐ xiàng ménkǒu，tā yě zǒujìnle，jiào wǒ de míngzi. Zhè shì tā dì-yī cì hé wǒ shuōhuà.

Tā xiàomīmī de，hé wǒ yīqǐ zǒuguò yuètái. Yǐhòu jiù méi・yǒu zài jiànguo//tā le.

Zhè piān wénzhāng shōu zài wǒ chūbǎn de《Shàonián Xīnshì》zhè běn shū・lǐ.

Shū chūbǎn hòu bàn nián，yǒu yī tiān wǒ hūrán shōudào chūbǎnshè zhuǎnlái de yī fēng xìn，xìnfēng・shàng shì mòshēng de zìjì，dàn qīngchu de xiězhe wǒ běnmíng.

Xìn lǐ・miàn shuō tā kàndàole zhè piān wénzhāng xīn・lǐ fēicháng jīdòng，méi xiǎngdào zài líkāi jiāxiāng，piāobó yìdì zhème jiǔ zhīhòu，huì kàn・jiàn zìjǐ réngrán zài yī gè rén de jìyì・lǐ，tā zìjǐ yě shēnshēn jì・dé zhè qízhōng de měi yī mù，zhǐshì méi xiǎngdào yuèguo yáoyuǎn de shíkōng，jìngrán lìng yī gè rén yě shēnshēn jì・dé.

Jiéxuǎn zì Kǔ Líng《Yǒngyuǎn de Jìyì》

作品53号——《语言的魅力》

在繁华的巴黎大街的路旁，站着一个衣衫褴褛、头发斑白、双目失明的老人。他不像其他乞丐那样伸手向过路行人乞讨，而是在身旁立一块木牌，上面写着："我什么也看不见！"街上过往的行人很多，看了木牌上的字都无动于衷，有的还淡淡一笑，便姗姗而去了。

这天中午，法国著名诗人让 彼浩勒也经过这里。他看看木牌上的字，问盲老人："老人家，今天上午有人给你钱吗？"

盲老人叹息着回答："我，我什么也没有得到。"说着，脸上的神情非常悲伤。

让 彼浩勒听了，拿起笔悄悄地在那行字的前面添上了"春天到了，可是"几个字，就匆匆地离开了。

晚上，让 彼浩勒又经过这里，问那个盲老人下午的情况。盲老人笑着回答说："先生，不知为什么，下午给我钱的人多极了！"让 彼浩勒听了，摸着胡子满意地笑了。

"春天到了，可是我什么也看不见！"这富有诗意的语言，产生这么大的作用，就在于它有非常浓厚的感情色彩。是的，春天是美好的，那蓝天白云，那绿树红花，那莺歌燕舞，那流水人家，怎么不叫人陶醉呢？但这良辰美景，对于一个双目失明的人来说，只是一片漆黑。当人们想到这个盲老人，一生中竟连万紫千红的春天//都不曾看到，怎能不对他产生同情之心呢？

节选自小学《语文》第六册中《语言的魅力》

Zuòpǐn 53 Hào

Zài fánhuá de Bālí dàjiē de lùpáng, zhànzhe yī gè yīshān lánlǚ、tóufa bānbái、shuāngmù shīmíng de lǎorén. Tā bù xiàng qítā qǐgài nàyàng shēnshǒu xiàng guòlù xíngrén qǐtǎo, ér shì zài shēnpáng lì yī kuài mùpái, shàng · miàn xiězhe:"Wǒ shénme yě kàn · bùjiàn!" Jiē · shàng guòwǎng de xíngrén hěn duō, kànle mùpái · shàng de zì dōu wúdòngyúzhōng, yǒude hái dàndàn yī xiào, biàn shānshān ér qù le.

Zhè tiān zhōngwǔ, Fǎguó zhùmíng shīrén Ràng Bǐhàolè yě jīngguò zhè · lǐ. Tā kànkan mùpái · shàng de zì, wèn máng lǎorén:"Lǎo · rén · jiā, jīntiān shàngwǔ yǒu rén gěi nǐ qián ma?"

Máng lǎorén tànxīzhe huídá:"Wǒ, wǒ shénme yě méi · yǒu dédào." Shuōzhe, liǎn · shàng de shénqíng fēicháng bēishāng.

Ràng Bǐhàolè tīng le, náqǐ bǐ qiāoqiāo de zài nà háng zì de qián · miàn tiān · shàngle "chūntiān dào le, kěshì" jǐ gè zì, jiù cōngcōng dì líkāi le.

Wǎnshàng，Ràng Bǐhàolè yòu jīngguò zhè · lǐ，wèn nàge máng lǎorén xiàwǔ de qíngkuàng. Máng lǎorén xiàozhe huídá shuō："Xiānsheng，bù zhī wèishénme，xiàwǔ gěi wǒ qián de rén duō jí le!" Ràng Bǐhàolè tīng le，mōzhe húzi mǎnyì de xiào le.

"Chūntiān dào le，kěshì wǒ shénme yě kàn · bù jiàn!" Zhè fùyǒu shīyì de yǔyán，chǎnshēng zhème dà de zuòyòng，jiù zàiyú tā yǒu fēicháng nónghòu de gǎnqíng sècǎi. Shìde，chūntiān shì měihǎo de，nà lántiān báiyún，nà lǜshù hónghuā，nà yīnggē — yànwǔ，nà liúshuǐ rénjiā，zěnme bù jiào rén táozuì ne? Dàn zhè liángchén měijǐng，duìyú yī gè shuāngmù shīmíng de rén lái shuō，zhǐshì yī piàn qīhēi. Dāng rénmen xiǎngdào zhègè máng lǎorén，yīshēng zhōng jìng lián wànzǐ—qiānhóng de chūntiān//dōu bùcéng kàndào，zěn néng bù duì tā chǎnshēng tóngqíng zhī xīn ne?

Jiéxuǎn zì Xiǎoxué《Yǔwén》dì—liù cè zhōng《Yǔyán de Mèilì》

作品54号——《赠你四味长寿药》

有一次，苏东坡的朋友张鹗拿着一张宣纸来求他写一幅字，而且希望他写一点儿关于养生方面的内容。苏东坡思索了一会儿，点点头说："我得到了一个养生长寿古方，药只有四味，今天就赠给你吧。"于是，东坡的狼毫在纸上挥洒起来，上面写着："一曰无事以当贵，二曰早寝以当富，三曰安步以当车，四曰晚食以当肉。"

这哪里有药？张鹗一脸茫然地问。苏东坡笑着解释说，养生长寿的要诀，全在这四句里面。

所谓"无事以当贵"，是指人不要把功名利禄、荣辱过失考虑得太多，如能在情志上潇洒大度，随遇而安，无事以求，这比富贵更能使人终其天年。

"早寝以当富"，指吃好穿好、财货充足，并非就能使你长寿。对老年人来说，养成良好的起居习惯，尤其是早睡早起，比获得任何财富更加宝贵。

"安步以当车"，指人不要过于讲求安逸、肢体不劳，而应多以步行来替代骑马乘车，多运动才可以强健体魄，通畅气血。

"晚食以当肉"，意思是人应该用已饥方食、未饱先止代替对美味佳肴的贪吃无厌。他进一步解释，饿了以后才进食，虽然是粗茶淡饭，但其香甜可口会胜过山珍；如果饱了还要勉强吃，即使美味佳肴摆在眼前也难以

//下咽。

苏东坡的四味"长寿药",实际上是强调了情志、睡眠、运动、饮食四个方面对养生长寿的重要性,这种养生观点即使在今天仍然值得借鉴。

节选自蒲昭和《赠你四味长寿药》

Zuòpǐn 54 Hào

Yǒu yī cì, Sū Dōngpō de péngyou Zhāng È názhe yī zhāng xuānzhǐ lái qiú tā xiě yī fú zì, érqiě xīwàng tā xiě yīdiǎnr guānyú yǎngshēng fāngmiàn de nèiróng. Sū Dōngpō sīsuǒle yīhuìr, diǎndiǎn tóu shuō: "Wǒ dédàole yī gè yǎngshēng chángshòu gǔfāng, yào zhǐyǒu sì wèi, jīntiān jiù zènggěi nǐ ba." Yúshì, Dōngpō de lángháo zài zhǐ • shàng huīsǎ qǐ • lái, shàng • miàn xiězhe: "Yī yuē wú shì yǐ dāng guì, èr yuē zǎo qǐn yǐ dāng fù, sān yuē ān bù yǐ dāng chē, sì yuē wǎn shí yǐ dāng ròu."

Zhè nǎ • lǐ yǒu yào? Zhāng È yīliǎn mángrán de wèn. Sū Dōngpō xiàozhe jiěshì shuō, yǎngshēng chángshòu de yàojué, quán zài zhè sì jù lǐ • miàn.

Suǒwèi "wú shì yǐ dàng guì", shì zhǐ rén bùyào bǎ gōngmíng lìlù、róngrǔ guòshī kǎolǜ dé tài duō, rú néng zài qíngzhì • shàng xiāosǎ dàdù, suíyù'érān, wú shì yǐ qiú, zhè bǐ fùguì gèng néng shǐ rén zhōng qí tiānnián.

"Zǎo qǐn yǐ dāng fù", zhǐ chīhǎo chuānhǎo、cáihuò chōngzú, bìngfēi jiù néng shǐ nǐ chángshòu. Duì lǎoniánrén lái shuō, yǎngchéng liánghǎo de qǐjū xíguàn, yóuqí shì zǎo shuì zǎo qǐ, bǐ huòdé rènhé cáifù gèngjiā fùguì.

"An bù yǐ dàng chē", zhǐ rén bùyào guòyú jiǎngqiú ānyì、zhītǐ bù láo, ér yīng duō yǐ bùxíng lái tìdài qímǎ chéngchē, duō yùndòng cái kěyǐ qiángjiàn tǐpò, tōngchàng qìxuè.

"Wǎn shí yǐ dāng ròu", yìsī shì rén yīnggāi yòng yǐ jī fāng shí、wèi bǎo xiān zhǐ dàitì duì měiwèi jiāyáo de tānchī wú yàn. Tā jìnyī bù jiěshì, èle yǐhòu cái jìnshí, suīrán shì cūchá—dànfàn, dàn qí xiāngtián kěkǒu huì shèngguò shānzhēn; rúguǒ bǎole háiyào miǎnqiǎng chī, jíshǐ měiwèi jiāyáo bǎi zài yǎnqián yě nányǐ//xiàyàn.

Sū Dōngpō de sì wèi "chángshòuyào", shíjì • shàng shì qiángdiàole qíngzhì、shuìmián、yùndòng、yǐnshí sì gè fāngmiàn duì yǎngshēng chángshòu de zhòngyàoxìng，zhè zhǒng yǎngshēng guāndiǎn jíshǐ zài jīntiān réngrán zhí · dé jièjiàn.

Jiéxuǎn zì Pú Zhāohé《Zèng Nǐ Sì Wèi Chángshòuyào》

作品 55 号——《站在历史的枝头微笑》

人活着，最要紧的是寻觅到那片代表着生命绿色和人类希望的丛林，然后选一高高的枝头站在那里观览人生，消化痛苦，孕育歌声，愉悦世界！

这可真是一种潇洒的人生态度，这可真是一种心境爽朗的情感风貌。

站在历史的枝头微笑，可以减免许多烦恼。在那里，你可以从众生相所包含的甜酸苦辣、百味人生中寻找你自己；你境遇中的那点儿苦痛，也许相比之下，再也难以占据一席之地；你会较容易地获得从不悦中解脱灵魂的力量，使之不致变得灰色。

人站得高些，不但能有幸早些领略到希望的曙光，还能有幸发现生命的立体的诗篇。每一个人的人生，都是这诗篇中的一个词、一个句子或者一个标点。你可能没有成为一个美丽的词，一个引人注目的句子，一个惊叹号，但你依然是这生命的立体诗篇中的一个音节、一个停顿、一个必不可少的组成部分。这足以使你放弃前嫌，萌生为人类孕育新的歌声的兴致，为世界带来更多的诗意。

最可怕的人生见解，是把多维的生存图景看成平面。因为那平面上刻下的大多是凝固了的历史——过去的遗迹；但活着的人们，活得却是充满着新生智慧的，由//不断逝去的“现在”组成的未来。人生不能像某些鱼类躺着游，人生也不能像某些兽类爬着走，而应该站着向前行，这才是人类应有的生存姿态。

节选自［美］本杰明 拉什《站在历史的枝头微笑》

Zuòpǐn 55 Hào

Rén huózhe，zuì yàojǐn de shì xúnmì dào nà piàn dàibiǎozhe shēngmìng lǜsè hé rénlèi xīwàng de cónglín，ránhòu xuǎn yī gāogāo de zhītóu zhàn zài nà · lǐ guānlǎn rénshēng，xiāohuà tòngkǔ，yùnyù gēshēng，yúyuè shìjiè！

Zhè kě zhēn shì yī zhǒng xiāosǎ de rénshēng tài · dù，zhè kě zhēn shì yī zhǒng xīnjìng shuǎnglǎng de qínggǎn fēngmào.

Zhàn zài lìshǐ de zhītóu wēixiào，kěyǐ jiǎnmiǎn xǔduō fánnǎo. Zài nà · lǐ, nǐ kěyǐ cóng zhòngshēngxiàng suǒ bāohán de tián—suān—kǔ—là、bǎiwèi rénshēng zhōng xúnzhǎo nǐ zìjǐ, nǐ jìngyù zhōng de nà diǎnr kǔtòng, yěxǔ xiāngbǐ zhīxià, zài yě nányǐ zhànjù yī xí zhī dì, nǐ huì jiào róng · yì de huòdé cóng bùyuè zhōng jiětuō línghún de lì · liàng, shǐ zhī bùzhì biànde huīsè.

Rén zhàn de gāo xiē, bùdàn néng yǒuxìng zǎo xiē lǐnglüè dào xīwàng de shǔguāng, hái néng yǒuxìng fāxiàn shēngmìng de lìtǐ de shīpiān. Měi yī gè rén de rénshēng, dōu shì zhè shīpiān zhōng de yī gè cí、yī gè jùzi huòzhě yī gè biāodiǎn. Nǐ kěnéng méi · yǒu chéngwéi yī gè měilì de cí, yī gè yǐnrén—zhùmù dì jùzi, yī gè jīngtànhào, dàn nǐ yīrán shì zhè shēngmìng de lìtǐ shīpiān zhōng de yī gè yīnjié、yī gè tíngdùn、yī gè bìbùkěshǎo de zǔchéng bùfen. Zhè zúyǐ shǐ nǐ fàngqì qiánxián, méngshēng wèi rénlèi yùnyù xīn de gēshēng de xìngzhì, wèi shìjiè dài · lái gèng duō de shīyì.

Zuì kěpà de rénshēng jiànjiě, shì bǎ duōwéi de shēngcún tújǐng kànchéng píngmiàn. Yīn · wèi nà píngmiàn · shàng kèxià de dàduō shì nínggùle de lìshǐ——guòqù de yíjì; dàn huózhe de rénmen, huó dé què shì chōngmǎnzhe xīnshēng zhìhuì de, yóu//bùduàn shìqù de "xiànzài" zǔchéng de wèilái. Rénshēng bùnéng xiàngmǒu xiē yúlèi tǎngzhe yóu, rénshēng yě bùnéng xiàng mǒu xiē shòulèi pázhe zǒu, ér yīnggāi zhànzhe xiàngqián xíng, zhè cái shì rénlèi yīngyǒu de shēngcún zītài.

Jiéxuǎn zì [Měi] Běnjiémíng Lāshí《Zhàn Zài Lìshǐ de Zhītóu Wēixiào》

作品 56 号——《中国的宝岛——台湾》

中国的第一大岛、台湾省的主岛台湾，位于中国大陆架的东南方，地处东海和南海之间，隔着台湾海峡和大陆相望。天气晴朗的时候，站在福建沿海较高的地方，就可以隐隐约约地望见岛上的高山和云朵。

台湾岛形状狭长，从东到西，最宽处只有一百四十多公里；由南至北，最长的地方约有三百九十多公里。地形像一个纺织用的梭子。

台湾岛上的山脉纵贯南北，中间的中央山脉犹如全岛的脊梁。西部为海拔近四千米的玉山山脉，是中国东部的最高峰。全岛约有三分之一的地方是平地，其余为山地。岛内有缎带般的瀑布，蓝宝石似的湖泊，四季常青的森林和果园，自然景色十分优美。西南部的阿里山和日月潭，台北市郊的大屯山风景区，都是闻名世界的游览胜地。

台湾岛地处热带和温带之间，四面环海，雨水充足，气温受到海洋的调剂，冬暖夏凉，四季如春，这给水稻和果木生长提供了优越的条件。水稻、甘蔗、樟脑是台湾的“三宝”。岛上还盛产鲜果和鱼虾。

台湾岛还是一个闻名世界的“蝴蝶王国”。岛上的蝴蝶共有四百多个品种，其中有不少是世界稀有的珍贵品种。岛上还有不少鸟语花香的蝴// 蝶谷，岛上居民利用蝴蝶制作的标本和艺术品，远销许多国家。

节选自《中国的宝岛——台湾》

Zuòpǐn 56 Hào

Zhōngguó de dì — yī dàdǎo、Táiwān shěng de zhǔdǎo Táiwān, wèiyú Zhōngguó dàlùjià de dōngnánfāng, dìchǔ Dōng Hǎi hé Nán Hǎi zhījiān, gézhe Táiwān Hǎixiá hé Dàlù xiāngwàng. Tiānqì qínglǎng de shíhou, zhàn zài Fújiàn yánhǎi jiào gāo de dìfang, jiù kěyǐ yǐnyǐn — yuēyuē de wàng · jiàn dǎo · shàng de gāoshān hé yúnduǒ.

Táiwān Dǎo xíngzhuàng xiácháng, cóng dōng dào xī, zuì kuān chù zhǐyǒu yībǎi sìshí duō gōnglǐ; yóu nán zhì běi zuì cháng de dìfang yuē yǒu sānbǎi jiǔshí duō gōnglǐ. Dìxíng xiàng yī gè fǎngzhī yòng de suōzǐ.

Táiwān Dǎo · shàng de shānmài zòngguàn nánběi, zhōngjiān de zhōngyāng shānmài yóurú quándǎo de jǐliang. Xībù wéi hǎibá jìn sìqiān mǐ de Yù Shān shānmài, shì Zhōngguó dōngbù de zuì gāo fēng. Quándǎo yuē yǒu sān fēn zhī yī de dìfang shì píngdì, qíyú wéi shāndì. Dǎonèi yǒu duàndài bān de pùbù, lánbǎoshí shìde húpō, sìjì chángqīng de sēnlín hé guǒyuán, zìrán jǐngsè shífēn yōuměi. Xīnánbù de Alǐ Shān hé Rìyuè Tán, Táiběi shìjiāo de Dàtúnshān fēngjǐngqū, dōu shì wénmíng shìjiè de yóulǎn shèngdì.

Táiwān Dǎo dìchǔ rèdài hé wēndài zhījiān, sìmiàn huán hǎi, yǔshuǐ chōngzú, qìwēn shòudào hǎiyáng de tiáojì, dōng nuǎn xià liáng, sìjì rú chūn, zhè jǐ shuǐdào hé guǒmù shēngzhǎng tígōngle yōuyuè de tiáojiàn. Shuǐdào、gānzhe、zhāngnǎo shì Táiwān de “sān bǎo”. Dǎo · shàng hái shèngchǎn xiānguǒ hé yúxiā.

Táiwān Dǎo háishì yī gè wénmíng shìjiè de “húdié wángguó”. Dǎo · shàng de húdié gòng yǒu sìbǎi duō gè pǐnzhǒng, qízhōng yǒu bùshǎo shì shìjiè xīyǒu de zhēnguì pǐnzhǒng. Dǎo · shàng háiyǒu bùshǎo niǎoyǔ

—huāxiāng de hú//dié gǔ，dǎo · shàng jūmín lìyòng húdié zhìzuò de biāoběn hé yìshùpǐn，yuǎnxiāo xǔduō guójiā.

Jiéxuǎn zì《Zhōngguó de Bǎodǎo——Táiwān》

作品 57 号——《中国的牛》

对于中国的牛，我有着一种特别尊敬的感情。

留给我印象最深的，要算在田垄上的一次“相遇”。

一群朋友郊游，我领头在狭窄的阡陌上走，怎料迎面来了几头耕牛，狭道容不下人和牛，终有一方要让路。它们还没有走近，我们已经预计斗不过畜牲，恐怕难免踩到田地泥水里，弄得鞋袜又泥又湿了。正踟蹰的时候，带头的一头牛，在离我们不远的地方停下来，抬起头看看，稍迟疑一下，就自动走下田去。一队耕牛，全跟着它离开阡陌，从我们身边经过。

我们都呆了，回过头来，看着深褐色的牛队，在路的尽头消失，忽然觉得自己受了很大的恩惠。

中国的牛，永远沉默地为人做着沉重的工作。在大地上，在晨光或烈日下，它拖着沉重的犁，低头一步又一步，拖出了身后一列又一列松土，好让人们下种。等到满地金黄或农闲时候，它可能还得担当搬运负重的工作；或终日绕着石磨，朝同一方向，走不计程的路。

在它沉默的劳动中，人便得到应得的收成。

那时候，也许，它可以松一肩重担，站在树下，吃几口嫩草。偶尔摇摇尾巴，摆摆耳朵，赶走飞附身上的苍蝇，已经算是它最闲适的生活了。

中国的牛，没有成群奔跑的习//惯，永远沉沉实实的，默默地工作，平心静气。这就是中国的牛！

节选自小思《中国的牛》

Zuòpǐn 57 Hào

Duìyú Zhōngguó de niú，wǒ yǒu zhe yī zhǒng tèbié de zūnjìng de gǎnqíng.

Liúgěi wǒ yìnxiàng zuì shēn de，yào suàn zài tián lǒng · shàng de yī cì “xiāngyù”.

Yī qún péngyou jiāoyóu，wǒ lǐngtóu zài xiázhǎi de qiānmò · shàng zǒu，zěnliào yíngmiàn láile jǐ tóu gēngniú，xiádào róng · bùxià rén hé niú，zhōng yǒu yīfāng yào rànglù. Tāmen hái méi · yǒu zǒujìn，wǒmen yǐ · jīng yùjì dòu · bù · guò chùsheng，kǒngpà nánmiǎn cǎidào tiándì níshuǐ • lǐ，nòng de xiéwà yòu ní yòu shī le. Zhèng chíchú de shíhou，dàitóu de yī tóu niú，zài lí wǒmen bùyuǎn de dìfang tíng xià • lái，táiqǐ tóu kànkan，shāo chíyí yīxià，jiù zìdòng zǒu • xià tián qù. Yī duì gēngniú，quán gēnzhe tā líkāi qiānmò，cóng wǒmen shēnbiān jīngguò.

Wǒmen dōu dāi le，huíguo tóu • lái，kànzhe shēnhèsè de niúduì，zài lù de jìntóu xiāoshī，hūrán jué • dé zìjǐ shòule hěn dà de ēnhuì.

Zhōngguó de niú，yǒngyuǎn chénmò de wèi rén zuòzhe chénzhòng de gōngzuò. Zài dàdì • shàng，zài chénguāng huò lièrì • xià，tā tuōzhe chénzhòng de lí，dītóu yī bù yòu yī bù，tuōchūle shēnhòu yī liè yòu yī liè sōngtǔ，hǎo ràng rénmen xià zhǒng. Děngdào mǎndì jīnhuáng huò nóngxián shíhou，tā kěnéng háiděi dāndāng bānyùn fùzhòng de gōngzuò；huò zhōngrì ràozhe shímó，cháo tóng yī fāngxiàng，zǒu bù jìchéng de lù.

Zài tā chénmò de láodòng zhōng，rén biàn dédào yīng dé de shōucheng.

Nà shíhou，yě xǔ，tā kěyǐ sōng yī jiān zhòngdàn，zhàn zài shù • xià，chī jǐ kǒu nèn cǎo. Ou′ěr yáoyao wěiba，bǎibai ěrduo，gǎnzǒu fēifù shēn • shàng de cāngying，yǐ • jīng suàn shì tā zuì xiánshì de shēnghuó le.

Zhōngguó de niú，méi • yǒu chéngqún bēnpǎo de xí//guàn，yǒngyuǎn chénchén－shíshí de ，mòmò de gōng zuò，píngxīn－jìngqì. Zhè jiùshì Zhōngguó de niú!

Jiéxuǎn zì Xiǎo Sī《Zhōngguó de Niú》

作品 58 号——《住的梦》

不管我的梦想能否成为事实，说出来总是好玩儿的：

春天，我将要住在杭州。二十年前，旧历的二月初，在西湖我看见了嫩柳与菜花，碧浪与翠竹。由我看到的那点儿春光，已经可以断定，杭州的春天必定会教人整天生活在诗与图画之中。所以，春天我的家应当是在杭州。

夏天，我想青城山应当算作最理想的地方。在那里，我虽然只住过十天，可是它的幽静已拴住了我的心灵。在我所看见过的山水中，只有这里没有使我失望。到处都是绿，目之所及，那片淡而光润的绿色都在轻轻地颤动，仿佛要流入空中与心中似的。这个绿色会像音乐，涤清了心中的万虑。

秋天一定要住北平。天堂是什么样子，我不知道，但是从我的生活经验去判断，北平之秋便是天堂。论天气，不冷不热。论吃的，苹果、梨、柿子、枣儿、葡萄，每样都有若干种。论花草，菊花种类之多，花式之奇，可以甲天下。西山有红叶可见，北海可以划船——虽然荷花已残，荷叶可还有一片清香。衣食住行，在北平的秋天，是没有一项不使人满意的。

冬天，我还没有打好主意，成都或者相当得合适，虽然并不怎样和暖，可是为了水仙，素心腊梅，各色的茶花，仿佛就受一点儿寒//冷，也颇值得去了。昆明的花也多，而且天气比成都好，可是旧书铺与精美而便宜的小吃远不及成都那么多。好吧，就暂这么规定：冬天不住成都便住昆明吧。

在抗战中，我没能发国难财。我想，抗战胜利以后，我必能阔起来。那时候，假若飞机减价，一二百元就能买一架的话，我就自备一架，择黄道吉日慢慢地飞行。

节选自老舍《住的梦》

Zuòpǐn 58 Hào

Bùguǎn wǒ de mèngxiǎng néngfǒu chéngwéi shìshí, shuō chū • lái zǒngshì hǎowánr de:

Chūntiān, wǒ jiāng yào zhù zài Hángzhōu. Èrshí nián qián, jiùlì de èryuè chū, zài Xīhú wǒ kàn • jiànle nènliǔ yǔ càihuā, bìlàng yǔ cuìzhú. Yóu wǒ kàndào de nà diǎnr chūnguāng, yǐ • jīng kěyǐ duàndìng, Hángzhōu de chūntiān bìdìng huì jiào rén zhěngtiān shēnghuó zài shī yǔ túhuà zīzhōng. Suǒyǐ, chūntiān wǒ de jiā yīngdāng shì zài Hángzhōu.

Xiàtiān, wǒ xiǎng Qīngchéng Shān yīngdāng suànzuò zuì lǐxiǎng de dìfang. Zài nà • lǐ, wǒ suīrán zhǐ zhùguo shí tiān, kěshì tā de yōujìng yǐ shuānzhùle wǒ de xīnlíng. Zài wǒ suǒ kàn • jiànguo de shānshuǐ zhōng, zhǐyǒu zhè • lǐ méi • yǒu shǐ wǒ shīwàng. Dàochù dōu shì lǜ, mù zhī suǒ jí, nà piàn dàn ér guāngrùn de lǜsè dōu zài qīngqīng de chàndòng, fǎngfú yào liúrù kōngzhōng yǔ xīnzhōng shìde. Zhège lǜsè huì xiàng yīnyuè, díqīngle xīnzhōng de wànlǜ.

Qiūtiān yīdìng yào zhù Běipíng. Tiāntáng shì shénme yàngzi, wǒ bù zhī • dào, dànshì cóng wǒ de shēnghuó jīngyàn qù pànduàn, Běipíng zhī qiū biàn shì tiāntáng. Lùn tiānqì, bù lěng bù rè. Lùn chīde, píngguǒ，lí、shìzi、zǎor、pú·táo，měi yàng dōu yǒu ruògàn zhǒng. Lùn huācǎo，júhuā zhǒnglèi zhī duō，huā shì zhī qí，kěyǐ jiǎ tiānxià. Xīshān yǒu hóngyè kě jiàn，Běihǎi kěyǐ huáchuán——suīrán héhuā yǐ cán，héyè kě háiyǒu yī piàn qīngxiāng. Yī—shí—zhù—xíng，zài Běipíng de qiūtiān，shì méi·yǒu yī xiàng bù shǐ rén mǎnyì de.

Dōngtiān，wǒ hái méi·yǒu dǎhǎo zhǔyi，Chéngdū huòzhě xiāngdāng de héshì，suīrán bìng bù zěnyàng hénuǎn，kěshì wèile shuǐxiān，sù xīn làméi，gè sè de cháhuā，fǎngfú jiù shòu yīdiǎnr hán//lěng，yě pō zhí·dé qù le. Kūnmíng de huā yě duō，érqiě tiānqì bǐ Chéngdū hǎo，kěshì jiù shūpù yǔ jīngměi ér piányi de xiǎochī yuǎn·bùjí Chéngdū nàme duō. Hǎo ba，jiù zàn shí zhème guīdìng：Dōngtiān bù zhù Chéngdū biàn zhù Kūnmíng ba.

Zài kàngzhàn zhōng，wǒ méinéng fā guónán cái. Wǒ xiǎng，kàngzhàn shènglì yǐhòu，wǒ bì néng kuò qǐ·lái. Nà shíhou，jiǎruò fēijī jiǎnjià，yī—èr bǎi yuán jiù néng mǎi yī jià de huà，wǒ jiù zìbèi yī jià，zé huángdào—jírì mànmàn de fēixíng.

Jiéxuǎn zì Lǎo Shě《Zhù de Mèng》

作品59号——《紫藤萝瀑布》

我不由得停住了脚步。

从未见过开得这样盛的藤萝，只见一片辉煌的淡紫色，像一条瀑布，从空中垂下，不见其发端，也不见其终极，只是深深浅浅的紫，仿佛在流动，在欢笑，在不停地生长。紫色的大条幅上，泛着点点银光，就像迸溅的水花。仔细看时，才知那是每一朵紫花中的最浅淡的部分，在和阳光互相挑逗。

这里除了光彩，还有淡淡的芳香。香气似乎也是浅紫色的，梦幻一般轻轻地笼罩着我。忽然记起十多年前，家门外也曾有过一大株紫藤萝，它依傍一株枯槐爬得很高，但花朵从来都稀落，东一穗西一串伶仃地挂在树梢，好像在察颜观色，试探什么。后来索性连那稀零的花串也没有了。园中别的紫藤花架也都拆掉，改种了果树。那时的说法是，花和生活腐化有什么必然关系。我曾遗憾地想：这里再看不见藤萝花了。

过了这么多年，藤萝又开花了，而且开得这样盛，这样密，紫色的瀑布遮住了粗壮的盘虬卧龙般的枝干，不断地流着，流着，流向人的心底。

花和人都会遇到各种各样的不幸，但是生命的长河是无止境的。我抚摸了一下那小小的紫色的花舱，那里满装了生命的酒酿，它张满了帆，在这 // 闪光的花的河流上航行。它是万花中的一朵，也正是由每一个一朵，组成了万花灿烂的流动的瀑布。

在这浅紫色的光辉和浅紫色的芳香中，我不觉加快了脚步。

节选自宗璞《紫藤萝瀑布》

Zuòpǐn 59 Hào

Wǒ bùyóude tíngzhùle jiǎobù.

Cóngwèi jiànguo kāide zhèyàng shèng de téngluó，zhǐ jiàn yī piàn huīhuáng de dàn zǐsè，xiàng yī tiáo pùbù，cóng kōngzhōng chuíxià，bù jiàn qí fāduān，yě bù jiàn qí zhōngjí，zhǐshì shēnshēn—qiǎnqiǎn de zǐ，fǎngfú zài liúdòng，zài huānxiào，zài bùtíng de shēngzhǎng. Zǐsè de dà tiáofú · shàng，fànzhe diǎndiǎn yínguāng，jiù xiàng bèngjiàn de shuǐhuā. Zǐxì kàn shí，cái zhīdào nà shì měi yī duǒ zǐhuā zhōng de zuì qiǎndán de bùfen，zài hé yángguāng hùxiāng tiǎodòu.

Zhè · lǐ chúle guāngcǎi，háiyǒu dàndàn de fāngxiāng，xiāngqì sìhū yě shì qiǎn zǐsè de，mènghuàn yībān qīngqīng de lǒngzhàozhe wǒ. Hūrán jìqǐ shí duō nián qián jiā mén wài yě céng yǒuguo yī dà zhū zǐténgluó，tā yībàng yī zhū kū huái pá de hěn gāo，dàn huāduǒ cónglái dōu xīluò，dōng yī suì xī yī chuàn língdīng de guà zài shùshāo，hǎoxiàng zài cháyán—guānsè，shìtàn shénme. Hòulái suǒxìng lián nà xīlíng de huāchuàn yě méi · yǒu le. Yuán zhōng biéde zǐténg huājià yě dōu chāidiào，gǎizhòngle guǒshù. Nàshí de shuōfǎ shì，huā hé shēnghuó fǔhuà yǒu shénme bìrán guānxi. Wǒ céng yíhàn de xiǎng：Zhè · lǐ zài kàn · bùjiàn téngluóhuā le.

Guòle zhème duō nián，téngluó yòu kāihuā le，érqiě kāi de zhèyàng shèng，zhèyàng mì，zǐsè de pùbù zhēzhùle cūzhuàng de pánqiú wòlóng bān de zhīgàn，bùduàn de liúzhe，liúzhe，liúxiàng rén de xīndǐ.

Huā hé rén dōu huì yùdào gèzhǒng — gèyàng de bùxìng，dànshì shēngmìng de chánghé shì wú zhǐjìng de. Wǒ fǔmōle yīxià nà xiǎoxiǎo de zǐsè de huācāng，nà · lǐ mǎn zhuāngle shēngmìng de jiǔniàng，tā zhāngmǎnle fān，zài zhè//shǎnguāng de huā de héliú · shàng hángxíng. Tā shì wàn huā zhōng de yī duǒ，yě zhèngshì yóu měi yī gè yī duǒ，zǔchéngle wàn huā cànlàn de liúdòng de pùbù.

Zài zhè qiǎn zǐsè de guānghuī hé qiǎn zǐsè de fāngxiāng zhōng，wǒ bùjué jiākuàile jiǎobù.

Jiéxuǎn zì Zōng Pú《Zǐténgluó Pùbù》

作品 60 号——《最糟糕的发明》

在一次名人访问中，被问及上个世纪最重要的发明是什么时，有人说是电脑，有人说是汽车，等等。但新加坡的一位知名人士却说是冷气机。他解释，如果没有冷气，热带地区如东南亚国家，就不可能有很高的生产力，就不可能达到今天的生活水准。他的回答实事求是，有理有据。

看了上述报道，我突发奇想：为什么没有记者问："二十世纪最糟糕的发明是什么"其实二〇〇二年十月中旬，英国的一家报纸就评出了"人类最糟糕的发明"。获此"殊荣"的，就是人们每天大量使用的塑料袋。

诞生于上个世纪三十年代的塑料袋，其家族包括用塑料制成的快餐饭盒、包装纸、餐用杯盘、饮料瓶、酸奶杯、雪糕杯等等。这些废弃物形成的垃圾，数量多、体积大、重量轻、不降解，给治理工作带来很多技术难题和社会问题。

比如，散落在田间、路边及草丛中的塑料餐盒，一旦被牲畜吞食，就会危及健康甚至导致死亡。填埋废弃塑料袋、塑料餐盒的土地，不能生长庄稼和树木，造成土地板结，而焚烧处理这些塑料垃圾，则会释放出多种化学有毒气体，其中一种称为二噁英的化合物，毒性极大。

此外，在生产塑料袋、塑料餐盒的//过程中使用的氟利昂，对人体免疫系统和生态环境造成的破坏也极为严重。

节选自林光如《最糟糕的发明》

Zuòpǐn 60 Hào

Zài yī cì míngrén fǎngwèn zhōng，bèi wèn jí shàng gè shìjì zuì zhòngyào de fāmíng shì shénme shí，yǒu rén shuō shì diànnǎo，yǒu rén shuō shì qìchē，děngděng. Dàn Xīnjiāpō de yī wèi zhīmíng rénshì què shuō shì lěngqìjī. Tā jiěshì，rúguǒ méi • yǒu lěngqì，rèdài dìqū rú Dōngnányà guójiā，jiù bù kěnéng yǒu hěn gāo de shēngchǎnlì，jiù bù kěnéng dádào jīntiān de shēnghuó shuǐzhǔn. Tā de huídá shíshì—qiúshì，yǒulǐ—yǒujù.

Kànle shàngshù bàodào，wǒ tūfā qí xiǎng：Wèi shénme méi • yǒu jìzhě wèn："Ershí shìjì zuì zāogāo de fāmíng shì shénme?" Qíshí èr líng

líng èr nián shíyuè zhōngxún, Yīngguó de yī jiā bàozhǐ jiù píngchūle “rénlèi zuì zāogāo de fāmíng”. Huò cǐ “shūróng” de, jiùshì rénmen měi tiān dàliàng shǐyòng de sùliàodài.

Dànshēng yú shàng gè shìjì sānshí niándài de sùliàodài, qí jiāzú bāokuò yòng sùliào zhìchéng de kuàicān fànhé、bāozhuāngzhǐ、cān yòng bēi pán、yǐnliàopíng、suānnǎibēi、xuěgāobēi, děngděng. Zhèxiē fèiqìwù xíngchéng de lājī, shùliàng duō、tǐjī dà、zhòngliàng qīng、bù jiàngjiě, gěi zhìlǐ gōngzuò dàilái hěn duō jìshù nántí hé shèhuì wèntí.

Bǐrú, sànluò zài tiánjiān、lùbiān jí cǎocóng zhōng de sùliào cānhé, yīdàn bèi shēngchù tūnshí, jiù huì wēi jí jiànkāng shènzhì dǎozhì sǐwáng. Tiánmái fèiqì sùliàodài、sùliào cānhé de tǔdì, bùnéng shēngzhǎng zhuāngjia hé shùmù, zàochéng tǔdì bǎnjié. Er fénshāo chǔlǐ zhèxiē sùjiāo lājī, zé huì shìfàng chū duō zhǒng huàxué yǒudú qìtǐ, qízhōng yī zhǒng chēngwéi èr'èyīng de huàhéwù, dúxìng jí dà.

Cǐwài, zài shēngchǎn sùliàodài、sùliào cānhé de//guòchéng zhōng shǐyòng de fúlì′áng, duì réntǐ miǎnyì xìtǒng hé shēngtài huánjìng zàochéng de pòhuài yě jíwéi yánzhòng.

Jiéxuǎn zì Lín Guāngrú《Zuì Zāogāo de Fāmíng》

附录三 普通话水平测试用话题[①]

1. 我的愿望（或理想）
2. 我的学习生活
3. 我尊敬的人
4. 我喜爱的动物（或植物）
5. 童年的记忆
6. 我喜爱的职业
7. 难忘的旅行
8. 我的朋友
9. 我喜爱的文学（或其他）艺术形式
10. 谈谈卫生与健康
11. 我的业余生活
12. 我喜爱的季节

① 最新的普通话测试用话题请见《普通话水平测试实施纲要（2021 年版）》。

13. 学习普通话的体会
14. 谈谈服饰
15. 我的假日生活
16. 我的成长之路
17. 谈谈科技发展与社会生活
18. 我知道的风俗
19. 我和体育
20. 我的家乡（或熟悉的地方）
21. 谈谈美食
22. 我喜欢的节日
23. 我所在的集体（学习、机关、公司等）
24. 谈谈社会公德（或职业道德）
25. 谈谈个人修养
26. 我喜欢的明星（或其他知名人士）
27. 我喜爱的书刊
28. 谈谈对环境保护的认识
29. 我向往的地方
30. 购物（消费）的感受

附录四　普通话异读词审音表

（1985年12月修订）

说　明

一、本表所审，主要是普通话有异读的词和有异读的作为“语素”的字。不列出多音多义字的全部读音和全部义项，与字典、词典形式不同，例如：“和”字有多种义项和读音，而本表仅列出原有异读的八条词语，分列于 hè 和 huo 两种读音之下（有多种读音，较常见的在前，下同）；其余无异读的音、义均不涉及。

二、在字后注明“统读”的，表示此字不论用于任何词语中只读一音（轻声变读不受此限），本表不再举出词例。例如：“阀”字注明“fá（统读）”，原表“军阀”、“学阀”、“财阀”条和原表所无的“阀门”等词均不再举。

三、在字后不注“统读”的，表示此字有几种读音，本表只审订其中有异读的词语的读音。例如“艾”字本有 ài 和 yì 两音，本表只举“自怨自艾”一词，注明此处读 yì 音；至于 ài 音及其义项，并无异读，不再赘列。

四、有些字有文白二读，本表以“文”和“语”作注。前者一般用于书面语言，用于复音词和文言成语中；后者多用于口语中的单音词及少数日常生活事物的复音词中。这种情况在必要时各举词语为例。例如：“杉”字下注“（一）shān（文）：紫～、红～、水～；（二）shā（语）：～篙、～木”。

五、有些字除附举词例之外，酌加简单说明，以便读者分辨。说明或按具体字义，或按“动作义”、“名物义”等区分，例如：“畜”字下注“（一）chù（名物义）：～力、家～、牲～、幼～；（二）xù（动作义）：～产、～牧、～养”。

六、有些字的几种读音中某音用处较窄，另音用处甚宽，则注“除××（较少的词）念乙音外，其他都念甲音”，以避免列举词条繁而未尽、挂一漏万的缺点。例如：“结”字下注“除‘～了个果子’、‘开花～果’、‘～巴’、‘～实’念 jiē 之外，其他都念 jié”。

七、由于轻声问题比较复杂，除《初稿》涉及的部分轻声词之外，本表一般不予审订，并删去部分原审的轻声词，例如“麻刀（dao）”、“容易（yi）”等。

八、本表酌增少量有异读的字或词，作了审订。

九、除因第二、六、七各条说明中所举原因而删略的词条之外，本表又删汰了部分词条。主要原因是：1. 现已无异读（如“队伍”、“理会”）；2. 罕用词语（如“仔密”）；3. 方言土音（如“归里包堆〔zuī〕”、“告送〔song〕”）；4. 不常用的文言词语（如“刍荛”、“氍毹”）；5. 音变现象（如“胡里八涂〔tū〕”、“毛毛腾腾〔tēngtēng〕”；6. 重复累赘（如原表“色”字的有关词语分列达 23 条之多）。删汰条目不再编入。

十、人名、地名的异读审订，除原表已涉及的少量词条外，留待以后再审。

A

阿（一）ā ～訇 ～罗汉 ～木林 ～姨

（二）ē ～谀 ～附 ～胶 ～弥陀佛

挨（一）āi ～个 ～近

（二）ái ～打 ～说

癌 ái（统读）

霭 ǎi（统读）

蔼 ǎi（统读）

隘 ài（统读）

谙 ān（统读）

埯 ǎn（统读）

昂 áng（统读）

凹 āo（统读）
拗（一）ào ～口
（二）niù 执～ 脾气很～
坳 ào（统读）

B

拔 bá（统读）
把 bà 印～子
白 bái（统读）
膀 bǎng 翅～
蚌（一）bàng 蛤～
（二）bèng ～埠
傍 bàng（统读）
磅 bàng 过～
龅 bāo（统读）
胞 bāo（统读）
薄（一）báo（语）常单用，如“纸很～”。
（二）bó（文）多用于复音词。～弱 稀～ 淡～ 尖嘴～舌 单～ 厚～
堡（一）bǎo 碉～ ～垒
（二）bǔ ～子 吴～ 瓦窑～ 柴沟～
（三）pù 十里～
暴（一）bào ～露
（二）pù 一～（曝）十寒
爆 bào（统读）
焙 bèi（统读）
惫 bèi（统读）
背 bèi ～脊 ～静
鄙 bǐ（统读）
俾 bǐ（统读）
笔 bǐ（统读）
比 bǐ（统读）
臂（一）bì 手～ ～膀
（二）bei 胳～
庇 bì（统读）
髀 bì（统读）
避 bì（统读）
辟 bì 复～
裨 bì ～补 ～益
婢 bì（统读）
痹 bì（统读）
壁 bì（统读）
蝙 biān（统读）
遍 biàn（统读）
骠（一）biāo 黄～马
（二）piào ～骑 ～勇
傧 bīn（统读）
缤 bīn（统读）
濒 bīn（统读）
髌 bìn（统读）
屏（一）bǐng ～除 ～弃 ～气 ～息
（二）píng ～藩 ～风
柄 bǐng（统读）
波 bō（统读）
播 bō（统读）
菠 bō（统读）
剥（一）bō（文）～削
（二）bāo（语）
泊（一）bó 淡～ 飘～ 停～
（二）pō 湖～ 血～
帛 bó（统读）
勃 bó（统读）
钹 bó（统读）
伯（一）bó ～～（bo）老～

（二）bǎi　大～子（丈夫的哥哥）
箔 bó（统读）
簸（一）bǒ　颠～
（二）bò　～箕
膊 bo　胳～
卜 bo　萝～
醭 bú（统读）
哺 bǔ（统读）
捕 bǔ（统读）
鵏 bǔ（统读）
埠 bù（统读）

C

残 cán（统读）
惭 cán（统读）
灿 càn（统读）
藏（一）cáng　矿～
（二）zàng　宝～
糙 cāo（统读）
嘈 cáo（统读）
螬 cáo（统读）
厕 cè（统读）
岑 cén（统读）
差（一）chā（文）不～累黍 不～什么 偏～ 色～ ～别 视～ 误～ 电势～ 一念之～ ～池 ～错 言～语错 一～二错 阴错阳～ ～等 ～额 ～价 ～强人意 ～数 ～异
（二）chà（语）～不多 ～不离 ～点儿
（三）cī　参～
猹 chá（统读）
搽 chá（统读）
阐 chǎn（统读）
羼 chàn（统读）
颤（一）chàn　～动 发～
（二）zhàn　～栗（战栗）打～（打战）
韂 chàn（统读）
伥 chāng（统读）
场（一）chǎng　～合 ～所 冷～ 捧～
（二）cháng　外～ 圩～ ～院 一～雨
（三）chang　排～
钞 chāo（统读）
巢 cháo（统读）
嘲 cháo　～讽 ～骂 ～笑
耖 chào（统读）
车（一）chē　安步当～ 杯水～薪 闭门造～ 螳臂当～
（二）jū　（象棋棋子名称）
晨 chén（统读）
称 chèn　～心 ～意 ～职 对～ 相～
撑 chēng（统读）
乘（动作义，念 chéng）　包～制 ～便 ～风破浪 ～客 ～势 ～兴
橙 chéng（统读）
惩 chéng（统读）
澄（一）chéng（文）～清（如“～清混乱”、“～清问题”）
（二）dèng（语）单用，如“把水～清了”。
痴 chī（统读）
吃 chī（统读）
弛 chí（统读）

褫 chǐ（统读）
尺 chǐ　～寸 ～头
豉 chǐ（统读）
侈 chǐ（统读）
炽 chì（统读）
舂 chōng（统读）
冲 chòng　～床 ～模
臭（一）chòu　遗～万年
　（二）xiù　乳～ 铜～
储 chǔ（统读）
处 chǔ（动作义）～罚 ～分 ～决 ～理 ～女 ～置
畜（一）chù（名物义）～力 家～ 牲～ 幼～
　（二）xù（动作义）～产 ～牧 ～养
触 chù（统读）
搐 chù（统读）
绌 chù（统读）
黜 chù（统读）
闯 chuǎng（统读）
创（一）chuàng　草～ ～举 首～ ～造 ～作
　（二）chuāng　～伤 重～
绰（一）chuò　～～有余
　（二）chuo　宽～
疵 cī（统读）
雌 cí（统读）
赐 cì（统读）
伺 cì　～候
枞（一）cōng　～树
　（二）zōng　～阳〔地名〕
从 cóng（统读）
丛 cóng（统读）
攒 cuán　万头～动 万箭～心
脆 cuì（统读）
撮（一）cuō　～儿 一～儿盐 一～儿匪帮
　（二）zuǒ　一～儿毛
措 cuò（统读）

D

搭 dā（统读）
答（一）dá　报～ ～复
　（二）dā　～理 ～应
打 dá　苏～ 一～（十二个）
大（一）dà　～夫（古官名）～王（如爆破～王、钢铁～王）
　（二）dài　～夫（医生）～黄 ～王（如山～王）～城〔地名〕
呆 dāi（统读）
傣 dǎi（统读）
逮（一）dài（文）如“～捕”。
　（二）dǎi（语）单用，如“～蚊子”、“～特务”。
当（一）dāng　～地 ～间儿 ～年（指过去）～日（指过去）～天（指过去）～时（指过去）螳臂～车
　（二）dàng　一个～俩 安步～车 适～ ～年（同一年）～日（同一时候）～天（同一天）
档 dàng（统读）
蹈 dǎo（统读）
导 dǎo（统读）
倒（一）dǎo　颠～ 颠～是非 颠～黑白 颠三～四 倾箱～箧 排山

～海 ～板 ～嚼 ～仓 ～嗓 ～戈
潦～
（二）dào ～粪（把粪弄碎）
悼 dào（统读）
纛 dào（统读）
凳 dèng（统读）
羝 dī（统读）
氐 dī〔古民族名〕
堤 dī（统读）
提 dī ～防
的 dí ～当 ～确
抵 dǐ（统读）
蒂 dì（统读）
缔 dì（统读）
谛 dì（统读）
点 dian 打～（收拾、贿赂）
跌 diē（统读）
蝶 dié（统读）
订 dìng（统读）
都（一）dōu ～来了
（二）dū ～市 首～ 大～（大多）
堆 duī（统读）
吨 dūn（统读）
盾 dùn（统读）
多 duō（统读）
咄 duō（统读）
掇（一）duō（"拾取、采取"义）
（二）duo 撺～ 掂～
裰 duō（统读）
踱 duó（统读）
度 duó 忖～ ～德量力

E

婀 ē（统读）

F

伐 fá（统读）
阀 fá（统读）
砝 fǎ（统读）
法 fǎ（统读）
发 fà 理～ 脱～ 结～
帆 fān（统读）
藩 fān（统读）
梵 fàn（统读）
坊（一）fāng 牌～ ～巷
（二）fáng 粉～ 磨～ 碾～ 染～ 油～ 谷～
妨 fáng（统读）
防 fáng（统读）
肪 fáng（统读）
沸 fèi（统读）
汾 fén（统读）
讽 fěng（统读）
肤 fū（统读）
敷 fū（统读）
俘 fú（统读）
浮 fú（统读）
服 fú ～毒 ～药
拂 fú（统读）
辐 fú（统读）
幅 fú（统读）
甫 fǔ（统读）
复 fù（统读）
缚 fù（统读）

G

噶 gá（统读）

冈 gāng（统读）
刚 gāng（统读）
岗 gǎng ～楼 ～哨 ～子 门～ 站～ 山～子
港 gǎng（统读）
葛（一）gé ～藤 ～布 瓜～
（二）gě〔姓〕（包括单、复姓）
隔 gé（统读）
革 gé ～命 ～新 改～
合 gě（一升的十分之一）
给（一）gěi（语）单用。
（二）jǐ（文）补～ 供～ 供～制 ～予 配～ 自～ 自足
亘 gèn（统读）
更 gēng 五～ ～生
颈 gěng 脖～子
供（一）gōng ～给 提～ ～销
（二）gòng 口～ 翻～ 上～
佝 gōu（统读）
枸 gǒu ～杞
勾 gòu ～当
估（除"～衣"读 gù 外，都读 gū）
骨（除"～碌"、"～朵"读 gū 外，都读 gǔ）
谷 gǔ ～雨
锢 gù（统读）
冠（一）guān（名物义）～心病
（二）guàn（动作义）沐猴而～ ～军
犷 guǎng（统读）
庋 guǐ（统读）
桧（一）guì［树名］
（二）huì［人名］"秦～"。
刽 guì（统读）
聒 guō（统读）
蝈 guō（统读）
过（除姓氏读 guō 外，都读 guò）

H

虾 há ～蟆
哈（一）hǎ ～达
（二）hà ～什蚂
汗 hán 可～
巷 hàng ～道
号 háo 寒～虫
和（一）hè 唱～ 附～ 曲高～寡
（二）huo 搀～ 搅～ 暖～ 热～ 软～
貉（一）hé（文）一丘之～
（二）háo（语）～绒 ～子
壑 hè（统读）
褐 hè（统读）
喝 hè ～采 ～道 ～令 ～止 呼幺～六
鹤 hè（统读）
黑 hēi（统读）
亨 hēng（统读）
横（一）héng ～肉 ～行霸道
（二）hèng 蛮～ ～财
訇 hōng（统读）
虹（一）hóng（文）～彩 ～吸
（二）jiàng（语）单说。
讧 hòng（统读）
囫 hú（统读）
瑚 hú（统读）
蝴 hú（统读）
桦 huà（统读）

徊 huái（统读）
踝 huái（统读）
浣 huàn（统读）
黄 huáng（统读）
荒 huang 饥～（指经济困难）
诲 huì（统读）
贿 huì（统读）
会 huì 一～儿 多～儿 ～厌（生理名词）
混 hùn ～合 ～乱 ～凝土 ～淆 ～血儿 ～杂
蠖 huò（统读）
霍 huò（统读）
豁 huò ～亮
获 huò（统读）

J

羁 jī（统读）
击 jī（统读）
奇 jī ～数
芨 jī（统读）
缉（一）jī 通～ 侦～
（二）qī ～鞋口
几 jī 茶～ 条～
圾 jī（统读）
戢 jí（统读）
疾 jí（统读）
汲 jí（统续）
棘 jí（统读）
藉 jí 狼～（籍）
嫉 jí（统读）
脊 jǐ（统读）
纪（一）jǐ〔姓〕
（二）jì ～念 ～律 纲～ ～元
偈 jì ～语
绩 jì（统读）
迹 jì（统读）
寂 jì（统读）
箕 ji 簸～
辑 ji 逻～
茄 jiā 雪～
夹 jiā ～带藏掖 ～道儿 ～攻 ～棍 ～生 ～杂 ～竹桃 ～注
浃 jiā（统读）
甲 jiǎ（统读）
歼 jiān（统读）
鞯 jiān（统读）
间（一）jiān ～不容发 中～
（二）jiàn 中～儿 ～道 ～谍 ～断 ～或 ～接 ～距 ～隙 ～续 ～阻 ～作 挑拨离～
趼 jiǎn（统读）
俭 jiǎn（统读）
缰 jiāng（统读）
膙 jiǎng（统读）
嚼（一）jiáo（语）味同～蜡 咬文～字
（二）jué（文）咀～ 过屠门而大～
（三）jiào 倒～（倒噍）
侥 jiǎo ～幸
角（一）jiǎo 八～（大茴香）～落 独～戏 ～膜 ～度 ～儿（犄～）～楼 勾心斗～ 号～ 口～（嘴～）鹿～菜 头～
（二）jué ～斗 ～儿（脚色）口～（吵嘴）主～儿 配～儿 ～力

捧～儿

脚（一）jiǎo　根～

（二）jué　～儿（也作“角儿”，脚色）

剿（一）jiǎo　围～

（二）chāo　～说 ～袭

校 jiào　～勘 ～样 ～正

较 jiào（统读）

酵 jiào（统读）

嗟 jiē（统读）

疖 jiē（统读）

结（除“～了个果子”、“开花～果”、“～巴”、“～实”念 jiē 之外，其他都念 jié）

睫 jié（统读）

芥（一）jiè　～菜（一般的芥菜）～末

（二）gài　～菜（也作“盖菜”）～蓝菜

矜 jīn　～持 自～ ～怜

仅 jǐn　～～ 绝无～有

馑 jǐn（统读）

觐 jìn（统读）

浸 jìn（统读）

斤 jin　千～（起重的工具）

茎 jīng（统读）

粳 jīng（统读）

鲸 jīng（统读）

境 jìng（统读）

痉 jìng（统读）

劲 jìng　刚～

窘 jiǒng（统读）

究 jiū（统读）

纠 jiū（统读）

鞠 jū（统读）

鞫 jū（统读）

掬 jū（统读）

苴 jū（统读）

咀 jǔ ～嚼

矩（一）jǔ ～形

（二）ju 规～

俱 jù（统读）

龟 jūn　～裂（也作“皲裂”）

菌（一）jūn　细～ 病～ 杆～ 霉～

（二）jùn　香～ ～子

俊 jùn（统读）

K

卡（一）kǎ　～宾枪 ～车 ～介苗 ～片 ～通

（二）qiǎ　～子 关～

揩 kāi（统读）

慨 kǎi（统读）

忾 kài（统读）

勘 kān（统读）

看 kān　～管 ～护 ～守

慷 kāng（统读）

拷 kǎo（统读）

坷 kē　～拉（垃）

疴 kē（统读）

壳（一）ké（语）～儿 贝～儿 脑～ 驳～枪

（二）qiào（文）地～ 甲～ 躯～

可（一）kě～～儿的

（二）kè　～汗

恪 kè（统读）

刻 kè（统读）

克 kè　～扣

空（一）kōng　～心砖 ～城计

（二）kòng ～心吃药
眍 kōu（统读）
矻 kū（统读）
酷 kù（统读）
框 kuàng（统读）
矿 kuàng（统读）
傀 kuǐ（统读）
溃（一）kuì ～烂
（二）huì ～脓
篑 kuì（统读）
括 kuò（统读）

L

垃 lā（统读）
邋 lā（统读）
罱 lǎn（统读）
缆 lǎn（统读）
蓝 lan 苤～
琅 láng（统读）
捞 lāo（统读）
劳 láo（统读）
醪 láo（统读）
烙（一）lào ～印 ～铁 ～饼
（二）luò 炮～（古酷刑）
勒（一）lè（文）～逼 ～令 ～派 ～索 悬崖～马
（二）lēi（语）多单用。
擂（除"～台"、"打～"读 lèi 外，都读 léi）
礌 léi（统读）
羸 léi（统读）
蕾 lěi（统读）
累（一）lèi（辛劳义，如"受～"〔受劳～〕）
（二）léi（如"～赘"）
（三）lěi （牵连义，如"带～"、"～及"、"连～"、"赔～"、"牵～"、"受～"〔受牵～〕）
蠡（一）lí 管窥～测
（二）lǐ ～县 范～
喱 lí（统读）
连 lián（统读）
敛 liǎn（统读）
恋 liàn（统读）
量（一）liàng ～入为出 忖～
（二）liang 打～ 掂～
踉 liàng ～跄
潦 liáo ～草 ～倒
劣 liè（统读）
捩 liè（统读）
趔 liè（统读）
拎 līn（统读）
遴 lín（统读）
淋（一）lín ～浴 ～漓 ～巴
（二）lìn ～硝 ～盐 ～病
蛉 líng（统读）
榴 liú（统读）
馏（一）liú（文）如"干～"、"蒸～"。
（二）liù（语）如"～馒头"。
镏 liú ～金
碌 liù ～碡
笼（一）lóng（名物义）～子 牢～
（二）lǒng（动作义）～络 ～括 ～统 ～罩
偻（一）lóu 佝～
（二）lǚ 伛～
瞜 lou 眍～
虏 lǔ（统读）

掳 lǔ（统读）

露（一）lù（文）赤身～体 ～天 ～骨 ～头角 藏头～尾 抛头～面 ～头（矿）

（二）lòu（语）～富 ～苗 ～光 ～相 ～马脚 ～头

榈 lǘ（统读）

捋（一）lǚ ～胡子

（二）luō ～袖子

绿（一）lǜ（语）

（二）lù（文）～林 鸭～江

孪 luán（统读）

挛 luán（统读）

掠 lüè（统读）

囵 lún（统读）

络 luò ～腮胡子

落（一）luò（文）～膘 ～花生 ～魄 涨～ ～槽 着～

（二）lào（语）～架 ～色 ～炕 ～枕 ～儿 ～子（一种曲艺）

（三）là（语），遗落义。丢三～四 ～在后面

M

脉（除"～～"念 mòmò 外，一律念 mài）

漫 màn（统读）

蔓（一）màn（文）～延 不～不支

（二）wàn（语）瓜～ 压～

牤 māng（统读）

氓 máng 流～

芒 máng（统读）

铆 mǎo（统读）

瑁 mào（统读）

虻 méng（统读）

盟 méng（统读）

祢 mí（统读）

眯（一）mí ～了眼（灰尘等入目，也作"迷"）

（二）mī ～了一会儿（小睡） ～缝着眼（微微合目）

靡（一）mí ～费

（二）mǐ 风～ 委～ 披～

秘（除"～鲁"读 bì 外，都读 mì）

泌（一）mì（语） 分～

（二）bì（文）～阳〔地名〕

娩 miǎn（统读）

缈 miǎo（统读）

皿 mǐn（统读）

闽 mǐn（统读）

茗 míng（统读）

酩 mǐng（统读）

谬 miù（统读）

摸 mō（统读）

模（一）mó ～范 ～式 ～型 ～糊 ～特儿 ～棱两可

（二）mú ～子 ～具 ～样

膜 mó（统读）

摩 mó 按～ 抚～

嬷 mó（统读）

墨 mò（统读）

耱 mò（统读）

沫 mò（统读）

缪 móu 绸～

N

难（一）nán 困～（或变轻声） ～兄～弟（难得的兄弟，现多用作贬义）

（二）nàn 排～解纷 发～ 刁～

责～ ～兄～弟（共患难或同受苦难的人）
蝻 nǎn（统读）
蛲 náo（统读）
讷 nè（统读）
馁 něi（统读）
嫩 nèn（统读）
恁 nèn（统读）
妮 nī（统读）
拈 niān（统读）
鲇 nián（统读）
酿 niàng（统读）
尿（一）niào 糖～症
（二）suī（只用于口语名词）尿（niào）～ ～脬
嗫 niè（统读）
宁（一）níng 安～
（二）nìng ～可 无～〔姓〕
忸 niǔ（统读）
脓 nóng（统读）
弄（一）nòng 玩～
（二）lòng ～堂
暖 nuǎn（统读）
衄 nǜ（统读）
疟（一）nüè（文）～疾
（二）yào（语）发～子
娜（一）nuó 婀～ 袅～
（二）nà （人名）

O

殴 ōu（统读）
呕 ǒu（统读）

P

杷 pá（统读）
琶 pá（统读）
牌 pái（统读）
排 pǎi ～子车
迫 pǎi ～击炮
湃 pài（统读）
爿 pán（统读）
胖 pán 心广体～（～为安舒貌）
蹒 pán（统读）
畔 pàn（统读）
乓 pāng（统读）
滂 pāng（统读）
脬 pāo（统读）
胚 pēi（统读）
喷（一）pēn ～嚏
（二）pèn ～香
（三）pen 嚏～
澎 péng（统读）
坯 pī（统读）
披 pī（统读）
匹 pǐ（统读）
僻 pì（统读）
譬 pì（统读）
片（一）piàn ～子 唱～ 画～ 相～ 影～ ～儿会
（二）piān（口语一部分词）～子 ～儿 唱～儿 画～儿 相～儿 影～儿
剽 piāo（统读）
缥 piāo ～缈（飘渺）
撇 piē ～弃
聘 pìn（统读）
乒 pīng（统读）
颇 pō（统读）
剖 pōu（统读）
仆（一）pū 前～后继

（二）pú　～从

扑 pū（统读）

朴（一）pǔ　俭～ ～素 ～质

（二）pō　～刀

（三）pò　～硝 厚～

蹼 pǔ（统读）

瀑 pù　～布

曝（一）pù　一～十寒

（二）bào　～光（摄影术语）

Q

栖 qī　两～

戚 qī（统读）

漆 qī（统读）

期 qī（统读）

蹊 qī　～跷

蛴 qí（统读）

畦 qí（统读）

其 qí（统读）

骑 qí（统读）

企 qǐ（统读）

绮 qǐ（统读）

杞 qǐ（统读）

槭 qì（统读）

洽 qià（统读）

签 qiān（统读）

潜 qián（统读）

荨（一）qián（文）～麻

（二）xún（语）～麻疹

嵌 qiàn（统读）

欠 qian　打哈～

戕 qiāng（统读）

镪 qiāng　～水

强（一）qiáng　～渡 ～取豪夺 ～制 博闻～识

（二）qiǎng　勉～ 牵～ ～词夺理 ～迫 ～颜为笑

（三）jiàng　倔～

襁 qiǎng（统读）

跄 qiàng（统读）

悄（一）qiāo　～～儿的

（二）qiǎo　～默声儿的

橇 qiāo（统读）

翘（一）qiào（语）～尾巴

（二）qiáo（文）～首 ～楚 连～

怯 qiè（统读）

挈 qiè（统读）

趄 qie　趔～

侵 qīn（统读）

衾 qīn（统读）

噙 qín（统读）

倾 qīng（统读）

亲 qìng　～家

穹 qióng（统读）

黢 qū（统读）

曲（麯）qū　大～ 红～ 神～

渠 qú（统读）

瞿 qú（统读）

蠼 qú（统读）

苣 qǔ　～荬菜

龋 qǔ（统读）

趣 qù（统读）

雀 què　～斑 ～盲症

R

髯 rán（统读）

攘 rǎng（统读）

桡 ráo（统读）

绕 rào（统读）

任 rén〔姓，地名〕

妊 rèn（统读）
扔 rēng（统读）
容 róng（统读）
糅 róu（统读）
茹 rú（统读）
孺 rú（统读）
蠕 rú（统读）
辱 rǔ（统读）
挼 ruó（统读）

S

靸 sǎ（统读）
噻 sāi（统读）
散（一）sǎn　懒～ 零零～～ ～漫
　（二）san　零～
丧 sang　哭～着脸
扫（一）sǎo　～兴
　（二）sào　～帚
埽 sào（统读）
色（一）sè（文）
　（二）shǎi（语）
塞（一）sè（文）动作义。
　（二）sāi（语）名物义，如："活～"、"瓶～"；动作义，如："把洞～住"。
森 sēn（统读）
煞（一）shā　～尾 收～
　（二）shà　～白
啥 shá（统读）
厦（一）shà（语）
　（二）xià（文）～门 噶～
杉（一）shān（文）紫～ 红～ 水～
　（二）shā（语）～篙 ～木
衫 shān（统读）
姗 shān（统读）
苫（一）shàn（动作义，如"～布"）
　（二）shān（名物义，如"草～子"）
墒 shāng（统读）
猞 shē（统读）
舍 shè　宿～
慑 shè（统读）
摄 shè（统读）
射 shè（统读）
谁 shéi，又音 shuí
娠 shēn（统读）
什（甚）shén　～么
蜃 shèn（统读）
葚（一）shèn（文）桑～
　（二）rèn（语）桑～儿
胜 shèng（统读）
识 shí　常～ ～货 ～字
似 shì　～的
室 shì（统读）
螫（一）shì（文）
　（二）zhē（语）
匙 shi　钥～
殊 shū（统读）
蔬 shū（统读）
疏 shū（统读）
叔 shū（统读）
淑 shū（统读）
菽 shū（统读）
熟（一）shú（文）
　（二）shóu（语）
署 shǔ（统读）
曙 shǔ（统读）
漱 shù（统读）

戍 shù（统读）
蟀 shuài（统读）
孀 shuāng（统读）
说 shuì 游～
数 shuò ～见不鲜
硕 shuò（统读）
蒴 shuò（统读）
艘 sōu（统读）
嗾 sǒu（统读）
速 sù（统读）
塑 sù（统读）
虽 suī（统读）
绥 suí（统读）
髓 suǐ（统读）
遂（一）suì 不～ 毛～自荐
（二）suí 半身不～
隧 suì（统读）
隼 sǔn（统读）
莎 suō ～草
缩（一）suō 收～
（二）sù ～砂密（一种植物）
嗍 suō（统读）
索 suǒ（统读）

T

趿 tā（统读）
鳎 tǎ（统读）
獭 tǎ（统读）
沓（一）tà 重～
（二）ta 疲～
（三）dá 一～纸
苔（一）tái（文）
（二）tāi（语）
探 tàn（统读）
涛 tāo（统读）
悌 tì（统读）
佻 tiāo（统读）
调 tiáo ～皮
帖（一）tiē 妥～ 伏伏～～ 俯首～耳
（二）tiě 请～ 字～儿
（三）tiè 字～ 碑～
听 tīng（统读）
庭 tíng（统读）
骰 tóu（统读）
凸 tū（统读）
突 tū（统读）
颓 tuí（统读）
蜕 tuì（统读）
臀 tún（统读）
唾 tuò（统读）

W

娲 wā（统读）
挖 wā（统读）
瓦 wà ～刀
喎 wāi（统读）
蜿 wān（统读）
玩 wán（统读）
惋 wǎn（统读）
脘 wǎn（统读）
往 wǎng（统读）
忘 wàng（统读）
微 wēi（统读）
巍 wēi（统读）
薇 wēi（统读）
危 wēi（统读）
韦 wéi（统读）
违 wéi（统读）
唯 wéi（统读）

圩（一）wéi ～子
（二）xū ～（墟）场
纬 wěi（统读）
委 wěi ～靡
伪 wěi（统读）
萎 wěi（统读）
尾（一）wěi ～巴
（二）yǐ 马～儿
尉 wèi ～官
文 wén（统读）
闻 wén（统读）
紊 wěn（统读）
喔 wō（统读）
蜗 wō（统读）
硪 wò（统读）
诬 wū（统读）
梧 wú（统读）
牾 wǔ（统读）
乌 wù ～拉（也作“靰鞡”）～拉草
杌 wù（统读）
鹜 wù（统读）

X

夕 xī（统读）
汐 xī（统读）
晰 xī（统读）
析 xī（统读）
皙 xī（统读）
昔 xī（统读）
溪 xī（统读）
悉 xī（统读）
熄 xī（统读）
蜥 xī（统读）
螅 xī（统读）
惜 xī（统读）
锡 xī（统读）
樨 xī（统读）
袭 xí（统读）
檄 xí（统读）
峡 xiá（统读）
暇 xiá（统读）
吓 xià 杀鸡～猴
鲜 xiān 屡见不～ 数见不～
锨 xiān（统读）
纤 xiān ～维
涎 xián（统读）
弦 xián（统读）
陷 xiàn（统读）
霰 xiàn（统读）
向 xiàng（统读）
相 xiàng ～机行事
淆 xiáo（统读）
哮 xiào（统读）
些 xiē（统读）
颉 xié ～颃
携 xié（统读）
偕 xié（统读）
挟 xié（统读）
械 xiè（统读）
馨 xīn（统读）
囟 xìn（统读）
行 xíng 操～ 德～ 发～ 品～
省 xǐng 内～ 反～ ～亲 不～人事
芎 xiōng（统读）
朽 xiǔ（统读）
宿 xiù 星～ 二十八～
煦 xù（统读）
蓿 xu 苜～
癣 xuǎn（统读）

削（一）xuē（文）剥～ ～减 瘦～
（二）xiāo（语）切～ ～铅笔 ～球
穴 xué（统读）
学 xué（统读）
雪 xuě（统读）
血（一）xuè（文）用于复音词及成语，如“贫～”、“心～”、“呕心沥～”、“～泪史”、“狗～喷头”等。
（二）xiě（语）口语多单用，如“流了点儿～”及几个口语常用词，如：“鸡～”、“～晕”、“～块子”等。
谑 xuè（统读）
寻 xún（统读）
驯 xùn（统读）
逊 xùn（统读）
熏 xùn 煤气～着了
徇 xùn（统读）
殉 xùn（统读）
蕈 xùn（统读）

Y

押 yā（统读）
崖 yá（统读）
哑 yǎ ～然失笑
亚 yà（统读）
殷 yān ～红
芫 yán ～荽
筵 yán（统读）
沿 yán（统读）
焰 yàn（统读）
夭 yāo（统读）
肴 yáo（统读）
杳 yǎo（统读）
舀 yǎo（统读）
钥（一）yào（语）～匙
（二）yuè（文）锁～
曜 yào（统读）
耀 yào（统读）
椰 yē（统读）
噎 yē（统读）
叶 yè ～公好龙
曳 yè 弃甲～兵 摇～ ～光弹
屹 yì（统读）
轶 yì（统读）
谊 yì（统读）
懿 yì（统读）
诣 yì（统读）
艾 yì 自怨自～
荫 yìn（统读）（“树～”、“林～道”应作“树阴”、“林阴道”）
应（一）yīng ～届 ～名儿 ～许 提出的条件他都～了 是我～下来的任务
（二）yìng ～承 ～付 ～声 ～时 ～验 ～邀 ～用 ～运 ～征 里～外合
萦 yíng（统读）
映 yìng（统读）
佣 yōng ～工
庸 yōng（统读）
臃 yōng（统读）
壅 yōng（统读）
拥 yōng（统读）
踊 yǒng（统读）
咏 yǒng（统读）
泳 yǒng（统读）

莠 yǒu（统读）
愚 yú（统读）
娱 yú（统读）
愉 yú（统读）
伛 yǔ（统读）
屿 yǔ（统读）
吁 yù 呼～
跃 yuè（统读）
晕（一）yūn ～倒 头～
（二）yùn 月～ 血～ ～车
酝 yùn（统读）

Z

匝 zā（统读）
杂 zá（统读）
载（一）zǎi 登～ 记～
（二）zài 搭～ 怨声～道 重～ 装～ ～歌～舞
簪 zān（统读）
咱 zán（统读）
暂 zàn（统读）
凿 záo（统读）
择（一）zé 选～
（二）zhái ～不开 ～菜 ～席
贼 zéi（统读）
憎 zēng（统读）
甑 zèng（统读）
喳 zhā 唧唧～～
轧（除“～钢”、“～辊”念 zhá 外，其他都念 yà）（gá 为方言，不审）
摘 zhāi（统读）
粘 zhān ～贴
涨 zhǎng ～落 高～
着（一）zháo ～慌 ～急 ～家 ～凉 ～忙 ～迷 ～水 ～雨
（二）zhuó ～落 ～手 ～眼 ～意 ～重 不～边际
（三）zhāo 失～
沼 zhǎo（统读）
召 zhào（统读）
遮 zhē（统读）
蛰 zhé（统读）
辙 zhé（统读）
贞 zhēn（统读）
侦 zhēn（统读）
帧 zhēn（统读）
胗 zhēn（统读）
枕 zhěn（统读）
诊 zhěn（统读）
振 zhèn（统读）
知 zhī（统读）
织 zhī（统读）
脂 zhī（统读）
植 zhí（统读）
殖（一）zhí 繁～ 生～ ～民
（二）shi 骨～
指 zhǐ（统读）
掷 zhì（统读）
质 zhì（统读）
蛭 zhì（统读）
秩 zhì（统读）
栉 zhì（统读）
炙 zhì（统读）
中 zhōng 人～（人口上唇当中处）
种 zhòng 点～（义同“点播”。动宾结构念 diǎnzhǒng，义为点播种

子）
诌 zhōu（统读）
骤 zhòu（统读）
轴 zhòu　大～子戏 压～子
碡 zhou　碌～
烛 zhú（统读）
逐 zhú（统读）
属 zhǔ　～望
筑 zhù（统读）
著 zhù　土～
转 zhuǎn　运～
撞 zhuàng（统读）
幢（一）zhuàng　一～楼房
（二）chuáng　经～（佛教所设刻有经咒的石柱）
拙 zhuō（统读）
茁 zhuó（统读）
灼 zhuó（统读）
卓 zhuó（统读）
综 zōng　～合
纵 zòng（统读）
粽 zòng（统读）
镞 zú（统读）
组 zǔ（统读）
钻（一）zuān　～探 ～孔
（二）zuàn　～床 ～杆 ～具
佐 zuǒ（统读）
唑 zuò（统读）
柞（一）zuò　～蚕 ～绸
（二）zhà　～水（在陕西）
做 zuò（统读）
作（除“～坊”读 zuō 外，其余都读 zuò）

附录五　常用多音字表

A 部

1. 阿 ①ā 阿罗汉 阿姨 ②ē 阿附 阿胶
2. 腌 ①ā 腌臜 ② yān 腌菜
3. 挨 ①āi 挨个 挨近 ②ái 挨打 挨说
4. 拗 ①ào 拗口令 ②niù 执拗 拗不过 ③ǎo 拗断
5. 熬 ①āo 熬菜 ②áo 熬粥 煎熬

B 部

1. 扒 ①bā 扒开 扒拉 扒墙头 ②pá 扒手 扒草 扒鸡
2. 把 ①bǎ 把握 把持 把柄 ②bà 印把 刀把 话把儿
3. 蚌 ①bàng 蛤蚌 ②bèng 蚌埠

4. 薄 ①báo（口语单用）纸薄 ②bó（书面组词）单薄 稀薄

5. 堡 ①bǎo 碉堡 堡垒 ②bǔ 瓦窑堡 吴堡 ③pù 十里堡

6. 暴 ①bào 暴露 暴躁 ②pù 一暴十寒

7. 背 ①bèi 脊背 背景 ②bēi 背包 背枪

8. 奔 ①bēn 奔跑 奔波 ②bèn 投奔

9. 臂 ①bì 手臂 臂膀 ②bei 胳臂

10. 辟 ①bì 复辟 辟邪 ②pì 开辟 精辟 辟谣

11. 扁 ①biǎn 扁担 扁豆 扁铲 扁桃体 ②piān 扁舟

12. 便 ①biàn 方便便笺 便宜（方便合适）②pián 便宜（价格低）13. 膀 ① bǎng 肩膀 臂膀 ② pāng 膀肿 脸膀了 ③ páng 膀胱 14. 磅 ① bàng 磅秤 ② páng 磅礴 15. 绷 ① bēng 绷紧 绷直 绷飞了 绷带坑绷拐骗 ② běng 绷劲儿 绷着脸 ③ bèng 绷瓷儿

16. 骠 ①biāo 黄骠马 ②piào 骠勇 17. 瘪 ① biē 瘪三 ② biě 干瘪

18. 屏 ①bīng 屏营（书面：惶恐状）②bǐng 屏息屏气 屏弃 屏除 屏退 ③píng 屏幕 屏风 屏障 屏蔽

19. 剥 ①bō（书面组词）剥削（xuē）剥离 剥蚀 剥夺 剥落 ②bāo（口语单用）剥皮

20. 泊 ①bó 淡泊 停泊 漂泊 ②pō 湖泊 血泊

21. 伯 ①bó 老伯 伯父 ②bǎi 大伯子（夫兄）

22. 簸 ①bǒ 颠簸 ②bò 簸箕

23. 膊 ①bó 赤膊 ②bo 胳膊

24. 卜 ①bo 萝卜 ②bǔ 占卜 卜辞 预卜 卜筮

C部

1. 伧 ①cāng 言语伧俗 ②chen 寒伧

2. 藏 ①cáng 矿藏 躲藏 藏拙 ②zàng 宝藏 藏蓝 藏医藏历 川藏

3. 曾 ①céng 曾经 曾几何时 ②zēng 曾祖 曾孙

4. 噌 ①cēng 噌的一声 ②chēng 噌吰（钟鼓声）

5. 差 ①chā（书面组词）偏差 差错 差池差可告慰 差强人意 差之毫厘 差别 差价 差异 差失 差误 ②chà（口语单用）差点儿 差劲 ③chāi 出差 听差 差遣 差使差役 ④cī 参差

6. 禅 ①chán 禅师 禅宗 禅杖 坐禅 ②shàn 禅让 封禅

7. 颤 ①chàn 颤动 颤抖 颤音 颤悠 ②zhàn 颤栗 打颤 8. 孱 ①chán 孱弱 ②càn 孱头 9. 裳 ①cháng 着我旧时裳 ②shang 衣裳

10. 场 ①cháng 场院 一场（雨）②chǎng 场合 冷场 场面 场地

11. 嘲 ①cháo 嘲讽 嘲笑 ②zhāo 嘲哳（zhāo zhā）

12. 车 ①chē 车马 车辆 ②jū（象棋子名称）

13. 称 ①chèn 称心 对称 ②chēng 称呼 称道

14. 澄 ①chéng（书面）澄清（问题）②dèng（口语）澄清（使液体变清）

15. 铛 ①chēng 饼铛 ②dāng 铛铛（拟声词）

16. 乘 ①chéng 乘坐 乘机 ②shèng 千乘之国 史乘 野乘

17. 匙 ①chí 汤匙 羹匙 ②shi 钥匙

18. 冲 ①chōng 冲锋 冲击 ②chòng 冲床 冲子

19. 臭 ①chòu 遗臭万年 ②xiù 乳臭 铜臭

20. 处 ①chǔ（动作义）处罚 处置 ②chù（名词义）处所 妙处

21. 畜 ①chù（名物义）牲畜 畜力 ②xù（动作义）畜养 畜牧 畜产

22. 创 ①chuàng 创作 创造 创刊 创见 ②chuāng 重创 创伤 创口创痕

23. 绰 ①chuò 绰绰有作 绰号 ②chuo 宽绰 ③chāo 绰起棍子

24. 伺 ①cì 伺侯 ②sì 伺机 环伺

25. 兹 ①cí 龟兹（Qiūcí 西域古国）②zī 今兹 来兹

26. 跐 ①cī 登跐了 ②cǐ 脚跐两只船

27. 枞 ①cōng 枞树 ②zōng 枞阳（地名）

28. 攒 ①cuán 攒动 攒射 ②zǎn 积攒

29. 撮 ①cuō 一撮儿盐 撮合 撮要 ②zuǒ 一撮毛

30. 处 ①chǔ（动词义）处境 处方 处罚 处置 处于 处治 处事 处世 处分 设身处地 处心积虑 处决 ②chù（名词义）住处 长处 大处 处所 总务处 处长

31. 揣 ①chuāi 揣在怀里 ②chuǎi 揣测 揣度 揣摩 32. 椎 ①chuí 椎心泣血 ②zhuī 脊椎 椎骨 胸椎

D部

1. 答 ①dā 答理 答应 答腔 答讪 答言 ②dá 答案 答复 答卷

2. 大 ①dà 大夫（官名）②dài 大夫（医生）山大王

3. 沓 ①dá 一沓信纸 ②tà 杂沓 纷至沓来

4. 逮 ① dǎi（口语单用）逮蚊子 逮小偷 ②dài（书面组词）逮捕

5. 单 ①dán 单独 孤单 ②chán 单于 ③shán 单县 姓单

6. 当 ①dāng 当场 当今 当时 当年（均 指已过去）当日（当初）当面 当下 当权 担当 正当 当即 丁当 当问则问 当局 应当 瓦当

②dàng 当日（当天）当年（同一年，月，日，天）当真 得当 恰当 妥

当 典当 当铺 上当 一人当两人用 安步当车

7. 倒 ①dǎo 颠倒 倒戈 倒嚼 ②dào 倒粪 倒药 倒退

8. 叨 ①dāo 叨唠 ②dáo 叨咕 ③tāo 叨扰 叨光

9. 提 ①dī 提防 提溜 ②tí 提高 提取

10. 得 ①dé 得意洋洋 ②de 好得很 ③děi 得喝水了

11. 的 ①dí 的当 的确 的证 ②dì 目的 中的 有的放矢

12. 钿 ①diàn 金钿 宝钿 ②tián 铜钿（铜钱）

13. 钉 ①dīng（名词义）碰钉子 ②dìng（动词义）钉扣子 钉钉子

14. 都 ①dōu 都来了 ②dū 都市 大都（大多）

15. 掇 ①duō 采掇（拾取，采取义）掇拾 ②duo 撺掇 掂掇

16. 度 ①duó 忖度 揣度 度德量力 ②dù 程度 度量

17. 囤 ①dùn 粮囤 ②tún 囤积 囤聚

18. 垛 ①duǒ 城墙垛口 ②duò 麦垛 垛好（堆放好）

F部

1. 发 ①fà 理发 结发 发型 令人发指 ②fā 发表 打发 发端 发窘 发掘

2. 坊 ①fāng 牌坊 坊巷 白纸坊 坊间 ②fáng 粉坊 染坊 作坊 磨坊

3. 分 ①fēn 区分 分数 ②fèn 身分 分子（一员）

4. 缝 ①féng 缝合 缝纫 缝缀 ②fèng 缝隙 裂缝 见缝插针

5. 服 ①fú 服毒 服药 ②fù 量词，也作 &quot；付 &quot；一服中药

6. 菲 ①fēi 芳菲 菲菲 ②fěi 菲薄 菲礼 菲仪

7. 否 ①fǒu 否认 否定 否则 否决 ②pǐ 否极泰来 藏否人物

8. 脯 ①fǔ 果脯 杏脯 鹿脯 ②pǔ 胸脯

G部

1. 轧 ①gá 轧账 轧朋友 ②yà 轧棉花 轧道机 倾轧 ③zhá 轧钢 轧辊

2. 杆 ①gān 旗杆 栏杆（粗，长）②gǎn 枪杆 烟杆（细，短）

3. 扛 ①gāng 力能扛鼎 ②káng 扛枪 扛活

4. 膏 ①gāo 膏腴 膏药 牙膏 ②gào 膏点儿油 膏膏笔

5. 咯 ①gē（拟声）咯咯 咯吱 咯噔 ②kǎ 咯血 咯痰 ③lo（助词）当然咯

6. 搁 ①gē 搁置 搁浅 ②gé 搁不住揉搓

7. 葛 ①gé 葛巾 瓜葛 葛藤 ②gě 姓葛

8. 革 ①gé 革命 皮革 ②jí 病革（病危急）

9. 合 ①gě 十分之一升 ②hé 合作 合计

10. 给 ①gěi（口语单用）给…… ②jǐ（书面组词）补给，配给

11. 更 ①gēng 更换 少不更事 更新 更迭 ②gèng 更加 更好

12. 颈 ①gěng 脖颈子 ②jǐng 颈项 颈联

13. 供 ①gōng 供给 供销 供养 供不应求提供 供求 供需 供应 供需 供稿 ②gòng 口供 上供 供认 供词供状供品 供养 供奉 供职 供事

14. 红 ①gōng 女红（也写作 " 女工 "）②hóng 红色 红人

15. 枸 ①gōu 枸橘 ② gǒu 枸杞 ③jǔ 枸橼

16. 估 ①gū 估计 估量 ②gù 估衣（出售的旧衣，唯一例词）

17. 呱 ①gū 呱呱（小儿哭声）②guā 呱呱叫 ③guǎ 拉呱儿（闲谈）

18. 骨 ①gū 骨碌 骨朵（仅此二例）②gǔ 骨肉 骨干

19. 谷 ①gǔ 谷子 谷雨 ②yù 吐谷浑（族名）

20. 鹄 ①gǔ 鹄的（靶心）中鹄 ②hú 鹄立 鹄望（鹄即天鹅）

21. 括 ①guā 挺括 ②kuò 概括 总括 括号

22. 莞 ①guǎn 东莞（在广东）②wǎn 莞尔一笑

23. 纶 ①guān 羽扇纶巾 ②lún 经纶 涤纶 锦纶

24. 冠 ①guān（名物义）加冠 弹冠 ②guàn（动作义）冠军 沐猴而冠

25. 桧 ①guì 树名 ②huì 人名 秦桧

26. 过 ①guō 姓氏 ②guò 经过

H部

1. 虾 ①há 虾蟆 ②xiā 对虾

2. 哈 ①hǎ 哈达 姓哈 ②hà 哈什玛 ③hā 哈萨克 哈腰

3. 咳 ①hāi 咳是叹词，表伤感后悔惊异 ②ké 咳嗽

4. 汗 ①hán 可汗 大汗 ②hàn 汗水 汗颜

5. 巷 ①hàng 巷道 ②xiàng 街巷

6. 吭 ①háng 引吭高歌 ②kēng 吭声

7. 号 ①háo 呼号 号叫 ②hào 称号 号召

8. 和 ①hé 和睦 和谐 ②hè 应和 和诗 ③hú 麻将牌戏用语，意为赢 ④huó 和面 和泥 ⑤ huò 和药 两和（量词）⑥huo 搀和 搅和

9. 貉 ①hé（书面）一丘之貉 ②háo（口语）貉绒 貉子

10. 喝 ①hē 喝水 ②hè 喝采 喝令

11. 横 ①héng 横行 纵横 ②hèng 蛮横 横财 横祸 满脸横肉

12. 虹 ①hóng（书面组词） 彩虹 虹吸 ②jiàng（口语单用）

13. 哄 ①hōng 哄堂大笑 哄传 ②hǒng 哄骗 哄人 ③hòng 起哄 一哄而散

14. 划 ①huá 划船 划算 ②huà 划分 计划

15. 晃 ①huǎng 明晃晃 晃眼 一晃而过 ②huàng 摇晃 晃动

16. 会 ①huì 会合 都会 ②kuài 会计 财会

17. 混 ①hún 混浊 混活 混人 混水 ②hùn 混合 混沌 混充 混淆 混账

18. 豁 ①huō 豁口 ②huò 豁亮 豁达

19. 豁 ①huō 豁口 豁出去 ②huò 豁达 豁亮 豁然

J部

1. 奇 ①jī 奇偶 ②qí 奇怪 奇异

2. 缉 ①jī 通缉 缉拿 ②qī 缉鞋口

3. 几 ①jī 茶几 几案 ②jǐ 几何 几个

4. 济 ①jǐ 济宁 济水 人才济济 ②jì 救济 同舟共济 济贫 济世 无济于事 假公济私 接济 缓不济急

5. 纪 ①jǐ 姓氏 ②jì 纪念 纪律

6. 偈 ①jì 偈语 ②jié（勇武）

7. 系 ①jì 系紧缰绳 系好缆绳 ②xì 系好马匹 系好船只

8. 稽 ①jī 稽查 无稽之谈 反唇相稽 稽留 稽延 ②qǐ 稽首

9. 亟 ①jí 亟待解决 亟需 亟亟奔走 ②qì 亟来闻讯

10. 诘 ①jí 诘屈聱牙（同佶屈聱牙） ②jié 反诘 盘诘 诘问

11. 茄 ①jiā 雪茄 ②qié 茄子

12. 夹 ①jiā 夹攻 夹杂 ②jiá 夹裤 夹袄

13. 假 ①jiǎ 真假，假借 ②jià 假期 假日

14. 间 ①jiān 中间 人间 间不容发 间架 ②jiàn 间断 间谍 当间 间隔 间或 反间计 间歇 间或 间杂 间作 间接 间苗 乘间 相间

15. 将 ①jiāng 将军 将来 ②jiàng 将校 将兵

16. 嚼 ①jiáo（口语） 嚼舌 马嚼子 ②jué（书面） 咀嚼 ③jiào 倒嚼（反刍）

17. 侥 ①jiǎo 侥幸 ②yáo 僬侥（传说中的矮人）

18. 角 ①jiǎo 角落 号角 口角（嘴角） ②jué 角色 角斗 口角（吵嘴） 角逐

19. 脚 ①jiǎo 根脚 脚本 ②jué 脚儿（角儿，脚色）

20. 剿 ①jiǎo 围剿 剿匪 ②chāo 剿袭 剿说

21. 教 ①jiāo 教书 教给 ②jiào 教导 教派

22. 校 ①jiào 校场 校勘 校正 校样 ②xiào 学校 院校 将校

23. 解 ①jiě 解除 解渴 解嘲 瓦解 解剖 ②jiè 解元 押解 解送 起解 ③xiè 解县 解不开 浑身解数 姓解

24. 结 ①jiē（长出之意）结果 结实 ②jié 结网 结合 结果 归根结底

25. 芥 ①jiè 芥菜 芥末 ②gài 芥蓝

26. 藉 ①jiè 枕藉 慰藉 ②jí 狼藉

27. 节 ①jiē 节骨眼儿（口语）②jié 节操 节俭 节制 高风亮节

28. 禁 ①jīn 禁受禁不起 禁用 弱不禁风②jìn 禁忌 禁锢 禁闭 违禁 禁止

29. 尽①jǐn 尽早 尽可能 尽着三天办事 先尽女同志 尽前边 ②jìn 取之不尽 想尽办法 尽心尽力 人尽其才 尽职尽责 尽人皆知

30. 矜 ①jīn 矜夸 矜持 骄矜 ②qín 矜（矛柄）锄镰棘矜

31. 仅 ①jǐn 仅有 ②jìn 士卒仅万（将近万人）

32. 劲 ①jìn 干劲 劲头 用劲 没劲儿 ②jìng 强劲 劲草 刚劲 劲敌劲旅

33. 龟 ①jūn 龟裂 ②guī 乌龟 龟缩 ③qiū 龟兹（cí）（西域古国）

34. 咀 ①jǔ 咀嚼 ②zuǐ 嘴

35. 矩 ①jǔ 矩形 ②ju 规矩

36. 据 ①jū 手头拮据（只此一词）②jù 盘踞 据实 凭据 据理力争

37. 菌 ①jūn 细菌 霉菌 ②jùn 香菌 菌子（同蕈 xùn）

K部

1. 卡 ①kǎ 卡车 卡片 卡通 ②qiǎ 关卡 卡子

2. 看 ①kān 看守 看管 ②kàn 看待 看茶

3. 坷 ①kē 坷垃 ②kě 坎坷

4. 壳 ①ké（口语）贝壳 脑壳 ②qià（书面）地壳 甲壳，躯壳

5. 可 ①kě 可恨 可以 ②kè 可汗

6. 克 ①kè 克扣 克服 ②kēi（口语）申斥

7. 空 ①kōng 领空 空洞 空想 空忙 ②kòng 空白 空闲 空额 空隙 空暇 空缺 空房 空地

8. 溃 ①kuì 溃决 溃败 ②hui（溃同殨，溃脓同殨脓）

L部

1. 蓝 ①lán 蓝草 蓝图 ②lan 苤蓝（piě lan）

2. 烙 ①lào 烙印 烙铁 ②luò 炮（páo）烙

3. 勒 ①lè（书面组词）勒令，勒索 勒派悬崖勒马 勒石 勒碑 4. 肋 ① lē 肋腻 ②lèi 肋骨 鸡肋 ②lēi（口语单用）勒紧点儿

5. 擂 ①léi 擂鼓 擂他一拳 ②lèi 擂台 打擂（仅此二词）

6. 累 ①lèi（受劳义）劳累 ②léi（多余，连缀，颓丧义）累赘 果实累累 累赘 累累如丧家之犬 ③lěi（牵连，积累，屡次义）牵累 连篇累牍 连累累进 罪行累累 累卵 累年

7. 蠡 ①lí 管窥蠡测 以蠡测海 ②lǐ 蠡县 范蠡

8. 俩 ①liǎ（口语，不带量词）咱俩 俩人 ②liǎng 伎俩

9. 量 ①liáng 丈量 计量 思量 酌量 端量 量度 量程 量具 ②liàng 量入为出 量力而为 量才录用 量体裁衣 量刑 气量 胆量 流量 质量 力量 饭量 ③liang 打量 掂量

10. 踉 ①liáng 跳踉小丑（同跳梁小丑）②liàng 踉跄 踉锵（走路不稳）

11. 潦 ①liáo 潦草 潦倒 ②lǎo（书面）积潦（积水）

12. 燎 ①liáo 星火燎原 ②liǎo 燎头发 燎眉毛

13. 淋 ①lín 淋浴 淋漓 淋巴 ②lìn（过滤义）淋硝 淋盐 淋病

14. 馏 ①liú 蒸馏 ②liù（口语单用）馏口饭

15. 镏 ①liú 镏金（涂金）②liù 金镏（金戒）

16. 碌 ①liù 碌碡（zhóu）②lù 庸碌 劳碌

17. 遛 ①iiú 逗遛 ②liù 遛马 遛鸟 遛弯儿

18. 溜 ①liū 溜达 溜冰 溜须拍马 ②liù 溜缝儿 一溜儿

19. 笼 ①lóng（名物义）笼子，牢笼 ②lǒng（动作义）笼络 笼统

20. 偻 ①lóu 佝偻 ②lǚ 伛偻

21. 搂 ①lōu 搂钱 楼枪机 ②lǒu 搂抱

22. 露 ①lù（书面）露天 露骨 ②lòu（口语）露头 露马脚

23. 捋 ①lǚ 捋胡子 ②luō 捋袖子

24. 绿 ①lǜ（口语）绿地 绿茵 ②lù（书面）绿林 鸭绿江

25. 络 ①luò 络绎 经络 ②lào 络子

26. 落 ①luò（书面组词）落魄 着落 ②lào（常用口语）落枕 落色 ③là（遗落义）丢三落四 落下

M部

1. 抹 ①mā 抹布 抹桌子 抹下脸 ②mǒ 涂抹 抹杀 抹黑 抹脖子 ③mò 转弯抹角 抹墙 抹不开

2. 脉 ①mò 脉脉（仅此一例）②mài 脉络 山脉

3. 埋 ①mái 埋伏 埋藏 ②mán 埋怨

4. 蔓 ①màn（书面）蔓延 枝蔓 ②wàn（口语）瓜蔓 压蔓

5. 氓 ①máng 流氓 ②méng 古指百姓

6. 闷 ①mēn 闷热 闷头干 闷声闷气 ②mèn 愁闷 闷雷 闷闷不乐 闷棍闷葫芦

7. 没 ①méi 没有 ②mò 没收 没落 没世 没齿不忘

8. 蒙 ①mēng 蒙骗 瞎蒙 蒙头转向 ②méng 蒙昧 蒙蔽 蒙头盖脑 ③měng 蒙古

9. 眯 ①mí 眯眼（迷眼）②mī 眯眼（合眼）

10. 靡 ①mí 靡费 奢靡 ②mǐ 委靡 披靡靡靡之音靡日不思

11. 秘 ①bì 秘鲁 姓秘 ②mì 秘密 秘诀

12. 泌 ①mì（口语）分泌 ②bì（书面）泌阳

13. 模 ①mó 模范 模型 ②mú 模具 模样

14. 摩 ①mó 摩擦，摩挲（用手抚摸）②mā 摩挲（sa）轻按着并移动

15. 缪 ①móu 未雨绸缪 ②miù 纰缪 ③miào 缪姓

N 部

1. 难 ①nán 困难 难兄难弟（贬义）②nàn 责难 难兄难弟（共患难的人）难民 难友 难胞

2. 泥 ①ní 泥泞 泥沼 泥淖 ②nì 拘泥 泥古 泥子 泥墙

3. 宁 ①níng 安宁 宁静 ②nìng 宁可 姓宁

4. 弄 ①nòng 玩弄 ②lòng 弄堂 里弄

5. 疟 ①nüè（书面）疟疾 ②yào（口语）发疟子

6. 娜 ①nuó 袅娜，婀娜 ②nà（用于人名）安娜.

P 部

1. 排 ①pái 排除 排行 ②pǎi 排车

2. 迫 ①pǎi 迫击炮 ②pò 逼迫

3. 胖 ①pán 心广体胖 ②pàng 肥胖

4. 刨 ①páo 刨除 刨土 ②bào 刨床 刨冰

5. 炮 ①páo 炮制，炮格（烙）②pào 火炮 高炮 ③bāo 炮干（烘干）

6. 跑 ①páo 杭州的虎跑泉 ②pǎo 跑步

7. 喷 ①pēn 喷射 喷泉 喷嚏 ②pèn 喷香

8. 劈 ①pī 劈头盖脑 劈面 劈胸 ②pǐ 劈开 劈叉

9. 便 ①pián 便宜 大腹便便 ②biàn 方便 便条 便笺 便宜行事

10. 片 ①piàn 影片儿 ②piān 唱片儿

11. 缥 ①piāo 缥缈 ②piǎo 缥—青白色（的丝织品）

12. 撇 ①piē 撇开 撇弃 ②piě 撇嘴，撇置脑后

13. 仆 ①pū 前仆后继 ②pú 仆从

14. 朴 ①pǔ 俭朴 朴质 ②pō 朴刀 ③pò 厚朴，朴树 ④piáo 朴姓

15. 瀑 ①pù 瀑布 ②bào 瀑河（水名）

16. 曝 ①pù 一曝十寒 ②bào 曝光

17. 泊 ①泊 bó～船。～位②泊 pō 湖～。水～。血～

Q 部

1. 栖 ①qī 两栖，栖息 ②xī 栖栖

2. 蹊 ①qī 蹊跷 ②xī 蹊径

3. 稽 ①qí 稽首 ②jī 滑稽

4. 荨 ①qián（书面）荨麻 ②xún（口语）荨麻疹

5. 欠 ①qiàn 欠缺，欠债 ②qian 呵欠

6. 抢 ①qiāng 呼天抢地 ②qiǎng 抢夺 争抢

7. 强 ①qiáng 强渡，强取，强制 ②qiǎng 勉强，强迫，强词夺理强人所难 ③jiàng 倔强 强嘴

8. 呛 ①qiāng 呛着了 ②qiàng 油烟呛人

9. 戗 ①qiāng 戗水 戗风 说戗了 ②qiàng 真够戗 戗面馒头

10. 悄 ①qiāo 悄悄儿的 悄悄话 ②qiǎo 悄然，悄寂

11. 翘 ①qiào（口语）翘尾巴 ②qiáo 翘首，连翘

12. 切 ①qiē 切磋，切割 ②qiè 急切，切实

13. 趄 ①qiè 趄坡儿 ②qie 趔趄 ③jū 趑趄

14. 亲 ①qīn 亲近 亲密 ②qìng 亲家

15. 曲 ①qū 神曲，大曲，弯曲 ②qǔ 曲调，曲艺，曲牌

16. 雀 ①qiāo 雀子 ②qiǎo 雀盲眼 ③què 雀斑 雀跃 麻雀

17. 圈 ①quān 圈点 圈占 圈套 圈阅 ②juān 圈牛 圈马 ③juàn 猪圈羊圈

18. 阙 ①quē 阙如 阙疑 ②què 宫阙

R 部

1. 任 ①rén 任丘（地名）任姓 ②rèn 任务，任命

S 部

1. 散 ①sǎn 懒散 零散（不集中，分散）散兵游勇 散居 散漫 散记 松散 散射 散曲 散架 ②sàn 散布 散失 散发 分散 散播发散 散传单 散心 解散 散摊子

2. 丧 ①sāng 丧葬 丧服 丧乱 丧钟 ②sàng 丧失 丧权 丧气 丧魂落魄 ③sang 哭丧着脸

3. 色 ①sè（书面）色彩 色泽 ②shǎi（口语）落色，颜色

4. 塞 ①sè（书面，动作义）堵塞 阻塞 ②sāi（口语，名动义）活塞 塞车 ③sài 塞翁失马 边塞 塞外

5. 煞 ①shā 煞尾 收煞 煞笔 煞风景 ②shà 煞白 恶煞 煞气 煞费苦心 煞有介事

6. 厦 ①shà 广厦 大厦 ②xià 厦门 噶厦

7. 杉 ① shān（书面）红杉，水杉 ②shā（口语）杉篙，杉木

8. 苫 ①shàn（动作义）苫屋草 苫布 ②shān（名物义）草苫子

9. 汤 ①shāng 河水汤汤 浩浩汤汤 ②tāng 汤水 热汤 赴汤蹈火

10. 折 ①shé 折本 ②shē 折腾 ③shé 折合

11. 舍 ①shě 舍弃 抛舍 ②shè 校舍 退避三舍

12. 拾 ①shè 拾级而上 ②shí 拾取 拾掇 拾遗 拾人牙慧

13. 什 ①shén 什么 ②shí 什物 什锦

14. 葚 ①shèn（书面）桑葚 ②rèn（口语）桑葚儿

15. 识 ①shí 识别 识字 ②zhì 标识 博闻强识

16. 似 ①shì 似的 ②sì 相似

17. 属 ①shǔ 隶属 归属 亲属 属实 属相②zhǔ 属意 属望 前后相属 属文

18. 熟 ①shóu（口语）庄稼熟了 饭熟了 ②shú 熟悉 熟谙 熟稔 熟思 熟习

19. 刷 ①shuā 洗刷 粉刷 刷新 ②shuà 脸色刷白

20. 说 ①shuì 游说 说客 ②shuō 说话 说辞

21. 数 ①shuò（副词）数见不鲜 ②shǔ（动词）数落 数数（shù）③shù（名词）数字 数目

22. 忪 ①sōng 睡眼惺忪 ②zhōng 怔忪（恐惧）

23. 宿 ①sù 宿舍 宿愿 宿志 宿将 耆宿 宿舍 宿主 ②xiǔ 三天两宿 半宿 ③xiù 星宿 二十八宿

24. 遂 ①suí 半身不遂 毛遂 ②suì 遂心如意 天遂人愿 遂意

T 部

1. 踏 ①tā 踏实 ②tà 踏步 践踏 踏勘 踏看 踏青

2. 沓 ①tà 杂沓 复沓 纷至沓来 ②dá 一沓子

3. 趟 ①tāng 趟水（也写作：蹚水）②tàng 走一趟 半趟街

4. 苔 ①tái（书面）苍苔 苔藓 ②tāi（口语）青苔 舌苔

5. 调 ①tiáo 调皮 调配（调和配合）调解 调剂 调侃 调唆 调谑 调羹 调停 ②diào 调换 调配（调动分配）调防 调遣 曲调 调换 调集 调拨 调度

6. 帖 ①tiē 妥帖 伏帖 服服帖帖 ②tiě 帖子 请帖 字帖 庚帖 ③tiè 碑帖 法帖 习字帖 画帖

7. 通 ①tōng 通知 通过 交通 ②tòng 挨了一通说

8. 吐 ①tǔ 谈吐 吐露 吐字 吐故纳新 ②tù 吐沫 吐血 呕吐 上吐下泻

9. 褪 ①tuì 褪色 褪毛 ②tùn 褪去 褪着手 褪套儿

10. 拓 ①tuò 拓荒 拓宽 开拓 ②tà 拓本 拓片

W 部

1. 瓦 ①wǎ 瓦当 瓦蓝 砖瓦 ②wà 瓦刀 屋瓦（wǎ）

2. 圩 ①wéi 圩子 ②xū 圩场

3. 委 ①wēi 委蛇＝逶迤 ②wěi 委曲（qū）委屈（qu）

4. 尾 ①wěi 尾巴 ②yǐ 马尾

5. 尉 ①wèi 尉官 尉姓 ②yù 尉迟（姓）尉犁（地名）

6. 遗 ①wèi 遗之千金（赠送）②yí 遗失 遗憾 遗嘱

7. 纹 ①wén 花纹 纹饰 纹理 纹丝 ②wèn 裂纹

8. 乌 ①wū 乌黑 ②wù 乌拉草（la 草名）

X 部

1. 吓 ①xiā 吓唬 吓人 ②hè 威吓 恐吓 恐吓 恫吓

2. 鲜 ①xiān 鲜卑（古代北方民族）鲜美 鲜明 鲜艳 ②xiǎn 鲜见 鲜有 鲜为人知

3. 纤 ①xiān 纤长 纤毫 纤细 纤尘 纤弱 十指纤纤 ②qiàn 纤夫 纤绳 纤手（仅此三词）

4. 相 ①xiāng 相当 相反 ②xiàng 相册 相片 相机

5. 行 ①xíng 举行 发行 ②háng 行市，行伍 ③hàng 树行子 ④héng 道行

6. 省 ①xǐng 反省 省亲 ②shěng 省份 省略

7. 削 ①xuē（书面）剥削 瘦削 ②xiāo（口语）切削 削皮

8. 血 ①xuè（书面组词）贫血 心血 血液 血统 血型 血型 血性 血迹 血泪 血泊 血气 血洗 血汗 血债 血晕 ②xiě（口语常用）鸡血，流了点血 血淋淋 血糊糊

9. 熏 ①xūn 熏染 熏陶 熏风 熏制 ②xùn 被煤气熏着了（中毒）

10. 兴 ①xīng 新兴 复兴 兴起 兴办 兴修 不兴胡说 兴许 兴盛 兴师动众 ②xìng 兴趣 兴致 豪兴 助兴败兴

11. 旋 ①xuán 盘旋 回旋 旋即 凯旋 旋转 旋即 ②xuàn 旋风 旋根车轴 旋吃旋做

Y 部

1. 哑 ①yā 哑哑（象声词）学语 ②yǎ 哑然 哑场 哑谜 哑然失笑

2. 殷 ①yān 殷红 ②yīn 殷实 殷勤 殷切 殷商 ③yǐn 殷殷（象声词，形容雷声）

3. 咽 ①yān 咽喉 ②yàn 狼吞虎咽 咽气 ③yè 呜咽 哽咽

4. 约 ①yāo 用称约 约斤肉 ②yuē 预约 制约 条约 特约 约束

5. 钥 ①yào（口语）钥匙 ②yuè（书面）锁钥

6. 掖 ①yē 掖进去 ②yè 扶掖 奖掖

7. 耶 ①yē 耶和华 耶稣 ②yé（语气助词）是耶非耶

8. 叶 ①yè 叶落归根 叶公好龙 ②xié 叶韵（和谐义）

9. 艾 ①yì 自怨自艾 惩艾 ②ài 方兴未艾 艾草

10. 迤 ①yí 逶迤 ②yǐ 迤逦

11. 应 ①yīng 应届 应许 应声 应该 应允 应名儿 应分 ②yìng 应付 应承 应运 应变 应从 应对 应付 应和 应急 应景 应聘 应时 应诺 应用 应验 应征 应邀 应招 应诊 应制 应接不暇

12. 佣 ①yōng 雇佣 佣工 女佣 ②yòng 佣金 佣钱

13. 熨 ①yù 熨贴 ②yùn 熨烫

14. 与 ①yǔ 给与 与其 与人为善 与日俱增 与虎谋皮 ②yù 参与 与会 与闻 ③yú 同 & quot；欤 & quot；

15. 吁 ①yù 呼吁 吁请 吁求 ②yū 吆喝牲口（象形词）③xū 长吁短叹 气喘吁吁

16. 予 ①yú（文言中：我）予取予求 ②yǔ 授予 予以

17. 晕 ①yūn 晕倒 头晕 晕厥 ②yùn 月晕 日晕 晕车 晕船 晕机 晕针 晕

场 红晕

Z 部

1. 咋 ①zǎ 咋办 咋样 ②zé 咋舌 ③zhā 咋唬 咋呼

2. 载 ①zǎi 记载 登载 转载 千载难逢 三年五载 刊载 ②zài 装载 载运 载歌载舞 载体 载荷 载重 怨声载道 风雪载途

3. 脏 ①zāng 肮脏 ②zàng 心脏 内脏 脏腑

4. 择 ①zé 选择 抉择 ②zhái 择菜 择席 择不开（仅此三词）

5. 扎 ①zhá 挣扎 ②zhā 扎根 扎实 扎堆 扎眼 扎营 ③zā 扎彩（捆束义）一扎啤酒 扎腰带

6. 轧 ①zhá 轧钢 轧辊（挤制义）②yà 倾轧 轧花 轧场（碾压义）

7. 炸 ①zhá 炸糕 油炸 ②zhà 炸药 炸弹

8. 粘 ①zhān（动词义）粘贴 粘连 ②nián（形容词）粘稠 粘土 粘液

9. 涨 ①zhǎng 涨落 高涨 涨潮 涨幅 物价上涨 水涨船高 暴涨 ②zhàng 泡涨 头昏脑涨 脸涨通红

10. 占 ①zhān 占卜 占卦 ②zhàn 占据 攻占 强占

11. 爪 ①zhǎo 爪牙 鹰爪 张牙舞爪 ②zhuǎ 爪子 爪儿

12. 着 ①zháo 着急 着迷 着凉 着忙 着魔 着三不着两 ②zhuó 着落 着重 着手 着力 着装 着笔 着实 着想 着眼 着意 着陆 ③zhāo 失着 着数 高着（招）

13. 蜇 ①zhē 蜜蜂蜇人 切洋葱蜇眼睛 ②zhé 海蜇

14. 症 ①zhēng 症结 ②zhèng 病症 症状 症候

15. 正 ①zhēng 正月 新正 正旦（农历正月初一）②zhèng 正常 正旦（戏中称女主角）

16. 殖 ①zhí 繁殖 殖民 ②shi 骨殖

17. 只 ①zhī 只身前往 只言片语 ②zhǐ 只顾 只见 只有

18. 中 ①zhōng 中国 人中（穴位）②zhòng 中奖 中靶 看中 中选

19. 种 ①zhǒng 种类 种族 点种（种子）②zhòng 耕种 种植 点种（播种）

20. 轴 ①zhóu 画轴 轮轴 轴承 轴线 ②zhòu 大轴戏 压轴戏

21. 著 ①zhù 著名 著述 ②zhe 同 &quot；着 &quot；助词 ③zhúo 同 &quot；着 &quot；动词 穿著 附著

22. 拽 ①zhuāi 拽皮球 拽东西 ②zhuài 拽住不放 生拉硬拽

23. 转 ①zhuǎn 转运 转折 转圜 转身 ②zhuàn 转动 转速 转悠

24. 幢 ①zhuàng 一幢楼房 ②chuáng 经幢

25. 缴 ①zhuó 缴：系在箭上的丝绳，射鸟用②jiǎo 上缴 收缴 缴纳 缴械

26. 综 ①zèng 织机零件之一 ②zōng 综合 错综

27. 仔 ①zī 仔肩（书面语：责任，负担）②zǐ 仔细 仔密 仔鸡 仔猪 仔兽 ③zǎi 打工仔 华仔 胖仔

28. 钻 ①zuān 钻探 钻孔 ②zuàn 钻床 钻杆

29. 柞 ①zuò 柞蚕 柞绸 ②zhà 柞水（在陕西）

参考文献

1. 陈国安，王海燕主编．新编教师口语表达与训练．上海：华东师范大学出版社，2007

2. 陈翰武编著．中外大学生辩论名篇赏析．武汉：武汉大学出版社，2006

3. 陈捷主编．普通话水平测试与实训．重庆：重庆出版社，2008

4. 程培元．教师口语教程．北京：高等教育出版社，2004

5. 蔡伟．语文课堂教学技能训练．上海：华东师范大学出版社，2008

6. 党宇飞，周文涛．中学教师语言与行为艺术．长沙：湖北教育出版社，2008

7. 方伟．艺术语言基本技巧．北京：文化艺术出版社，2005

8. 方贤忠．如何说课．上海：华东师范大学出版社，2008

9. 傅道春．新课程中教师行为的变化．北京：首都师范大学出版社，2001

10. 郭启明，赵林森主编．教师语言艺术（修订本）．北京：语文出版社，1998

11. 国家教育委员会师范教育司组编．教师口语．北京：北京师范大学出版社，2000

12. 国家语言文字工作委员会普通话培训测试中心编．普通话水平测试实施纲要．北京：商务印书馆，2005年

13. 湖南省教育厅组织编．《口语下》．2008

14. 黄伯荣，廖旭东．现代汉语（上册 增订四版）．北京：高等教育出版社，2007

15. 黄雄杰主编．口才训练教程．广州：广东高等教育出版社，2006

16. 杰夫主编．实用辩论口才一本通．北京：中国纺织出版社，2003

17. 赖华强，杨国强．教师口才训练教程．广州：暨南大学出版社，2002

18. 李海涛．教师口才基础．成都：巴蜀书社，2009

19. 李元授等编著．辩论训练．武汉：武汉大学出版社，2003

20. 林坚．说课语言的艺术性．福建教育学院学报，2002（7）

21. 刘伯奎．辩论学．北京：语文出版社，1999

22. 刘伯奎，王燕，段汴霞．教师口语训练教程．北京：中国人民大学出版社，2000

23. 刘显国．说课艺术．北京：中国林业出版社，2000

24. 刘烨编著．疯狂口才跟我说．北京：中国戏剧出版社，1999

25. 刘烨编著．疯狂演讲与辩论．北京：中国戏剧出版社，1999

26. 娄志校主编．教师口语训练．北京：华语教学出版社，1998

27. 鲁景超．广播电视即兴口语表达．北京：中国传媒大学出版社，2000

28. 陆锡初．主持人节目学教程．北京：中国广播电视出版社，2008

29. 吕建国主编．普通话与教师口语教程．广州：广东旅游出版社，2003

30. 罗明东，崔梅，单春樱等主编．教师口语技能训练教程．昆明：云南大学出版社，2007

31. 欧阳友权．口才学教程．北京：高等教育出版社，2004

32.《普通话水平测试（新大纲）指导》编写组编．普通话水平测试（新大纲）指导．广州：暨南大学出版社，2008

33. 秦海燕主编．教师口语训练教程．济南：山东人民出版社，2008

34. 全国人大教科文卫委员会教育室、教育部语言文字应用管理司编．中华人民共和国国家通用语言文字法学习读本．北京：语文出版社，2001

35. 20世纪汉语轻声研究综述（2）[DB/OL]．本文来源于CSSCI学术论文网：http：//www.csscipaper.com/和免费论文下载中心：http：//www.downpaper.com/ 全文阅读链接：http：//www.csscipaper.com/linguistics/lingtheory/117217_2.html

36. 斯坦尼斯拉夫斯基．演员的自我修养．北京：中国电影出版社，2006

37. 四川省语言文字工作委员会办公室编．普通话水平测试训练教程．成都：电子科技大学出版社，2008

38. 田园曲．播音与主持艺术专业高考教程．济南：山东人民出版社，2011

39. 王力．现代汉语．北京：高等教育出版社，1997

40. 王伶春等．普通话异读及音变词语手册．武汉：湖北教育出版社，2000

41. 王璐．播音员主持人训练手册．北京：北京广播学院出版社．1998

42. 韦志成．语文教学艺术论．桂林：广西教育出版社，1996

43. 翁茹．主持人思维训练教程．北京：中国传媒大学出版社，2007

44. 颜逸明等．普通话水平测试指要．上海：华东师范大学出版社，1995

45. 杨文全．现代汉语．重庆：重庆大学出版社，2010

46. 应天常，王婷．主持人即兴口语训练．北京：中国传媒大学出版社，2009

47. 袁方编著．跟我学：辩论口才．北京：中国经济出版社，2006

48. 翟启明．新课标语文教学论研究．成都：四川大学出版社，2005

49. 张本楠，杨若薇．普通话去声变调之考察．语文建设，1996（6）

50. 张静主编．普通话语音训练教程．济南：山东大学出版社，2008

51. 赵传栋编著．论辩胜术．上海：复旦大学出版社，1998

52. 赵秀环．播音主持艺术语言基本功训练教程（第3版）．北京：中国传媒大学出版社，2010

53. 中国广播电视学会节目主持人委员会编．主持人技艺训练教程．武汉：武汉大学出版社，2003

54. 郭启明，赵朴森主编．教师语言艺术（修订本）．北京：语文出版社，1998

55. 欣欣普通话在线学习网